国家民族事务委员会人文社会科学重点研究基地
西南民族大学中国西部民族经济研究中心

跨越的70年

青海经济发展研究

王永莉 等著

北 京

图书在版编目（CIP）数据

跨越的70年.青海经济发展研究／王永莉等著.---北京：中国经济出版社，2019.10
ISBN 978-7-5136-5961-1

Ⅰ.①跨… Ⅱ.①王… Ⅲ.①区域经济发展—研究—青海 Ⅳ.①F127

中国版本图书馆CIP数据核字（2019）第221509号

项目统筹	李煜萍
责任编辑	李煜萍　陈宇慧
责任印制	巢新强

出版发行	中国经济出版社
印 刷 者	北京富泰印刷有限责任公司
经 销 者	各地新华书店
开　　本	710mm×1000mm　1/16
印　　张	24.25
字　　数	359千字
版　　次	2019年10月第1版
印　　次	2019年10月第1次
定　　价	88.00元

广告经营许可证　京西工商广字第8179号

中国经济出版社　网址 www.economyph.com　社址 北京市东城区安定门外大街58号　邮编 100011
本版图书如存在印装质量问题，请与本社销售中心联系调换（联系电话：010-57512564）

版权所有　盗版必究（举报电话：010-57512600）
国家版权局反盗版举报中心（举报电话：12390）　　　服务热线：010-57512564

"跨越的70年——民族地区经济发展研究"
编委会

主编单位

国家民族事务委员会人文社会科学重点研究基地
西南民族大学中国西部民族经济研究中心

主　编

郑长德

副主编

涂裕春　杨胜利

编　委（按姓氏笔画排序）

王永莉　王　鹏　朱　文　伍　艳　何雄浪
张小兰　姜太碧　黄　毅

FOREWORD 总 序

2019年，是新中国成立70周年。70年来，特别是改革开放以来，作为全国宏观区域经济重要战略组成部分的民族地区，在党中央、国务院的亲切关怀和党的民族政策光辉照耀下，各少数民族和民族地区与全国一道，发生了历史上最伟大、最深刻的社会变革，从封闭落后迈向开放进步，从温饱不足迈向全面小康，迎来了从站起来、富起来到强起来的伟大飞跃，正阔步走在中华民族伟大复兴的新征程上。

一

70年来，在党中央、国务院的系列政策支持、大幅度的资金和人才支援下，在全国人民的大力支援下，民族地区各级政府、各族人民坚定不移地坚持中国共产党领导，坚定不移地贯彻执行党的民族政策，坚持和完善民族区域自治制度，始终坚持以发展为第一要务，把自力发展与中央关心、发达地区支援结合起来，经济发展取得了历史性成就，各族人民生活有了历史性改善。今日的民族地区，社会稳定、经济发展、民族团结、宗教和顺，各族人民安居乐业，各项事业欣欣向荣，处于历史上最好的繁荣发展时期。

经济总量的巨大飞跃。1952年民族八省区地区生产总值总量为57.89亿元，2018年增长到90576.42亿元，是1952年的1566倍，扣除物价上涨因素，增长了250多倍，年均增长8.72%。分省区看，1952—2018年，地区生产总值年均增长率分别为：内蒙古9.31%、广西8.61%、贵州8.06%、云南 8.42%、西藏 8.74%、青海 8.75%、宁夏 9.42%、新疆 8.45%。2018年民族八省区中经济总量超过 2 万亿元的为广西，在万亿元以上的有内蒙古、云南、贵州和新疆（见表 1）。

表 1 新中国成立 70 年来民族八省区经济总量的增长 单位：亿元

年份	内蒙古	广西	贵州	云南	西藏	青海	宁夏	新疆	民族八省区
1952	12.16	12.81	8.55	11.78	1.32	1.63	1.73	7.91	57.89
1978	58.04	75.85	46.62	69.05	6.65	15.5	13.00	39.07	323.78
2000	1539.12	2080.04	1029.92	2011.19	117.46	263.6	295.02	1363.56	6688.72
2005	3905.03	3984.10	2005.42	3462.73	248.80	543.32	612.61	2604.14	13903.42
2010	11672.00	9604.01	4602.79	7224.18	507.46	1350.43	1696.39	5397.27	34830.35
2011	14359.88	11764.97	5725.99	8893.12	606.13	1670.44	2111.83	6577.41	42816.25
2012	15880.58	13090.04	6878.59	10309.47	701.65	1893.54	2352.71	7457.64	48254.75
2013	16916.50	14511.70	8116.34	11832.31	816.57	2122.06	2590.34	8380.25	53453.76
2014	17770.19	15742.62	9300.52	12814.59	921.73	2303.32	2766.76	9195.96	58001.10
2015	17831.51	16870.04	10541.00	13619.17	1027.43	2417.05	2927.01	9235.57	60849.61
2016	18632.57	18317.64	11792.35	14719.95	1151.41	2572.49	3167.99	9511.93	65146.38
2017	16096.21	20396.25	13540.83	16376.34	1310.92	2624.83	3443.56	10881.96	68294.56
2018	17389.22	20352.51	14806.45	17881.12	1477.63	2865.23	3705.18	12199.08	90576.42
年均增长率（1952—2018 年，%）	9.31	8.61	8.06	8.42	8.74	8.75	9.42	8.45	8.72（算术平均）

资料来源：根据《新中国六十年统计资料汇编》《中国统计年鉴》和各省区统计公报数据整理。

经济结构的根本性转变。新中国成立 70 年来，民族地区产业结构不断优化，从以依赖单一产业为主转向三次产业共同带动。新中国成立初期，民族八省区地区生产总值的结构中，农业占比较高，工业和服务业相对薄弱，部分地区还处于现代工业的空白区。1952 年，民族八省区第一、第二、第三产业增加值占地区生产总值的比重（算术平均）分别为 73.1%、12.8% 和 14.1%。20 世纪 50—70 年代，随着民族地区工业化建设的推进，第二产业比重不断提升。1978 年，第一、第二、第三产业比重（算术平均）分别为36.5%、41.8%和21.8%。改革开放以来，随着工业化、城镇化快速发展，工业和服务业发展水平不断提高，20世纪90年代初民族地区第一产业产值比重稳定地低于第二产业和第三产业。党的十八大以来，民族地区第一、第二、第三产业协同发展，各省区第三产业增加值超过第二产业，成为国民经济第一大产业，2018年，民族八省区第一、第二、第三产业比重分别为11.7%、41%和47.4%。（各省区产业结构演变的基本态势如表2所示）随着生产结构的变化、现代产业的发展，传统产业比重下降必然会导致劳动力在部门间的重新配置，引起就业结构的变化。这种变化的一个基本趋势是，随着经济的发展，劳动力逐渐由农业部门向非农业部门转移，第二产业和第三产业成为劳动力就业的主要领域。民族地区劳动力就业结构的变化是符合这一基本趋势的。1978年，民族八省区各产业劳动力就业份额比例为79.41∶11.41∶9.17，到2016年该比例为49.16∶15.92∶34.96。

表2　新中国成立70年来民族八省区产业结构的变化　　　　　　　　　　%

省区	1952年			1978年			2018年		
	第一产业	第二产业	第三产业	第一产业	第二产业	第三产业	第一产业	第二产业	第三产业
内蒙古	71.1	11.3	17.7	32.7	45.4	21.9	10.1	39.4	50.5
广西	65.1	23.0	11.9	40.9	34.0	25.1	14.8	39.7	45.5
贵州	68.4	18.6	13.0	41.7	40.2	18.2	14.6	38.9	46.5
云南	61.7	15.4	22.8	42.7	39.9	17.4	14.0	38.9	47.1
西藏	97.3	0.1	2.6	50.7	27.7	21.7	8.8	42.5	48.7
青海	73.6	7.4	19.0	23.6	49.6	26.8	9.4	43.5	47.1
宁夏	82.7	4.6	12.7	23.5	50.8	25.6	7.6	44.5	47.9
新疆	64.7	22.0	13.3	35.8	47.0	17.3	13.9	40.3	45.8

资料来源：根据《新中国六十年统计资料汇编》和各省区2018年统计公报数据整理。

人民生活蒸蒸日上。从人均地区生产总值来看：1952年民族八省区人均地区生产总值分别为内蒙古173元、广西67元、贵州58元、云南70元、西藏115元、青海101元、宁夏126元、新疆166元；到1978年分别增加到内蒙古317元、广西225元、贵州175元、云南226元、西藏

375元、青海428元、宁夏370元、新疆313元;到2018年分别达到内蒙古68302元、广西41489元、贵州41244元、云南37136元、西藏43397元、青海47689元、宁夏54094元、新疆49475元(见表3)。可以看出,新中国成立70年来,民族八省区人均收入上了好几个台阶。

表3　新中国成立70年来民族八省区人均地区生产总值的变化　　单位:元

年份	内蒙古	广西	贵州	云南	西藏	青海	宁夏	新疆
1952	173	67	58	70	115	101	126	166
1978	317	225	175	226	375	428	370	313
1985	809	471	420	486	894	808	737	820
1990	1478	1066	810	1224	1276	1558	1393	1713
1995	3772	3304	1826	3083	2358	3513	3448	4701
2000	6502	4652	2759	4770	4572	5138	5376	7372
2005	16331	8788	5052	7835	9114	10045	10239	13108
2010	40282	16045	10309	13539	15295	19454	21777	19942
2015	71101	35190	29847	28806	31999	41252	43805	40036
2016	72064	38027	33246	31093	35184	43531	47194	40564
2017	63764	38102	37956	34221	39267	44047	50765	44941
2018	68302	41489	41244	37136	43397	47689	54094	49475

资料来源:根据《新中国六十年统计资料汇编》《中国统计年鉴》和各省区统计公报数据整理。

从城乡居民收入变化来看,1978年民族八省区居民人均收入(城镇居民人均可支配收入和农村居民家庭人均纯收入用城乡人口比例加权)只有260多元,1999年达到2900多元,2010年突破8500元。2017年民族八省区全体居民人均收入为19520元。2018年民族八省区居民人均可支配收入分别为:内蒙古28376元、广西21485元、贵州18430元、云南20084元、西藏17286元、青海20757元、宁夏22400元、新疆21500元。

基础设施得到根本性改善。新中国成立以来,经过对民族地区基础设施的大规模投资,特别是西部大开发以来的重点工程项目80%以上布局在民族地区,民族地区基础设施得到根本性改变。以运输线路长度为例:1952年民族八省区铁路营业里程3208千米,贵州、西藏、青海、宁夏和新疆还是铁路的空白区，公路里程27868千米，西藏尚无现代意义上的公路；到1978年分别增加到10560.5千米和193650千米；到2017年分别达到35266千米和1149744千米。（各省区的运输线路发展如表4所示）2013年10月30日，西藏墨脱公路通车，正式结束其作为中国最后一个不通公路县的历史。民族地区不仅运输线路长度举世瞩目，各种交通线路连接成网，而且线路质量显著提高，铁路复线、高速铁路和高等级公路从无到有，覆盖范围逐年扩大。

表4　新中国成立70年来民族八省区运输线路的变化　　单位：千米

省区	1952年		1978年		2017年	
	铁路营业里程	公路里程	铁路营业里程	公路里程	铁路营业里程	公路里程
内蒙古	1574	4821	3803	37535	12675	199423
广西	978	5068	1715	29773	5191	123259
贵州	—	4027	1366	25954	3285	194379
云南	656	5339	1705	41816	3682	242546
西藏	—	—	—	15852	785	89343
青海	—	1346	503	13675	2349	80895
宁夏	—	1202	438	5227	1352	34561
新疆	—	6065	1030.5	23818	5947	185338
民族八省区合计	3208	27868	10560.5	193650	35266	1149744

资料来源：根据《新中国六十年统计资料汇编》《中国统计年鉴》数据整理。

对外开放成效显著。我国对外开放的格局是采取分步骤有层次、逐步推进的战略格局，经历了一个不断扩大和深化发展的过程。到目前为止，我国已形成了全方位、多层次、宽领域的对外开放格局。我国民族地区大多处于边疆地区，邻国较多，也是"一带一路"建设的核心地区和重要依托。"一带一路"倡议实施以来，民族地区从对外开放的末梢一跃成为前沿。2018年，内蒙古海关进出口总额1034.4亿元，其中，出口总额378.6亿元，进口总额655.7亿元；广西货物进出口总额4106.71亿元，其中，出口总额2176.14亿元，进口总额1930.57亿元；贵州进出口总额500.96亿元，其中，出口总额337.58亿元，进口总额163.38亿元；云南外贸进出口总额达298.95亿美元，其中，出口总额128.12亿美元，进口总额

170.83亿美元;西藏全年进出口总额47.52亿元,其中,出口总额28.57亿元,进口总额18.95亿元;青海货物进出口总额46.00亿元,其中,出口总额31.11亿元,进口总额14.89亿元;宁夏货物进出口总额249.16亿元,其中,出口总额180.48亿元,进口总额68.68亿元;新疆货物进出口总额200.10亿美元,其中,进口总额35.91亿美元,出口总额164.19亿美元。

脱贫攻坚取得决定性进展。民族地区是中国贫困人口最集中、贫困程度最深的地方。全国832个贫困县(包括国家扶贫开发工作重点县和片区县)中,民族自治地方县有421个,占51%。全国贫困人口的1/3、14个集中连片特困地区的11个以及深度贫困的"三区三州"都在民族地区。新中国成立以来,在中央的高度重视和社会各界的大力支持下,经过民族地区广大干部群众的艰苦努力,民族地区农村贫困人口大幅减少,特别是《中共中央 国务院关于打赢脱贫攻坚战的决定》颁布实施以来,中央和地方密集出台支持贫困地区特别是深度贫困地区脱贫攻坚的各项过硬政策措施,聚焦短板、精准发力,民族地区扶贫力度进一步加大,贫困人口脱贫明显加快。到2018年,民族八省区中,内蒙古、青海、宁夏农村贫困发生率降至3%及以下,广西、贵州、云南、西藏、新疆农村贫困发生率下降至6%以下。

表5 民族八省区农村贫困人口数　　　　　　　　　　单位:万人

省区	2010年	2011年	2012年	2013年	2014年	2015年	2016年	2017年	2018年	减贫人数(2010—2018年)
全国	16567	12238	9899	8249	7017	5575	4335	3046	1660	14907
内蒙古	258	160	139	114	98	76	53	37	15	243
广西	1012	950	755	634	540	452	341	246	140	872
贵州	1521	1149	923	745	623	507	402	295	173	1348
云南	1468	1014	804	661	574	471	373	279	179	1289
西藏	117	106	85	72	61	48	34	20	1.9	115.1
青海	118	108	82	63	52	42	31	23	5.4	112.6
宁夏	77	77	60	51	45	37	30	19	12	65
新疆	469	353	273	222	212	180	147	113	59.3	409.7

资料来源:国家统计局住户收支与生活状况调查。

二

新中国成立 70 年来，在中国共产党领导下，坚持走中国特色解决民族问题的正确道路，全面贯彻落实党的民族政策，民族地区经济发展取得了历史性的伟大成就。70 年的伟大跨越表明：

党对民族工作的领导是民族地区经济发展的根本保证。新中国成立 70 年来，民族地区总体上呈现出民族团结、经济进步、宗教和顺、社会和谐的大好局面，根本在于党中央的坚强领导，这是我们行稳致远的政治前提。对民族地区的经济发展而言，必须坚持以习近平新时代中国特色社会主义思想为指导，坚持新发展理念，坚定不移贯彻创新、协调、绿色、开放、共享的发展理念。

以推动少数民族和民族地区高质量发展作为民族工作的第一要务。"发展是解决民族地区各种问题的总钥匙。"70 年来，特别是改革开放以来，民族地区认真贯彻落实党的方针、政策，始终坚持以经济建设为中心，经济体量以几何级数增加，实现了"一步跨千年"，民族地区从来没有像今天这样朝气蓬勃、日新月异，民族团结进步事业也从来没有像今天这样春意盎然、充满活力。进入新时代，我国经济已由高速增长阶段转向高质量发展阶段，社会的主要矛盾已经发生变化。发展不平衡不充分主要表现在民族地区，民族地区 2020 年前要消除农村绝对贫困和全面建成小康社会，到 2035 年要与全国同步基本实现现代化，必须加快发展，实现跨越式发展。

加大力度支持和帮助民族地区发展。70 年来，党和政府高度重视民族地区的发展，制定、实施了一系列倾斜性的发展援助和扶持政策与措施，决定性地推动了民族地区经济社会跨越式发展和脱贫奔康。支持民族地区加快经济社会发展，是中央的一项基本方针。党的十九大报告指出："实施区域协调发展战略。加大力度支持革命老区、民族地区、边疆地区、贫困地区加快发展，强化举措推进西部大开发形成新格局，……加快边疆发展，确保边疆巩固、边境安全。"因此，新时代民族地区的发展在全国发展大格局中的战略地位更加重要，加大力度支持民族地区加快发展是习近平新时代中国特色社会主义思想的重要组成部分。

始终坚持发展必须以保障和改善民生为着眼点和落脚点。70年来，民族地区坚持"以民为本、民生优先"，教育、医疗等基本公共服务能力不断提高。全面推进九年义务教育、十五年免费教育、"9+3"免费职业教育、"一村一幼"计划，完整配套的教育体系基本形成。通过全面建立新型合作医疗制度，健全州（盟、市）、县、乡、村四级医疗网络。但与各族人民的需要相比较，与发达地区相比较，民族地区的基本公共服务供给还有待大幅提高。习近平总书记指出："发展经济的根本目的就是要让各族群众过上好日子。既要坚持不懈抓发展，不断扩大经济总量，为民生改善提供坚实基础，也要大力推进基本公共服务均等化，促进社会公平。"要坚持发展，必须以保障和改善民生为着眼点和落脚点，确保各民族共享发展机遇和发展成果，确保发展成果惠及当地、改善民生、增强团结、促进和谐。

坚持绿色发展，守好民族地区发展的底色和价值。从地缘生态位置看，民族地区是中国最重要的生态平衡与保障区，是我国重要的生态安全屏障，具有重要的生态战略地位。民族地区最大的价值在生态、最大的责任在生态、最大的潜力也在生态，因此，民族地区的发展必须把生态文明建设放在突出位置，走以生态优先、绿色发展为导向的高质量发展之路，尊重自然、顺应自然、保护自然，筑牢国家生态安全屏障，实现经济效益、社会效益、生态效益相统一。

大力加强少数民族干部和人才队伍建设。70年来，中央和各民族地区把少数民族干部培养使用作为落实党的民族政策的一项重要内容和管长远、管根本的大事来抓，培养和造就了一支明辨大是大非的立场特别清醒、维护民族团结的行动特别坚定、热爱各族群众的感情特别真诚的少数民族和民族地区干部队伍，为坚持和完善民族区域自治制度、加快经济社会发展、维护祖国统一和边疆稳固提供了坚强保证。在新时代，必须继续加强少数民族干部和人才队伍建设。

三

　　为庆祝新中国成立70周年，反映新中国成立以来特别是党的十八大以来我国民族地区经济发展的辉煌成就和宝贵经验，国家民族事务委员会人文社会科学重点研究基地（培育）——西南民族大学中国西部民族经济研究中心组织编写了《跨越的70年——民族地区经济发展研究》丛书，分别对内蒙古、广西、西藏、宁夏和新疆五个自治区和贵州、云南、青海三个多民族省份70年来的经济发展取得的历史性成就进行了系统的梳理、分析和总结。

　　本套丛书的出版得到"中央高校建设世界一流大学（学科）和特色发展引导专项资金"和"国家民委人文社科重点研究基地——西南民族大学中国西部民族经济研究中心2019年项目'跨越的70年——民族地区经济发展研究'"的资助。时任西南民族大学发展规划与学科建设处处长刘兴全教授对丛书的出版给予了大力支持。本套丛书的顺利出版得到了中国经济出版社李煜萍编审的努力和付出。在此一并表示感谢！

　　本套丛书的主要编撰人员是西南民族大学经济学院/中国西部民族经济研究中心的部分研究生同学和研究人员。本套丛书政治要求高、任务重、时间紧，编写者还是按要求完成了各书的编写任务，你们辛苦了！各书的质量概由各书的主编负责。虽然编写人员很努力，但难免存在瑕疵和不足，敬请读者批评指正。

编委会
2019年7月

前　言

有"三江源"和"中华水塔"之称的青海，早在殷商以前，被称为"三危地"；唐时，青海为吐蕃所辖；北宋改称为西宁州，西宁名称开始使用至今。清代通过赐金册金印，先后确认达赖和班禅在青海、西藏的合法统治地位。1929年1月，国民政府正式由甘肃省析置成立青海省；直到1949年，马步芳家族统治青海40余年。1950年1月1日，青海省人民政府在西宁成立，青海经济社会发展从此迈进一个崭新的时代。中华人民共和国成立70年以来，尤其是改革开放以来，在历代中央领导的亲切关怀、党中央的英明领导及其他省区的大力支持下，在青海省委省政府的正确领导和各族人民的共同努力之下，青海国民经济和社会事业都实现了从贫穷落后的农业社会向繁荣富裕的现代化工业社会的跨越式发展。回顾青海70年经济社会全面发展的演变历程，总结所取得的伟大成就和经验，正视青海未来发展面临的挑战，探讨如何建设和谐美丽的新青海，正是本书的目的和内容。

本书系统研究青海在新中国成立70年来的经济发展问题，综合运用历史分析和统计分析、规范分析和对比分析等方法，总共探讨了五部分共10章内容。

第一部分是青海70年国家支持政策和资源禀赋结构分析，包括总论、第1章和第2章。总论首先简要概括了青海70年经济社会发展取得的辉煌成就；第1章分别从"三线"建设、西部大开发和对口支援青海三个阶段梳理70年以来中央和全国支持青海经济发展的历程、成就和未来发展；

第 2 章分别从自然资源禀赋和社会经济资源禀赋两个角度，回顾了青海 70 年来资源禀赋结构发展历程、禀赋结构升级的成就和未来发展趋势。

第二部分是青海 70 年经济增长与结构、产业发展与城镇化发展分析，包括第 3 章、第 4 章和第 5 章。第 3 章简要梳理了青海 70 年来经济增长与结构优化的发展历程，总结了其取得的巨大成就，提出了未来经济增长和结构优化的发展方向；第 4 章主要从第一产业、第二产业和第三产业分别探讨青海建国 70 年来产业发展历程、成就及未来发展，第一产业着重分析农业和牧业，第二产业着重分析工业和建筑业，第三产业主要围绕交通运输邮电业、商贸业、旅游业等展开；第 5 章主要从人口城镇化及城镇基础设施、城镇居民收入水平、城镇公益事业等方面探究青海 70 年来的城镇化历程、取得的成就及未来发展方向。

第三部分是青海 70 年贸易发展和金融发展分析，包括第 6 章和第 7 章。第 6 章主要分析青海 70 年贸易发展的历程、取得的成就以及未来发展方向，结合各时期贸易政策，重点分析改革开放以来的对外贸易发展；第 7 章主要围绕银行业、保险业和证券业等金融业发展，回顾青海 70 年金融发展历程，重点是改革开放以来，总结青海金融发展取得的伟大成就，尤其是银行业和保险业，提出金融未来的发展方向。

第四部分是青海 70 年环境问题与资源开发分析，包括第 8 章和第 9 章。第 8 章主要围绕青海 70 年环境与发展的历程、成就及未来发展进行分析，重点分析西部大开发以来的环境与发展；第 9 章专门分析青海 70 年资源开发的历程演变、取得的巨大成就及未来资源开发方向。

第五部分是青海 70 年经济发展战略分析，即第 10 章，主要围绕青海 70 年发展战略的演变历程、取得的伟大成就和未来战略展望进行分析，重点分析"改革开放、治穷致富、开发资源、振兴青海"发展战略向科学发展观的转变。

本书研究发现，新中国成立以来的 70 年间，青海经济社会发展实现了由弱变强、由贫穷到富裕的跨越式发展。其经济社会 70 年的全面发展历程，整体上经历了新中国成立之后到改革开放之前的曲折发展、改革开放之后到西部大开发之前的快速发展、西部大开发以来的稳定协调全面发展等阶段。70年间，青海省委省政府在党中央的正确领导和各族人民群众的不懈努力下，勇于面对各种自然灾害和地震等考验，妥善应对国际金融危机、经济持续下行压力等重大风险挑战，推动形成了经济发展持续稳定、经济结构逐步优化、发展质量显著提高、国家生态安全屏障地位日益巩固、社会事业全面进步、人民生活水平持续改善等良好态势。青海步入了历史上最辉煌的发展时期，正努力确保如期与全国同步全面建成小康社会。

目 录

总论 ··· 1

第 1 章 青海 70 年国家支持政策 ··· 7
1.1 引言 ··· 7
1.2 "三线"建设时期的支持政策 ·· 8
1.3 西部大开发战略的支持政策 ·· 16
1.4 对口援青的支持政策 ·· 29
1.5 结论 ·· 38
参考文献 ·· 40

第 2 章 青海 70 年禀赋结构升级 ·· 43
2.1 引言 ·· 43
2.2 青海自然地理和自然资源概况 ·· 45
2.3 青海 70 年基础设施结构升级 ··· 50
2.4 青海 70 年教育事业结构升级 ··· 63
2.5 青海 70 年医疗卫生事业结构升级 ··· 71
2.6 结论 ·· 79
参考文献 ·· 80

第 3 章 青海 70 年经济增长与结构 ··· 83
3.1 引言 ·· 83

3.2 青海70年经济增长与结构发展历程 ········· 84
3.3 青海70年经济增长与结构发展成就 ········· 88
3.4 青海70年经济增长与结构发展展望 ········· 104
3.5 结论 ········· 110
参考文献 ········· 111

第4章 青海70年产业与发展 ········· 115

4.1 引言 ········· 115
4.2 青海70年产业发展历程 ········· 116
4.3 青海70年产业发展成就 ········· 127
4.4 青海70年产业发展展望 ········· 145
4.5 结论 ········· 151
参考文献 ········· 152

第5章 青海70年城镇化与发展 ········· 155

5.1 引言 ········· 155
5.2 青海70年城镇化发展历程 ········· 156
5.3 青海70年城镇化发展成就 ········· 166
5.4 青海70年城镇化发展展望 ········· 179
5.5 结论 ········· 184
参考文献 ········· 185

第6章 青海70年贸易与发展 ········· 189

6.1 引言 ········· 189
6.2 青海对内贸易发展概况 ········· 191
6.3 青海70年对外贸易与发展历程 ········· 193
6.4 青海70年对外贸易发展成就 ········· 202
6.5 青海70年贸易发展展望 ········· 212
6.6 结论 ········· 220
参考文献 ········· 221

第7章 青海70年金融与发展 ········· 223
7.1 引言 ········· 223
7.2 青海70年金融与发展历程 ········· 225
7.3 青海70年金融与发展成就 ········· 233
7.4 青海70年金融与发展展望 ········· 248
7.5 结论 ········· 252
参考文献 ········· 253

第8章 青海70年环境与发展 ········· 257
8.1 引言 ········· 257
8.2 青海70年环境与发展历程 ········· 259
8.3 青海70年环境与发展成就 ········· 265
8.4 青海70年环境与发展展望 ········· 275
8.5 结论 ········· 281
参考文献 ········· 282

第9章 青海70年资源开发与发展 ········· 285
9.1 引言 ········· 285
9.2 青海70年资源开发与发展历程 ········· 289
9.3 青海70年资源开发与发展成就 ········· 295
9.4 青海70年资源开发与发展展望 ········· 311
9.5 结论 ········· 319
参考文献 ········· 320

第10章 青海70年发展战略与发展 ········· 325
10.1 引言 ········· 325
10.2 青海70年发展战略历程 ········· 327
10.3 青海70年发展战略成就 ········· 334
10.4 青海70年发展战略展望 ········· 350
10.5 结论 ········· 355

参考文献 356

图索引 359

表索引 361

后　记 365

总 论

王永莉[①]

中华人民共和国成立前的青海，全省几乎没有工业，农牧业生产方式原始落后，交通闭塞，教育医疗等一片空白，消费品短缺，民不聊生，属于封闭落后的自然经济社会。1950年青海省人民政府成立以来，在党和国家的亲切关怀和各省区的大力支持下，青海省委省政府带领全省各族人民，通过实施"改革开放、治穷致富、开发资源、振兴青海"发展战略，不断探索青海工业化和现代化之路。经过70年的不懈奋斗，青海国民经济和社会事业发生了翻天覆地的变化，实现了从封建农业社会向工业化和现代化迈进的巨大转变，实现了人民生活水平由极端贫穷向中上等收入水平迈进的跨越式发展。

第一，青海70年经济发展概述。位于青藏高原东北部的青海，在我国国防稳定、生态安全和民族和谐等方面具有重要的战略地位。青海全省面积为72.23万平方千米，位居全国第4位。全省地势总体呈西高东低，南北高中部低，平均海拔在3000米以上，年降水量稀少，森林覆盖率较低。青海素有"江河源头""中华水塔"的美誉，其生态环境变化直接关系到青海全省、全中国乃至东南亚地区的生态安全，具有显著的生态战略地位。青海拥有丰富的矿产资源、水能资源、农牧业资源等。其中已探明储量的120多种矿产资源中，有54种位居全国前10位；水能资源总蕴藏

---

① 王永莉，四川蒲江人，经济学博士，西南民族大学经济学院硕士生导师，主要研究方向为民族经济等。

量高达 2000 多万千瓦，占全国的 3.5%①，在国内位列第 5 位；作为中国五大牧区之一的青海，拥有天然草场面积为 3645 万公顷，占全国天然草场面积的 1/10，位居全国第 4 位。青海是一个多民族聚居区，世居少数民族有藏族、回族、蒙古族、撒拉族、土族等，其中青海藏区是除西藏以外全国面积最大的藏族聚居区，中华人民共和国成立初期藏族人口占青海总人口的 32.65%②。

2018 年末全省常住人口为 603.23 万人，常住人口城镇化率为 54.47%。2017 年全省少数民族共有 285.48 万人，占全省人口的 47.71%，其中藏族人口和回族人口分别占全省人口的 25.23% 和 14.78%。2018 年实现地区生产总值为 2865.23 亿元，人均生产总值达到 47689 元，三次产业构成依次为 9.4%、43.5% 和 47.1%，正稳步迈进与全国同步全面建成小康社会的新时期。

中华人民共和国成立 70 年来，全省实现了地区生产总值持续增长，三次产业优化升级，地方财政收支持续增长，城镇化建设不断提升，国内消费品市场、对外贸易和金融市场等获得持续发展，各族人民生活水平不断提高，生态环境和经济增长质量不断提高。

第二，青海 70 年实现经济快速增长和产业优化升级。中华人民共和国成立 70 年以来，青海地区生产总值始终保持快速增长。1950 年青海地区生产总值仅有 1.34 亿元，到 2018 年增长到 2865.23 亿元，比 1950 年增长了 2137.2 倍，1953—2018 年平均增长速度达到 12.1%③，且略超过全国同期水平。改革开放之后，尤其是西部大开发以来，青海国民经济发展更加平稳协调。

新中国成立 70 周年以来，青海第一、第二、第三次产业结构不断优化升级，第一产业比重逐年下降，第二产业比重稳步提高，第三产业

---

① 青海经济信息网.走进青海［DB/OL］.［2019-06-08］.http：//www.qhei.org.cn/zjqh/zjqh_zrzy_slzy0.shtml.

② 李清源.青海解放 60 年藏族聚居区经济社会发展回顾与思考［J］.攀登，2009，28（5）：86.

③ 根据全国和青海历年统计年鉴整理，其中全国和青海地区生产总值增长倍数和增长水平均按当年价格计算；青海和全国 2018 年数据均来自 2018 年统计公报，后面不再一一标明。

比重持续提高，且在2017年超过第二产业，产业发展进一步优化升级。1950—2018年间，青海第一、第二、第三产业增加值分别由1950年的1.07亿元、0.09亿元和0.18亿元，增长到2018年的268.1亿元、1247.06亿元和1350.07亿元，三次产业产值分别增长了249.6倍、13855.2倍和7499.4倍；三次产业构成由1950年的79.6%、6.7%和13.4%分别转变为2018年的9.4%、43.5%和47.1%，青海产业结构更加优化升级。

第三，青海地方财力显著增强，城镇化水平持续提高。新中国成立70年以来，青海地方财政一直保持平稳增长，尤其是西部大开发以来，全省地方财政收支增长更加平稳。全省公共财政一般预算收入和一般预算支出分别从1952年的0.10亿和0.18亿元增长到2018年的272.87亿元和1647.5亿元，分别增长了2727.7倍和9151.7倍。1953年青海共有164.01万人，其中城镇人口为9.35万人，城镇化率仅为5.7%。到2018年，全省常住人口达到603.23万人，城镇常住人口达到328.57万人，常住人口城镇化率提高到54.47%。

第四，青海国内外贸易和金融市场等持续发展。青海全社会消费品零售总额从1950年的0.4亿元增长到2018年的835.6亿元，增长了1588倍。尤其是西部大开发以后，全社会消费品零售总额从2000年的100.3亿元，增长到2018年的835.6亿元，有效提升了各民族群众的获得感和幸福感。

改革开放之后，青海积极开展对外贸易，贸易总量持续增加，贸易结构不断优化。1978年青海进出口贸易总额为1064万美元，其中进口为988万美元、出口为76万美元，贸易逆差为912万美元；1980年首次实现贸易顺差为83万美元。2018年实现进出口贸易总额为69514万美元，其中进口为21156万美元，出口为47012万美元，实现贸易顺差为25856万美元。

金融行业的发展在青海省经济社会发展中的作用越来越重要。1951年全省存款余额和贷款余额分别仅有0.14亿元和0.04亿元，城乡居民储蓄存款仅有0.01亿元。2018年末全省各项存款余额为5754.66亿元，各项贷款余额为6582.44亿元，境内住户存款余额为2295.95亿元，全年全省实现原保险保费收入为87.66亿元。全省已形成了银行、证券、期货、保险等多种金融机构稳步协调发展的金融发展格局。2017年金融业增加值达到274.60亿元，占同期地区生产总值和第三产业的比重依次为10.5%和22.4%，金融业对经济增长的贡献率不断提高。

第五，青海70年居民收入增长和社会事业全面进步。新中国成立70周年以来，青海医疗、教育等社会民生事业蒸蒸日上。1952年，全省卫生机构和医疗机构分别仅有67家和28家，全省病床数仅有529张，卫生技术人员数仅有513人；2018年末全省卫生机构有6396个，床位有3.92万张，医疗卫生事业取得全面进步。1952年，青海全省没有高等学校，仅有7所中等职业学校、4所普通中学和1065所普通小学。2018年末，全省九年制业务教育巩固率达到96.9%，高中阶段毛入学率为88.0%。城乡医疗条件和办学条件的明显改善，有力提升了各族人民的生活质量和受教育水平。

新中国成立70周年以来，青海各族人民收入持续增加。1950年青海人均地区生产总值仅有88元，到2018年增长到47689元，比1950年增长了540.9倍。尤其是改革开放以来，城乡居民生活水平显著提高。全省城镇居民和农村居民可支配收入分别从1984年的685元和281元，增长到2018年的31515元和10393元，分别增长了45倍和36倍，全省居民生活消费水平和消费结构也发生了从贫困到小康的巨大转变。

青海贫困人口不断减少，减贫扶贫成就十分显著。2013年以来，青海累计减少贫困人口108.3万人，贫困发生率从2012年底的24.6%下降至2018年的2.5%，2018年全省实现17.6万贫困人口脱贫，贫困发生率由2017年的8.1%下降到年底的2.5%[1]。

第六，青海生态保护与环境建设取得了巨大成效，可持续发展能力持续增强。新中国成立70周年以来，青海生态环境质量不断改善，2018年末全省自然保护区有11个，自然保护区面积为21.78万平方千米，占全省面积的30%；森林覆盖率提高到7.26%。2006—2015年，青海万元地区生

---

① 青海省扶贫开发局.2019力争7.7万贫困人口全部"清零".人民网［DB/OL］.（2019-01-31）［2019-06-08］.http：//qh.people.com.cn/n2/2019/0131/c378418-32601564.html.

产总值能耗累计降低27%[①],但能耗依然高居全国第2。改革开放以来,制定实施"改革开放、治穷致富、开发资源、振兴青海"发展战略,不仅为青海经济持续增长提供了资源保障和能源保障,还推动了全省能源消费结构的不断优化。1980年,青海能源消费总量中,煤炭、石油、天然气和水电占比依次为63.5%、16.0%、0.4%和20.0%。到2017年,青海能源消费总量中,煤炭、石油、天然气和水电消费占比调整为32.1%、11.1%、15.7%和41.1%,其中天然气和水电等清洁能源占比高达56.8%;能耗增长和污染排放等也控制在约束范围内。

站在70年辉煌成就的新起点,青海未来发展也将面临更多的复杂性问题。如:全省总体经济社会发展水平处于社会主义初级阶段的较低层次,各方面与全国相比依然差距较大,脱贫攻坚任务依然艰巨;长期主要靠投资拉动经济增长的发展方式迫切需要转型;经济发展与生态保护的深层次矛盾依然尖锐;等等。为此,青海未来将继续全面深入贯彻落实科学发展观和新发展理念,继续弘扬和践行青海精神,把青海建设得更加和谐美丽。

回顾青海70年以来在国家支持政策、资源禀赋升级、经济持续增长、产业协调发展、加速城镇化以及贸易发展、金融发展、资源开发、环境保护和发展战略等方面的历程和成就,展望青海美好的未来,在科学发展观和新发展理念的指引下,青海各族人民将继续把青海建设得更加和谐美丽。这正是本书的目的和内容。

---

① "十一五"各地区节能目标完成情况表2011年第9号公告[DB/OL].(2011-06-10)[2019-06-08]. http://www.ndrc.gov.cn/zcfb/zcfbgg/201106/t20110610_417376.html,"十二五"各省(区市)节能目标完成情况2016年第27号公告[DB/OL].(2016-12-02)[2019-06-09]. http://www.ndrc.gov.cn/gzdt/201612/t20161202_829076.html.

第1章 青海70年国家支持政策

敖小芳[①] 王永莉[②]

1.1 引言

青海北部和东部与甘肃省相接,西北部与新疆维吾尔自治区相邻,南部和西南部与西藏自治区毗连,东南部与四川省接壤,是连接西藏、新疆与内陆的纽带,对西藏和新疆来说是其战略纵深地带和大后方基地,是全国支援西藏和新疆的重要"中转站"。古代历代帝王也视青海为"内华夏外夷狄"的缓冲地带,是控制藏地、抚喻"西域诸番"的前哨阵地。青海特别是格尔木市,是开发西藏资源的"桥头堡",是加强南疆与内地连接的又一枢纽。由此可见,青海既是国家稳藏固疆的战略要地,也是国家重要的战略资源接续储备地。另外,青海孕育了长江、黄河、澜沧江等大江大河,是我国主要河流的发源地和水源涵养区,是国家重要的生态安全屏障,在国家的战略格局中具有举足轻重的地位。

青海还是一个多民族聚集地区,2017年少数民族人口有285.49万人,占全省人口的47.71%,主要少数民族有藏族、回族、土族、撒拉族、蒙古族,占全省人口的比重依次为25.23%、14.78%、3.55%、1.93%、1.80%。

[①] 敖小芳,西南民族大学经济学院财政学专业硕士研究生。
[②] 王永莉,四川蒲江人,经济学博士,西南民族大学经济学院硕士生导师,主要研究方向为民族经济等。

青海虽地域广阔，物产丰富，但长期因历史进程、地理条件限制和技术落后等因素发展缓慢。若青海发展缓慢的局面一直得不到改善，将严重影响国家统一、民族团结和国防安全等。

地处西北边陲的青海，历来是多民族、多宗教、多经济形态的地区。历代王朝，无论是中央王朝还是在青海或青藏高原建国的地方王国，均遵照"从俗从宜"原则，在当地实行有利于本土的特殊政策，包括政治制度、经济政策、文化政策以及社会和法制等[①]，确保青海实现多元化的平衡稳定发展。

新中国成立以来，历代中央领导高度重视青海发展。1966年，中共中央总书记、国务院副总理邓小平视察青海；江泽民就任总书记后，曾先后三次到青海视察工作。2005年，中共中央总书记、国家主席、中央军委主席胡锦涛到青海考察工作。2016年，习近平总书记在青海考察，先后到海西、海东、西宁等地，深入企业、农村、牧区一线，与各级干部、企业员工、农牧民群众亲切交流、共话发展。

纵观青海70年建设历史，在历代中央领导的关怀和中央政策的持续支持下，青海经济社会发展实现了跨越式发展。本章接下来将从三个方面梳理全国对青海的持续支持政策，分别是改革开放前的"三线"建设、21世纪以来的西部大开发以及对口支援青海。青海通过制定和实施促进青海经济社会发展的一系列特殊支持政策，进一步缩短了青海与全国的发展距离，实现了青海经济建设和社会发展等各方面的跨越式发展。

1.2 "三线"建设时期的支持政策

"三线"建设从"文化大革命"之前的1964年开始酝酿决策，到20世纪70年代末基本结束，经历了15年左右的风雨历程，跨越了"三五""四五"以及"五五"三个五年计划。在近15年的"三线"建设

---

① 芈一之.历代对青海地区的特殊政策[J].西南民族大学学报（人文社会科学版），1990(5)：65.

中，国家在"三线"地区先后共建设起1000多个大中型工矿企业、科研单位和大专院校，形成了中国可靠的西部后方科技工业基地，初步改变了中国东西部经济发展不平衡的格局，带动了中国内地和边疆地区的社会进步。青海是"三线"建设时期我国西北地区的重要战略后方之一，通过"三线"建设全省经济社会发展取得了伟大成就，包括初步奠定了青海省现代工业基础，加快了青海省城镇化进程，初步改善了青海省交通基础设施，推动了青海省人口与人力资源的增长等。

1.2.1 "三线"建设的历程回顾

新中国成立以后，一直处在帝国主义的封锁、包围和战争的威胁下。20世纪60年代初期，我国面临的国际局势发生了急骤变化，周边政治环境空前紧张。为应付可能爆发的战争威胁，针对我国工业集中分布于沿海地区的不合理格局，党中央决定进行经济建设布局的重大战略调整。1964年5月，毛泽东同志在北京召开的中共中央"实现农业计划和第三个五年计划"的会议上首次提出"三线"建设的战略构想，即把全国划分为前线、中间地带和战略后方，分别简称为一线、二线和三线[1]。同年5月，中央召开政治局会议，提出将"三五"计划原定的指导思想由"解决吃穿用"转变为"加强国防建设"，加快"三线"建设。产业发展顺序也相应由原定的农轻重转变为重农轻。1965年10月召开的中共中央会议，同意"三五"计划的基本方针为"以国防建设第一，加快'三线'建设，逐步改变工业布局"。"三五"计划从吃穿用计划转变为备战计划，国家建设的中心由解决吃穿用转为备战，由此拉开了"三线"建设的序幕。

---

[1] 按照中国军事经济地理区划，我国沿海地区是第一线，包括沿海和边疆省区，如北京、上海、天津、辽宁、黑龙江、吉林、新疆、西藏、内蒙古、山东、江苏、浙江、福建、广东等。三线则是指长城以南、广东省韶关以北、京广铁路以西、甘肃乌鞘岭以东的广大地区，包括基本属于内地的四川、贵州、云南、陕西、甘肃、宁夏、青海7个省区及山西、河北、河南、湖南、湖北、广西等省区靠内地的一部分，共涉及13个省区。其中西南的云、贵、川和西北的陕、甘、宁、青为俗称"大三线"。相对于"大三线"，中部及沿海地区腹地俗称"小三线"。用今天的概念表述，"三线地区"基本上是指不包括新疆、西藏和内蒙古在内的中国中西部地区。介于一线、三线地区之间的中间地带就是二线地区。葛志强.青海省经济史[M].太原：山西经济出版社，2016：84.

青海省"三线"建设是按照中央对西北地区的总体规划建设开展的。1964年12月，中共中央西北局在陕西西安召开了西北地区迁厂工作和"三五"建设会议，明确了西北地区"三线"建设的总体安排，要求西北地区在1964年后的若干年内建立起一个工业基地和一个与工农业相适应的、比较完整的巩固可靠的战略后方。在这个总体设想下，从1965年3月青海省开始同步执行中央"三线"建设方针，并抓紧时间制定《青海省1966年国民经济计划纲要》，其中心任务是：积极备战，加强对"三线"建设的支援，大力发展农牧业生产，各行各业加强对农牧业的支援，集中人力、物力打好农牧业生产建设攻坚战，为实现第三个五年计划创造良好开端。青海省"三线"建设从1964年9月黑龙江齐齐哈尔第二机床厂内迁到西宁开始，到1973年最后一个机械工业企业完成内迁基本结束，共历时10年左右。迁入青海的工业企业集中分布在西宁市、大通县、乐都县三个地区，基本以机械、冶金、军工电子、基础化学为主。1965年3月开始，青海继续执行中央"三线"建设的方针，先后从上海、山东、黑龙江等地向青海迁建了一批以生产铣床、重型车床、量刃具和工具为主的制造企业；从河南、辽宁、天津等省市迁入了一批大型拖拉机、推土机、内燃机、工程机械制造企业；从北京、上海、河南、江苏等地迁入了一批电机、电器、轴承、精铝制品、标准件制造企业。此外，还从东北本溪钢铁公司钢厂搬迁部分设备和人员到青海建立了特种钢厂冶金部"五六"厂（后更名为西宁钢厂）。同期迁入的还有基础化工、军工兵器和有色金属冶炼、加工等工业企业[①]。

随着1973年援建青海省最后一个机械工业企业的迁入，"三线"建设在青海省的全面开展以及企业职工的大搬迁画上了句号，随之而来的是"三线"建设在青海省的填平、补齐、配套和收尾时期。尽管"二五"计划到"三五"计划期间，青海省经济发展出现波动，但"三线"建设并没有受到太大影响，基本完成了任务指标。据不完全统计，"三线"建设期间，青海省累计迁入轻工业、重工业企业共30余个（详见表1-1），随迁

---

① 翟松天，崔永红.青海经济史·当代卷［M］.西宁：青海人民出版社，2004：158.

设备共 2897 台（不包括军工企业，下同），职工共 13298 人。

表 1-1 "三线"建设时期青海内迁企业概况

迁建企业名称	分迁企业名称	迁入年份	随迁职工/人	迁入设备/台
1. 青海山川机床铸造厂	黑龙江齐齐哈尔第二机床厂	1964 年 9 月	625	223
2. 青海第一机床厂	黑龙江齐齐哈尔第二机床厂	1964 年 9 月	600	49
3. 西宁钢厂	辽宁本溪钢铁公司钢厂	1964 年	1259	384
4. 青海制药厂	—	1964 年	45	89
5. 青海齿轮厂	上海第二汽车齿轮厂、天津拖拉机厂、南昌齿轮厂	1965 年 3 月	449	173
6. 青海山鹰机械厂	—	1965 年 4 月	—	—
7. 青海第二机床厂	山东济南第一机床厂	1965 年 7 月	570	197
8. 青海工程机械厂	鞍山红旗拖拉机制造厂	1965 年 8 月	2800	297
9. 西宁工贸合营纸箱厂	—	1965 年 10 月	11	12
10. 西宁标准件厂	无锡标准件建厂和镇江标准件厂	1965 年 12 月	111	20
11. 青海光明化工厂	—	1965 年	1000	—
12. 青海黎明化工厂	—	1965 年	147	—
13. 青沪机床厂	上海老东机械厂	1965 年	1700	211
14. 青海重型机床厂	黑龙江齐齐哈尔第一机床厂	1966 年 2 月	838	122
15. 西宁呢绒时装厂	—	1966 年 2 月	66	44
16. 青海工具厂	洛阳拖拉机厂与开封安装处	1966 年 4 月	117	200
17. 青海第一木工厂	—	1966 年 4 月	43	—
18. 青海海山轴承厂	河南省洛阳轴承厂	1966 年 5 月	275	162
19. 青海机床锻造厂	山东济南第一机床厂	1966 年 7 月	37	129
20. 青海铸造厂	洛阳拖拉机制造厂	1966 年 8 月	976	196
21. 青海电动工具厂	沈阳电动工具厂和沈阳微电视厂	1966 年 8 月	259	10
22. 青海微电视厂	北京微电视厂和天津微电视厂	1966 年 11 月	296	154
23. 青海锻造厂	洛阳拖拉机制造厂	1966 年	340	—
24. 青海化工机械厂	北京五〇六厂、山西七六三厂	1966 年	—	—
25. 青海量具刃具厂	黑龙江省哈尔滨量具刃具厂	1966 年	150	95
26. 国营昆仑机械一厂	—	1970 年 5 月	—	—
27. 国营昆仑机械二厂	—	1970 年 5 月	—	—

续表

迁建企业名称	分迁企业名称	迁入年份	随迁职工/人	迁入设备/台
28.国营昆仑机械三厂	—	1970年5月	—	—
29.青海铝制品厂	—	1970年9月	308	112
30.青海柴油机厂	天津动力机厂	1970年	276	
合计	—	—	13298	2897

资料来源：翟松天，崔永红.青海经济史·当代卷［M］.西宁：青海人民出版社，2004：159-160.

注："—"表示数据缺失。

与此同期，青海省还先后新建了一大批地方国营、集体工业企业，包括青海农业机械厂、青海第一化肥厂、青海电化厂、青海综合电机厂（后更名为青海变压器厂）、青海水电设备制造厂、青海五七汽车配件厂（后更名为青海发动机厂）等。此外，中央第五机械工业部和青海省还组建了国营昆仑机械一厂、二厂、三厂以及山鹰机械厂和青海化工机械厂。

1.2.2 "三线"建设的成就总结

在全国"三线"建设的历史背景条件下，青海省积极响应国家"三线"建设的号召，迅速投身到这项宏伟工程的建设当中。虽然期间受到了"文化大革命"的干扰和破坏，但是在中共中央和国家领导人的重视和支持下，经过青海各族人民和外省市人民的大力支援，"三线"建设在青海全省取得了重大成就，初步奠定了青海省现代工业基础，加快了青海省城镇化进程，初步改善了青海省交通基础设施，推动了青海省人口与人力资源的增长等，总体上快速缩小了青海与全国的发展差距。

1.2.2.1 "三线"建设奠定了青海省现代工业基础

新中国成立以前，青海省的现代工业基本上是一片空白：虽然在省会西宁有"八大工厂"①之说，但是这些工厂基本上都为军事服务，且规模小，设备简陋。青海真正意义上的工业化是在新中国成立以后开始的。

---

① 民国时期在青海只有马步芳家族官僚资本建立起的几个工厂，被称为青海省八大工厂，即火柴厂、三酸厂、玻璃厂、制磷厂、洗毛厂、纺织厂（地毯厂）、皮革厂、修配厂。

新中国成立后，青海工业逐渐起步，但此时重工业并不是青海工业化的主导者。在人均收入水平不高的条件下，青海走的是首先发展轻工业的传统工业化道路。直到1958年，青海以轻工业为主的工业化道路被终结了。在大办工业的浪潮中，青海的重工业产值也在这一年首次超过了轻工业，并且从此这一趋势在青海的工业化道路中越来越突出。

在十余年的青海"三线"企业内迁时期，内迁企业与地方工业企业互相促进，共同实现了快速发展，为实现青海经济发展提供了人员、技术、智力等多方面支持。尤其是青海的国防工业在"三线"建设中先后建立了水中兵器、常规兵器、军用电子产品等6个军工企业，形成了具有一定规模的青海国防工业。此外，还先后试制生产了有线通信器材、高空测量仪、扬声器、家用电器、半导体制冷系列产品、太阳能系列产品、民用爆破器材等几十种民用产品[①]。

由于大量的内地机械加工企业内迁到青海，青海的机械工业总产值占到工业总产值的1/3左右，曾一度成为青海工业的主导产业。青海工业在"一穷二白"的初始条件下，通过几代"三线"建设人的不懈奋斗，创立了一批青海机械制造工业、化工工业、冶金工业及能源工业等现代工业企业，为青海的工业发展构筑了较为完善的工业体系，促进了青海省工业整体水平的提升，彻底改变了青海千年发展史上始终以农牧业为主体的经济结构状况，为改革开放以后青海各方面的发展奠定了重要的现代工业基础。

1.2.2.2 "三线"建设加快了青海省城镇化进程

新中国成立初期，青海省城镇化水平仅为5.6%，远低于全国其他地区。新中国成立以来，青海城镇化得到较大发展，尤其是"三线"建设时期。由于所处的地理位置，青海成为"三线"建设的重点区域之一。在十余年的时间里，形成数十座以资源为中心的新型城镇，例如：锡铁山镇是以锡铁山矿务局的设置而形成的；茫崖镇也是由于国家建材局茫崖石棉矿的建设而形成的；花土沟曾经荒无人烟，20世纪青海油田在这一地区建成

---

① 王娟.青海省"三线"建设述评［D］.兰州：西北师范大学，2013：37.

了主力油田,花土沟遂成为重要城镇。西宁市、格尔木市等城镇,为了适应"三线"建设工业发展的需要,市政基础设施建设力度加大,同时通信线路、运输管道等开始建设并迅猛发展。此外,"三线"建设期间,青海省城镇的空间布局由东部向西部、南部扩展,柴达木盆地、青南地区产生了一定数量的城镇,特别是柴达木盆地作为青海省资源富集区和青藏线穿越地带,城镇的发展更是迅速,城镇规模逐步扩大,城镇的职能结构也发生了很大转变,由单一商贸集散行政功能向多元化转向[①]。

1.2.2.3 "三线"建设初步改善了青海省交通基础设施

经过大规模的"三线"建设,青海省内的铁路、公路、民航运输业都有了迅猛发展,极其落后的交通基础面貌得到了初步改善,为青海进一步的资源开发、工业发展以及人们出行等提供了基本交通保障。新中国成立之前,青海省没有铁路运输和民航运输,公路运输也没有真正发展起来,牦牛和骆驼是当时主要的运输工具。1949年新中国成立时,在这片72万余平方千米的土地上,勉强可以通车的公路只有472千米,而且新中国成立前夕遭到严重破坏。到1975年,铁路营业里程为497千米(见表1-2),是1962年的2.5倍;公路通车里程总计为12979千米,是1949年的27.5倍;民用航空航线里程为4893千米,是1957年的26倍。

表1-2　1949—1975年青海铁路、公路、民航里程年末达到数　　单位:千米

年份	铁路营业里程	公路通车里程			民用航空航线里程
		合计	有路面里程	高级、次高级路面	
1949	—	472	290		—
1952	—	1346	547		—
1957		8259	4426		188
1962	198	15447	7293	132	1949
1965	198	11981	6643	182	1949
1970	409	12584	7244	367	1949
1975	497	12979	9141	1268	4893

资料来源:根据《新中国六十年统计资料汇编》相关资料整理所得。
注:"—"表示数据缺失。

---

① 王娟.青海省"三线"建设述评[D].兰州:西北师范大学,2013:46.

与此同时,青海省的邮电事业也得到了快速发展。新中国成立初期,全省邮电站仅有(所)44处,广大农村牧区还停留在驿站通信时代,且大部分地区是空白点。到1975年,邮电局已达234处(见表1-3),是新中国成立初期的5.3倍;邮电总长度为31362千米,是1962年的2.3倍,其中乡村邮路长度占邮路总长度的58.9%。

表1-3　1962—1975年青海邮电局所及邮路长度概览

年份	邮电局所/处	其中			办理电报业务的局所/处	办理电话业务的局所/处	邮路总长度/千米	乡村邮路长度/千米
		自办局所/处	设在城市/处	设在农村/处				
1962	176	160	76	100	114	90	13713	2986
1965	174	161	79	95	126	104	14125	2399
1970	210	203	77	133	146	126	31972	17497
1975	234	229	92	142	141	133	31362	18481

资料来源:根据《新中国六十年统计资料汇编》相关资料整理所得。

1.2.2.4　"三线"建设推动了青海省人口与人力资源的增长

"三线"建设期间,青海省总共接收从内地迁入或部分迁入的机械工业企业30余家和一批职工,迁建企业的迁入人口(含职工和家属)共14.03万人[①]。此外,1964年前后青海第二建筑公司与国家建工部七局二公司和七公司、冶金部四冶一公司、化工部第六建设公司等施工企业进驻青海,以上各建筑施工企业迁入青海的职工及随迁家属不少于4万人。据粗略计算,"三线"建设时期迁入青海的人口总数约为23.38万人。"三线"建设不仅给青海带来了先进的技术和优良的设备,更多的是相关技术人员的到来,也是外地劳动力对青海劳动力总量和素质的大补充,总体上实现了青海技术人员的快速增长,有效提升了青海人力资源的总量和素质。

"三线"建设是国家在特定历史背景下的一种战略行为,成就了颇具特色的工业文化,其工业遗产见证了"三线"建设工业化的进程。包括青海在内,在"三线"建设基础上构筑起来的新兴城市,其产业转型后的工

---

① 青海省地方志编纂委员会.青海省志·人口志[M].西宁:青海人民出版社,2001:52.

业遗产是城市更新中的一项重要内容。进入21世纪以来,"三线"建设城市产业结构转型面临着转型阵痛,面临着在改造中如何保护与再利用以及如何提升城市文化形象等困境。因此,必须深刻意识到"三线"建设工业遗产的价值及当代意义。另外,"三线"建设实践中形成的"三线"精神,是推动"三线"建设向前发展的精神动力,是当代青海高地精神建设的主要基石。

1.3 西部大开发战略的支持政策

改革开放之前,中央在区域经济发展问题上采取的是均衡发展战略,因而直到改革开放初期东西部经济发展水平差距不大,区域经济基本上是协调发展的。改革开放初期,按照邓小平"两个大局"[①]的思想,中央给予了东南沿海地区倾斜性的投资政策与开放政策,带动了东部经济的迅速发展,与西部之间的差距逐渐扩大。2000年,党中央和国务院从实现我国现代化战略的全局出发,作出了西部大开发的重大部署,目的在于缩小东西部经济差距,实现区域经济社会的协调发展,加快我国现代化的总体进程[②]。西部大开发以来,中央政府主要通过采取诸多扶持政策的方式不断促进西部地区快速发展,其主要依据至少有如下几点:一是西部开发所面临的一系列特殊问题需要通过政策扶持来解决;二是东西部不平等的竞争关系要靠政策来调整;三是市场机制存在局限性,单纯利用市场机制实施西部大开发是不全面的,在发挥市场机制作用的基础上需要特殊的倾斜政策进行调节;四是通过倾斜政策来开发落后地区是一条普遍规律,即使较发达的地区要实现超常规发展,也需要中央政策的支持等。

中央通过先后制定《国务院关于实施西部大开发若干政策措施的通

---

① 一个大局是沿海地区加快对外开放,较快地先发展起来,内地要顾全这个大局;另一个大局是,当发展到一定时期,即到20世纪末全国达到小康水平时,全国就要拿出更多力量帮助中西部发展,东部沿海地区也要服从这个大局。

② 白永秀.关于西部大开发中政策支持的几个问题[J].经济体制改革,2000(1):10.

知》和西部地区《"十五"西部开发总体规划》《西部大开发"十一五"规划》《西部大开发"十二五"规划》《西部大开发"十三五"规划》等规划和政策，系统解决了长期困扰西部地区发展的资金短缺问题、项目问题和政策问题等，整体加速了西部地区的大发展，有效缩短了西部地区与全国的发展差距。

西部大开发以来，在国家政策的大力支持下，青海率先开展宣传工作，积极推进各项建设工作稳步向前，取得了不朽的成绩。主要体现在：第一，发展速度明显加快，综合实力大幅提升；第二，基础设施不断加强，发展条件明显改善；第三，社会事业全面发展，公共服务水平明显提高；第四，城乡居民收入不断提高，生活水平明显改善；第五，生态保护成效显著，可持续发展能力得到增强。

1.3.1 西部大开发战略及其支持政策的历程回顾

由于历史和地域的原因，我国东西部之间的差距越拉越大。新中国成立后，特别是改革开放以后，这种差距呈现愈演愈烈的趋势。东西部地区发展差距的历史存在和过分扩大，是一个长期困扰中国经济和社会健康发展的全局性问题，给国家的可持续发展和长治久安带来了严重的影响。支持西部地区开发建设，实现东西部地区协调发展，是中国共产党领导经济工作的一条重要方针，也是我国现代化建设中的一项重要战略任务。党的十九大报告提出"实施区域协调发展战略"，并指出要"强化举措推进西部大开发形成新格局"。

第一，西部大开发战略的政策历程。关于西部大开发战略的思想由来，早在新中国成立初期，新中国第一代领导人毛泽东同志在著名的《论十大关系》中就强调要处理好沿海工业和内地工业的关系，这是西部开发思想的开始点。20世纪80年代，在中国改革开放和现代化建设全面展开以后，邓小平同志针对中国发展不平衡的特点，提出了"要顾全两个大局"的地区发展战略构想。1999年，江泽民同志在西安调研时就指出要研究好西部大开发战略。同年9月，党的十五届四中全会通过《中共中央关于国有企业改革和发展若干重大问题的决定》，西部大开发战略正式提出并开始实施。2000年10月,国务院将内蒙古和广西列入实施西部大开发战略的区域之中,至此该战略包括西部12个省(区、市):内蒙古、广西、重庆、四川、贵州、云南、西藏、陕西、甘肃、青海、宁夏、新疆(见表1-4)。

表1-4 西部大开发战略历程和重要政策部署

年份	主要内容
1999年	通过《中共中央关于国有企业改革和发展若干重大问题的决定》,西部大开发战略提出并正式开始
2000年	组建西部地区开发领导小组,发布《国务院关于实施西部大开发若干政策措施的通知》(国发〔2000〕33号)
2001年	发布《国务院办公厅转发国务院西部开发办关于西部大开发若干政策措施实施意见的通知》(国办发〔2001〕73号)
2002年	出台《"十五"西部开发总体规划》
2004年	发布《国务院关于进一步推进西部大开发的若干意见》(国发〔2004〕6号)
2006年	原则通过《西部大开发"十一五"规划》
2010年	西部23项重点工程列入国家重点扶持计划
2010年	发布《中共中央 国务院关于深入实施西部大开发战略的若干意见》(中发〔2010〕11号)
2011年	发布《财政部 国家税务总局 海关总署关于深入实施西部大开发战略有关税收政策问题的通知》(财税〔2011〕58号)
2012年	发布《西部大开发"十二五"规划》
2012年	发布《关于深入实施西部大开发战略有关企业所得税问题的公告》(国家税务总局公告2012年第12号),为西部大开发新一轮的税收优惠政策提供可行的依据
2013年	颁布《中西部地区外商投资优势产业目录》,鼓励目录中优势产业的发展
2017年	国务院批复同意《西部大开发"十三五"规划》
2019年3月	通过《关于新时代推进西部大开发形成新格局的指导意见》

资料来源:①中国政府网.李克强主持召开会议审议通过西部大开发十三五规划并强调增内生动力 促民生改善 在改革开放创新中推动西部持续健康发展[EB/OL].(2018-11-25)[2019-06-08]. http://xbkfs.ndrc.gov.cn/gzdt/201612/t20161226_832671.html. ②马旭.民族八省区西部大开发战略实施效果分析[D].兰州:西北民族大学,2015:13.

2000年以来,西部大开发战略不断持续向前推进。《"十五"西部大开发总体规划》指出,实施西部大开发,要坚持从实际出发,积极进取,量力而行，充分做好长期艰苦奋斗的思想准备；统筹规划，科学论证，按客观规律办事，把开发的主要任务落到实处；突出重点，分步实施，抓住关键环节和主要矛盾，集中力量解决关系全局的重大问题；深化改革，扩大开放，依靠制度创新和科技创新，有效地推进西部大开发。同时，"十五"期间，西部大开发主要任务集中在突出抓好基础设施建设、生态建设和环境保护、产业结构调整、发展科技教育等重点任务，集中力量在水利、交通、通信、能源、市政、生态、农业、科技、教育和农村基础设施等方面建设一批具有明显带动作用的重点工程，扎扎实实地推进西部大开发。

"十一五"期间，西部大开发步伐继续加快。《西部大开发"十一五"规划》明确提出，"十一五"期间，总体目标为经济又好又快发展，人民生活水平持续稳定提高，基础设施和生态环境建设实现新突破，重点地区和重点产业的发展达到新水平，基本公共服务均等化取得新成效，构建社会主义和谐社会迈出扎实步伐。

"十二五"时期，西部大开发再上一个新台阶。《西部大开发"十二五"规划》提出，按照中央关于新形势下深入实施西部大开发的战略部署，以科学发展为主题，以加快转变经济发展方式为主线。更加注重基础设施建设，着力提升发展保障能力；更加注重生态建设和环境保护，着力建设美好家园和国家生态安全屏障；更加注重经济结构调整和自主创新，着力推进特色优势产业发展；更加注重社会事业发展，着力促进基本公共服务均等化和民生改善；更加注重优化区域布局，着力培育新的经济增长极；更加注重体制机制创新，着力扩大对内对外开放，推动西部地区经济社会又好又快发展，为实现全面建设小康社会目标打下坚实基础。

"十三五"时期，国家进一步推进西部大开发，努力开创西部发展新局面。《西部大开发"十三五"规划》明确提出，国家要全面推进"一带一路"建设、京津冀协同发展、长江经济带发展，有利于西部地区加快向西开放步伐，提升对外开放水平，深度融入世界经济体系；深入实施创新驱动发展战略，有利于西部地区积极培育和承接先进产能，提高产业层次；加快推进以人为核心的新型城镇化进程，有利于西部地区破解城乡二元结构,实现城乡协调发展;大力实施脱贫攻坚工程,有利于西部地区切实打赢脱贫攻坚战;加快生态文明建设、推进形成主体功能区,有利于西部地区巩固国家生态安全屏障。

第二,西部大开发支持政策概述。早在2001年8月28日《关于西部大开发若干政策措施的实施意见》(国办发〔2001〕73号)中,中央就构建了促进西部大开发的政策顶层设计。具体包括如下支持政策:

(1)加大建设资金投入力度,提高中央财政性建设资金,包括中央基本建设投资资金、建设国债资金用于西部地区的比例等。

(2)加大财政转移支付力度,包括加大对西部地区特别是民族地区(指民族自治区、享受民族自治区同等待遇的省和非民族省份的民族自治州)一般性转移支付的力度、中央对地方专项资金补助向西部地区倾斜、中央财政扶贫资金重点用于西部贫困地区、实施天然林保护工程和开展退耕还林还草试点工作等。

(3)加大金融信贷支持,包括加大对西部地区基础设施建设的信贷投入、扩大以基础设施项目收益权或收费权为质押发放贷款的范围、增加农业和生态建设的信贷投入、运用信贷杠杆支持经济结构及产业结构调整等。

(4)实行税收优惠政策,对设在西部地区国家鼓励类的内资企业和外商投资企业,2001—2010年,减按15%的税率征收企业所得税等。

(5)优先安排建设项目。

(6)实行土地使用优惠政策。

(7)实行矿产资源优惠政策。

(8)推进地区协作与对口支援。

(9)吸引和用好人才,增加教育的投入,发挥科技的主导作用。

(10)大力改善投资软环境,扩大外商投资领域,大力发展对外经济贸易等。

此后,中央根据西部大开发战略实施的实际变化情况,对具体政策不断进行调整,进一步完善了包括国家政策扶持机制、金融服务支持机制、企业发展激励机制、资源合理开发机制、政府协调服务机制和规划有效实施机制等全方位政策支持体系，有效保障了西部大开发的顺利实施。西部大开发中这些支持政策的重点任务是：加快基础设施建设；加强生态环境保护和建设；巩固农业基础地位，调整工业结构，发展特色旅游业；发展科技教育和文化卫生事业。

在国家政策的大力支持下，青海省各族人民认真贯彻西部大开发的方针政策和战略部署，紧紧围绕青海省各个五年规划和年度计划目标任务，结合特殊省情实际，稳步推进各项工作。一方面，宣传工作率先开展。西部大开发战略实施以来，青海省内各媒体把西部大开发工作列为重点宣传对象，正确把握舆论导向，精心策划，制订方案，陆续开设相关广播、电视栏目，以论坛、大型专题、访谈、评论等多种形式，以不同的视角，从经济发展、基础建设、生态环境、特色产业、社会事业、新农村建设等方面，全面宣传实施西部大开发的重大现实意义和重大历史意义，为深入实施西部大开发战略营造了良好的舆论氛围，提供了有力的舆论支持[1]。另一方面，全省上下积极组织扎实推进。西部大开发战略实施以来，青海省委、省政府认真贯彻落实中央的决策和部署，先后出台了《青海省人民政府关于鼓励省外投资者来青投资的若干规定》《青海省关于改善投资环境保护投资者合法权益的暂行规定》《青海省实施西部大开发战略若干政策措施》等文件，积极推进了青海省西部大开发的深入开展。2010年以来，在省委、省政府的正确领导下，各单位认真贯彻落实中央《关于深入实施西部大开发战略的若干意见》，省委、省政府又相继出台了《关于深入实施西部大开发战略的政策意见》《青海省实施西部大开发战略重要政策措施衔接落实工作分工方案》《关于深入实施西部大开发战略政策意见的实施细则（试行）》《贯彻落实〈省委省政府关于深入实施西部大开发战略的政策意见〉责任分工方案》等重要文件[2]，进一步巩固西部大开发战略实施的成果。

---

[1] 全国政协文史和学习委员会．亲历西部大开发·青海卷［M］．北京：人民出版社，2016：2．
[2] 全国政协文史和学习委员会．亲历西部大开发·青海卷［M］．北京：人民出版社，2016：3．

1.3.2 西部大开发支持政策下青海的主要成就分析

党中央实施西部大开发提供的一系列特殊支持政策，为西部地区全面发展带来了千载难逢的历史机遇。青海作为中国西部地区重要的多民族省区，认真贯彻落实西部大开发的各项方针政策，在经济建设和社会事业方面取得了令人鼓舞的重大成就，包括发展速度明显加快、基础设施不断加强、社会事业全面发展、城乡居民收入不断提高、可持续发展能力显著增强等。

1.3.2.1 经济发展速度明显加快，综合实力大幅提升

中央对西部地区持续的财政转移支付政策和结构性减税等财政政策，以及保持货币信贷快速增长和扩大直接融资规模等货币信贷政策，推动了青海经济发展水平快速增长，地方财政实力也明显增强。一方面，全省经济持续快速增长。青海地区生产总值（按当年价格计算，下同）由 2001 年的 300.1 亿元增加到 2018 年的 2865.2 亿元，年均增长了 14.2%，高于 1949—2000 年 11.1% 的平均增速。人均 GDP 由 2001 年的 5774 元增加到 2018 年的 47689 元，增长了 7.3 倍。此外，如表 1-5 所示，青海人均 GDP 占全国水平的比重总体呈增长趋势，说明人均 GDP 和全国水平的差距在不断缩小，部分实现了区域协调发展。

表 1-5 西部大开发以来青海 GDP 和人均 GDP 增长概览

年份	GDP			人均 GDP		
	青海/亿元	全国/亿元	青海占全国比重/%	青海/元	全国/元	青海占全国比重/%
1999	239.4	90564.4	0.26	4728	7229	65.40
2000	263.7	100280.1	0.26	5138	7942	64.69
2001	300.1	110863.1	0.27	5774	8717	66.24
2002	340.7	121717.4	0.28	6478	9506	68.15
2003	390.2	137422.0	0.28	7346	10666	68.87
2004	466.1	161840.2	0.29	8693	12487	69.62
2005	543.3	187318.9	0.29	10045	14368	69.91
2006	648.5	219438.5	0.30	11889	16738	71.03
2007	797.4	270232.3	0.30	14507	20505	70.75
2008	1018.6	319515.5	0.32	18421	24121	76.37

续表

年份	GDP			人均 GDP		
	青海/亿元	全国/亿元	青海占全国比重/%	青海/元	全国/元	青海占全国比重/%
2009	1081.3	349081.4	0.31	19454	26222	74.19
2010	1350.4	413030.3	0.33	24098	30876	78.05
2011	1670.4	489300.6	0.34	29522	36403	81.10
2012	1893.5	540367.4	0.35	33181	40007	82.94
2013	2122.1	595244.4	0.36	36875	43852	84.09
2014	2303.3	643974.0	0.36	39671	47203	84.04
2015	2417.1	689052.1	0.35	41252	50251	82.09
2016	2572.5	743585.5	0.35	43531	53935	80.71
2017	2624.8	827121.7	0.32	44047	59660	73.83
2018	2865.2	900309.0	0.32	47689	64644	73.77

资料来源：根据《青海统计年鉴2018》和《中国统计年鉴2018》相关资料整理和计算所得，其中2018年数据来自统计公报。

另一方面，财政收支屡创新高。如表1-6所示，青海财政一般预算收入由2001年的32.56亿元提高到2018年的448.58亿元，年平均增速为16.7%，总量增长了近13倍。一般预算支出由2001年的101.3亿元提高到2018年的1647.45亿元，年平均增速为17.8%，总量增长了15倍之多。尤其是"十一五"以来，财政支出主要偏重于事关民生的一般公共服务、农业、社会保障与就业、教育、医疗、环境保护等方面，进一步促进了青海省经济社会的全面协调发展。

表1-6 西部大开发以来青海省财政收支增长情况

年份	一般公共预算收入/亿元	地方一般公共预算收入/亿元	国家财政补贴及其他收入/亿元	一般公共预算支出/亿元	财政自给率/%
1999	23.04	14.17	52.54	55.72	25.43
2000	26.09	16.58	64.72	68.26	24.30
2001	32.56	19.82	108.55	101.30	19.57
2002	38.14	21.10	120.56	118.73	17.77
2003	43.69	24.04	118.50	122.04	19.70

续表

年份	一般公共预算收入/亿元	地方一般公共预算收入/亿元	国家财政补贴及其他收入/亿元	一般公共预算支出/亿元	财政自给率/%
2004	51.29	27.00	139.39	137.34	19.66
2005	63.39	33.82	184.78	169.75	19.92
2006	83.04	42.24	224.70	214.66	19.68
2007	110.47	56.71	284.39	282.20	20.10
2008	136.51	71.57	375.04	363.60	19.68
2009	166.46	87.74	509.68	486.75	18.03
2010	204.97	110.22	752.03	743.40	14.83
2011	270.40	151.81	965.67	967.47	15.69
2012	319.69	186.42	1120.41	1159.05	16.08
2013	368.56	223.86	1143.89	1227.89	18.23
2014	385.47	251.68	1277.80	1347.43	18.68
2015	381.14	267.13	1559.76	1515.16	17.63
2016	360.05	238.51	1667.04	1524.80	15.64
2017	408.70	246.20	1654.15	1530.44	16.09
2018	448.58	272.87	—	1647.45	16.56

资料来源：根据《青海统计年鉴2018》相关资料整理和计算所得，其中2018年数据来自统计公报。

注：财政自给率等于地方一般公共预算收入与一般公共预算支出的比值。"—"表示数据缺失。

  与此同时，自西部大开发实施以来，国家对青海的资金投入不断增加，财政转移支付等支持力度不断加大。仅从国家对青海财政补贴方面而言，从图1-1和表1-6不难看出，从2001年开始，国家财政补贴明显增多，年均增速达到了18.6%，比1957—2000年的平均增速高出8.4%。同期，青海财政自给率呈显著下降趋势，尤其是2001年，比2000年降低4.7%。各省、直辖市、自治区执行报告统计显示，2017年，财政自给率超过80%的地区，仅有上海（88.01%）和北京（83.04%）；70%~80%之间的省份有浙江（77.07%）、江苏（76.93%）、广东（75.22%）、天津（70.38%）；超过50%的省份有3个，分别是山东（65.88%）、福建（59.52%）、重庆（51.93%）；其余22个省份的财政自给率均未超过50%，其中自给率在40%~50%的省份有11个，30%~40%的省份有7个，黑龙江、甘肃、青海、西藏的自给率较低，分别为26.79%、24.66%、16.09%、11.05%。由此可见，除西藏以外，青海是全国财政自给率最低的省份，比全国财政自给率平均水平52.31%低了36.22个百分点，比财政自给率最高的上海低了71.92个百分点。

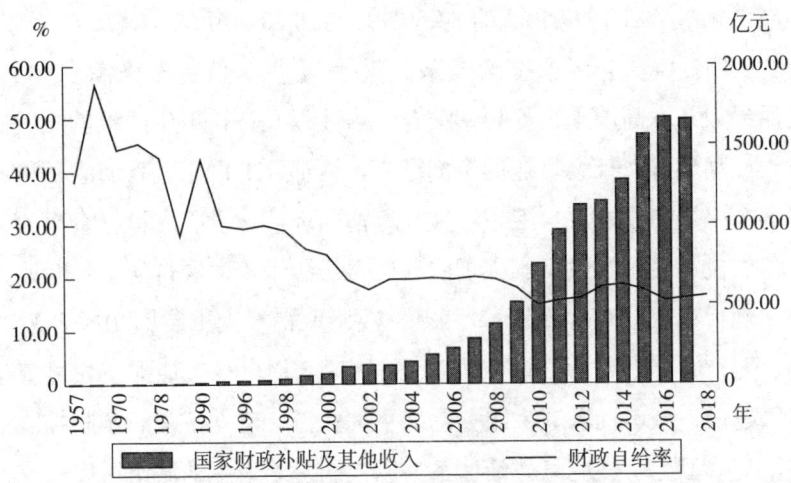

图1-1　1957—2018年青海主要年份国家财政补贴和财政自给率变动趋势

资料来源：根据历年青海统计年鉴整理和简单计算所得。

1.3.2.2　基础设施不断加强，发展条件明显改善

包括固定资产投资、重大基础设施项目建设以及调整和优化产业结构等产业发展政策，整体上促进了青海发展基础和发展能力的持续加强。西部开发以来，青海省大力实施基础设施优先战略，一大批建设项目相继建成并投入使用，有效缓解了经济社会发展的"瓶颈"制约。交通基础设施迅猛发展，高速公路从无到有，举世瞩目的青藏铁路全线建成通车，兰青铁路复线、支线铁路、资源开发铁路建设取得积极进展。全省公路、铁路、航空里程持续增加，截至2018年，公路通车里程共82135千米，其中高速公路共3328千米，铁路营业里程共2299千米，民航航线里程共145736千米。据悉，"十三五"末，青海省综合交通运输网络基本形成布局合理、优势互补、外通互补、外通内畅的"两横三纵两枢纽"的格局。全国第一个750千伏输变电工程建成并安全稳定运行，完成了农村电网建

设与改造工程，2002年在全国率先实现了城乡电网同网同价；新能源建设取得积极进展，先后建成了一批水利骨干项目，城乡经济社会发展的保障能力进一步提高。加大了通信设施的建设力度，边远地区通信难问题得到缓解。集中实施了一批城镇道路、供排水、垃圾处理、集中供热、重点城镇防洪等项目，城镇综合服务功能明显提高，城镇带动和辐射功能得到增强，城镇化水平由1999年底的34.59%提高到2018年的54.47%。

1.3.2.3 社会事业全面发展，公共服务水平明显提高

西部大开发高度重视科技、教育、人才以及文化卫生建设的相关支持政策，推动了青海社会事业的全面进步。西部开发以来，青海省积极筹措建设资金，加强了教育、卫生、文化等薄弱环节建设，一批社会事业项目相继建成投入使用。组织实施了农牧区寄宿制学校、农村初中校舍改造和中小学现代远程教育等项目；"两基"攻坚取得重大进展，2010年底，全省46个县全部实现"两基"，人口覆盖率达到100%。加强了农村卫生服务体系建设，城市社区卫生服务网络更加完善，建立了疾病预防控制体系和突发公共卫生事件应急救治体系，以大病统筹为主的城镇居民医疗保险全面铺开，卫生医疗普遍服务水平显著提高。城镇职工养老保险不断完善，农村居民最低生活保障制度保障水平不断提高，社会保障体系不断健全。2018年末，全省享受城镇最低生活保障人数为7.66万人，最低生活保障标准为6000元/年；享受农村最低生活保障人数为30.00万人，最低生活保障标准为3700元/年。加强了文化、广播电视、体育设施建设，重点实施了青海科技馆、青海大剧院、州县乡（镇）级文化馆、体育馆、图书馆、农牧区电影放映工程、"西新"工程和"村村通"等一批文体设施建设项目，全省广播、电视综合人口覆盖率分别由1999年的59%和82%提高到2018年的98.6%和98.7%。

1.3.2.4 城乡居民收入不断提高，生活水平明显改善

西部开发以来，城乡居民收入不断提高。城镇居民人均可支配收入由1999年的4703元提高到2018年的31515元，农村居民人均可支配收入由1999年的1486元提高到10393元，并且与全国农村居民人均可支配收入差距在逐渐缩小（详见表1-7）。扶贫开发工作力度进一步加大，2017年

青海省水利部门围绕脱贫攻坚目标，通过新建、改建、配套、联网等综合措施，巩固提升全省562个贫困村，10万贫困人口达到饮水安全水平，超额完成年度脱贫攻坚涉水目标任务。据青海省医保局透露，2019年将农村贫困人口全部纳入基本医保、大病保险和医疗救助范围，做到了农村贫困人口医疗保障制度全覆盖。城乡居民消费能力显著提高，消费结构优化，恩格尔系数大幅降低。2018年底，青海全体居民人均生活消费支出为16557元，其中城镇常住居民人均生活消费支出为22998元，农村常住居民人均生活消费支出为10352元。全省社会消费品零售总额由1999年的75.2亿元提高到2017年的839.0亿元，增长了10.16倍。

表1-7 西部大开发以来青海城乡居民人均可支配收入增长概览

年份	城镇居民人均可支配收入			农村居民人均可支配收入		
	青海/元	全国/元	青海占全国比重/%	青海/元	全国/元	青海占全国比重/%
1999	4704	5854	80.36	1486	2210	67.24
2000	5170	6280	82.32	1490	2253	66.16
2001	5854	6860	85.33	1611	2366	68.08
2002	6504	7703	84.43	1711	2476	69.10
2003	6732	8472	79.46	1817	2622	69.31
2004	7320	9422	77.69	2005	2936	68.28
2005	8058	10493	76.79	2165	3255	66.52
2006	9000	11760	76.53	2358	3587	65.75
2007	10276	13786	74.54	2684	4140	64.82
2008	11648	15781	73.81	3061	4761	64.30
2009	12692	17175	73.90	3346	5153	64.93
2010	13855	19109	72.50	3863	5919	65.26
2011	15603	21810	71.54	4608	6977	66.04
2012	17566	24565	71.51	5364	7917	67.76
2013	19499	26467	73.67	6196	9430	65.71
2014	22307	28844	77.34	7283	10489	69.44
2015	24542	31195	78.67	7933	11422	69.46
2016	26757	33616	79.60	8664	12363	70.08
2017	29169	36396	80.14	9462	13432	70.44
2018	31515	39251	80.29	10393	14617	71.10

资料来源：根据2000—2018年青海省国民经济和社会发展统计公报及简单计算所得。

1.3.2.5 生态保护成效显著，可持续发展能力得到增强

西部开发高度重视生态环境保护和实施生态环境建设重大工程等，增强了青海的可持续发展能力。西部大开发以来，青海在大力发展国民经济和各项社会事业的同时，开始重视加强生态环境治理。先后组织实施了退耕还林（草）、退牧还草、"三北"防护林、天然林保护、水土保持、自然保护区建设等重点生态工程，三江源自然保护区生态保护和建设工程进展顺利。2018年青海共完成三江源二期工程投资为9.2亿元，超额完成了年度目标任务。青海省还主要实施了黑土滩治理、人工造林、封沙育草、湿地保护、草原有害生物防控、林业有害生物防控、生态畜牧业基础设施建设、林木种苗基地建设、生态监测、培训与宣传等项目。截至2018年末，全省自然保护区有11个，面积为21.78万平方千米，其中国家级自然保护区有7个，面积为20.74万平方千米。森林面积为520.9万公顷，森林覆盖率由1999年的3.1%提高到7.26%。湿地面积为814.36万公顷，其中自然湿地面积为800.1万公顷。国家重点公益林管护面积为496.09万公顷，天然林保护面积为367.82万公顷。全年全民义务植树共2497万株，当年治理水土流失面积为485平方千米，造林面积为27.07万公顷。全年市（州）政府所在地城镇空气质量优良天数比重为90.9%。

1.3.3 深入推进西部大开发的支持政策展望

实践充分证明，中央实施西部大开发战略的重大决策是完全正确的，采取的一系列政策措施是卓有成效的。但我们也应清醒地看到，由于自然、历史等多方面原因，青海经济总量小、产业结构不合理、基础设施落后、生态环境脆弱等问题仍然比较突出，应继续深入推进西部大开发战略，对各项行之有效的政策应当持续不断，促进青海国民经济和社会事业全面持续发展。

深入推进西部大开发，青海省可能在以下四个方面要着重考虑。第一，在大力发展特色优势农业方面，青海省具有发展现代农业和特色优势农业的良好基础，着力构建现代农业产业体系，加快形成资源利用高效、生态系统稳定、产地环境良好、产品质量安全、地域特色突出的农业

发展新格局,促进农民持续增收。第二,在完善基础设施网络方面,基础设施建设仍然是青海发展的薄弱环节,继续加强交通、水利、能源、通信等基础设施建设,着力构建综合运输大通道,强化设施管护,加快建设结构优化、功能配套、安全高效的现代化基础设施体系,提升基础保障能力和服务水平。第三,在增加公共服务供给方面,改善民生是一切工作的出发点和落脚点,既是发展的薄弱环节,又是可以有所作为的领域,在提升国民教育质量、健全社会保障制度、提高群众健康水平、丰富群众文化体育生活、创新社会治理机制等领域集中力量办一批群众看得见、摸得着的实事。第四,在筑牢国家生态安全屏障方面,坚持守住发展和生态两条底线,既要利用好金山银山,又要保护好绿水青山,同时加快完善生态文明制度建设,加大生态环境保护力度,促进能源资源节约集约循环利用,完善防灾减灾救灾体系。

2019年3月,中央全面深化改革委员会审议通过《关于新时代推进西部大开发形成新格局的指导意见》[①],推进西部大开发形成新格局,要围绕抓重点、补短板、强弱项,更加注重抓好大保护,从中华民族长远利益考虑,把生态环境保护放到重要位置,坚持走生态优先、绿色发展的新路子。要更加注重抓好大开放,发挥共建"一带一路"的引领带动作用,加快建设内外通道和区域性枢纽,完善基础设施网络,提高对外开放和外向型经济发展水平。要更加注重推动高质量发展,贯彻落实新发展理念,深化供给侧结构性改革,促进西部地区经济社会发展与人口、资源、环境相协调。

1.4 对口援青的支持政策

由于特殊的自然、历史、区位和基础条件等因素制约,青海经济社会发展严重落后于全国和东部省份,靠自身发展很难赶上国家发展的整体步

---

① 中国政府网.习近平主持召开中央全面深化改革委员会第七次会议[EB/OL].(2019-03-19)[2019-06-08]. http://www.gov.cn/xinwen/2019-03/19/content_5375140.html.

伐。早在改革开放之初的1980年，党中央高瞻远瞩，开始重视利用发达省市的力量，如山东和辽宁等，率先加大对青海经济社会发展的特殊支持，对口帮扶青海进入积极探索期。各发达省市的帮扶以及国家西部大开发战略的实施，使得青海经济社会面貌发生了巨大变化，但青海与全国的差距还在拉大，其中城乡居民人均可支配收入与全国平均水平差距尤为明显（见表1-7）。为全面推动青海经济社会发展，2010年召开的中央第五次西藏工作座谈会上，党中央作出了对口支援青海藏区的决策部署。此后，对口援青战略正式形成并不断发展，对口援青力度持续加大。从援助青海探索时期到对口援青正式机制的形成进程中，青海接受了来自中央和发达地区的诸多资金、建设项目、产业发展、专业人才和科技医疗教育等全方位的支持，全面带动和促进了青海经济社会的快速发展，部分增强了青海的自我发展能力，加速了青海藏区脱贫攻坚进程。

1.4.1 对口援青政策的演化历程回顾

1.4.1.1 积极探索时期（1980—2009年）

在2010年第五次西藏工作会议正式提出对口援青的决策部署之前，早在改革开放之初，党中央带领部分发达省市、中央国家机关、中央企业、社会团体以及各界人士很早就对青海省的经济社会发展给予了诸多关注和帮扶（见表1-8）。其中，辽宁省成为支援大军中的主力军。根据党中央、国务院的部署，辽宁省从1996年成立了对口支援青海工作领导小组并着手开展对口帮扶青海省工作。辽宁省各级政府对此项工作高度重视，采取两省本级、各市与贫困县结对子方式开展对口帮扶工作。2007年9月，辽青两省政府签订了《关于进一步开展对口帮扶扩大合作协议》，辽宁省在财力允许的情况下，逐年增加帮扶资金。从2007年开始，辽宁省本级帮扶资金在上一年的基础上每年递增10%，加大了帮扶力度。2007年，辽援项目发挥了在整村推进、异地扶贫等项目中的示范带动作用。在青海省湟中县4个乡镇的8个贫困村实施了"整合资金、整体推进、产业带动、连片开发"的试点项目，从改善基础设施条件和村容村貌、创新扶贫开发模式、扶持生产经营性项目、发展特色优势产业等方面进行了高起点设计，综合治理。该试点项目为推进青海省整村推进项目由单村独户分散式向规模化生产、集约化经营、产业化发展模式转变闯出了成功之路。2009年12月，辽宁省卫生厅与青海省卫生厅签署两省对口支援协议，明确了双方的责任与义务。2010年，青海省和辽宁省协商确定将13个市1个企业的对口帮扶地区调整至西宁和海东地区，使辽青扶贫协作再上新台阶。

表1-8 1980—2009年主要支援方对青海发展的帮扶情况

时间	主要内容
1980年9月16日	初步商定，山东支援青海的项目共计57项，其中工业方面28项，基建方面5项，农牧方面8项，财贸方面2项，文教卫生体育方面12项，科技方面2项
1984年12月8日	湖北省、辽宁省和武汉市、沈阳市对口支援青海省
1986年8月15日	青海省人民政府与山东经济代表团签订《关于对口支援暨经济技术协作协议书》
1997年4月16日	形成了《辽宁、青海两省党政领导会商纪要》，确定由辽宁10个市和3个大型企业对口帮扶青海省的14个国定贫困县
2000年11月10日	与辽宁省签订合作协议，并决定第三轮（2001—2002年）帮扶协作，以改变贫困地区基本生活条件为重点，向多层次、多渠道、多形式的经济技术合作方向发展
2005年7月19日	辽宁省政府组成的对口帮扶和青海省有关州地县部门的领导聚焦西宁，共商辽青对口帮扶工作大计
2007年5月28日	清华大学、西北农林科技大学、中国地质大学三所高校对口支援青海大学协议书签字仪式在青海大学举行
2007年8月14日	中国石油天然气股份有限公司青海油田分公司支持青海新农村建设捐赠仪式在西宁举行，青海油田分公司负责人向西宁、海西、黄南、海东等地代表捐赠900万元，支持11个村的新农村建设
2007年11月27日	中国建设银行资助贫困高中生成长计划青海地区捐赠活动在西宁正式启动
2008年2月26日	兰州军区向青海省雨雪冰冻灾区捐款仪式在西宁举行
2008年6月20日	清华大学对口支援青海大学工作会议在西宁召开，表示一如既往地给予青海大学最大的帮助和支持
2008年7月30日	全国工商系统对口支援青海藏区工商行政管理工作座谈会在西宁召开
2008年8月11日	国家教育部援助青海省的中小学教师培训计划启动仪式在青海师范大学举行

续表

时间	主要内容
2008年12月27日	国家教育部、财政部等部门拨专款近6亿元支持青海省藏区教育事业发展
2009年1月7日	上海"爱的"教育研究会向青海省贫困地区中小学捐赠物品的发放仪式在西宁举行
2009年2月27日	北京十大医院帮扶青海省医疗卫生工作座谈会在北京召开,双方就充分利用优良卫生资源等达成广泛共识
2009年4月12日	兰州军区捐赠340万元,援建循化撒拉族自治县文都乡藏文小学
2009年5月5日	北京市政府向青海省高校捐赠7000台电视机仪式在青海民族大学举行
2009年8月4日	中国医药卫生事业发展基金会、北京市崇文区人民政府支持援助青海省医疗卫生建设项目在西宁正式启动
2009年8月6日	著名慈善家李春平向青海省捐赠总价值260万元的16辆警务用车和100万元善款仪式在省公安厅举行
2009年10月27日	由中国作家协会、中国烟草总公司、中华文化基金会等单位共同发起的"育才图书室工程"捐赠仪式在湟中县鲁沙尔镇举行

资料来源:根据相应年份青海大事记整理所得。

1.4.1.2 形成并发展时期(2010年至今)

2010年,中央召开第五次西藏工作座谈会,制定出台了一系列支持青海藏区经济社会发展的政策措施文件,并建立了对口援青工作机制。中央确定13家央企对口帮扶青海藏区13个县、4家央企援建玉树灾区,为推动青海跨越发展提供了新的历史机遇。2011年,国家发展改革委印发了《关于开展对口支援青海省藏区经济社会发展工作的指导意见》,明确了援青目标和任务。党的十八大以来,对口援青工作力度进一步加大。2012年,国务院进一步明确了六省市援青资金比例及递增幅度,财政部核定了2012年六省市援青资金规模为9.67亿元,制定了资金管理办法。同年,中组部出台《对口支援西藏干部和人才管理办法》(援青干部参照执行)。青海省相应制定出台援青干部管理办法和援青资金管理办法,国家和省级层面对援青资金、干部、人才的制度性保障进一步健全和完善。2014年召开的对口支援西藏工作20周年电视电话会议和2015年召开的中央第六次西藏工作座谈会,进一步明确了对口支援工作的指导思想和基本要求,特别提出"对口支援资金向基层倾斜、向农牧区倾斜",目的就是要重心下沉、贴近百姓，使各族群众更多地直接受惠，共享改革发展成果。同时，还进一步加大了对教育和就业的支援力度，通过促进就业，提高藏区群众的生活水平；进一步加强干部人才援藏工作，逐步增加专业技术人才的比重；等等。

青海是国土面积第四大的省份，全省人口却仅超过西藏。所以，人力资源短缺是制约青海发展的一个"瓶颈"。青海同时是除西藏以外全国最大的藏族聚居区，全国10个藏族自治州有6个在青海，包括海北、黄南、海南、果洛、玉树5个藏族自治州和海西蒙古族藏族自治州，藏区面积和藏族人口规模仅次于西藏。由于历史、自然等多方面的原因，青海发展极其缓慢，尤其是藏区自然条件艰苦，自我发展能力相对很弱，发展困难尤为突出，最缺的又是人才。为加快推进富裕文明和谐新青海建设进程，推进"跨越发展、绿色发展、和谐发展、统筹发展"，急需一大批开拓进取、敢闯敢干、真抓实干的各类人才。2010年以来，直到2018年，一共有三批援青干部到青海积极开展工作。第一批援青干部平均年龄为41.3岁，全部具有大专以上学历，其中，拥有研究生学历的43名，占42.2%，见表1-9。

表1-9 对口援青以来三批援青干部一览表

时间	援助主体
2010年7月	26个中央国家机关、13家中央企业和6个发达省市，共选派援青干部102名，其中北京、上海等6个省市选派39名，中央和国家机关26个单位选派50名，13个国有重要骨干企业选派13名
2013年7月	32个中央国家机关、18家中央企业和6个发达省市，共选派182名援青干部
2016年7月	33个中央国家机关、18家中央企业和6个发达省市，共选派251名援青干部，比第二批的182名增加了69名，其中，党政干部为157名、企业经营管理人员为29人、专业技术人才为65名

资料来源：根据中国共产党新闻网和青海新闻网相关资料整理所得。①中国共产党新闻网.第一批援青干部抵达西宁. http://cpc.people.com.cn/GB/64093/106071/12308493.html.②青海新闻网.在青海献青春 把他乡当家乡 8位援青干部讲述援青情.http://www.sohu.com/a/107946652_115496.③青海新闻网.来自中央国家机关的第三批251名援青干部抵达西宁.http://www.sohu.com/a/107941153_115496.

中央国家机关、中央企业和发达省市对口支援青海藏区的 8 年间，各支援方先后选派 3 批共 552 名①优秀援青干部人才，从政策、资金、产业、智力等方面，全方位、多层次开展援青工作。他们带着感情、带着责任、带着奉献，积极争取资金、技术、项目、市场等支持，不断传输新理念、新思路，一个个援青干部像火种一样撒播在青海省各地区、各部门和各领域，以造福青海藏区人民和促进民族团结为己任，学习和发扬"五个特别"②的青藏高原精神，坚定履行职责使命，发挥实干带头作用，为全省藏区经济社会发展和长治久安做出了积极贡献。

1.4.2　对口援青政策的主要成就分析

在对口援青战略正式形成并逐渐发展之前，国家对援助青海进行了积极探索，部分发达省市、中央国家机关、中央企业、社会团体以及各界人士对青海的帮扶也取得了显著的进展（见表 1-9）。尤其是辽宁省，对青海的快速发展做出了不可磨灭的贡献。2010 年以来，共有 6 个发达省市、33 个中央国家机关和 18 家中央企业承担着对口援青任务，对口援青力度持续加大。

1.4.2.1　积极探索时期对口帮扶的伟大成就

在回顾积极探索时期的历程部分，主要罗列了部分发达省市、中央国家机关、中央企业、社会团体以及各界人士对青海的帮扶和取得的成绩。本部分主要梳理这个阶段辽宁省对青海实施帮扶的主要辉煌成绩。

辽宁省对口支援青海以来，辽宁省委、省政府始终高度重视辽青对口帮扶工作，克服自身经济社会发展困难，始终如一地给予青海人民无私的帮助。据统计③，截至 2006 年，辽宁省本级累计帮扶资金额为 10500 万元，

---

① 第一批援青干部后期增加至 119 名。
② 曹淑英.弘扬"五个特别"青藏高原精神　永葆党的先进性［C］.青海省保持共产党员先进性教育活动与党的先进性建设理论研讨获奖论文集，2006."五个特别"青藏高原精神，即胡锦涛总书记 2005 年 12 月 15 日在青海考察工作结束时所作的《全面贯彻落实科学发展观　推动经济社会又快又好发展》讲话中指出："一定要大力发扬特别能吃苦、特别能战斗、特别能忍耐、特别能团结、特别能奉献的青藏高原精神，继续为建设西部地区艰苦奋斗，顽强拼搏"。
③ 中国发展门户网.辽青对口帮扶："兄弟省"共克时艰　携手发展［EB/OL］.（2016-07-29）［2019-06-08］. http://cn.chinagate.cn/news/2016-07/29/content_38986682.html.

落实帮扶项目共 112 个；各市（企业）累计资金额共 15320 万元，落实帮扶项目共 598 个。实施的帮扶项目在青海贫困地区取得了显著效果，2001年青海省 14 个固定贫困县有 5 个县脱贫，脱贫人口共 43 万人，占应脱贫人口的 51.8%。此外，辽宁对青海的帮扶工作不仅给青海贫困地区带来了资金、技术和物资，而且带来了新思想、新观念、新气息、新作风，带来了辽宁人民对青海各族群众的深情厚谊。辽宁倾力帮扶青海，有力地促进了青海省贫困地区经济社会的发展，加快了贫困群众脱贫致富的进程，而且两地人民心心相印、携手共进，结下了深厚的友谊。

1.4.2.2 形成并发展时期对口援青的辉煌成绩

2010 年，中央第五次西藏工作座谈会作出对口支援青海藏区的重大战略部署以来，通过援受双方共同努力，援青工作机制日趋完善、援助规模逐步扩大、援助内容不断丰富，基本形成了经济、干部、人才、教育、科技相结合和政府、企业、社会齐参与的援青工作格局，援青工作的政治、经济、社会效益开始全面显现，一笔笔援青资金、一个个重大项目、一项项民生工程在青海大地落地开花、造福百姓。

2010 年 7 月，国家启动对口支援青海藏区工作至今，承担对口援青任务的省市、中央国家机关和中央企业坚决贯彻中央决策部署，聚焦脱贫攻坚，投入大量援青资金和扶贫资金，主要用于产业发展、生态环境保护、贫困户住房改造、医疗保险救助、脱贫产业发展、教育扶贫、干部培养等，对口援青工作开展以来取得了丰硕的成果。截至 2017 年底，先后实施了 1300 余个帮扶项目和民生工程，累计改善 8 万户农牧民住房和 12 万人安全饮水条件，修建农村道路共 663 千米，有力促进了藏区经济建设和民生改善；先后 3 批 552 名优秀干部人才援青工作，累计培训党政干部、各类专业技术人才等 7 万多人次，先后有 2600 多名高中、中职学生在对口支援省市享受到了优质教育资源等。据统计，截至 2018 年底，京、津、沪、苏、浙、鲁 6 省市援青团队，已累计落实相关资金超 100 亿元，实施援助项目共 1626 个[1]，为青海藏区长足发展注入了生机和活力，加速了青

---

① 中国政府网.京津沪苏浙鲁 6 省市对口支援青海藏区 8 年累计落实资金超 100 亿元［EB/OL］.（2018-11-25）［2019-06-08］. http://www.gov.cn/xinwen/2018-11/25/content_5343224.html.

海藏区脱贫攻坚进程。8年来,六省市援青团队支援方式各具特点,充分挖掘青海藏区特色优势资源,与青海省市资金、技术、管理和市场等优势嫁接,探索实施了一大批项目(详见表1-10)。

表1-10 2018年底京、津、沪、苏、浙、鲁六省市对口援青主要情况一览表

帮扶省市	对口帮扶地区	主要内容
北京市	玉树州	对口支援玉树8年来累计落实资金超22亿元,其中2017年援助资金为3.1亿元,民生类项目占36项共2.7亿元;医疗援青团队在玉树藏族自治州人民医院积极创建"医疗联合体"和"远程会诊"体系,带动了当地医院管理理念的优化、人才梯队的培育和医疗水平的提升
天津市	黄南州	计划外投入1.8亿元资金,支持黄南藏族自治州职业技术学校建设,为提升当地群众就业能力提供了基础
山东省	海北州	援青团队积极推动海北藏族自治州与山东省产业互融,"千牛万羊"入鲁工程全面展开
上海市	果洛州	援青团队落实2000万元资金,在果洛藏族自治州建立了农畜产品加工基地
江苏省	海南州	援青团队推动本省发改委与海南藏族自治州签订协议,每年购买消纳新能源电量5亿千瓦时
浙江省	海西州	援青团队在海西蒙古族藏族自治州打造"一园两区"浙江工业园,成为当地经济提升的重要载体和孵化器

资料来源:中国政府网.京津沪苏浙鲁6省市对口支援青海藏区8年累计落实资金超100亿元.http://www.gov.cn/xinwen/2018-11/25/content_5343224.html.

2018年对口援青力度进一步加大。同年初,六省市最终决定在原计划3年支援青海深度贫困地区53.95亿元的基础上,新增11.04亿元对口援助脱贫攻坚资金,项目涉及7大类120余项。六省市全年在青海省累计落实支援帮扶资金共19.47亿元,较2017年增长了24%,包括援青资金共15.72亿元、东西部扶贫协作资金共1.35亿元、规划外资金共24亿元[①],实施支援项目近400个,其中8亿元援青资金聚焦脱贫攻坚。支援方社会各界捐赠款物共1.48亿元。2018年,六省市共支持青海省改造了71所学校基础设施,完善了65家医院的医疗设施,有效改善群众就学就医条件;

---

① 人民网.六省市今年支援帮扶青海19.47亿元[EB/OL].(2018-12-20)[2019-06-08].http://qh.people.com.cn/n2/2018/1220/c182775-32431344.html.

帮助3080户、15900人改善了住房条件，解决了72400余人的安全饮水问题。此外，还争取支援方选派教育、卫生、农牧等领域1200多名专业人才，在全省开展巡回指导或"组团式"帮扶，为受援地培训各类专业技术人员1.1万人次。"青治会"期间，各支援方与青海省及受援地签订经济技术合作项目140余项，协议金额达700多亿元。

1.4.3 对口援青展望

青海既有经济社会发展是长期各种自然、政治、经济和社会历史等多种因素相互作用形成的，尽管新中国成立70年来经济社会发展实现了翻天覆地的变化，但各方面与全国的差距依然存在。而随着市场经济加快发展，资本、劳动力和技术等各类要素加速向条件较好的东部以及其他地区流动和集中，青海与全国不同地区之间发展不均衡的矛盾还可能加剧。所以，青海与全国全面同步建设小康，需要继续从中央到全国各地全方位继续采取各种方式全面支持，既要继续依靠青海全省群众发挥高地精神，还要继续接受中央各项支持和全国各地对青海的对口援助，进一步提升对口援青的合作水平。

1.4.3.1 开创对口援青新局面

创新援助形式，丰富援助内涵，优化援助结构，提升援助效益，推动对口援青向全方位、多层次、宽领域纵深发展。援青资金项目进一步向基层、农牧民、贫困地区倾斜，确保80%以上用于改善民生。继续争取中央及各部委细化落实支持藏区发展的各项措施，创造更加有利的政策环境。加快推动建立国家支持、对口支援和促进先进技术转移三位一体的新型"科技援青"模式。

1.4.3.2 深化重点领域支援合作

将扶贫作为对口支援的重要内容，加强受援地区基础设施规划建设，切实改善生产生活条件。积极推进智力援青，通过推动双向挂职、两地培训和支教、支医、支农等多种形式支援青海省，推进各类人才的引进培训和培养。加强对学前"双语"教育的扶持，稳步扩大异地举办藏区高中班、中职班规模。建好用好远程教育、远程会诊系统。支持各州建设好1所中职学校和1所综合医院。千方百计拓宽就业渠道，促进藏区大中专毕业生就业创业。继续强化对科技创新、文化等其他社会事业发展的支持。

1.4.3.3 健全完善工作机制

加强组织领导，继续实行省级领导联系六州及各县对口支援工作制度。推动高层互访，促进援青工作更好更快开展。充分发挥对口援青平台作用和援青干部桥梁纽带作用，密切援受双方结对帮扶关系，广泛动员社会力量参与对口援青，放大援青效应。科学编制对口援青规划，严格规划实施，确保援青项目有效落地。加强各级对口支援工作机构能力建设，提高日常服务管理水平。继续做好辽宁对口帮扶西宁、海东和省内对口帮扶工作。

1.4.3.4 加强与对口援青省市的产业合作

加强与援青省市及央企的产业对接和项目合作，鼓励和引导支援省市企业及援青中央企业来青对接合作项目，向青海省及受援地区转移部分产业，促进青海省特色优势产业发展和产业结构转型升级。制定针对援青产业园区和产业项目的优惠支持政策，资源配置方面给予援青企业更多的倾斜。发挥央企的独特优势，帮助受援地区长期扶持发展特色产业，增强受援地区的自我发展能力。

1.5 结论

新中国成立70年来，青海经济社会发展始终得到党中央和全国各地的高度重视和鼎力支持，其中国家大力支持青海发展集中体现在"三线"建设、西部大开发和对口援青三个时期。

（1）"三线"建设时期的支持政策。20世纪60年代中期至70年代，在全国"三线"建设战略布局调整中，青海积极响应国家"三线"建设号召，创立了一大批工业企业，促进了青海省工业整体水平的提升，奠定了重要的现代工业基础，加快了青海省城镇化进程，初步改善了青海省交通基础设施，并推动了青海省人口与人力资源的增长等。当前，"三线"建设城市及其产业正在不断寻求转型发展。

（2）西部大开发战略的支持政策。21世纪伊始，实施西部大开发重大战略的出台，为青海全面发展带来了千载难逢的历史机遇。为实施西部大开发战略，中央制定了包括建设发展资金、财政转移支付、金融信贷投放、税收优惠、土地使用以及吸引外资等一系列国家扶持政策体系，不断深入推进西部大开发。青海在国家政策的大力支持下，率先开展宣传工作，积极推进各项建设工作稳步向前，取得了伟大的发展成就。青海省发展速度明显加快，综合实力大幅提升；基础设施不断加强，发展条件明显改善；社会事业全面发展，公共服务水平明显提高；城乡居民收入不断提高，生活水平明显改善。但青海经济总量小、基础设施落后、生态保护压力大等问题仍然比较突出，应继续深入推进西部大开发战略，促进青海国民经济和社会事业全面快速发展。

（3）对口援青的支持政策。早在改革开放之初，中央已开始积极探索如何帮扶青海，如何利用发达省市的力量加大对青海经济社会发展的特殊支持。其中，辽宁省成为支援大军中的主力军，并取得了初步成就。2010年，第五次西藏工作会议正式提出对口援青的决策部署，对口援青力度持续加大，通过援受双方的共同努力，援青工作机制日趋完善，援助规模逐步扩大，援助内容不断丰富。青海正与全国迈进全面同步建设小康社会时期，需要继续从中央到全国各地全方位采取各种方式全面支持，既要继续依靠青海全省群众发挥高地精神，还要继续接受中央各项支持和全国各地对青海的对口援助，进一步提升对口援青的合作水平。包括继续争取中央及各部委细化落实支持藏区发展的各项措施，创造更加有利的政策环境，提升援助效益；深化重点领域支援合作；注重加强与对口援青省市深度的产业合作，增强青海自我发展能力。

参考文献

[1] 葛志强.青海省经济史[M].太原：山西经济出版社，2016.

[2] 翟松天，崔永红.青海经济史·当代卷[M].西宁：青海人民出版社，2004.

[3] 王娟.青海省"三线"建设述评[D].兰州：西北师范大学，2013.

[4] 青海省地方志编纂委员会.青海省志·人口志[M].西宁：青海人民出版社，2001.

[5] 全国政协文史和学习委员会.亲历西部大开发·青海卷[M].北京：人民出版社，2016.

[6] 马旭.民族八省区西部大开发战略实施效果分析[D].兰州：西北民族大学，2015.

[7] 邵学伦.教育对口支援模式创新研究[D].济南：山东师范大学，2017.

[8] 国家统计局国民经济综合统计司.新中国统计60年资料汇编[M].北京：中国统计出版社，2010.

[9] 国家统计局.中国统计年鉴2018[M].北京：中国统计出版社，2018.

[10] 青海省统计局.青海统计年鉴2018[M].北京：中国统计出版社，2018.

[11] 徐有威，杨华国."全国第二届'三线'建设学术研讨会"会议综述[J].史林，2014（3）：185-188.

[12] 刘炳峰，张宏.毛泽东与共和国"三线"建设的风风雨雨[J].党史博采，2002（12）：4-8.

[13] 陈东林."三线"建设的决策与价值：50年后的回眸[J].发展，2015（2）：65-67.

[14] 左琰.西部"三线"工业遗产的再生契机与模式探索——以青海大通为例[J].城市建筑,2017(22):35-38.

[15] 白永秀.关于西部大开发中政策支持的几个问题[J].经济体制改革,2000(1):10-16.

[16] 张洪瑞.20年,西部大开发带来了什么?[J].中国报道,2019(3):44-47.

[17] 杨虎德.西部大开发以来青海民族地区经济发展探析[J].民族论坛,2012(20):9-12.

[18] 王世靓,久毛措."青川滇甘"四省藏区研究热点与启示[J].长沙理工大学学报(社会科学版),2013,28(1):107-114.

[19] 凌晨,罗占祥,卓娅.改革开放三十年 青海藏区变化大[J].大陆桥视野,2008(9):28-29.

[20] 雷尚青.简述中央企业在青的战略地位和作用——兼谈依托中央投资振兴青海财政[J].青海金融,1996(9):3-5.

[21] 中国政府网.李克强主持召开会议审议通过西部大开发"十三五"规划并强调增内生动力 促民生改善 在改革开放创新中推动西部持续健康发展[EB/OL].(2016-12-23)[2019-06-24].http://xbkfs.ndrc.gov.cn/gzdt/201612/t20161226_832671.html.

[22] 中国共产党新闻网.第一批援青干部抵达西宁[EB/OL].(2010-8-01)[2019-06-08].http://cpc.people.com.cn/GB/64093/106071/12308493.html.

[23] 青海新闻网.在青海献青春 把他乡当家乡 8位援青干部讲述援青情[EB/OL].(2016-07-28)[2019-06-08].http://www.sohu.com/a/107946652_115496.

[24] 青海新闻网.来自中央国家机关的第三批251名援青干部抵达西宁[EB/OL].(2016-07-28)[2019-06-08].http://www.sohu.com/a/107941153_115496.

[25] 中国发展门户网.辽青对口帮扶:"兄弟省"共克时艰 携手发展[EB/OL].(2016-07-29)[2019-06-08].http://cn.chinagate.cn/

news/2016-07/29/content_38986682.html.

［26］中国政府网. 京津沪苏浙鲁6省市对口支援青海藏区8年累计落实资金超100亿元［EB/OL］.（2018-11-25）［2019-06-08］. http://www.gov.cn/xinwen/201811/25/content_5343224.html.

［27］芈一之. 历代对青海地区的特殊政策［J］. 西南民族大学学报（人文社会科学版），1990（5）：65-65.

第2章 青海70年禀赋结构升级

敖小芳[①] 王永莉[②]

2.1 引言

资源禀赋又称要素禀赋，是指一个地区资源的内涵、发育程度、规模、结构等素质方面的综合状况。1919年发表的《外贸对收入分配的影响》被称为现代赫克歇尔-俄林要素禀赋国际贸易理论的起源[③]，赫克歇尔在文中用劳动、资本、土地和技术等各种生产要素集中探讨了各国资源要素禀赋构成与商品贸易模式之间的关系。对于资源禀赋可从两个维度认识：第一个维度是自然资源，主要是指以水、土地、动植物以及气候资源等为主的自然资源，具有明显的自然属性；第二个维度是社会经济资源，主要是指基础设施、劳动力、管理、资本、人才、技术等社会形态资源，具有明显的社会属性。

资源禀赋状况是决定地区经济发展速度、水平、规模和质量的最基本因素，也是制定地方经济发展战略和实现发展的前提和基础。关于资源禀赋的经济效用主要分为两类：一类是将资源禀赋单纯视为"福音"或"诅

[①] 敖小芳，西南民族大学经济学院财政学专业硕士研究生。
[②] 王永莉，四川蒲江人，经济学博士，西南民族大学经济学院硕士生导师，主要研究方向为民族经济等。
[③] 袁冬梅．对外贸易对中国收入差距的影响研究［D］．武汉：华中科技大学，2007：23．

咒"。如：姚毓春等（2014）[①]认为，无论是从整体还是分段来看，我国资源富集地区的自然资源均有利于该区域的经济增长；另一类则认为资源禀赋对于经济增长质量具有异质性，并对其产生异质性的原因进行了探讨。李强和徐康宁（2013）[②]认为自然资源是一把"双刃剑"，对于资源生产地而言，自然资源开发会通过"荷兰病"、制度弱化、对资本积累和人力资本的挤出效应等传导机制阻碍地区经济增长，因而自然资源是"诅咒"；对于资源消费地而言，资源消费有利于促进地区经济增长，自然资源是"福音"。

无论是"资源福音"理论还是"资源诅咒"理论，均表明自然资源作为重要的经济条件，对一个国家或地区的经济增长必然产生重要影响。新中国成立70年来，青海国民经济总体保持快速增长，尤其是改革开放以来，全省经济实现了高速稳定增长，综合实力显著增强。这充分证明青海已经成功发挥了其资源禀赋优势，没有出现"资源诅咒"。青海未来发展，还要继续依赖全省禀赋结构的不断升级，继续促进经济持续发展。

本章第二节首先对青海的自然地理做简单概述，然后着重概括第一种资源禀赋，即自然资源禀赋，主要包括青海矿产、土地、草原及牧业、气候和水等优势资源禀赋特征；第三、第四、第五节主要分析第二种资源禀赋，即社会经济资源禀赋，包括基础设施、教育以及医疗卫生等禀赋特征。其中，第三节梳理青海70年来公路、铁路和民航等交通基础设施以及邮电基础设施建设的发展历程、成就和展望；第四节回顾了教育事业的发展历程、成就和展望；第五节介绍医疗卫生事业的发展历程、成就和展望。最后是本章的一个简短结论。

[①] 姚毓春，范欣，张舒婷.资源富集地区：资源禀赋与区域经济增长［J］.管理世界，2014（7）：172.

[②] 李强，徐康宁.资源禀赋、资源消费与经济增长［J］.产业经济研究，2013（4）：90.

2.2 青海自然地理和自然资源概况

2.2.1 青海自然地理概况

青海全省均属青藏高原范围之内，其东部地区为青藏高原向黄土高原过渡地带，地形复杂，地貌多样。全省地势总体呈西高东低，南北高中部低的态势，西部海拔高峻，向东倾斜，呈梯形下降，各大山脉构成全省地貌的基本骨架。全省平均海拔在3000米以上，省内海拔高度在3000米以下地区面积为11.1万平方千米，占全省总面积的15.9%；海拔高度在3000～5000米地区的面积为53.2万平方千米，占全省总面积的76.3%；海拔高度在5000米以上地区的面积为5.4万平方千米，占全省总面积的7.8%。青南高原平均海拔超过4000米，面积占全省总面积的一半以上；河湟谷地海拔较低，多在2000米左右。最高点位于昆仑山的布喀达板峰，海拔为6851米，最低点位于海东市民和县马场垣乡境内青海省最东端与甘肃交界处，海拔为1644米。青海省地貌相接的四周，东北和东部与黄土高原、秦岭山地相过渡，北部与甘肃河西走廊相望，西北部通过阿尔金山和新疆塔里木盆地相隔，南部与藏北高原相接，东南部通过山地和高原盆地与四川盆地相连。省内平原面积为19.7万平方千米，占全省总面积的28.3%；山地面积为34.1万平方千米，占全省总面积的48.9%；丘陵面积为10.2万平方千米，占全省总面积的14.6%；台地面积为5.7万平方千米，占全省总面积的8.2%[①]。

2.2.2 青海主要自然资源简介

青海是一个资源富省，自然资源十分丰富。通过对青海矿产、土地、草原及牧业、气候和水等自然资源禀赋特征的分析，发现尽管各种自然资

[①] 中国政府网.青海省情介绍［EB/OL］.（2019-01-16）［2019-06-22］.http://www.gov.cn/guoqing/2019-01/16/content_5358326.html.

源在全国具有很大优势,尤其是矿产资源、草原和牧业资源以及气候资源等,但其自然条件恶劣,资源环境差异显著,直接影响了青海经济活动的空间分布。资源禀赋差异还决定了各地区在全省和全国经济发展中的不同产业分工,决定了其所能获得的经济利益(利益分配),决定了其经济增长速度和增长潜力等。

2.2.2.1 青海矿产资源丰富,各地储量差异较大

青海省地域辽阔,矿产资源丰富,成矿地质背景优越,是一个矿产资源大省,但各地区矿产资源储量差异较大。全省盐湖类矿产资源(钾、镁、钠、锂、锶、硼等)储量相对丰富。石油、天然气、钾盐、石棉及有色金属(铜、铅、锌、钴等)矿产品的供应已在全国占有重要地位。截至2017年底,已发现各类矿产为135种,查明矿产为88种,单矿种产地数为1121个,其中,大型为184个,中型为224个,小型为713个。在已探明的矿种保有资源储量中,有56个矿种居全国前10位,镁盐(氯化镁和硫酸镁)、钾盐、锂矿、锶矿、石棉矿、饰面用蛇纹岩、电石用灰岩、化肥用蛇纹岩、冶金用石英岩、玻璃用石英岩等11种矿产居全国第1位,有25种排在前3位。2010年在青海冻土带又发现了"可燃冰"资源,使中国成为世界上第三个在陆地上发现"可燃冰"的国家,入选"全国十大地质科技成果",有望成为未来的新型能源[①]。但全省矿产资源分布存在明显的地区差异,主要成矿区(带)由北向南划分为祁连成矿带、柴达木盆地北缘成矿带、柴达木盆地成矿区、东昆仑成矿带、"三江"(金沙江、澜沧江、怒江)北段成矿带等。其中,盐湖、石油天然气资源集中分布在柴达木盆地,煤炭资源主要分布在祁连山、柴北缘、昆仑山、唐古拉山和积石山五大含煤区,有色金属资源主要分布在柴北缘、北祁连、鄂拉山、东昆仑等地。

2.2.2.2 青海耕地少,分布不均

青海全省土地总面积大,土地类型多样,但可利用土地有限。2017年末,全省农用地面积为4508.8万公顷,占全省土地总面积的62.4%,建设

---

① 中国政府网.青海省情介绍[EB/OL].(2019-01-16)[2019-06-22]. http://www.gov.cn/guoqing/2019-01/16/content_5358326.html.

用地和未利用土地面积分别占 0.5% 和 37.1%。而农用地中耕地、园地和牧草地分别为 59.0 万公顷、0.6 万公顷和 4079.5 万公顷，其中牧草地占了农用地的 90.5%，耕地只占农用地的 1.3%。显然，青海省属于畜牧业用地面积大、农业耕地少的地区，并且多数为目前尚难开发利用的石山、雪山、冰川、沙漠、戈壁、盐沼及自然条件恶劣的高海拔地区，主要分布于西部自然环境严酷的柴达木盆地和青南高原。

此外，全省土地垂直分异明显。耕地主要分布在河湟流域和柴达木盆地，草地主要分布在三江源和环湖地区，林地主要分布在长江、黄河上游及祁连山东段等。境内大致以日月山、青南高原北部边缘为界，以西为牧区，以东为农耕区，自西而东，冰川、戈壁、沙漠、草地、水域、林地、耕地梯形分布，东部农业区形成川、浅、脑立体阶地，地块分散，难以连片开发集约利用。东部耕地占全省总耕地面积的 90% 以上，宜耕后备资源主要分布在柴达木盆地、海南台地、环青海湖地区及东部地区[1]。

青海各地区的耕地分布极不平衡，主要集中在西宁市和海东市。2017 年，西宁市和海东市的耕地面积分别占全省耕地面积的 24.58% 和 37.60%，二者耕地面积占了全省耕地面积的 62% 左右，其余 6 个州的耕地面积总共只占约 38%，尤其是果洛州和玉树州耕地面积加起来还不到全省的 3%。2017 年青海全省主要农作物总播种面积中，西宁市和海东市分别占了 22.20% 和 37.50%，两个地区就占了全省主要农作物播种面积的近 60%，其余 6 个州的农作物播种面积总共只占 40% 左右，尤其是果洛州和玉树州加起来还不到全省的 3%（见表 2-1），耕地及其分布特点直接影响其产业布局。

表 2-1 青海各地区耕地面积和农作物播种面积分布概况

地区	2016 年耕地面积		2017 年主要农作物播种面积				
	耕地面积/千公顷	占全省总耕地面积比重/%	农作物播种面积/千公顷	占全省总播种面积比重/%	粮食作物播种面积/千公顷	经济作物播种面积/千公顷	蔬菜和食用菌播种面积/千公顷
西宁市	144.85	24.58	124.03	22.20	56.93	34.09	21.09

---

[1] 政府信息与政务公开办公室. 地理和自然状况 [EB/OL]. (2016-11-09) [2019-06-09]. http://www.qh.gov.cn/dmqh/system/2015/06/02/010166083.shtml.

续表

地区	2016年耕地面积		2017年主要农作物播种面积				
	耕地面积/千公顷	占全省总耕地面积比重/%	农作物播种面积/千公顷	占全省总播种面积比重/%	粮食作物播种面积/千公顷	经济作物播种面积/千公顷	蔬菜和食用菌播种面积/千公顷
海东市	221.62	37.60	209.48	37.50	124.78	55.47	22.21
海北州	56.71	9.62	54.19	9.70	18.38	30.70	0.68
黄南州	19.89	3.37	16.80	3.01	8.55	4.29	0.54
海南州	84.12	14.27	95.82	17.15	55.51	26.47	3.26
果洛州	1.28	0.22	0.39	0.07	0.37	—	0.01
玉树州	13.24	2.25	11.92	2.13	8.05	0.43	0.35
海西州	47.71	8.09	55.14	9.87	15.22	35.33	2.10
全省	589.43	100.00	558.58	100.00	278.61	186.78	50.24

资料来源：根据《青海统计年鉴2018》相关资料整理所得。

注："—"表示数据缺失。

2.2.2.3 青海草原和牧业资源丰富

青海草地面积大，分布相对较集中，畜牧业在全国占绝对优势。全省有草地面积为4193.3万公顷①，占全省总土地面积的50%以上，是我国五大牧区之一，主要集中于青南高原、祁连山地和柴达木盆地东南部边缘山地。其中，可利用面积为3866.7万公顷，分为9个草地类，7个草地亚类，28个草地组，173个草地型。在各类草原中，高寒草甸为2366.2万公顷，占全省草地面积的64.9%，是青海天然草地的主体。在草地总面积中，可利用草地占86.7%，其中夏秋草场为1825.35万公顷。在全省173个草地型中，以莎草科牧草为优势品种的草地型有40个，面积为2091万公顷，占全省草地面积的57.37%。全省可利用草地每年总产牧草为8093万吨。

2.2.2.4 青海气候条件地域差异较大

青海省地处青藏高原，深居内陆，远离海洋，属于高原大陆性气候，各地区自然气候差异较大。总体来看，气候特征是：日照时间长、辐射

---

① 中国政府网.青海省情介绍［EB/OL］.（2019-01-16）［2019-06-22］. http://www.gov.cn/guoqing/2019-01/16/content_5358326.html.

强；冬季漫长、夏季凉爽；气温日较差大，年较差小；降水量少，地域差异大，东部雨水较多，西部干燥多风，缺氧、寒冷。

详细而言，年平均气温受地形的影响，其总的分布形式是北高南低。2017年青海省境内各地区年平均气温在1.5～8.3℃（见表2-2）。年平均气温在0℃以下的祁连山区、青南高原面积占全省面积的2/3以上，较暖的东部湟水、黄河谷地、年平均气温在6～9℃。全省年降水量总的分布趋势是由东南向西北逐渐减少，各地区年降水量在73.8～616.9毫米，绝大部分地区年降水量在400毫米以下，祁连山区在410～520毫米，东南部的久治、班玛一带超过600毫米，其中久治为降水量最大的地区，年平均降水量达到745毫米，柴达木盆地年降水量在17～182毫米，盆地西北部少于50毫米，其中冷湖为降水最少的地区[①]。无霜期东部农业区为3～5个月，其他地区仅1～2个月，三江源部分地区无绝对无霜期。全省年太阳辐射总量仅次于西藏高原，平均年辐射总量可达5860～7400兆焦耳/平方米。2017年，全年日照时数在2292.1～2797.3小时，多数地区年日照时数均在2500小时以上，太阳能资源丰富。

表2-2 2017年青海各地区自然气候条件差异一览表

地区	平均风速（米/秒）	平均气温/℃	降水量/毫米	平均日照对数/小时
西宁市	1.1	6.3	464.0	2555.9
海东市	1.7	8.2	249.4	2559.5
海北州	2.6	1.9	517.0	2632.3
黄南州	2.1	7.2	423.3	2381.6
海南州	1.5	5.4	353.4	2770.0
果洛州	1.9	1.5	517.8	2436.2
玉树州	1.5	4.0	616.9	2292.1
海西州	1.7	5.1	300.0	2797.3
格尔木市	2.0	6.7	73.8	2796.6

资料来源：根据《青海统计年鉴2018》相关资料整理所得，其中，格尔木市属于海西州。

---

① 省政府信息与政务公开办公室.地理和自然状况［EB/OL］.（2016-11-09）［2019-06-09］.http://www.qh.gov.cn/dmqh/system/2015/06/02/010166083.shtml.

2.2.2.5 青海水资源丰富

2017年底，全省水资源总量为785.7亿立方米，居全国第13位；人均水资源量为13188.9立方米/人，是全国人均水平的6.36倍，位于全国第2位，仅次于西藏人均水平。但省内水资源分布不均，主要分布在三江源地区，占全省的63%，环青海湖地区占全省的25%，东部及柴达木盆地仅占全省的12%。

此外，青海还拥有丰富的林业资源和动植物资源。全省林地面积为1096万公顷，占全省面积的15.3%。森林面积为452万公顷，森林覆盖率达到6.3%，东部地区达到35.29%。全省湿地面积为814.36万公顷，占全国湿地总面积的15.19%，湿地面积居全国第一。列入国际重要湿地共3处，面积为16.7万公顷；列入国家重要湿地共17处，面积为21.98万公顷；建立国家湿地公园共15处，面积为30.4万公顷。截至2016年底，青海省内仅陆栖脊椎动物达270多种，占全国的12.5%，其中经济兽类有110种，占全国的25%，各种鸟类有294种，占全国的16.5%。青海的野生植物有2000多种。其中，经济植物有75类331属1000余种，涉及药用、纤维、淀粉、糖类、油料、化工原料、香油蜜源、野果野菜、观赏花卉等植物种类；药用植物有680余种，其中著名中药就有50多种。

2.3 青海70年基础设施结构升级

新中国成立70年来，青海一直贯彻"要想富，先修路"的发展理念，持续投入大量人力、财力以及物力到基础设施的建设中，以交通和邮电为重要支撑的基础设施建设不断升级改造。其中交通建设主要经历了三个重要阶段，即公路网络形成和逐渐完善阶段，铁路建设步伐加快阶段以及民航从无到有并迅速发展阶段；邮电事业建设历程则经历了改革开放以前的探索和曲折发展时期以及改革开放至今的全面快速发展时期。经过新中国成立以来70年的不懈奋斗，全省公路、铁路、航空里程持续增加，建立起了包括铁路、公路和民用航空在内的综合交通网络体系，邮电事业取得了辉煌成绩，实现了邮电业务总量持续增加，邮电业务通信水平进一步提高，电信服务水平不断普及，并在信息化时代不断升级改造，为确保青海经济持续全面发展提供了坚实的基础。

2.3.1 青海70年基础设施发展历程回顾

2.3.1.1 交通建设发展历程回顾

青海省交通事业历史非常悠久。早在秦汉时期，河湟古道初具规模，成为"丝绸之路"的繁华地段[①]。但由于自然地理条件等因素的影响，长期以来，青海交通运输事业的发展十分缓慢，交通的闭塞使得青海几乎长期处于和周边省区隔离的状态。中华人民共和国建立后，中央政府十分重视发展边远省区的交通建设，青海公路网络进入了形成和逐渐完善时期，铁路迎来了加快建设步伐时期，民航历经了从无到有并迅速发展时期。

（1）公路网络形成和逐渐完善时期。

20世纪50年代，党和政府把发展青海交通运输的重点放在公路建设方面，按照"因地制宜，先通后修"的原则，在短短10年内先后修复和新建了青藏（西宁—拉萨）、青新（西宁—茫崖）、青康（西宁—玉树）、甘青（兰州—西宁）、宁张（西宁—张掖）、宁临（西宁—临夏）等10多条干线公路，迅速架起了省际和城乡间沟通的桥梁，并以此为骨架，初步建成全省公路网。60年代，国家把公路建设重点转向提高公路通车能力和运输效能上，在继续修建重点新线的同时，集中力量整修、改建已有公路，提高公路技术标准。70年代中后期，公路建设的重点转向主干公路黑色化和大中型桥梁的修建。改革开放后，党和政府高度重视交通建设，特别是在公路建设方面，在长期国债资金、中央财政性建设资金、国家政策性银行贷款以及国际金融组织和外国政府优惠贷款等使用方面，加大了对西部地区交通等基础设施建设的投资支持力度。青海省委、省政府紧抓机遇，在确定"两横三纵"国道主骨架的基础上，先后制定了项目审批、土

---

① 中共青海省委办公厅.青海经济发展50年［M］.西宁：青海人民出版社，2002：73.

地征用划拨、施工单位营业税先征后返、提高养路费征收额等一系列加快公路交通发展的政策措施，最大限度地弥补资金不足，为公路建设的跨越式发展提供了有利政策和资金保障。仅党的十八大以来的5年，全省完成交通固定资产投资共1638.75亿元，是前5年的近3倍，交通固定资产投资成为拉动全省固定资产投资的重要引擎之一。2002年平西高速公路全线建成通车，青海有了第一条高速公路。随后西宁至马场垣高速公路、西宁至大通高速公路、西塔高速公路、平安至阿岱等高速公路陆续建成。目前，以高速公路为主骨架、普通国省干线为骨架、农村公路为脉络的公路网络基本形成，实现了所有市州通高速公路，所有县级行政区通二级公路，98.6%的乡镇、97.1%的建制村畅通①。

（2）铁路建设步伐加快时期。

新中国成立后，为开发青海，国家集中了大量人力、物力、财力致力于青海铁路建设。兰（州）青（海）铁路于1958年5月正式开工，1959年9月改线建成通车，结束了青海没有铁路的历史。该线东至甘肃省河口南站与兰新（疆）线相接，西抵青海省会西宁市。省境内共121千米，横贯青海东部农业区的民和、乐都、平安3县。其后，继续向西延伸，分阶段修筑青藏铁路。青藏铁路一期工程——西宁至格尔木段，始建于1958年，1960年停建，后又陆续分段修建，前后历时17年，于1975年修至哈尔盖，1979年9月铺轨至格尔木市，1984年5月全线交付临管运营。二期工程——格尔木至拉萨段，于2001年6月29日开工，2006年7月1日全线通车。全线共设85个中小型车站，线路全长共1956千米，其中西宁至格尔木段共814千米，格尔木至拉萨段全长共1142千米，是当今世界上跨越海拔最高地带的铁路之一。2010年9月26日，青藏铁路延伸线拉日铁路正式开工建设，于2014年8月16日全线开通运营。特别地，2014年12月26日，横贯我国甘肃、青海、新疆三省区并且是世界上一次性建设里程最长的国内首条高海拔地区高速铁路——兰新高速铁路全线开通运营，结束了青海没有高铁的历史，从此进入全国快速铁路网。

---

① 桑杰.青海交通发展印证40年改革开放伟大成就［N］.青海日报，2018-04-20（004）.

(3)民航从无到有迅速发展时期。

青海省航空运输业起步较晚,中华人民共和国成立后,在发展陆上交通的同时,民航事业也有了很大发展。1960年成立中国民航青海省管理局。1957年,在1931年西宁东郊乐家湾机场的基础上进行改造,组建西宁民用航空站。1957年1月开辟西宁至北京、西宁至塔尔丁两条航线。1971年格尔木民用机场建成运营。1991年西宁曹家堡机场新建落成。1995年,先后开辟西宁—成都、西宁—上海航线,西宁至北京、西安、乌鲁木齐航班密度也有新增加。1996年,停航10年之久的格尔木机场复航,同时新开辟了西宁—武汉—上海航线,增加了西宁至北京、成都、广州、西安航班密度,航班数量由每周13班增至23班[①]。2007年西宁曹家堡、格尔木机场的扩建改造顺利完成。2009年玉树机场建成运营,2014年德令哈机场建成通航,2015年茫崖花土沟机场开始通航,2016年新建果洛玛沁机场正式通航,2018年祁连机场正式通航。至此,青海省"一主八辅"机场建设布局就只剩下青海湖和久治机场了,除"一主"曹家堡机场外,"八辅"中的格尔木、玉树、德令哈、花土沟、果洛和祁连六座机场都已相继建成通航,"一主八辅"机场格局指日可待。

2.3.1.2 邮电建设发展历程回顾

(1)改革开放之前的探索和曲折发展阶段。

古时的青海是封建王朝的西陲边塞要地,历代战争频繁,烽燧邮驿军事通信设施创建于西汉,盛于唐、元、明、清,沿用2000多年。近代邮电建设因地方军阀割据,经济文化落后,受到限制[②]。中华人民共和国成立后,青海邮电事业才具备了发展的条件,从此青海邮电通信进入了初步探索和曲折发展时期。1951—1952年,广大牧区中,结古、查郎寺、察汗乌苏、门源陆续开办了公众无线电报业务,果洛地区开始通邮。第一个五年计划期间,自办邮电局所迅速普及到全省各县治所在地、新兴的工业基地、公路交通枢纽和重要乡镇,牧区多是先设邮政营业处,再升为邮电局。第二个五年计划期间,青海邮电建设持续发展。随着1959年兰青铁

---

① 中共青海省委办公厅.青海经济发展50年[M].西宁:青海人民出版社,2002:75.
② 胡永科.中国西部概览·青海[M].北京:民族出版社,2000:153.

路通车，青海省首次有了铁道邮路，并沿青藏铁路逐段向西延伸。"大跃进"期间，省内自办汽车邮路不断延长里程和加密班期，自办邮电局所猛增，到1960年底达到310处，创历史新高。"文化大革命"期间，青海邮电事业遭受了严重冲击，使已经恢复正常的通信生产秩序再度出现混乱。但是，由于东南沿海一些厂矿企业响应国家"三线"建设的号召而西迁，青海邮电也得到一定程度的发展。

（2）改革开放后的全面快速发展时期。

改革开放后，邮电通信事业飞速发展，形成了遍布全省城乡、通往全国各地的、比较完善的信息传递网络。1978年中共十一届三中全会以后，随着党的国家工作重点的转移，农村经济体制改革取得了成功，邮电通信在国民经济发展中的作用越来越受到重视。进入90年代，青海邮电紧跟全国通信大发展的步伐，由稳定增长的阶段进入快速增长的起飞阶段，实现了超常规、高起点、大跨度发展通信的战略。"八五"期间，用于青海邮电建设的固定资产投资共5.3亿元，超过1953—1990年38年的总和，是"七五"期间总投资的6.9倍。巨额的投资使全省的通信能力在短时间内跨上新台阶，网络的科技水平也明显提高。"九五"期间，邮政通信加快了自动化作业改造步伐，同时，电信建设方面，传输光缆化和数字化建设步伐进一步加快。跨入21世纪，为了适应社会主义市场经济的需要，青海邮电事业将面临更为严格的要求。"十三五"规划建议指出，拓宽信息基础设施保障领域，推进大数据应用工程，实施"宽带乡村""城镇基础网络完善"工程，促进互联互通，构建高速、移动、安全、泛在的信息基础设施。

2.3.2 青海70年基础设施发展成就

青海深处青藏高原腹地，平均海拔在3000米以上，地理地形复杂，气候条件恶劣，新中国成立前的铁路、公路、邮电等基础设施几乎为零。新中国成立以来，青海铁路和公路等交通基础设施和邮电等基础设施建设取得举世瞩目的伟大成就，全省公路、铁路、航空里程持续增加，建立起了包括铁路、公路和民用航空在内的综合交通网络体系，邮电事业实现了邮电业务总量持续增加，邮电业务通信水平进一步提高，电信服务水平不断普及，并在信息化时代不断升级改造，为确保青海经济持续全面发展提供了坚实的基础。

2.3.2.1 交通基础设施建设实现历史跨越

70年来，青海紧紧抓住改革开放、国家实施西部大开发战略、支持青海等省藏区经济社会加快发展和扩大内需等历史机遇，持续加大对交通基础设施的投资力度，加快铁路、公路、民航等基础设施建设，扩大总量，提高能力，实现了历史跨越。全省公路、铁路、航空里程持续增加，综合交通网络逐渐形成并不断完善，为全省经济持续、快速、健康发展和社会和谐进步提供了有力的支撑和保障。

（1）全省公路、铁路、航空里程持续增加。

1949年新中国成立时，勉强可以通车的公路只有472千米，而且新中国成立前夕遭到严重破坏，没有铁路和民航。新中国成立70年以来，交通基础设施得到迅猛发展，全省公路、铁路、航空里程持续增加。如表2-3所示，1965—1980年，青海公路通车里程从11981千米增长到15497千米，增长了0.3倍；铁路年末营业里程从198千米，增长到505千米，增长了1.6倍；民用航空航线里程从1949千米，增长到4251千米，增长了1.2倍。公路线路密度和铁路线路密度分别从1965年的166.40千米/万平方千米、2.75千米/万平方千米，增长到1980年的7.01千米/万平方千米、215.24千米/万平方千米。但在改革开放之前，青海公路铁路等交通基础设施建设速度落后于同期全省经济增长和固定资产投资增长。

表2-3 1952—2018年新中国成立以来青海交通邮电等发展概览

年份	公路通车里程/千米	公路线路密度（千米/万平方千米）	铁路营业里程/千米	铁路线路密度（千米/万平方千米）	民用航线里程/千米	邮电业务总量/万元
1952	—	—	—	—	—	19
1953	—	—	—	—	—	38
1957	—	—	—	—	—	175
1960	—	—	—	—	—	640

续表

年份	公路通车里程/千米	公路线路密度（千米/万平方千米）	铁路营业里程/千米	铁路线路密度（千米/万平方千米）	民用航线里程/千米	邮电业务总量/万元
1965	11981	166.40	198	2.75	1949	360
1970	12584	174.78	409	5.68	1949	445
1975	12979	180.26	497	6.90	4893	609
1978	13675	189.93	503	6.99	4893	764
1980	15497	215.24	505	7.01	4251	887
1985	15933	221.29	1095	15.21	4972	1720
1990	16732	232.39	1095	15.21	4972	3457
1995	17223	239.21	1100	15.28	8869	15595
2000	18679	259.43	1100	15.28	16490	49181
2005	29719	412.76	1097	15.24	21458	314330
2010	62185	862.24	1651	22.92	32602	1221325
2015	75593	1048.15	2274	31.54	92689	1054328
2018	82135	1140.76	2299	31.92	145736	[1676012]

资料来源：根据《新中国六十年统计资料汇编》和青海历年统计年鉴整理。其中2018年数据来自2018年青海统计公报；2006年交通部门对公路进行了普查，将乡村公路列入了等外公路。

注："[ ]"为2017年数据；"—"表示数据缺失。

改革开放以来，青海铁路、公路、航空等交通建设实现了平稳高速增长，尤其是民用航空实现了超高速发展。1981—2018年，公路通车里程从15497千米增长到82135千米，增长了4.3倍；青海铁路年末营业里程从505千米增长到2299千米，增长了3.6倍；民用航空航线里程从4251千米增长到145736千米，增长了33.3倍。此外，公路线路密度和铁路线路密度分别增长到2018年的1140.76千米/万平方千米和31.92千米/万平方千米。

（2）综合交通运输网逐渐形成和不断完善。

新中国成立以来，青海省的公路建设一直是作为交通运输的重点项目来发展，到改革开放之前，西宁市和格尔木市是青海省公路交通运输网的两个辐射中心。1959年10月通车的兰青铁路（西宁—兰州）是青海省有史以来的第一条铁路,以此为基础继续向西延伸修建了青藏铁路(西宁—拉萨),以公路和铁路为主的交通运输网络逐渐形成,为全省资源开发和区域协调发展提供了坚实的保障。

改革开放以来,青海高度重视加快交通基础设施建设,不断向高速化、网络化、广覆盖快速推进,以铁路、公路和民用航空在内的综合交通网络体系逐步建立并不断完善,为全省经济社会进一步实现持续均衡发展和转型升级提供了坚实的基础。2002年平西高速公路全线建成通车,青海有了第一条高速公路,实现了零的突破。随后西宁至马场垣高速公路、西宁至大通高速公路、西塔高速公路、平安至阿岱等高速公路陆续建成。"两横三纵三条路"为主骨架的公路网基本建成。2014年,横贯我国甘肃、青海、新疆三省区并且是世界上一次性建设里程最长的国内首条高海拔地区高速铁路——兰新高速铁路全线开通运营。民用航空自西部大开发以来也得到高速发展。"十二五"期间,形成了"一主六辅"民用机场建设格局。目前,已逐步构建"一主八辅"民用机场的战略格局。到2018年底,除"一主"西宁曹家堡机场外,"八辅"中的格尔木机场、玉树巴塘机场、德令哈机场、花土沟机场、果洛玛沁机场和祁连机场六座支线机场已建成通航。这使得全省民用航空航线里程从2001年的27636千米增长到2018年的145736千米,增长了4.3倍。

2.3.2.2 邮电事业成就突出

新中国成立以来,青海邮电事业成就斐然,主要体现在邮电业务总量持续增加、邮电业务通信水平进一步提高以及电信服务水平不断普及等方面,为青海实现新型工业化、城镇化和信息化提供了强大的物质支撑。

(1)邮电业务总量持续增加。

新中国成立后到改革开放初期,从邮电业务总量看,1952年青海邮电业务总量仅有19万元,到1980年已达到887万元,累计增长了45.7倍。其中,"一五"期间,从1953年的38万元增长到1957年的175万元,增长了3.6倍;经过"大跃进"的高速发展后进行调整,从1960年的640万元下降到1965年的360万元。此后,青海邮电业务稳步恢复和逐年增长,1970年达到445万元,1975年增长到609万元,1980年达到887万元(见

表2-3）。

改革开放以来,从邮电业务总量来看,青海邮电业务总量从1981年的1225万元增长到2017年的1676012万元,增长了1367.2倍,其中电信业务总量增长非常迅速,从1999年的32608万元增长到2017年的1615898万元,增长了48.61倍,而同期邮政业务总量从5212万元增长到60114万元,只增长了10.5倍。尤其是西部大开发以后的10年,全省邮电业务总量从2001年的64792万元增长到2010年的1221325万元,增长了17.8倍,其中电信业务总量从2001年的50714万元增长到2010年的1198000万元,增长了17.5倍,而同期邮政业务总量只增长了3.3倍。2018年青海邮电业务总量已达到432.83亿元,其中,电信业务量为425.68亿元,比上年增长1.6倍。

（2）邮电业务通信水平进一步提高。

从表2-4可以看出,21世纪以来,青海平均每一邮政局（所）服务面积在逐渐缩小,尤其是2014年以后,平均每一邮政局（所）服务人口总体也在减少,2014年开始尤为明显,这足以说明全省邮政网点在逐渐增加,邮政业务水平在进一步提高。此外,通信水平也得到极大改善,从2011年开始,平均每人拥有电话（包括移动电话）数已超过一部,到2017年,每百人已经拥有102.09部移动电话。

表2-4　2000—2017年青海邮电业务通信水平提高概览

年份	平均每一邮政局（所）服务面积/平方千米	平均每一邮政局（所）服务人口/万人	电话普及率（包括移动电话）(部/百人)	农村固定电话普及率（部/百人）	移动电话普及率（部/百人）
2000	3570	2.57	11.20	—	—
2001	3624	2.64	18.39	1.29	8.91
2002	3261	2.43	25.52	2.33	14.45
2003	3417	2.54	33.21	3.44	18.93
2004	3400	2.55	39.80	5.04	22.00
2005	3276	2.48	46.00	6.26	24.00

续表

年份	平均每一邮政局（所）服务面积/平方千米	平均每一邮政局（所）服务人口/万人	电话普及率（包括移动电话）（部/百人）	农村固定电话普及率（部/百人）	移动电话普及率（部/百人）
2006	3090	2.35	54.68	7.78	31.44
2007	2844	2.24	62.53	4.33	40.19
2008	2420	2.26	66.50	8.24	44.90
2009	3767	3.06	75.80	7.78	56.10
2010	3767	3.11	89.90	3.98	70.70
2011	3860	3.24	100.60	3.50	82.10
2012	3818	3.33	112.60	5.53	94.50
2013	3756	3.23	112.40	4.10	94.60
2014	1691	1.37	111.48	4.60	94.15
2015	1581	1.29	106.09	4.30	88.71
2016	1579	1.30	108.15	4.41	91.73
2017	1575	1.31	119.92	4.21	102.09

资料来源：根据青海统计年鉴相关资料整理所得。其中，平均每一邮政局（所）服务面积统计口径从2002年起为邮政局（所）和邮政代办点，2007年起为规模以上邮政业法人企业办理业务的场所。

注："—"表示数据缺失。

本章还通过设有邮局（所）的乡（镇）比重、已通邮的行政村比重和已通电话的行政村比重三个指标的变动趋势来进一步说明邮电通信水平的显著提高。如图2-1所示，2017年设有邮政局（所）的乡镇比重达100%，较2005年的39%提高了61个百分点；已通邮的行政村比重达93%，较2005年的59.76%提高了33.24个百分点；已通电话的行政村比重从2007年开始就已经达到了100%，而在2000年时只有24%。

（3）电信服务水平不断普及。

在快速发展的信息化时代，互联网宽带普及率是一个很好的衡量电信服务水平的重要指标。如图2-2所示，近年来，青海省的互联网宽带普及率增长迅速，特别是城市互联网宽带普及率。2017年互联网宽带普及率达20.60%，较2013年的10.00%提高了10.6个百分点，其中城市互联网宽带普及率为44.00%，较2013年的25.1%增长了18.9个百分点，而农村互联网宽带普及率则由2013年的1%提高到2017年的4.1%。

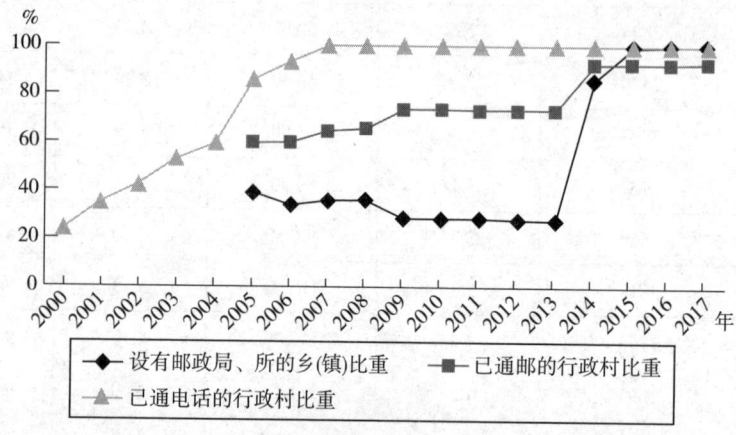

图2-1 2000年以来青海邮电业务通信水平变化

资料来源：根据历年青海统计年鉴整理所得。

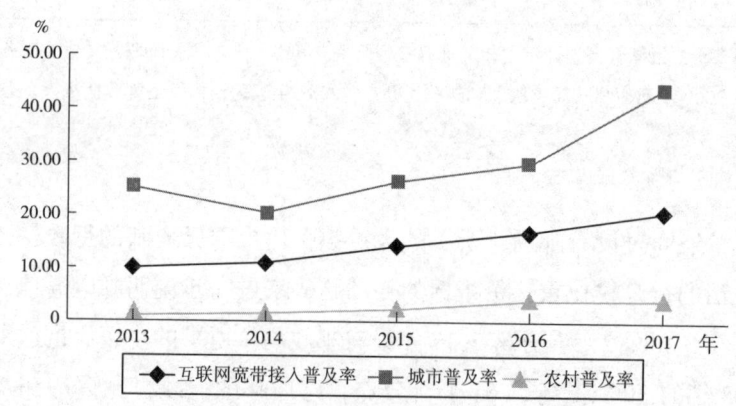

图2-2 2013年以来青海互联网宽带接入普及率

资料来源：根据历年青海统计年鉴整理所得。

2.3.3 青海基础设施建设发展展望

2.3.3.1 构建现代综合交通运输体系

青海交通基础设施建设尽管取得了巨大的进步，但最主要的问题依然是交通基础设施总量不足，服务地域有限。2017年底，全省公路为80895千米，占全国公路里程的1.69%，其中高速公路为3223千米，仅占全国的2.36%；铁路营业里程为2349千米，占全国铁路营业里程的1.85%；民航航线里程为124969千米，占全国的1.67%。此外，青海全省总面积位居全国第4，而全省公路里程和铁路营业里程在全国的排名位次均比较靠后，2017年依次为第26位和第24位，其中高速公路排名第23位，远落后于全国其他大部分省份的发展。

青海"十三五"规划纲要指出，要继续完善公路网络、加快铁路建设以及促进民航加快发展，提高通畅水平和通达深度，构建与经济发展、改善民生、促进旅游业大发展相适应的现代综合交通运输体系[①]。

（1）继续完善公路网络。

到2020年，全省公路通车总里程突破8.5万千米，其中高速化公路达到5000千米。基本建成国家高速公路网省内路段，打通通往甘肃方向6条、四川西藏新疆方向各1条的高速公路省际通道，全面实现西宁至所有市州、各市州间及重点县高速公路全覆盖，东部城市群高速公路基本成网。加大国省干线公路升级改造力度，重点建设沿黄公路及旅游公路，提高通县公路技术标准，全部县城通二级及以上公路。实现公路与铁路、民航站场、旅游景区间的有效衔接。实施农村公路升级改造，提高通畅程度和抗灾能力，实现所有乡镇及行政村通畅。加强青甘川交界地区、集中连片特困地区、偏远藏区农村和国有农林场公路建设。

（2）进一步加快铁路建设。

到2020年，全省铁路通车里程达到3200千米，打造"1268"的铁路建设布局，即加强青藏铁路主轴线，形成西宁、格尔木两个铁路枢纽，规划形成青藏、兰新、格库、格敦、西成、西昌6条干线铁路和8个方向的出省通道，构建起与周边省区快速连接，通达丝绸之路经济带沿线国家的铁路干线网。建成格敦、格库铁路，完成青藏铁路格拉段扩能改造，开工建设西成铁路，争取格成铁路、西昌铁路纳入国家铁路"十三五"建设规

---

① 青海经济信息网.青海省国民经济和社会发展第十三个五年规划纲要[EB/OL].（2016-02-17）[2019-06-21］.http://www.qhei.org.cn/ghyfz/wngh/201602/t20160217_638555.shtml.

划，力争开工建设。加快地方铁路发展，建成鱼卡至一里坪、塔尔丁至肯德可克等铁路，开展一里坪至老茫崖等铁路前期研究工作，有效支持区域资源开发。充分发挥铁路对旅游业的带动作用，加开旅游专列，推动铁路沿线城镇与旅游产业发展有机结合。

（3）大力促进民航加快发展。

到2020年，全面形成"一主八辅"民用机场运营格局。实施西宁机场三期和格尔木机场扩建工程，建成果洛、祁连、青海湖、久治、黄南机场。适应旅游业发展和应急救援的需要，规划布局一批通用机场，力争实现全省重点区域和重要旅游景区航空服务全覆盖。优化西宁机场航线网络结构，增辟国际新航线，强化枢纽摆渡功能，带动省内支线发展，把西宁机场打造成青藏高原区域枢纽机场。

2.3.3.2 促进邮电事业在信息化时代改造升级

随着国民经济的稳步发展，邮电已成为信息社会的重要支柱。但青海整体邮电事业发展仍与全国平均水平有一定差距，并且省内城乡之间的发展也极不平衡。截至2017年底，青海已通邮的行政村比重仅为93%，低于全国比重100%；电话普及率（包括移动电话）为119.92部/百人，而农村固定电话普及率只有4.21部/百人；互联网宽带接入普及率只有20.60%，其中城市为44.00%，农村仅为4.10%。由此可见，青海的邮电通信市场潜力巨大，尤其是农村。因而，积极推进全省尤其是农村邮电事业向前发展，逐步缩小与全国的差距，加快省内城乡同步协调发展是青海目前邮电事业建设的主要任务之一。

另外，青海应把握互联网、大数据应用发展趋势，强化信息基础设施建设，促进互联互通，构建高速、移动、安全、泛在的信息网络。大力拓展信息技术、互联网技术与经济社会各领域融合的广度和深度，推进"活力青海产业云"向三次产业全面渗透，驱动传统产业生产组织方式重构和商业模式创新。以信息化助推产业现代化，提升农牧业信息化水平，推进信息化与工业化深度融合，加快服务业信息化进程，全面提升各领域的信息化发展水平。

2.4 青海 70 年教育事业结构升级

百年大计,教育为本。从新中国成立起,党中央就对青海省的教育事业发展给予高度重视。回顾青海 70 年教育事业发展历程,主要经历了改革开放前的起步和艰难发展时期以及改革开放至今的全面快速发展大好时期;青海省教育事业发展取得了历史性的伟大成就,实现了教育规模不断壮大,人民群众受教育水平显著提高和民族教育发展不断进步等伟大成就。

2.4.1 青海 70 年教育事业发展历程

2.4.1.1 改革开放前的起步和艰难发展时期

新中国成立前,青海的教育事业非常落后,教育基础设施一片空白,文盲半文盲人数众多,文盲占全省总人口的 90% 以上。青海的解放开辟了全省教育的新纪元,其重要的标志是通过对旧学校的接管、整顿和改造,建立了社会主义教育制度和各种管理办法。1950—1952 年的三年经济恢复期间,一系列正确方针政策的实施不仅比较顺利地实现了对旧学校的接管和改造,而且促进了各级各类学校教育的发展,特别是中小学教育和少数民族教育的发展。党过渡时期总路线的提出和第一个五年计划的实施,标志着我国进入了有计划的大规模经济建设时期。随着社会主义改造和建设事业的胜利前进,青海教育事业不仅在数量上有了很大发展,而且在质量上有了显著提高,奠定了青海省各级各类教育事业的基础。然而,在接下来的"二五"计划至改革开放期间,青海的教育事业发展并非一帆风顺。"大跃进"时期"左"倾错误思想严重阻碍了青海教育事业的发展。但是在"调整、巩固、充实、提高"八字方针的指引下,1960 年下半年至 1963 年对教育事业进行了调整,使青海教育的布局和发展速度渐趋合理。到 1965 年,全省使教育事业回到了健康稳步发展的轨道。总体而言,"文化大革命"前的 17 年里,尽管在工作中出现过些许失误,但是这一时期的成就还是很大的。但紧接着的"文化大革命"使青海教育事业再一次遭到重创。1978年4月召开了全省教育工作会议，整顿、整理和充实了全省大学、中学、小学的领导班子，迅速扭转了十年动乱造成的混乱局面，恢复了正常的教学秩序，恢复和发展了一批职业技术学校，教学质量明显提高。

2.4.1.2 改革开放后的全面快速发展时期

1978年党的十一届三中全会是一个重大的转折点，吹响了改革开放的号角，此后青海省教育事业获得了新中国成立以来最有成效的发展，迎来了全省教育发展史上真正的"黄金时期"。尤其是2000年西部大开发以来，青海省积极发展教育事业，优化教育结构，扩大教育供给，提高教育质量，促进各级各类教育全面、协调、健康发展。

《"十五"西部开发总体规划》指出要深化改革，进一步采取有力措施促进教育优先发展，努力提高教学质量，积极开发西部地区人力资源。尤其要重点发展基础教育，特别是加快普及九年义务教育。在贫困地区、边远地区和少数民族地区抓紧普及义务教育。加快扫除青壮年文盲，着力改善农村小学和初中办学条件，搞好中小学布局调整，加强教师培养、培训工作，在地广人稀的牧区和山区办好寄宿制学校。在普及初中教育的基础上，逐步提高高中阶段的教育入学率。

"十一五"时期，青海重点抓好"两基"攻坚，搞好中小学布局调整、校舍建设、设施配置，改善办学条件。着力加强职业教育，集中力量扶持一批高水平高等和中等职业学校，提高职业教育规模和水平，把职业教育与扫盲、科技推广、农牧民技能培训和劳动力转移结合起来，与特色产业发展结合起来，着力培养实用型人才和高素质劳动者。稳步推进高等教育发展，提高教学水平和教育质量，发展特色学科，力争一批重点学科、实验室进入国家重点建设项目。

"十二五"期间，青海教育事业发展主要是全面贯彻落实国家和青海省中长期教育改革和发展规划纲要，建立健全体制富有活力、能力显著提升、结构基本合理、总量相对充足、内涵和谐发展的现代教育体系。进一步巩固提高"普九"成果，调整优化中小学结构布局，加快普及学前教育、高中阶段教育，推进实施十二年免费教育。加强民族教育，加大异地办学力度，稳步推进"双语"教育改革。大力发展职业教育，把加快职业教育发展与繁荣经济、促进就业紧密结合起来，建设一批骨干学校和重点专业。高等教育要以学科建设为重点，加大高层次人才培养力度，注重产学研结合，着力提高人才培养、科学研究、社会服务的整体水平。同时，不断推进教育公平发展，合理配置公共教育资源，重点向农牧区、贫困地区、民族地区倾斜，加快缩小教育差距。

"十三五"规划提倡实施发展教育脱贫，同时指出要加快构建育人为本、公平普及、注重质量的现代教育体系，形成惠及全民的公平教育，提供更加丰富的优质教育，构建体系完备的终身教育，力争学前教育和高等教育普及程度走在西部地区前列，其他阶段教育主要发展指标达到全国平均水平，全民受教育程度和创新人才培养水平明显提高，基本实现教育现代化。"十三五"规划纲要提出的教育发展重点工程，如表2-5所示：

表2-5 青海"十三五"教育发展重点工程

工程项目	工程主要内容
学前教育发展工程	新建、改扩建一批幼儿园，完善配套设施，实现人口集聚乡、村学前教育全覆盖
义务教育达标工程	完成全面改善贫困地区义务教育薄弱学校基本办学条件项目，改善学校教学及辅助用房、学生宿舍等教学和生活设施，逐步实现义务教育学校标准化
普通高中质量提升工程	新建、改扩建一批普通高中，完善配套设施
中小学教师素质提升工程	继续建设教师周转宿舍、实施教师培训等
职业教育发展工程	推动公办职业学校标准化建设，加大高等职业学校和学校实验室、实训设备及教师培训等内涵建设
高等教育综合能力建设工程	实施高校重点学科、重点实验室建设项目，青海大学藏医药学院、青海师范大学藏汉双语培养培训基地、青海民族大学预科教育基地等建设项目，青海开放大学建设项目
民族教育质量提升工程	藏区双语教学资源建设项目，双语教师培训，双语督导评估和质量检测体系建设

资料来源：青海经济信息网. 青海省国民经济和社会发展第十三个五年规划纲要[EB/OL]. （2016-02-17）[2019-06-08]. http://www.qhei.org.cn/ghyfz/wngh/201602/t20160217_638555.shtml.

2.4.2 青海70年教育事业发展成就

新中国成立初期至改革开放前,青海教育事业发展尽管曲折,但在全省各族人民的努力下,同样取得了十分显著的成绩。改革开放以来,青海教育事业发展进入了一个"黄金期",教育质量和数量都在不断提升,主要表现在教育规模不断壮大、人民群众受教育水平显著提高、民族教育发展不断取得进步等方面。

2.4.2.1 教育规模不断壮大

改革开放以前,青海教育事业缓慢曲折发展,依然取得了伟大成就。1949年新中国成立时,没有一所高等学校,仅有8所中等学校,717所小学,2所幼儿园。如表2-6所示,1952年,青海全省依然还没有高等学校,仅有7所中等职业学校、4所普通中学和1065所普通小学,每万人口中的中等职业学校、中学和小学在校人数分别只有10人、8人和547人。到1957年,青海已有1所普通高校、18所中等职业学校、14所普通中学和1441所普通小学,小学毕业升学率达到58.1%,每万人口中的普通高校、中等职业学校、中学和小学在校人数分别提高到0.9人、30人、46人和749人。到1980年,青海已建成6所高等学校、33所中等职业学校、582所普通中学和5207所普通小学,普通中学和普通小学数量分别增加了568所和3766所,每万人口中的高校、中等职业学校、中学和小学在校人数分别提高到11人、25人、529人和1525人,小学和初中毕业升学率分别提高到92.6%和49.9%,小学学龄儿童入学率达到82.4%。期间,全省教育发展也遭受到"大跃进"赶超冒进的影响,在1958—1965年出现高速增长又突然下滑等大起大落的现象,从1966年以后,一直到改革开放初期,全省教育发展整体呈现缓慢平稳发展的状况。

表2-6 1952—2018年新中国成立以来青海教育发展情况一览表

年份	学校数/所				毕业升学率/%		每万人口中在校学生数/人			
	普通高校	中等职业学校	普通中学	普通小学	初中	小学	普通高校	中等职业学校	普通中学	普通小学
1952	0	7	4	1065	—	—	0	10.0	8.0	547.0

续表

年份	学校数/所				毕业升学率/%		每万人口中在校学生数/人			
	普通高校	中等职业学校	普通中学	普通小学	初中	小学	普通高校	中等职业学校	普通中学	普通小学
1957	1	18	14	1441	113.0	58.1	0.9	30.0	46.0	749.0
1960	—	—	—	—	93.7	106.7	—	—	—	—
1965	1	14	30	5847	46.8	53.4	3.0	16.0	52.0	1343.0
1970	3	9	49	3097	63.0	89.5	2.0	8.0	138.0	818.0
1975	4	11	540	6531	58.8	92.1	8.0	17.0	358.0	1602.0
1978	6	27	818	6577	40.2	86.9	10.0	22.0	573.0	1642.0
1980	6	33	582	5207	49.9	92.6	11.0	25.0	529.0	1525.0
1985	7	37	435	4256	48.4	88.9	15.9	30.3	556.4	1350.6
1990	7	39	484	3839	52.5	86.5	14.0	25.4	489.9	1104.6
1995	7	34	471	3437	66.5	87.9	15.4	28.6	406.2	938.2
2000	8	15	448	3429	63.1	89.6	25.7	25.9	433.7	974.5
2005	8	47	511	2898	75.1	97.3	63.3	45.4	602.9	933.1
2010	9	40	434	1792	89.5	95.5	107.4	140.8	582.2	923.5
2015	12	39	371	978	87.7	96.2	121.4	130.0	560.9	772.1
2018	[12]	[39]	[371]	[758]	96.9	96.8	[132.4]	[125.4]	[551.0]	[777.3]

资料来源：根据《新中国六十年统计资料汇编》和青海历年统计年鉴整理，其中2018年数据来自2018年青海统计公报。

注："[ ]"为2017年数据；"—"表示数据缺失。

改革开放以来，青海教育事业持续稳步改善。如表2-6所示，到2017年，全省拥有12所高等学校、39所中等职业学校、371所普通中学和758所普通小学，与1980年相比，高等学校、中等职业学校都增加了6所，全省每万人口中的高校、中等职业学校、中学在校人数分别由1980年的11人、25人、529人提高到2017年的132.4人、125.4人和551人，高等教育和中等职业教育成效显著。同期，全省初中和小学毕业升学率以及小学学龄儿童入学率分别由1980年40.2%、86.9%和82.4%提高到2017年的93.1%、96.8%和99.8%。到2018年，九年制义务教育巩固率达到96.9%，普通初中毛入学率为111.8%，高中阶段毛入学率为88.0%。城乡办学条件的明显改善，加速提升了青海人力资本积累，为实施科教兴青提供了有力支撑。

2.4.2.2 人民群众受教育水平显著提高

新中国成立初期，青海居民受教育程度非常低，全省文盲占全省总人口的90%以上。2010年11月1日第六次人口普查数据表明[①]，全省常住人口中，具有大学（指大专以上）学历的有484794人，具有高中（含中专）学历的有586714人，具有初中学历的有1427738人，具有小学学历的有1984287人[②]。同2000年第五次人口普查相比，每万人中具有大学学历的由330人上升为862人，具有高中学历的仍为1043人，具有初中学历的由2166人上升为2537人，具有小学学历的由3094人上升为3527人。另外，全省常住人口中，文盲人口，即15岁及以上不识字和识字很少的人，共有773人，与2000年第五次人口普查相比，文盲人口减少358510人，文盲率[③]由18.03%下降到0.23%，下降了7.8个百分点，居民受教育程度明显提升。截至2017年底，全省文盲人口占15岁及以上人口的比重为9.63%（见表2-7），比全国平均水平高将近5个百分点，但低于本省2016年的13.45%，其中男性占5.84%，女性占13.63%。从受教育程度来看，2017年，青海6岁以上未上过学人口占6岁及以上总人口的比重为10.52%，比全国平均水平高将近5个百分点，但比本省2016年的13.21%降低将近3个百分点；小学、普通中学、中职及高等教育所占比重依次为39.26%、35.73%、2.84%和11.65%，只有小学占比略高于全国平均水平。

表2-7 2017年青海和民族八省区主要受教育情况概览

地区	文盲人口占15岁及以上人口比重/%			6岁及以上人口受教育程度/%				
	比重	男性	女性	未上过学	小学	普通中学	中职	高等教育
内蒙古	4.82	2.82	6.83	5.57	22.80	50.21	3.29	18.13
贵州	10.11	5.36	15.07	9.89	33.38	44.11	3.04	9.57

---

① 青海省统计局．青海省2010年第六次全国人口普查主要数据公报［EB/OL］．（2011-05-05）［2019-06-23］．http://www.qhtjj.gov.cn/tjData/surveyBulletin/201507/t20150720_15645.html.

② 以上各种受教育程度的人包括各类学校的毕业生、肄业生和在校生。

③ 全省常住人口中15岁及以上不识字人口所占比重，与表2-7中所选文盲指标有所差异。

续表

地区	文盲人口占15岁及以上人口比重/%			6岁及以上人口受教育程度/%				
	比重	男性	女性	未上过学	小学	普通中学	中职	高等教育
云南	8.39	4.95	12.04	8.23	36.21	43.31	3.74	8.51
西藏	34.96	27.18	42.76	34.45	34.73	21.21	1.24	8.37
甘肃	9.17	4.96	13.38	9.49	30.85	42.27	3.48	13.90
青海	9.63	5.84	13.63	10.52	39.26	35.73	2.84	11.65
宁夏	7.19	3.98	10.18	7.18	25.77	47.90	3.44	15.72
新疆	3.19	2.32	4.06	3.64	28.69	44.01	5.58	18.09
全国	4.85	2.42	7.34	5.28	25.23	51.17	4.45	13.87

资料来源：根据《中国统计年鉴2018》相关资料整理和相关数据简单计算所得。

2.4.2.3 民族教育发展不断进步

民族教育是青海省教育事业的重要组成部分。20世纪80年代初开始，省委、省政府就制定并采取设立专项补助、适当提高寄校生助学金标准、高考中对少数民族学生实行降分录取，及在牧区巩固发展寄宿制中小学、农业区兴办回族、撒拉族女中和女童班、普通大中专院校和西宁市重点中学举办民族班等措施，民族教育得到长足的发展。到1998年底，各级学校中少数民族在校学生占在校学生总数的40.43%，已接近少数民族人口比例[1]。21世纪初，少数民族学生入学率已达84%左右。

一直以来，民族地区教育始终把握特殊性原则，不断加强和改进"双语"教学，加强少数民族文字教材建设，积极为农牧民提供优质的教育资源；积极组织发达地区对青海省民族地区的教育对口支援，扩大教育合作与交流；根据国家正在实施的"三江源"生态移民工程，创办三江源移民子女班；积极、稳妥地试行少数民族汉语水平等级考试；组织实施农牧区寄宿制学校建设工程等，办学规模不断扩大，办学效益明显提高。到2010年底，全省各级各类民族学校共1170所，在校生共56.06万人，少数民族在校生总数比2005年增加10.97万人。全省民族自治州、县学龄儿童和少年入学率分别达到99.38%和97.02%。办学条件得到较大改善，新建、改

---

[1] 臧小平. 从数据变化看青海教育事业50年成就[J]. 青海教育, 1999 (10): 7.

扩建了一批"硬件达标、管理规范、质量合格"的适合农牧区教育发展的寄宿制学校[①]。2018年底，全省民族中小学共534所，占全省中小学学校总数的48.5%。其中：民族小学共412所，占小学学校数的56.36%；民族中学共122所，占普通中学学校数的32.97%。小学和初中少数民族净入学率、毛入学率分别达106.92%和112.28%。民族高校共1所，在校少数民族学生共6573人，占在校生总数的52.23%。全省少数民族学生共718460人，占全省学生总数的58.94%。其中：学前教育少数民族在园幼儿共123181人，占学前教育在园人数的57.38%；义务教育阶段少数民族学生共451490人，占义务教育阶段在校生的63.69%；特殊教育学校少数民族学生共4604人，占特殊教育学校在校生的69.4%；高中阶段教育少数民族学生共98412人，占高中阶段在校生的48.32%；高等教育少数民族学生共40773人，占高等教育在校生的47.94%[②]。

2.4.3 青海教育事业发展展望

经过新中国成立以来70年的快速发展，青海教育事业取得了伟大成就，包括幼儿教育、中小学教育、高等教育、成人教育、职业教育和民族教育在内，具有藏族地域特色的比较完整的国民教育体系已经初步建立。但是，目前教育整体发展水平还与全国其他地区差距很大。2017年，全省文盲人口占15岁及以上人口的比重高达9.63%（见表2-7），比全国平均水平高近5个百分点，且高居全国第3。6岁及以上未上学人口比重为10.52%，居全国第2。另外，目前青海仅有高等院校12所，仅占全国高等院校总数的0.46%。青海教育综合发展水平有待继续提高。

"百年大计，教育为本"的思想正在深入人心，各级干部和人民群众对科教兴省、兴州、兴县的认识正在深化，教育发展的社会氛围进一步改善。青海的"十三五"规划提出全面提升教育教学质量，加快构建育人为本、公平普及、注重质量的教育体系，推进教育现代化。一方面，强化基

---

① 青海省统计局.青海省"十二五"教育改革和发展规划［EB/OL］.（2015-01-19）［2019-06-23］. http://www.qhei.org.cn/ghyfz/zxgh/201501/t20150119_602112.shtml.
② 青海省教育厅.2018年全省教育事业发展统计公报［J］.青海教育，2019（3）：13.

础教育的普惠性和公平性，确保到2020年学前3年毛入园率达到85%，义务教育巩固率达到95%，高中阶段毛入学率达到90%。另一方面，提升高等教育综合实力和创新性，到2020年，高等教育毛入学率达到40%以上。建设一批重点学科、特色专业、精品课程、实验教学示范中心、重点实验室和哲学社会科学重点研究基地。以培养创新型、复合型人才为根本，以提升高等教育质量为核心，推动高等教育内涵式发展。支持省内普通本科高校转型发展，进一步调整优化学科专业结构，到2020年理工类等应用型本科专业占比达到60%。

2.5　青海70年医疗卫生事业结构升级

新中国成立前，青海由于恶劣的自然环境和滞后的发展史，严重阻碍了全省卫生事业的发展，广大人民群众的身体健康得不到保障。新中国成立后，青海极其落后的医疗卫生事业慢慢得到缓解并逐步发展。改革开放前，青海医疗卫生发展是曲折缓慢的；改革开放以来，青海医疗卫生事业进入了全面持续快速发展的轨道。新中国成立70年以来，青海医疗卫生事业不断向前发展，实现了医疗卫生资源总量不断增加，人民健康水平显著提高，医疗卫生服务体系日趋完善，医疗卫生人才队伍建设规模持续扩大等巨大成就。

2.5.1　青海70年医疗卫生事业发展历程

新中国成立以前，青海的医疗卫生条件十分薄弱，全省有300多个中医，主要分布在西宁和东部农业区，其中很大一部分是半农半医的民间医生。青海的藏医药学在历史上曾达到相当高的水平，并在国内外享有盛誉[①]，但到新中国成立前夕却奄奄一息。广大农村、牧区疫病猖獗、迷信盛行、缺医少药、巫医不分，加之经济凋敝、政治黑暗、社会动乱，人口发

---

① 中共青海省委宣传部.青海三十五年[M].西宁：青海人民出版社，1985：235.

展长期处于多生、多死、低增长状态。新中国成立70年来，青海医疗卫生事业发展经历了改革开放之前的曲折缓慢发展阶段以后，改革开放以后迅速迈入全面持续快速发展的快车道。

2.5.1.1 改革开放前的曲折缓慢发展时期

新中国成立后，青海卫生事业翻开了新的篇章。新中国成立初期，人民政府立即设立卫生处，管理全省卫生工作。全省各州、地、市、县、乡逐步组建了医院、卫生院。同时，全省将卫生防疫工作列为重点，组织卫生防疫工作队，深入农村、牧区，开展种牛痘，进行麻风病、性病调查并提供免费治疗。国家卫生部也派卫生防疫大队来青海指导，帮助开展工作。1950—1955年，青海省医药卫生事业在极其薄弱的基础上，得到了中央人民政府的大力支持，克服了技术力量的严重不足、设备十分简陋等困难，初步打开了局面，为后来的发展创造了条件。

1959—1961年的3年经济困难时期，由于"左"倾思想影响下的"大跃进"，全省卫生事业发展出现了虚肿现象。同时，部分医务人员在政治上被错误处理，知识分子的积极性受到挫伤，许多正在开展的业务被迫停止。但在困难和挫折面前，全省卫生部门仍采取了多种措施，组织医务人员赴灾区为群众防治营养性浮肿、消瘦、小儿营养不良及各种传染病。

1962年后，由于贯彻"调整、巩固、充实、提高"的方针，随着国民经济情况的好转，青海医药卫生事业相应得到了恢复和发展。全省第九次卫生行政会议上，重点研究部署了加强牧业区卫生工作。1955—1965年，青海医药卫生事业有了较大的发展。

1966年，史无前例的"文化大革命"开始，医疗质量下降，医学教育被迫停止，给青海省卫生事业带来了巨大的灾难。但是，在此期间，许多医药技术人员仍响应毛泽东主席"把医疗卫生工作的重点放到农村去"的号召（即6.26指示），到农村、牧区为群众防病治病，开展"两管五改"的爱国卫生运动，即管水、管粪便，改水井、改灶、改厕、改畜圈、改造环境，培养"赤脚医生"，组织合作医疗，促进了基层卫生工作建设，但也因此严重地削弱了城市医疗工作[①]。

2.5.1.2 改革开放后的全面持续快速发展

改革开放以来,青海卫生事业迈上了全面持续快速发展的快车道。青海省坚持以改革促发展,以发展促改革,医药卫生体制改革持续深化。特别是2009年新一轮医改启动实施以来,按照保基本、强基层、建机制的总要求,以建立基本医疗卫生制度为目标,坚持问题导向,强化"三医"联动,勇于先行先试,奋力推动医改向纵深发展。覆盖全省的基本医疗服务、基本医疗保障、基本药物供应和基本公共卫生服务体系全面建立,维护公益性、调动积极性、保障可持续的运行新机制初步建立,实现城乡居民大病医疗保险制度、基本药物制度、疾病应急救助制度、省州县三级公立医院综合改革、对口帮扶县级公立医院和乡镇卫生院、公立医疗机构实施"先住院后结算"服务模式和分级诊疗制度全覆盖,分级诊疗、大病保险等工作走在西部乃至全国前列。在2017年度全国公立医院综合改革效果评价考核中,青海省在全国31个省(区、市)中位列第8名,医改工作始终走在西部乃至全国前列,各族群众"看病贵、看病难、看病远"的状况得到明显改善,实现了"人民群众得实惠、医务人员受鼓舞、医疗机构得发展、党和政府得民心"的阶段性改革目标,走出了一条经济欠发达地区医改成功之路。

2.5.2 青海70年医疗卫生事业发展成就

新中国成立70年以来,青海医疗卫生事业得到长足发展,特别是改革开放以来,取得了丰硕的成果。主要表现为:医疗卫生资源总量不断增加、人民健康水平显著提高、医疗卫生服务体系日趋完善以及医疗卫生人才队伍建设规模持续扩大。

2.5.2.1 医疗卫生资源总量不断增加

新中国成立之初,青海医疗卫生条件几乎一片空白。1949年9月,中国人民解放军的军代表接收的医疗机构只有9个,包括床位100张,卫生

---

① 胡永科.中国西部概览·青海[M].北京:民族出版社,2000:227.

技术人员103人（见表2-8），这就是人们当时通称的"九个机构，两个一百"。到1980年，卫生机构、医疗机构、病床数以及技术人员数都发生了量的飞跃。其中，卫生机构和医疗机构分别从1952年的67家和28家，增长到1047家和511家，分别增长了14.6倍和17.3倍；同期全省病床数和卫生技术人员数则从1952年的529张和513人，分别增长到11941张和15115人，分别增长了21.6倍和28.5倍，远超过同期经济增长水平。

表2-8　1949—2017年青海医疗卫生事业机构、床位、人员变动情况

年份	卫生机构/家	医疗机构/家	病床数/张	卫生技术人员/人
1949	9	9	100	103
1952	67	28	529	513
1957	215	45	2115	2605
1965	822	63	6634	6114
1970	818	80	8212	8217
1975	920	499	10222	11390
1978	1032	507	10951	13090
1980	1047	511	11941	15115
1985	1253	518	13743	18031
1990	1218	446	15698	19893
1995	1176	592	17165	20233
2000	1847	577	16521	21502
2005	1478	562	16035	20771
2010	1569	734	20052	23897
2015	1772	863	34245	34343
2017	1857	956	38348	40502

资料来源：根据历年青海统计年鉴相关资料整理所得。其中，医疗机构不包括诊所、卫生所、医务室、村卫生室和采供血机构，后同。

医疗卫生事业发展在经过"一五"时期的快速发展后，1958—1965年也经历了"大跃进"时期的大幅增长和之后的极速下降，到1958年，其卫生机构和医疗机构分别达到2645家和55家，到1965年分别达到822家和63家，卫生机构比1958年减少了1823家；病床数和卫生技术人员

也从 1957 年的 2115 张和 2605 人，迅速增长到 1965 年的 6634 张和 6114 人，分别增长了 2.1 倍和 1.3 倍。经过 1978 年中共十一届三中全会的调整，青海医疗卫生条件得以缓慢改善。截至 1978 年底，卫生机构、医疗机构、床位及技术人员数分别为 1949 年的 114.67 倍、56.33 倍、109.51 倍和 127.09 倍。

改革开放以来，青海医疗卫生事业持续向前快速发展，全省卫生资源总量大幅增长。到 2017 年，青海卫生机构和医疗机构分别从 1980 年的 1047 家和 511 家，增长到 1857 家和 956 家，分别增长了 0.8 倍和 0.9 倍；同期青海病床数和卫生技术人员数则从 1980 年的 11941 张和 15115 人，分别增长到 38348 张和 40503 人，分别增长了 2.2 倍和 1.7 倍。就相对指标而言，2017 年底，青海每千人口卫生技术人员数和每千人口医疗卫生机构床位数分别为 6.98 人和 6.41 张（见表 2-9），均高于全国同期平均水平，但城乡之间差距较为明显。

表 2-9 2010—2017 年青海每千人口卫生技术人员数和床位数变化概览

年份	每千人口卫生技术人员/人			每千人口医疗卫生机构床位/张		
	合计	城市	农村	合计	城市	农村
2010	4.53	12.73	2.92	3.72	9.53	2.30
2011	4.94	13.78	3.21	4.15	11.34	2.74
2012	5.11	—	3.14	4.54	—	2.86
2013	5.66	16.44	3.58	5.11	14.02	3.45
2014	5.82	17.5	3.58	5.66	15.01	3.88
2015	6.00	19.10	3.60	5.87	16.33	3.99
2016	6.24	19.85	3.67	5.86	16.19	3.94
2017	6.98	22.04	4.13	6.41	17.53	4.35
2017 年在全国排名	8	1	16	7	1	14

资料来源：根据中国统计年鉴相关资料整理所得。

注："—"表示数据缺失。

2.5.2.2 人民健康水平显著提高

新中国成立以来，青海人民健康水平大幅提升，主要健康指标与全国平均水平的差距不断缩小。如表 2-10 所示，1990 年，青海人均预期寿命为60.57岁，比全国平均水平少8岁左右，在民族八省区中，除了西藏外，处于最低水平，其中男性预期寿命还不到60岁。2000年，全省人均预期寿命增长到66.03岁，比1990年提高了6岁左右，而全国平均水平比1990年只增加了将近3岁，并且在民族八省区中已经处于中等水平。2010年，青海人均预期寿命继续增长到69.96岁，比2000年增加了约4岁，比1990年增加了10岁左右，增长幅度高于全国平均增长水平。由此可见，青海人均预期寿命与全国平均水平差距在逐渐缩小，但省内男性和女性的人均寿命还存在一定差距。

表2-10 1990—2010年青海和民族8省区居民预期寿命变动情况　　单位：岁

地区	1990年预期寿命			2000年预期寿命			2010年预期寿命		
	合计	男性	女性	合计	男性	女性	合计	男性	女性
内蒙古	65.68	64.47	67.22	69.87	68.29	71.79	74.44	72.04	77.27
贵州	64.29	63.04	65.63	65.96	64.54	67.57	71.10	68.43	74.11
云南	63.49	62.08	64.98	65.49	64.24	66.89	69.54	67.06	72.43
西藏	59.64	57.64	61.57	64.37	62.52	66.15	68.17	66.33	70.07
甘肃	67.24	66.35	68.25	67.47	66.77	68.26	72.23	70.60	74.06
青海	60.57	59.29	61.96	66.03	64.55	67.70	69.96	68.11	72.07
宁夏	66.94	65.95	68.05	70.17	68.71	71.84	73.38	71.31	75.71
新疆	63.59	61.95	63.26	67.41	65.98	69.14	72.35	70.30	74.86
全国	68.55	66.84	70.47	71.40	69.63	73.33	74.83	72.38	77.37

资料来源：根据《中国卫生健康统计年鉴2018》相关资料整理所得。

另外，青海人口死亡率也在逐渐降低。改革开放初期，青海婴儿死亡率高达110‰左右。改革开放以来，青海医疗卫生事业飞速发展，人民健康水平进一步提高，总死亡率得到有效控制。1990年为7.47‰，比全国平均水平高0.8个百分点。2005年下降到6.21‰，低于全国平均水平0.3个百分点。截至2017年底，死亡率已降至6.17‰，远低于全国的7.11‰，并且排在全国第18位，处于中上水平。

2.5.2.3 医疗卫生服务体系日趋完善

改革开放以来，青海省坚持把医疗卫生服务体系建设摆在优先发展的基础地位,不断加大政府投入,城乡基本医疗卫生服务体系日臻完善。一方面,全省突发公共卫生事件应急处置体系、疾病预防控制体系、医疗救治体系、中藏医药服务体系、卫生监督体系、临床采供血体系和公共卫生信息网络体系建立健全,医学科技创造力持续增强,医疗服务供给面逐步扩大,群众就医环境明显改善,2018年全省县、乡、村三级基层卫生机构达标率分别达到62%、71%和100%[①],基本实现了常见病、多发病不出县的目标。另一方面,大力推进医疗卫生信息化建设,加快健康医疗大数据应用发展,探索创新"互联网+医疗健康"服务新模式、新业态,为健康青海建设提供信息化支撑。加大投入完成基层卫生信息化、县医院信息化、远程会诊、突发公共卫生事件应急指挥信息系统、健康保障一体化等项目,省级全民健康信息平台建成投入运行,并实现与国家级信息平台的互联互通。2017年12月启动居民电子健康卡工程,成为继江苏省之后全国第二个发卡省,实现了信息化建设的弯道超车。

2.5.2.4 医疗卫生人才队伍建设规模持续扩大

新中国成立以来,青海省坚持以各族群众健康需求为导向,围绕解决卫生人才总量少、分布不均衡、队伍不稳定等突出问题,制定出台《青海省高层次卫生人才培养办法》《青海省高层次卫生人才引进办法》等一系列政策措施,全省卫生人才队伍建设取得显著成效。卫生人才队伍规模持续扩大,改革开放以来尤为明显。如图2-3所示,2017年末,全省卫生人员总量达到55887人,其中卫生技术人员为40502人,分别较1985年末增长147%和125%。全省每千人口执业(助理)医师由改革开放初期的1.91人增加到2.48人,护理人员由1.32人增加到2.79人。卫生人才队伍学历层次大幅提升,队伍职称结构进一步优化,2017年末,全省卫生人员中,本科及以上学历人员占比由改革开放初期的8.1%提高到34.8%,副高级以上职称人员由1.74%提高到7.2%。

---

① 人民网.青海省卫生事业投入上升至12亿元[EB/OL].(2018-12-20)[2019-06-27]. http://qh.people.com.cn/GB/n2/2018/1220/c182775-32431529.html.

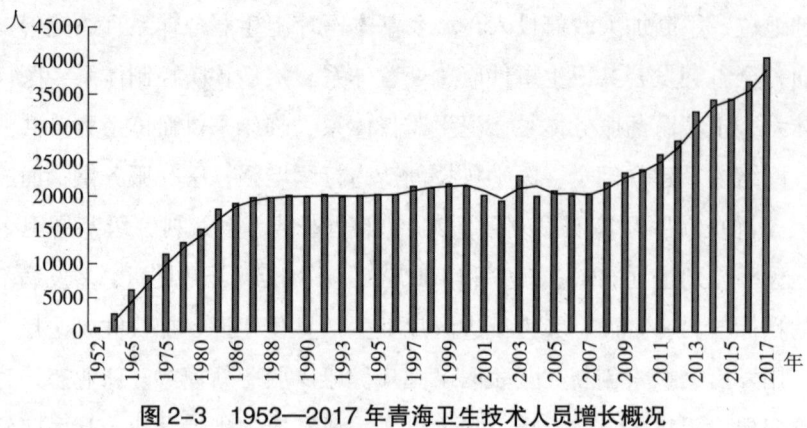

图 2-3　1952—2017 年青海卫生技术人员增长概况

资料来源：根据历年青海统计年鉴相关资料整理所得。

2.5.3　青海医疗卫生事业发展展望

70 年来，医疗卫生事业快速发展，不断取得重大成就，但目前也存在一些比较突出的问题。例如，医疗卫生资源较丰富，但人民健康水平比较低。2017 年全省每千人口卫生技术人员数和每千人口医疗卫生机构床位数分别位居全国第 8 位和第 7 位，其中每千人口城市卫生技术人员数和每千人口城市医疗卫生机构床位数均高居全国首位。但全省人民健康水平与国内其他省份相比却比较滞后，2010 年人均预期寿命位于全国倒数第 3，2017 年死亡率排名属于中等水平。又如，青海省内城乡之间的医疗卫生资源发展差距悬殊。2017 年每千人口卫生技术人员数的城乡平均水平分别为 22.04 人和 4.13 人，城市是农村的 5.34 倍；城乡每千人口医疗卫生机构床位数依次为 17.53 张和 4.35 张，城市比农村多 3.01 倍。另外，青海人民健康水平与国内发展水平还存在较大差距，2010 年青海人均预期寿命为 69.96 岁，而国内平均水平为 74.83 岁，相差 5 岁左右，与全国人均预期寿命最高的上海（80.26 岁）有 10 岁左右的差距。

鉴于此，青海医疗卫生事业的不断向前发展很有必要加快推进农村医疗卫生基础设施的建设，逐步缩小城乡之间的差距，统筹推进城乡医疗卫生事业协调同步发展。此外，还要持续加大力度推进全省医疗卫生事业快速发展，缩小与全国其他省份的差距。"十三五"规划明确提出，要全面推进健康青海建设，建立覆盖城乡居民的基本医疗卫生制度，基层医疗机构服务能力显著增强，全省整体医疗卫生水平大幅提升，不断满足群众基本医疗卫生需求和健康水平持续提升需求。

2.6 结论

本章首先简单阐述了资源禀赋的相关概念和作用，然后对青海矿产、土地、草原及牧业、气候和水等自然资源禀赋特点进行简单介绍，发现青海省内资源环境丰富，但自然资源禀赋分布不均。这些直接决定和影响了青海经济活动的产业选择和空间分布。接下来对新中国成立70年来，青海交通邮电、教育和医疗卫生等社会资源禀赋的发展历程、成就和未来进行了梳理，发现全省社会资源禀赋均发生了翻天覆地的变化，并不断升级改造。

新中国成立70年来，青海交通建设主要经历了三个重要阶段，即公路网络形成和逐渐完善阶段、铁路建设步伐加快阶段以及民航从无到有并迅速发展阶段，邮电事业建设历程则经历了改革开放以前的探索和曲折发展时期以及改革开放至今的全面快速发展时期。经过70年的不懈奋斗，全省公路、铁路、航空里程持续增加，建立起了包括铁路、公路和民用航空在内的综合交通网络体系，邮电事业实现了邮电业务总量持续增加，邮电业务通信水平进一步提高，电信服务水平不断普及。但青海面临交通基础设施总量不足，服务地域有限等问题，为此要继续完善公路网络、加快铁路建设以及促进民航加快发展，提高通畅水平和通达深度，构建现代综合交通运输体系。全省邮电事业建设同样与全国平均发展水平有一定差距，且省内城乡间的发展极不平衡。为此，未来应积极推进全省尤其是农村邮电事业向前发展，逐步缩小与全国的差距，加快省内城乡同步协调发展，继续促进邮电事业在信息化时代不断升级改造。

青海教育事业发展主要经历了改革开放前的起步和艰难发展时期以及改革开放至今的全面快速发展时期。70年来，全省教育事业发展实现了跨越式发展，全面实现了教育规模不断壮大，人民群众受教育水平显著提高，民族教育发展不断进步等伟大成就。但整体上全省教育综合发展水平普遍不高，与全国其他地区差距很大。青海"十三五"规划提出全面提升教育教学质量，加快构建育人为本、公平普及、注重质量的教育体系，推进教育现代化。

青海医疗卫生事业经历了改革开放前的曲折缓慢发展和改革开放至今的全面持续快速发展。新中国成立70年以来，青海医疗卫生事业不断向前发展，实现了医疗卫生资源总量不断增加、人民健康水平显著提高、医疗卫生服务体系日趋完善以及医疗卫生人才队伍建设规模持续扩大等巨大成就。但也存在如医疗卫生资源较丰富，人民健康水平却比较低，省内城乡之间的医疗卫生资源分布差距悬殊等问题。未来青海要继续加快推进青海农村医疗卫生基础设施的建设，逐步缩小城乡之间的差距，统筹推进城乡医疗卫生事业协调同步发展，持续加大力度推进全省医疗卫生事业快速发展，缩小与全国和其他省份的发展差距。

参考文献

［1］袁冬梅.对外贸易对中国收入差距的影响研究［D］.武汉：华中科技大学，2007.

［2］中共青海省委办公厅.青海经济发展50年［M］.西宁：青海人民出版社，2002.

［3］胡永科.中国西部概览·青海［M］.北京：民族出版社，2000.

［4］中共青海省委宣传部.青海三十五年［M］.西宁：青海人民出版社，1985.

［5］车昱岐.青海省县域综合交通运输成本空间分析［D］.西宁：青海师范大学，2017.

［6］赵恒伦.奋进中的青海［M］.北京：中国统计出版社，1989.

［7］青海省统计局.青海统计年鉴2018［M］.北京：中国统计出版社，

[8] 国家统计局国民经济综合统计司.新中国统计60年资料汇编[M].北京：中国统计出版社，2010.

[9] 国家统计局.中国统计年鉴2018[M].北京：中国统计出版社，2018.

[10] 国家卫生健康委员会.中国卫生健康统计年鉴2018[Z].北京：中国协和医科大学出版社，2018.

[11] 姚毓春，范欣，张舒婷.资源富集地区：资源禀赋与区域经济增长[J].管理世界，2014（7）：172-173.

[12] 李强，徐康宁.资源禀赋、资源消费与经济增长[J].产业经济研究，2013（4）：81-90.

[13] 岳利萍，吴振磊，白永秀.中国资源富集地区资源禀赋影响经济增长的机制研究[J].中国人口·资源与环境，2011，21（10）：153-159.

[14] 臧小平.从数据变化看青海教育事业50年成就[J].青海教育，1999（10）：7-8.

[15] 陈林生，李刚.资源禀赋、比较优势与区域经济增长[J].财经问题研究，2004（4）：63-66.

[16] 赵丙奇，李玉举.30个省市经济增长的资源禀赋状况研究[J].财经科学，2006（2）：99-106.

[17] 冉永春.资源禀赋与"资源诅咒"——基于青海省海西州经济增长的实证分析[J].商业经济研究，2011（36）：124-126.

[18] 王海春，许云，文霞，等.从数据看新时代以来青海交通运输事业发展[J].青海交通科技，2018（3）：26-30，41.

[19] 赵仰仑.改革开放迎来了青海教育的春天——九旬老人忆改革开放[J].青海教育，2018（Z1）：9-11.

[20] 卫生事业今胜昔——建国三十五年来青海省卫生事业的巨大成就[J].青海医药，1984（4）：1-8.

[21] 青海省教育厅.2018年全省教育事业发展统计公报[J].青海教育，2019（3）：11-13.

［22］综会处.凝心聚力 劈波斩浪 共创辉煌——建国65年来青海经济社会发展成就综述［J］.青海统计，2014（10）：4-16.

［23］桑杰.青海交通发展印证40年改革开放伟大成就［N］.青海日报，2018-04-20（004）.

［24］中国政府网.青海省情介绍［EB/OL］.（2016-01-16）［2019-06-22］.http://www.gov.cn/guoqing/2019/01/16/content_5358326.html.

［25］政府信息与政务公开办公室.地理和自然状况［EB/OL］.（2016-11-09）［2019-06-09］.http://www.qh.gov.cn/dmqh/system/2015/06/02/010166083.shtml.

［26］青海经济信息网.青海省国民经济和社会发展第十三个五年规划纲要［EB/OL］.（2016-02-17）［2019-06-21］.http://www.qhei.org.cn/ghyfz/wngh/201602/t20160217_638555.shtml.

［27］青海省统计局.青海省2010年第六次全国人口普查主要数据公报［EB/OL］.（2011-5-05）［2019-06-23］.http://www.qhtjj.gov.cn/tjData/surveyBulletin/201507/t20150720_15645.html.

［28］青海省统计局.青海省"十二五"教育改革和发展规划［EB/OL］.（2015-01-19）［2019-06-23］.http://www.qhei.org.cn/ghyfz/zxgh/201501/t20150119_602112.shtml.

［29］人民网.青海省卫生事业投入上升至12亿元［EB/OL］.（2018-12-20）［2019-06-27］.http://qh.people.com.cn/GB/n2/2018/1220/c182775-32431529.html.

第3章 青海70年经济增长与结构

敖小芳[①] 王永莉[②]

3.1 引言

经济增长主要通过一国国内生产总值的增加来度量。在一定的技术条件下,一个经济体通过专业化和社会分工会形成一定的产业结构,而产业结构在一定意义上又决定了经济的增长方式[③]。库兹涅茨早在1949年就发现[④],一个国家国民收入的度量必须从产业结构的角度去衡量,而一个经济体的产业结构又由其生产方式所决定。而在我国,产业结构调整和经济增长之间存在单向的 Granger 因果关系[⑤],产业结构调整促进经济增长,而非经济增长造成了我国的结构调整。同时,通过产业结构对经济增长贡献的研究,证明了扩大第三产业产出在国内生产总值中的比重能引导我国经济的良性增长。金砖国家的经济飞速增长也与产业结构优化密不可分[⑥],但其产业结构水平与发达国家仍有较大差距。

[①] 敖小芳,西南民族大学经济学院财政学专业硕士研究生。
[②] 王永莉,四川蒲江人,经济学博士,西南民族大学经济学院硕士生导师,主要研究方向为民族经济等。
[③] 刘伟,李绍荣.产业结构与经济增长[J].中国工业经济,2002(5):14.
[④] Kuznets S. National Income and Industrial Structure [J]. *Econometrica*, 1949 (17): 205.
[⑤] 朱慧明,韩玉启.产业结构与经济增长关系的实证分析[J].运筹与管理,2003(2):68.
[⑥] 李子伦.产业结构升级含义及指数构建研究——基于因子分析法的国际比较[J].当代经济科学,2014,36(1):89.

新中国成立前，青海省由于受严酷的自然条件的制约以及政治、军事、历史、民族、宗教等诸多因素的影响，全省经济增长极其缓慢，经济结构以农牧业为主。新中国成立70年来，青海省计划委员会（后改称青海省发展和改革委员会）和各地相关机构一起，通过编制和执行第一个五年计划至第十三个五年规划等，全面实现了全省国民经济的快速增长，产业结构也在不断协调和优化升级。

本章主要围绕新中国成立70年来，青海经济增长和结构的发展历程、发展成就以及未来展望进行分析。在首先简单介绍经济增长与产业结构的重要关系后，第二节梳理了青海70年来经济增长和结构发展历程，将其划分为改革开放前的曲折发展、改革开放以后至西部大开发之初的逐渐稳步发展和西部大开发至今的稳定快速发展三个阶段。第三节总结了青海70年经济增长和结构发展的重大成就，实现了国民经济快速发展，综合实力大幅提升等。第四节是对青海经济增长和结构未来进行展望，最后是对本章一个简单的总结。

3.2　青海70年经济增长与结构发展历程

新中国成立之前，青海整个国民经济濒临崩溃的边缘，传统农牧业生产水平极为低下，基本上没有现代工业。新中国成立后，青海国民经济增长迅猛，产业结构不断优化。整体看来，青海70年经济增长和结构发展历程，经历了改革开放前的曲折发展时期、改革开放后的逐渐稳定发展时期和21世纪以来的稳定快速发展时期。

3.2.1　改革开放前的曲折发展时期（1949—1977年）

改革开放之前，青海整个国民经济发展极其不稳定，出现了大起大落的阶段性特征。主要经历了三年国民经济恢复和"一五"快速发展时期、大跃进和国民经济调整时期以及"文化大革命"和拨乱反正时期。

3.2.1.1 国民经济恢复和发展时期（1950—1957年）

新中国成立后，经过1950—1952年短短3年的国民经济恢复时期，青海进入大规模的经济建设时期。1953—1957年，青海省进入发展国民经济的第一个五年计划时期。1953年6月，中国共产党中央提出了过渡时期总路线：基本上实现国家工业化和对农业、手工业、资本主义工商业的社会主义改造，即"一化三改造"。1955年7月在《关于发展国民经济的第一个五年计划的报告》中明确提出"社会主义工业化是我们在过渡时期的中心任务，而社会主义工业化的中心环节，则是优先发展重工业"[1]。按照国家过渡时期总路线和"一五"计划的总要求，1955年8月青海省第一届人民代表大会通过了1954年由新成立的青海省计划委员会制定的《青海省发展国民经济第一个五年计划纲要》（草案）。"一五"计划提出，1953—1957年青海要以发展农牧业生产为主，积极进行社会主义建设和在农业区对农业、手工业及资本主义商业的社会主义改造，逐步提高各族人民的物质生活与文化生活水平[2]。

3.2.1.2 "大跃进"和国民经济调整时期（1958—1965年）

在"一五"计划提前超额完成的大好形势下，盲目乐观情绪和"左"的思想开始出现，全国"大跃进"等赶超运动直接影响到青海第二个五年计划的制定和执行。根据1958年5月中国共产党第八次代表大会决定的"鼓足干劲，力争上游，多快好省地建设社会主义"的总路线，1958年7月青海制定通过了《青海省发展国民经济第二个五年计划纲要》（草案）。该纲要提出，"二五"期间（1958—1962年），青海要建立以钢铁、机械制造为中心的骨干工业，工业总产值要超过农牧业总产值；基本上实现农业机械化；加速完成畜牧业社会主义改造。

青海"二五"计划中提出的主要经济指标，严重偏离了国民经济发展的客观实际。为纠正国民经济发展中的错误，根据党中央"调整、巩固、充实、提高"的方针，青海在1961—1965年进入持续5年的国民经济整顿时期，重新确立了青海必须坚持"以农业为基础、以工业为主导以及按农、

---

[1] 李庆华.经济发展战略研究[M].北京：中共中央党校出版社，1998：51.
[2] 李勇.青海省志·计划志[M].西宁：青海人民出版社，2001：41.

轻、重次序安排国民经济"的方针，重点是调整农轻重比例关系，加强农牧业、轻工业和手工业战线，缩短重工业战线等。经过长达5年的调整，青海的工业、农业和畜牧业等逐步得到恢复，走上了稳步发展的轨道。

3.2.1.3 "文化大革命"和拨乱反正时期（1966—1977年）

1965年9月，青海省经济计划委员会制定了《青海省第三个五年计划国民经济发展纲要》，提出要重点发展粮食、牲畜、煤、电和交通，有力支援国防和"三线"建设；以农业为基础、以工业为主导的发展国民经济总方针，从准备战争出发。但"文化大革命"爆发，使发展重点逐步完全偏离经济建设轨道。1970年8月，青海省革命委员会提出《青海省第四个五年计划发展国民经济的初步设想》。"四五"计划（1971—1975年）更加突出无产阶级政治，坚决贯彻执行中央提出的"备战、备荒、为人民"和"要准备打仗"等号令，坚决贯彻执行"以农业为基础、工业为主导的发展国民经济总方针"，以阶段斗争为纲，坚持以备战为纲、以钢为纲等，因很多发展指标不切实际而无法完成。1976年10月"文化大革命"结束，经济工作中依然存在急于求成的"左"倾思想。"五五"期间（1976—1980年），要把青海建成祖国的一个可靠战略后方，要大上快上农业，大力发展畜牧业，坚持工业"以钢为纲"等。"五五"计划前几年执行时青海省的国民经济虽有一定发展，但主要计划指标没有实现，整个经济徘徊不前。

中共十一届三中全会后，中央作出了对国民经济实行"调整、改革、整顿、提高"的决定。遵照中央的决定和省委、省革委会的指示，省计委对原来制订的"五五"计划后两年的指标作了实事求是的压缩，并对各行业发展的指导思想进行了具体调整，调整后的"五五"计划基本完成了主要指标。

3.2.2 改革开放以后的逐渐稳定发展时期（1978—2000年）

1978年召开的党的十一届三中全会，决定把全党工作重点转移到以经济建设为中心的社会主义现代化建设方面，提出了对国民经济实行"调整、改革、整顿、提高"的方针，这对全国以及青海的国民经济发展至关重要。中共青海省委和省人民政府遵照中央的这一战略决策，经过拨乱反正和总结历史经验，制定了"改革开放、治穷致富、开发资源、振兴青海"的经济发展战略，制定和推行一系列改革开放、搞活经济的方针政策，带领全省各族人民团结奋斗，艰苦创业，使青海的经济建设进入一个崭新的历史发展时期。

中国共产党第十二次代表大会确定，从1981年到20世纪末的20年间，我国经济建设的战略目标是在不断提高经济效益的前提下，力争使全国工农业的年总产值翻两番，人民的物质文化生活达到小康水平。在战略步骤上，前10年即"六五"计划和"七五"计划时期主要是打好基础、积蓄力量、创造条件，后10年即"八五"计划和"九五"计划时期开创一个新的经济振兴时期。根据党中央的战略部署和青海省的实际情况，前10年主要是调整经济结构，整顿好现有企业，改革经济管理体制，紧紧抓住农牧业、资源开发、交通运输和教育科学事业这四个重点，扎扎实实打好基础；后10年加快发展步伐，扩大资源开发，为国家经济振兴多做贡献，初步建成青海省的畜产品、盐化工、石油和有色金属等生产基地。

3.2.3 21世纪以来的稳定快速发展时期（2001年至今）

跨入21世纪，青海省改革开放和现代化建设进入新阶段，面临着前所未有的历史性机遇。随着西部大开发政策的出台以及"一带一路"、长江经济带、兰西城市群、乡村振兴、东西部扶贫协作、国家公园体制试点、支持四省藏区发展等领域不断释放新的政策机遇，青海国民经济保持了高速稳定的增长态势，经济结构进一步协调优化。"十五"时期，青海要全面贯彻落实党的十五大精神和中央西部大开发战略，加快基础设施建设，加强生态环境治理，加速市场化、城镇化、信息化、工业化进程，实现经济社会的协调发展和新的跨越。"十一五"时期要全面贯彻落实科学发展观，深入实施西部大开发战略，以全面建设小康社会为目标，以发展与和谐为主题，坚持以人为本，转变发展观念，创新发展模式，提高发展质量，落实"五个统筹"，确保经济社会又快又好发展。"十二五"时期，青海将进入经济加速发展、产业加快转型、城镇化全面推进的重要战略机遇期，是深化改革开放、加快转变经济发展方式的攻坚时期。青海"十二五"规划纲要提出，必须坚持又快又好发展，促进经济社会发展的新跨越。坚持加快发展不动摇，力争保持持续较快的发展速度，努力实现又快又好地发展。要抓住关键环节，实施重点突破，认真解决关系发展全局的重大问题，努力将资源优势转化为经济优势，全力促进经济社会发展的新跨越。"十三五"规划时期全省坚持把稳增长、促发展作为第一要务。面对经济发展进入新常态、结构调整任务艰巨和底子薄、发展不足等基本省情，要始终坚持在稳增长中破难题，推动形成经济增长稳中向好、结构调整不断深化等。坚持走循环经济的发展路子，以创新为动力，加快推进结构调整，促进产业转型升级，全面提高质量和效益。

3.3 青海70年经济增长与结构发展成就

新中国成立70周年以来，青海实现了经济持续快速增长，综合实力大幅提升。改革开放之前，全省经济社会发展实现了高速增长，但也经历了"大跃进"和"二五"时期的剧烈波动；党的十一届三中全会以后，青海国民经济和社会发展整体步入平稳协调快速发展的健康轨道，尤其是实施西部大开发战略以来，发展更加平稳协调。同时，青海产业结构持续优化升级，经济增长动能不断转换优化，经济增长质量不断改善。

3.3.1 国民经济快速发展，综合实力大幅提升

新中国成立以来，青海国民经济迅速发展，综合实力显著增强，全省地区生产总值不断取得突破，地方财政收支和居民收支持续提高，固定资产投资和社会消费品零售总额高速增长，对外贸易迅速崛起等。

3.3.1.1 地区生产总值不断取得突破

（1）地区生产总值实现持续增长。

新中国成立以后到改革开放之初，青海国民经济增长速度较快，尤其

是"一五"时期,年均地区生产总值增长速度为21.6%,远远超过了全国同期增长水平(6.7%)(见表3-1),这是青海在新中国成立70年以来经济增长速度最快的时期。到1977年,青海地区生产总值(按当年价格计算,下同)由1953年的1.74亿元增长到13.13亿元,增长了6.6倍;人均地区生产总值从1953年的106元增长到1977年的371元,增长了2.5倍。1953—1977年,青海年平均增长水平达到8.8%,比全国同期平均水平5.8%高出3个百分点。

表3-1　1953—2018年青海不同时期地区生产总值增长速度概览

年份	青海地区生产总值平均增长率/%	全国GDP平均增长率/%	青海地区生产总值增长的倍数	全国GDP增长的倍数
1953—1957	21.6	6.7	1.3	0.3
1958—1965	3.4	4.0	0.3	0.3
1966—1977	6.7	5.1	1.1	0.7
1953—1977	8.8	5.8	6.6	2.9
1978—1990	13.4	14.6	3.5	4.1
1991—2000	15.0	18.4	2.5	3.6
1978—2000	13.7	16.2	16.0	26.3
1996—2000	9.4	8.7	0.4	0.4
2001—2005	16.0	14.0	0.8	0.7
2006—2010	20.1	17.1	1.1	0.9
2011—2015	9.7	8.9	0.5	0.4
2001—2010	18.2	15.7	3.5	2.7
2011—2018	8.0	9.1	0.7	0.8
1978—2018	13.9	14.7	183.4	243.7
2001—2018	14.2	13.1	8.5	7.1
1953—2018	12.1	11.4	1645.7	1091.4

资料来源:根据全国和青海历年统计年鉴整理,其中全国和青海地区生产总值增长倍数与年均增长水平均按当年价格计算,其年平均增长率可能与用不变价格计算的增长率略有差异;2018年数据来自统计公报。

改革开放以来,青海国民经济保持平稳高速增长,尤其是实施西部大开发战略以来,全省经济增长速度更加协调稳定,2001—2018年地区生产总值平均增长速度为14.2%,略高于全国同期平均水平13.1%。到2018

年，青海地区生产总值从 1978 年的 15.54 亿元增长到 2865.23 亿元，增长了 163.4 倍，1978—2018 年平均增长水平达到 13.9%，低于全国同期水平 0.8 个百分点，但始终保持持续平稳增长，没有出现大起大落。分阶段来看，1978—2000 年青海地区生产总值平均增长水平为 13.7%，低于全国同期水平 2.5 个百分点。其中，1978—1990 年，青海地区生产总值从 1978 年的 15.54 亿元增长到 1990 年的 69.94 亿元，增长了 3.5 倍，年平均增长水平为 13.4%，略低于全国同期水平 1.2 个百分点。1991—2000 年，全省地区生产总值从 1991 年的 75.10 亿元增长到 2000 年的 263.68 亿元，增长了 2.5 倍，年平均增长水平达到 15.0%，明显低于全国同期水平 3.4 个百分点。西部大开发以来，全省经济增长实现了略高于全国的增长速度，2001—2018 年全省经济增长年平均达到 14.2%，比全国同期水平高出 1.1 个百分点。2001—2010 年，全省地区生产总值从 2001 年的 300.13 亿元增长到 2010 年的 1350.43 亿元，增长了 3.5 倍，年平均增长水平达到 18.2%，远远高出全国同期水平 2.5 个百分点。"十二五"以来，2011—2018 年，全省地区生产总值从 2011 年的 1670.44 亿元增长到 2865.23 亿元，8 年间增长了 0.7 倍，年平均增长水平达到 8.0%，低于全国同期水平 1.1 个百分点。显然，青海经济社会发展也步入发展速度放缓的经济新常态。

（2）地区生产总值总量不断增加。

新中国成立之初的青海，经济基础十分薄弱。1949 年，青海地区生产总值仅有 1.23 亿元[①]。全面完成"一五"计划后的 1957 年，全省地区生产总值从 1953 年的 1.74 亿元增长到 3.95 亿元（见表 3-2），增长了 1.3 倍，而全国同期水平只增长了 0.3 倍；青海人均地区生产总值在"一五"计划时期增长了 0.8 倍，高于全国人均 GDP 水平增长倍数。1958—1965 年青海经济增长经历了"大跃进"和"二五"时期从爆发式增长再急剧下滑的剧烈波动。青海省地区生产总值从 1958 年的 4.87 亿元，高速增长到 1960 年的 7.68 亿元，又下跌到 1962 年仅有 4.59 亿元。经过国民经济的逐渐调

---

① 数据来自《新中国六十年统计资料汇编》，本书后面所引用数据，若未特别说明，均来自青海和全国历年统计年鉴；其中 2018 年数据，均来自青海和全国 2018 年统计公报，不再一一标明。

整，到 1965 年达到 6.14 亿元。1958—1965 年平均增长水平下降到 3.4%，这也是青海在新中国成立以来经济增长遭受破坏最严重的时期。1966—1977 年，青海地区生产总值由 1966 年的 6.42 亿元增长到 1977 年的 13.13 亿元，增长了 1.1 倍，年均增长速度达到 6.7%，比全国同期水平高出 1.6 个百分点（见表 3-1）。1955—1978 年，青海人均生产总值持续超过了全国人均 GDP，这应该是前述"三线"建设的伟大功劳（见表 3-2）。

表 3-2　1949—2018 年青海地区生产总值及其人均生产总值增长概览

年份	青海地区生产总值				全国国内生产总值	
	总产值/亿元	占全国 GDP 的比重/%	人均地区生产总值/元	占全国人均 GDP 的比重/%	总产值/亿元	人均生产总值/元
1949	1.23	—	83	—	—	—
1950	1.34	—	88	—	—	—
1952	1.63	0.24	101	84.87	679.00	119
1953	1.74	0.21	106	74.65	824.19	142
1957	3.95	0.37	193	114.88	1069.29	168
1960	7.68	0.53	300	137.61	1457.47	218
1965	6.14	0.36	271	112.92	1717.20	240
1970	8.15	0.36	303	109.78	2261.32	276
1975	12.42	0.41	371	112.77	3013.11	329
1978	15.54	0.42	428	111.17	3678.70	385
1985	33.01	0.36	808	93.30	9098.90	866
1990	69.94	0.37	1558	93.69	18872.90	1663
1995	167.80	0.27	3513	69.00	61339.90	5091
2000	263.68	0.26	5138	64.69	100280.10	7942
2005	543.32	0.29	10045	69.91	187318.90	14368
2010	1350.43	0.33	24098	78.05	413030.30	30876
2015	2417.05	0.35	41252	82.09	689052.10	50251
2018	2865.23	0.32	47689	73.77	900309.00	64644

资料来源：根据全国和青海历年统计年鉴整理。均用当年价格，其中 2018 年数据来自 2018 年青海和全国统计公报。

注："—"表示数据缺失。

改革开放以来，青海国民经济继续保持平稳快速增长，地区生产总值不断取得突破。2008年，青海地区生产为1018.62亿元，首次突破1000亿元大关，并于2013年迅速超过2000亿元。到2018年，青海地区生产总值增长到2865.23亿元，是1978年的184.4倍。改革开放以来，青海人均生产总值占全国人均GDP的比重呈现先下降后上升再下降的发展趋势，于1997年达到历史最低点63.60%。分阶段来看，1978—2000年青海地区生产总值增长了16.0倍，明显低于国内生产总值的增长倍数23.6；人均地区生产总值从1978年的428元增长到2000年的5138元，增长了11.0倍。西部大开发以来，全省经济增长略高于全国的增长速度，2001—2018年青海省地区生产总值经济增长了8.5倍，全国同期水平为7.1倍；人均地区生产总值占全国GDP的比重总体呈上升趋势，到2018年，青海人均地区生产总值为47689元，是2001年的8.3倍。

3.3.1.2 地方财政收支和居民收支不断提高

青海70年地方财政预算收支持续增加。新中国成立前的青海，工商业薄弱，财力匮乏。新中国成立以来，青海地方财政一直保持平稳增长，尤其是西部大开发以来，全省地方财政收支增长更加平稳快速。全省地方财政一般预算收入和一般预算支出分别从1952年的0.10亿元和0.18亿元增长到2018年的272.87亿元和1647.50亿元，分别增长了2727.7倍和9151.7倍。分阶段来看，1953—1978年，青海地方公共财政一般预算收入和一般预算支出分别从1953年的0.11亿元和0.38亿元增长到1978年的2.90亿元和6.80亿元，分别增长了25.4倍和17.9倍。期间，青海地方财政一般预算收入和一般预算支出在经过"一五"计划时期的快速增长后，在"大跃进"前后经历了从超高速增长到断崖式下跌的剧烈波动。其地方财政一般预算收入和一般预算支出分别从1957年的0.62亿元和1.62亿元，高速增长到1960年的2.91亿元和7.1亿元，分别增长了3.7倍和3.4倍，再迅速下滑到1965年的1.06亿元和1.87亿元，直到1978年，才分别增长到2.9亿元和6.8亿元，接近1960年的水平（见表3-3）。1981—2018年，青海地方公共财政一般预算收入和一般预算支出分别从1981年的1.08亿元和5.52亿元增长到2018年的272.87亿元和1647.45亿元，分别增长了 251.7 倍和 297.5 倍，远超过同期地区生产总值增长，且始终保持平稳快速增长，再没有出现过改革开放之前的剧烈波动。

表 3-3　1952—2018 年青海地方财政收支和城乡居民收支等增长概况

年份	地方财政一般预算收入/亿元	一般预算支出/亿元	城乡居民人均可支配收入/元		城乡居民人均消费性支出/元		固定资产投资总额/亿元	社会消费品零售总额/亿元
			城镇	农村	城镇	农村		
1952	0.10	0.18	—	—	—	—	0.1	0.6
1953	0.11	0.38	—	—	—	—	0.3	0.8
1957	0.62	1.62	—	—	—	—	1.7	2.4
1960	2.91	7.10	—	—	—	—	4.7	5.1
1965	1.06	1.87	—	—	—	—	1.3	3.1
1970	1.20	2.71	—	—	—	—	3.1	4.1
1975	2.05	4.52	—	—	—	—	4.3	6.6
1978	2.90	6.80	—	—	—	—	6.7	8.3
1980	1.65	5.88	—	—	—	—	7.4	8.3
1985	2.40	10.09	849	343	679	275	17.2	16.4
1990	7.24	17.13	1336	560	1118	475	22.3	28.7
1995	8.60	28.80	3380	1030	2930	941	55.6	70.6
2000	16.58	68.26	5170	1490	4186	1218	154.8	100.3
2005	33.82	169.75	8058	2165	6245	2086	367.2	161.6
2010	110.20	743.40	13855	3863	9614	3859	1068.7	351.0
2015	267.13	1515.20	24542	7933	19201	8566	3266.6	691.0
2018	272.87	1647.50	31535	10393	22998	10352	4181.6	835.6

资料来源：根据青海历年统计年鉴整理，其中 2018 年数据来自 2018 年青海统计公报。从 2013 年起，国家统计局开展了城乡一体化住户收支与生活状况调查，本表中 2013 年及以后城乡居民收支数据来源于此调查，与 2013 年前的分城镇和农村住户调查的调查范围、调查方法、指标口径有所不同。

注："—"表示数据缺失。

新中国成立后到改革开放之前，全省地方公共财政一般预算收入占财政预算支出的比重，从 1957 年的 38.1% 下降到 1980 年的 28.0%，同期国家财政补贴等收入则由 1957 年的 10187 万元增长到 1980 年的 47171 万元，增长了 3.6 倍。改革开放以后，全省地方公共财政一般预算收入占财政预算支出的比重则由1981年的19.6%下降到2018年16.6%，国家财政补贴等收入则由1980年的47191万元增长到2017年的16541495万元，增长了349.5倍。很显然，改革开放以来，尤其是西部大开发以后，中央加大了对青海地区财政转移支付的力度，全省国家财政补贴等收入由2001年的1085549万元增长到2017年的16541495万元，累计增长了14.2倍，来自中央财政的大力支持全面缩小了青海和全国的发展差距。

与此同时，改革开放以来，青海城乡居民人均可支配收入和人均消费性支出持续提高，尤其是西部大开发以来，城乡居民收支增长非常迅速。1985—2018年，全省城镇和农村居民人均可支配收入分别从1985年的849元和343元，增长到2018年的31535元和10393元，分别增长了36.1倍和29.3倍。同期，全省城镇和农村居民人均消费性支出分别从1985年的679元和275元，增长到2018年的22998元和10353元，分别增长了32.9倍和36.6倍。2001—2018年，青海城镇和农村居民人均可支配收入平均增长速度分别为10.4%和11.6%，城镇和农村居民人均消费性支出平均增长水平分别为9.8%和12.8%。2018年青海城镇和农村居民人均可支配收入占全国平均水平的比例分别为80.3%和71.1%，城乡人均消费性支出占全国平均水平的比重依次为88.1%和85.4%。尽管青海城乡人均收支与全国平均水平差距在缩小，但是在全国的排名位次均比较靠后。2017年，青海城乡居民人均可支配收入在全国的排名位次分别为第26和第29位；城镇和农村居民人均消费性支出分别位于全国第15和第20位，均比城乡人均可支配收入排名靠前。可见，青海城乡居民人均消费性支出与全国平均水平的差距要比全省城乡居民人均可支配收入与全国平均水平的差距小得多。所以，青海要继续保持经济的平稳增长才能进一步增加城乡居民的收入水平和消费水平，切实增强各民族群众的获得感和幸福感。

3.3.1.3　固定资产投资总额和社会消费品零售总额等快速增长

新中国成立70年以来，青海固定资产投资总额和社会消费品零售总额始终保持高速增长，尤其是固定资产投资总额远远超过同期地区生产总值增长速度，且在"大跃进"时期与经济增长同步发生剧烈波动，西部大开发以来实现了持续平稳快速增长；社会消费品零售总额增长速度则始终保持平稳增长；青海固定资产投资总额的高速增长，社会消费品零售总额的持续增长，对外贸易的迅速发展等，成为拉动全省经济增长的重要动力。

（1）固定资产投资始终保持高速增长。

改革开放之前，青海固定资产投资总额虽然经历了"大跃进"时期的大起大落，但总体呈现快速上升趋势。全社会固定资产投资总额由1953年的0.3亿元增长到1978年的6.7亿元（见表3-3），共增长了21.3倍，远超过同期地区生产总值的增长，且固定资产投资也随着地区生产总值的起伏而波动。其中，到"一五"末的1957年，青海固定资产总额达到1.7亿元，比1953年增长了4.7倍。"大跃进"和"二五"时期，固定资产投资总额也经历了从超高速增长到断崖式下跌的剧烈波动，1959年快速增长到4.8亿元，急剧下降到1962年的0.3亿元，到1965年仅有1.3亿元。"三五""四五"和"五五"时期，青海固定资产投资总额从1966年的2.2亿元缓慢增长到1975年的4.3亿元，再增长到1980年的6.7亿元，固定资产投资整体保持缓慢增长。

改革开放以来，青海固定资产投资总额实现跳跃式增长。全社会固定资产投资总额由1981年的8.5亿元增长到2018年的4181.6亿元，增长了491倍，远远超过同期青海地区生产总值的增长。其中，全省固定资产投资总额从1981年的8.5亿元增长到1990年的23.9亿元，增长了1.8倍；从1991年的23.9亿元增长到2000年的154.8亿元，增长了5.5倍。西部大开发以来，全省固定资产投资总额保持高速增长，从2001年的201.6亿元增长到2010年的1068.73亿元，增长了4.3倍；从2011年的1434.33亿元增长到2018年的3897.14亿元，增长了1.7倍。"八五"到"十一五"期间，固定资产投资的高速增长为青海同期加速实现工业化和城镇化等提供了坚实的物质基础，成为拉动经济增长的重要力量。

（2）社会消费品零售总额成就突出。

改革开放前，青海消费品市场和流通渠道逐渐扩大和改善，全社会消费品零售总额迅速增长，从1953年的0.8亿元逐年增长到1978年的8.3亿元，增长了9.4倍，其增长速度远没有固定资产投资总额的波动剧烈。新中国成立之初青海消费品短缺，市场总量狭小，1950年只有0.4亿元，到1952年缓慢增长到0.6亿元。"一五"期间，由于国民经济的快速增长，全社会消费品零售总额从1953年的0.8亿元增长到1957年的2.4亿元，比1953年增长了2倍。"大跃进"和"二五"计划时期，青海全社会消费品零售总额也出现波动甚至停滞不前，从1958年的3.2亿元增长到1960年的5.1亿元；到1963年下降到最低点，仅有2.7亿元，1965年恢复到3.1亿元。"三五""四五"和"五五"计划时期，青海全社会消费品零售总额始终保持缓慢增长，没有出现大起大落，从1966年的3.4亿元增长到1975年的6.6亿元和1980年的8.3亿元。这充分表明青海发展战略实施中，始终高度重视提高和改善各民族人民生活水平。

改革开放以来，青海全社会消费品零售总额继续保持平稳快速发展。从1981年的6.7亿元增长到2018年的835.6亿元，累计增长了123.7倍，远远低于同期固定资产投资总额增长。期间，全省全社会消费品零售总额从1981年的6.7亿元增长到1990年的28.7亿元，增长了3.3倍；从1991年的32.0亿元增长到2000年的100.3亿元，增长了2.1倍。实施西部大开发以来，全省社会消费品零售总额继续平稳增长，从2001年的110.4亿元增长到2010年的351.0亿元，增长了2.2倍；从2011年的413.3亿元增长到2018年的835.6亿元，8年间增长了1.0倍。

3.3.1.4　对外贸易迅速崛起

改革开放之后，青海积极开展对外贸易，对外贸易从无到有，开始逐步发展。1978年青海进出口贸易总额为1064万美元，其中进口为988万美元，出口为76万美元，贸易逆差为912万美元；到1985年全省首次实现进出口贸易顺差，当年对外贸易总额3411万美元中，进口为1288万美元，出口为2123美元，贸易顺差达835万美元，此后除了2009年受次贷危机影响，青海持续保持进出口贸易顺差。1992年，全省进出口贸易总额首次突破1亿美元，2012年又突破10亿美元。由于青海积极抓住"一带一路"机遇扩大沿线国家对外贸易，2015年全省进出口贸易总额达到有史以来最高193447万美元，其中进口为29250万美元，出口为164197万美元，实现贸易顺差为1234947万美元。但是2017年和2018年却又分别下降到65532万美元和69514万美元，2017年进出口贸易总额比2015年的151485万美元直接下降幅度达到56.7%。显然，国际政治经济环境的不确定因素和青海地处内陆等劣势，使其进出口贸易波动非常大，青海出口对地区经济增长拉动作用非常脆弱。这给青海未来提高发展质量、保持经济稳定增长带来了巨大的挑战。

3.3.2 产业结构持续优化升级

新中国成立70周年以来，青海产业结构不断优化升级，其中第一产业比重逐年下降，第二产业比重先迅速提高后缓慢上升，到1975年第二产业总产值超过第一产业，初步实现工业化；到2018年，第一产业比重继续下降，第三产业比重稳步超过第二产业，产业发展进一步转型升级，青海已实现从传统农业社会到工业社会再到现代社会的产业升级转型（见图3-1）。

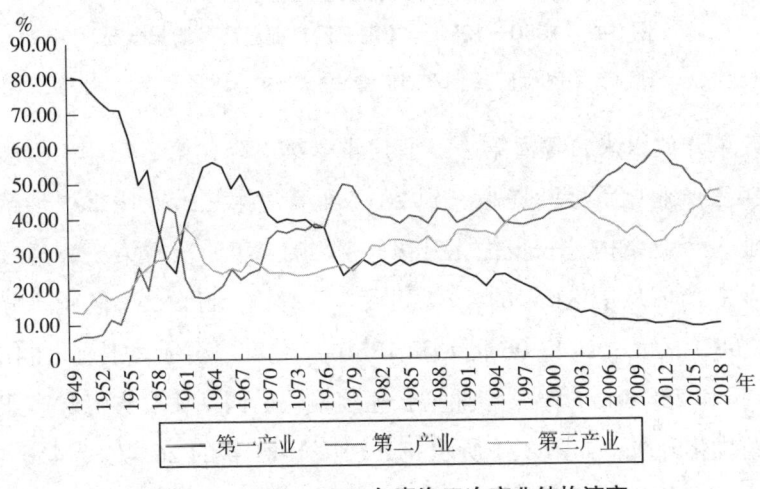

图3-1 1949—2018年青海三次产业结构演变

资料来源：根据青海历年统计年鉴整理所得。

改革开放之前，青海产业结构极不稳定，三次产业占地区生产总值的波动较大：第一产业比重大幅下降，第二产业比重快速提高，第三产业增长速度则较为平缓。从三次产业总产值视角看，到1975年青海第二产业产值和比重超过第一产业，青海已由典型的落后农业社会迈向工业社会，稳步进入现代工业社会。1950—1980年，青海第一、第二和第三产业总产值分别由1950年的1.07亿元、0.09亿元和0.18亿元增长到1980年的5.0亿元、7.83亿元和4.96亿元（见图3-2），三次产业总产值分别增长了3.67倍、86倍和26.56倍，显然第二产业实现了超高速增长。

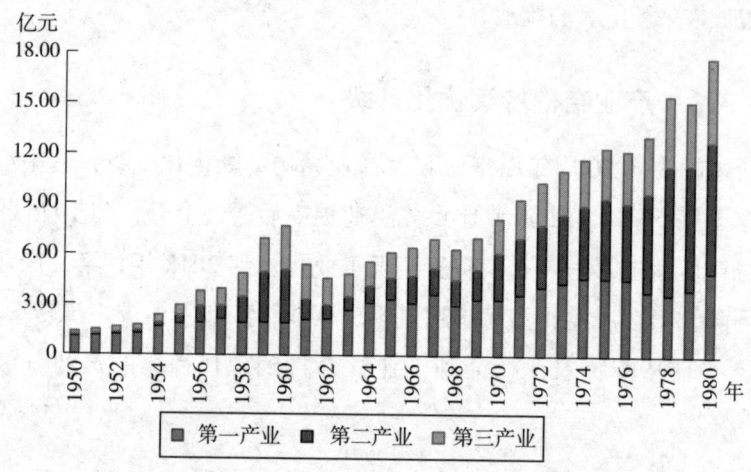

图3-2　1950—1980年青海三次产业总产值增长概况

资料来源：根据《新中国六十年统计资料汇编》整理所得。

改革开放以来，青海第一产业比重继续下降，第二产业比重缓慢上升，第三产业比重不断提高，到2017年青海第三产业比重稳步超过第二产业，产业结构进一步优化升级。到2018年，全省第一、第二、第三产业总产值从1981年的4.63亿元、7.23亿元和5.63亿元，分别提高到268.1亿元、1247.06亿元和1350.07亿元，分别增长了184.2倍、171.5倍和238.8倍，第三产业增长速度最快。同期，全省三次产业结构也不断优化升级，如图3-1所示，分别从1981年的26.47%、41.34%和32.19%，调整为2018年的9.36%、43.52%和47.12%，第一产业比重累计下降了17.04个百分点，第二产业平稳增长了2.18个百分点，第三产业累计提高了14.93个百分点。其中，由于"九五"时期继续实施"改革开放、治穷致富、开发资源、振兴青海"发展战略，以及2000年以后实施西部大开发战略，出现了1996—2002年连续7年第三产业比重超过第二产业，到2003年以后，第二产业比重又超过了第三产业（见图3-1、

图 3-3）。

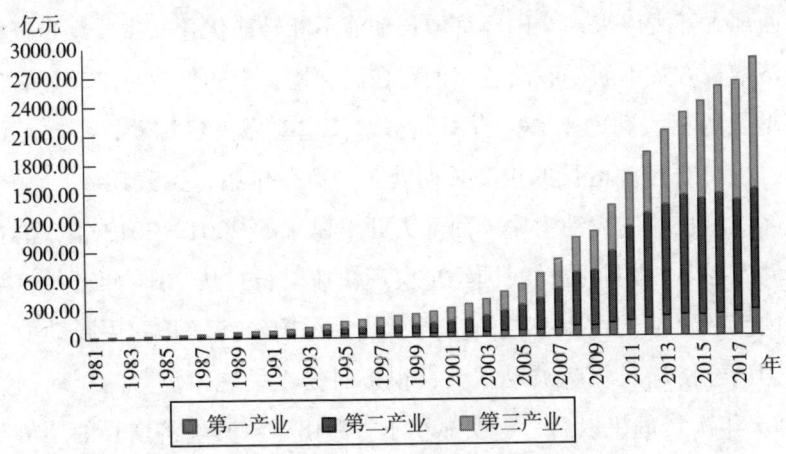

图 3-3 1981—2018 年青海三次产业总产值增长概况

资料来源：根据《新中国六十年统计资料汇编》整理，2008 年以后数据来自历年统计年鉴，均以当年价格计算。

进入 21 世纪以来，在科学发展观的引领下，青海加大改革开放进程，2001—2010 年，全省三次产业产值分别由 2001 年的 44.74 亿元、125.09 亿元和 130.30 亿元增长到 2010 年的 134.92 亿元、744.63 亿元和 470.88 亿元，分别增长了 2.0 倍、5.0 倍和 2.6 倍，三次产业构成则分别由 2001 年的 14.91%、41.68% 和 43.41% 调整为 2010 年的 9.99%、55.14% 和 34.87%。"十二五"以来，青海进入全面同步建成小康时期，深入贯彻科学发展观的调结构和转换方式等要求，实现了第三产业快速发展，其产业结构持续优化。全省三次产业产值分别由 2011 年的 155.08 亿元、975.18 亿元和 540.18 亿元增长到 2018 年的 268.1 亿元、1247.06 亿元和 1350.07 亿元，分别增长了 0.7 倍、0.3 倍和 1.5 倍，三次产业构成则由 2011 年的 9.28%、58.38% 和 32.34% 调整为 2018 年的 9.36%、43.52% 和 47.12%。其中第三产业于 2017 年再次超过第二产业，且全省包括第二产业在内的各产业增长速度明显放缓。

3.3.3 经济增长动能不断转换优化

西部大开发以来,全国经济增长动能不断转换优化,主要靠投资拉动的经济增长方式不断得到改善,消费在经济增长中的作用越来越显著。从经济增长的三大动力来看,青海经济增长主要靠投资拉动,其次是消费拉动,出口对经济增长的拉动长期处于"负"作用(见表3-4)。在全国实现经济增长的三大动力中,西部大开发以来的2001—2013年,消费和投资并驾齐驱,共同拉动我国经济实现快速增长;从2014年开始,消费对国内生产总值的贡献率逐渐上升,成为国内经济增长的主要动力;出口对国内经济增长贡献波动很大,很多时候也呈现"负"向拉动,尤其是2008年次贷危机以后,但明显小于青海出口对其经济增长的"负"作用。尽管青海经济增长的动力在不断转换优化,消费拉动效果显著,但从2008年以来一直明显低于投资拉动,尤其是2013年,投资贡献率高达368.2%,是消费贡献率的123.6倍。到2017年,青海最终消费支出、资本形成总额以及货物和服务净出口三大需求对生产总值增长的贡献率依次为44.8%、105.5%和-50.2%;全国同期三大需求对生产总值增长的贡献率依次为58.8%、32.1%和9.1%(见表3-4)。显然,青海经济增长消费拉动有限,出口拉动脆弱,完全靠投资拉动。此外,青海"三驾马车"对地区生产总值增长的贡献率极其不稳定,经常出现大幅波动,远远没有全国"三驾马车"对国内经济增长的拉动效果稳定。2013年,青海投资和出口对地区生产总值的贡献率均达到了西部大开发以来的峰值,分别为378.2%和-281.3%,而全国同年平均水平依次为55.3%和2.3%。

表3-4 2000—2017年青海和全国三大需求对生产总值增长的贡献率概览　　%

年份	青海			全国		
	最终消费支出	资本形成总额	货物和服务净出口	最终消费支出	资本形成总额	货物和服务净出口
2000	69.0	66.1	-35.1	78.1	22.4	-0.5
2001	75.5	140.6	-116.1	49.0	64.0	-13
2002	66.3	111.9	-78.2	55.6	39.8	4.6
2003	61.3	65.3	-26.6	35.4	70.0	-5.4

续表

年份	青海			全国		
	最终消费支出	资本形成总额	货物和服务净出口	最终消费支出	资本形成总额	货物和服务净出口
2004	85.8	52.3	−38.1	42.6	61.6	−4.2
2005	91.9	75.8	−67.6	54.4	33.1	12.5
2006	76.3	66.0	−42.3	42.0	42.9	15.1
2007	65.8	62.8	−28.5	45.3	44.1	10.6
2008	30.1	76.1	−6.2	44.2	53.2	2.6
2009	7.6	179.9	−87.5	56.1	86.5	−42.6
2010	40.8	143.5	−84.4	44.9	66.3	−11.2
2011	50.0	126.6	−76.6	61.9	46.2	−8.1
2012	56.9	135.9	−92.8	54.9	43.4	1.7
2013	3.1	378.2	−281.3	47.0	55.3	−2.3
2014	39.9	237.2	−177.0	48.8	46.9	4.3
2015	145.2	190.4	−235.6	59.7	41.6	−1.3
2016	97.2	117.6	−114.8	66.5	43.1	−9.6
2017	44.8	105.5	−50.2	58.8	32.1	9.1

资料来源：根据《青海统计年鉴》和《中国统计年鉴》整理所得。其中，某要素贡献率＝某要素增量/GDP增量×100%。

从三次产业对经济增长的贡献率来看，西部大开发以来，青海经济增长继续主要靠第二产业拉动，第三产业贡献率在缓慢提高。2000年以来，青海第一产业对地区经济增长的贡献率比较平稳，平均水平在5%左右，这与全国第一产业对经济增长的贡献率比较接近，本质上实现现代化和工业化的结果和体现。青海第二产业对经济增长的贡献率却依然稳居首位，尽管有缓慢下降趋势，其中2011年全省第二产业贡献率达到最高值，高达71.2%，比全国同期平均贡献率足足高出了19.2个百分点。青海第三产业对地区经济增长的贡献率在不断提高，且与第二产业的贡献率差距越来越小，其中2011年全省第三产业贡献率达到最低点，仅为25.2%，比全国同期平均贡献率低了18.6个百分点。全国第二产业对经济增长的贡献率也呈缓慢下降趋势，其中全国第二产业贡献率最高值为2000年的59.6%，此后不断下降；全国第二产业的贡献率在逐渐降低，第三产业对经济增长的贡献率逐渐上升，并于2001年首次超过第二产业，2015年之后稳步超过第二产业，成为全国经济增长贡献率最大的产业。而青海经济增长贡献率最大的依然是第二产业，第三产业的贡献率也在逐渐提升，却始终没有超过第二产业。2017年，青海三次产业贡献率依次为5.7%、49.2%和45.1%，全国同期平均水平为4.9%、36.3%和58.8%（见表3-5），青海第一次产业贡献率和第二产业贡献率分别比全国平均高出0.8个百分点和12.9个百分点，第三产业贡献率比全国平均低13.7百分点。青海第二产业贡献率居高不下，也使全省贯彻落实绿色发展、实行节能减排、建设生态文明等形势更加严峻。

表3-5 2000—2017年青海和全国三次产业贡献率概览　　　　　　　　%

年份	青海			全国		
	第一产业	第二产业	第三产业	第一产业	第二产业	第三产业
2000	-7.2	56.4	50.8	4.1	59.6	36.2
2001	8.3	52.7	39.0	4.6	46.4	49.0
2002	5.9	57.0	37.1	4.1	49.4	46.5
2003	4.8	60.4	34.9	3.1	57.9	39.0
2004	4.3	61.3	34.5	7.3	51.8	40.8
2005	5.2	61.1	33.7	5.2	50.5	44.3
2006	3.1	58.0	38.9	4.4	49.7	45.9
2007	3.6	55.2	41.2	2.7	50.1	47.3
2008	2.9	61.6	35.5	5.2	48.6	46.2
2009	4.6	57.9	37.6	4.0	52.3	43.7
2010	3.4	65.8	30.8	3.6	57.4	39.0
2011	3.6	71.2	25.2	4.2	52	43.8
2012	3.9	65.6	30.5	5.2	49.9	44.9
2013	4.2	65.5	30.3	4.3	48.5	47.2
2014	4.6	63.5	31.9	4.7	47.8	47.5
2015	4.9	60.4	34.7	4.6	42.4	52.9
2016	5.8	53.0	41.2	4.3	38.2	57.5
2017	5.7	49.2	45.1	4.9	36.3	58.8

资料来源：根据《青海统计年鉴》和《中国统计年鉴》整理所得。

显然，青海长期依靠第二产业尤其是重化工业拉动经济增长的发展方式等特点，使未来继续通过调结构、稳增长、换动能和转方式等实现全省经济持续增长的任务十分艰巨。

3.3.4 经济增长质量不断改善

西部大开发以来，青海实现经济快速增长过程中开始重视加强生态环境治理，经济增长质量不断改善。尤其是国家"十一五"规划以来把单位GDP能耗降低作为约束性指标，"十二五"还提出合理控制能源消费总量的要求，把全国节能减排指标分解到各年各省区，青海和全国经济增长质量不断提高。2006—2015年全国单位GDP能耗累计降低近34%（见表3-6），全国能源消费弹性系数，即能源消费年均增长速度/国民经济年均增长速度，由"十一五"时期的0.59下降到"十二五"时期的0.46。青海由于资源富集、原有工业技术薄弱以及实行以资源开发为重点的发展战略等，形成了典型的高度依赖重化工业推动经济增长的高能耗高排放的粗放经济增长方式。2005年青海万元GDP能耗高达3.074吨标准煤/万元，同期全国平均水平为1.276吨标准煤/万元，其能耗水平达到全国同期平均能耗的241%，能耗水平高居全国第2位，仅次于全国能耗水平最高的宁夏（4.140吨标准煤/万元）。"十一五"以来，青海实施统筹人与自然和谐发展和贯彻绿色发展等科学发展观，在保持经济持续增长的同时，全省通过降低能耗强度和控制能耗总量，降低了青海经济增长对能源消耗增长的依赖程度，能耗水平不断降低。"十一五"规划中，青海计划万元地区生产总值能耗强度降低17%，实际降低了17.1%，到2010年万元GDP能耗降到2.548吨标准煤/万元，同期全国平均能耗水平已降到1.034吨标准煤。"十二五"时期，青海累计实现降低能耗10%，到2015年万元GDP能耗降到2.293吨标准煤/万元，全国同期平均水平为1.126吨标准煤/万元。尽管2006—2015年青海万元GDP能耗已累计降低27%，但能耗依然很高，高居全国第2，仅次于宁夏。

表 3-6 "十一五"以来青海与全国万元地区生产总值能耗降低率概况　　　%

年份	青海	全国
2017	−3.7	−4.71
2016	−5.0	−9.42
2015	−5.6	−4.26
2014	−4.8	−2.97
2013	−2.20	−3.72
2011	[−9.44]	−2.35
2009	−6.46	−5.08
2008	−4.18	−5.16
2007	−3.52	−4.03
2011—2015	−10.0	−15.0
2006—2010	−17.1	−19.1

资料来源：根据国家发改委和国家统计局相关网站数据整理所得。①国家统计局．2017年分省（区、市）万元地区生产总值能耗降低率等指标公报 http://www.stats.gov.cn/tjsj/zxfb/201807/t20180719_1610865.html。②中华人民共和国国家发展和改革委员会．"十一五"各地区节能目标完成情况表 http://www.ndrc.gov.cn/zcfb/zcfbgg/201106/t20110610_417376.html。③中华人民共和国国家发展和改革委员会．"十二五"各省（区市）节能目标完成情况表 http://www.ndrc.gov.cn/gzdt/201612/t20161202_829076.html。

注："[ ]"表示2011年青海因玉树地震灾害的影响未完成年度节能目标；地区生产总值能耗水平均是当年价格，与用2000年或2005年不变价格计算的能耗水平存在差异。

3.4　青海70年经济增长与结构发展展望

新中国成立70年以来，青海经济增长和结构优化实现了跨越式发展。但全省经济发展进入新常态，面临经济结构调整任务艰巨，生态环境保护压力持续加大，拉动经济发展动力不足等困难。要实现"十三五"规划提出的确保经济增长稳中向好，结构调整不断深化的目标，必须充分发挥第一、第二、第三产业对经济增长的共同作用，继续保持经济中高速增长，加快产业结构转型升级；同时发挥"三驾马车"对经济增长的拉动作用，促进经济发展动能持续优化，全面有效提高经济增长的质量和效益。

3.4.1 继续保持经济中高速增长

如前所述，青海经济增长依然面临地区生产总值总量依然较小，人均地区生产总值、城乡居民人均收支等也与全国平均水平有一定差距。2018年，青海地区生产总值只占全国GDP的0.32%，总量仅超过了西藏，在全国排名第30位；2018年青海人均地区生产总值47689元，只及全国平均水平的73.8%，2017年在全国排名第23位；2018年青海城镇和农村居民人均可支配收入占全国平均水平的比例分别为80.3%和71.1%，2017年在全国的排名位次分别为第26位和第29位；2018年城乡人均消费性支出占全国平均水平的比重依次为88.1%和85.4%，2017年分别排在全国的第15位和第20位。此外，全社会固定资产投资、社会消费品零售总额以及货物进出口贸易总额均居全国末位，2017年排名依次为第29位、第30位和第31位。为此，青海要继续保持经济中高速增长的速度，必须充分发挥第一、第二、第三产业对经济增长的共同作用，包括确保第一产业的稳定发展，实现第二产业的可持续发展，保持第三产业的快速发展，才能实现综合实力持续显著增强。

第一，提高农牧业综合生产能力，确保第一产业稳定发展。无农不稳，且青海农牧业资源丰富，要继续稳定发挥青海第一产业对经济增长的贡献作用，高度重视农牧业的稳定发展。为此，要加快实现农牧民口粮自给有余，蔬菜自给率不断提高，牛羊肉、奶类、马铃薯、油料人均占有量居西部乃至全国前列。具体通过稳定粮食产量，增加畜产品有效供给，提高"菜篮子"生产水平，不断提高农牧业综合生产能力。同时，要加快农田水利、机耕道路、农田林网建设，全力推进黄河和湟水流域土地整理和低产田改造；提高农牧业物质装备水平，推广先进适用的农牧业机械，大力发展设施农牧业，加强人工饲草基地、节能温室、畜用暖棚等设施建设，鼓励规模经营，推进蔬菜水果、肉蛋奶、水产品等产品优势产区建设，有效提高农畜产品供给水平。此外，要积极开展净土农业行动计划，提高农牧业的质量和效益，继续提高重大动物疫病、农作物病虫害防控能力，增强第一产业抵御各种风险的能力。

第二，加快发展矿产资源等优势产业的深加工，促进第二产业可持续发展。第二产业目前依然是对青海经济增长贡献率最高的产业，其技术创新能力不足及人才缺乏又是制约青海工业和第二产业发展的"瓶颈"。因此，加强高新技术及人才引进，增强青海自我"造血"功能，依靠资源的精深加工、延长加宽产业链、提高资源产品的附加价值来增强第二产业的带动作用，继续将青海潜在的资源优势转化为现实的市场竞争优势，加强对外开放和招商引资力度，积极借用外部先进技术和资金实力实现资源的深度开发，千方百计促进第二产业可持续发展。

第三，大力发展现代服务业，保持第三产业快速增长。发达的现代服务业有利于降低制造业交易成本、形成制造业基地的产业支持，要进一步提升青海第三产业对经济增长的贡献率。通过加快邮电、通信和金融、保险、咨询等产业发展，为招商引资创造良好的"软"环境和"硬"环境，是青海加快发展的重要基础条件。首先，要把信息产业放在优先发展位置，加大投入，加强现代信息基础设施建设，加快建设青海公用信息平台，扩大互联网覆盖率，逐步建立电信、电视、计算机三网融合的省级信息高速通道和主干网，提高经济社会信息化水平；其次，要重视社会事业的市场化、社会化和产业化，促进非义务教育、医疗保险、科技、文化、体育等社会事业全面发展；最后，要大力发展具有高原特色的旅游业，使之成为青海重要经济增长点和服务业的龙头。加大投入力度，改善旅游基础设施条件，发展与周边省区重点旅游景区的联合协作，推动青海旅游业的发展。

3.4.2 加快产业结构转型升级

新中国成立 70 年来，青海产业结构持续优化升级，但与全国平均水平相比仍存在较大差距。2018 年青海三次产业产值构成为 9.4%、43.5% 和 47.1%，全国三次产业构成为 7.2%、40.7% 和 52.2%，青海第一、第二产业比重分别比全国高出 2.2 个百分点和 2.8 个百分点，第三产业比重则比全国低 5.1 个百分点，全省产业优化升级的任务艰巨。早在 2012 年全国的第三产业就已稳步超过第二产业，青海是 2017 年才超过的，推动青海产业进一步优化升级的道路依然漫长。

优化经济结构，加快产业结构转型升级，要主动适应需求等变化，着力形成实体经济、科技创新、现代金融、人力资源协同发展且具有青海特色和比较优势的产业体系。为此，既要显著提升农牧业等第一产业的综合生产能力，促进生产方式向设施化、园区化、品牌化方向转变；还要继续保持工业在应对持续下行中稳定发展，加快传统第二产业改造升级，促进战略性新兴产业迅速崛起，继续壮大盐湖化工、电力、石油天然气和有色金属四大支柱产业。最后，要促进服务业等第三产业蓬勃发展，把加快服务业发展作为经济转型升级的战略支点，高起点谋划现代服务业布局，依据各区域的资源禀赋、产业基础和功能定位，规划建设一批服务业集聚区，加快高原旅游名省建设，提高服务业在国民经济中的比重和贡献率。

3.4.3 促进经济发展动能持续优化

如前所述，尽管青海经济增长动能不断转换优化，投资对经济增长的贡献率已趋于下降，但目前青海经济增长还要继续依赖投资拉动，消费拉动有限，出口拉动相关性脆弱，而全国经济增长的动力来源于消费、投资和出口的共同拉动作用。按照青海"十三五"规划纲要，青海要促进经济发展动能持续优化，必须同时发挥"三驾马车"对经济增长的拉动作用，包括持续扩大有效投资、着力扩大消费规模、促进出口稳定增长等。

第一，持续扩大有效投资。继续发挥投资对经济增长的关键作用，注重优化投资结构，以重点项目为牵引，加大基础设施、生态保护、基本公共服务、产业升级、新型城镇化等领域的投入，带动产业供给侧结构性改革，大幅增强省内投资品的供给能力，着力解决青海省投资率高，但综合投资拉动效应不够的问题，形成对经济可持续增长的有力支撑。积极争取国家支持，整合利用好地方财政资金，更好发挥政府投资的杠杆撬动作用，完善基础设施等投融资平台功能，继续以市场化方式筹集专项建设基金。更好地发挥民间投资的作用，探索基础设施等实物资产证券化，鼓励股权众筹、风险投资、天使投资等发展。推进债券品种创新，扩大各类中小企业债券融资规模。推广政府和社会资本合作（PPP）模式，切实落实在财政、金融、税收等方面支持民间投资健康发展的政策,加快推进民间资本、金融资本与政府投资的有效合作。

第二,着力扩大消费规模。提高有效供给能力,通过创造新供给、提高供给质量,扩大消费需求。加快消费结构升级,优化消费环境,积极培育新型消费、扩大传统消费,发展新的消费模式,形成消费和供给良性互动、需求升级和产业升级协同共进的格局。着力抓好本地消费品的生产和销售,提高质量和市场占有率。认真落实鼓励消费的各项政策,加快消费性服务业发展。增加中高端教育、医疗、文化、体育等服务供给,引导汽车等大宗消费,落实小排量汽车、新能源汽车税收优惠政策。积极培育网络购物、绿色出行、社会养老、医疗保健等新兴消费热点和消费方式,引导消费向智能、绿色、健康、安全方向转变。

第三,促进出口稳定增长。实施优进优出战略,优化品种结构和市场结构,扩大新能源、新材料、特色轻工、农畜加工和文化产品出口规模,增加出口产品的科技含量和附加值,培育以技术、标准、品牌、质量、服务为核心的对外经济新优势,提高特色优势产品竞争力和国际市场占有率,推进能源、装备制造、特色轻工等产业的国际合作。完善外贸促进政策协调机制,加强财税、金融、产业、贸易等政策之间的衔接和配合。

3.4.4 持续提高经济发展质量

西部大开发以来,青海经济增长质量不断改善,能耗水平不断降低。但目前能耗水平仍高居全国第二,青海经济发展质量还有待提高。按照青海"十三五"规划纲要①,要深入推进国家循环经济发展先行区建设,以绿色低碳为主攻方向,着力解决产业结构不合理、传统产业效益不高、新兴产业规模不大等问题,促进产业迈向中高端,基本形成绿色低碳循环、创新驱动、特色鲜明、效益显著的产业新体系,不断增强第一、第二、第三产业的综合竞争力和绿色低碳发展水平,持续提高经济发展质量。

第一,壮大高原特色现代生态农牧业。要加快转变农牧业发展方式,

---

① 青海经济信息网.青海省国民经济和社会发展第十三个五年规划纲要［EB/OL］.(2016-02-17)［2019-06-21］. http://www.qhei.org.cn/ghyfz/wngh/201602/t20160217_638555.shtml.

走出一条农业与牧业循环、规模经营与品牌效益兼得、一二三产业融合发展的特色之路。主要通过促进农牧业产业化，围绕"世界牦牛之都""中国藏羊之府""中国有机枸杞之乡"等高原特色生态有机品牌，重点打造畜禽养殖、粮油种植、果蔬、枸杞沙棘"四个百亿元"产业。大力发展藏羊、牦牛、枸杞、沙棘、中藏药材、藜麦、果蔬花卉、饲草料等特色优势产业。实施质量品牌提升计划，打响高原、有机、优质、富硒、富锗等健康牌，提高特色产品附加值和中高端市场占有率。开发农牧业"生产、生活、生态、示范"多种功能，培育都市农牧业、休闲农牧业、创意农牧业、草地生态畜牧业等新兴业态，构建和延伸"接二连三"产业链和价值链，提升综合效益。

第二，大力推进新型工业化。贯彻落实《中国制造2025》行动纲领，以转型升级和提质增效为核心，加快工业化和信息化深度融合，提升产业层次和高新产业比重，引领生产方式向绿色、柔性、智能、精细转变，形成生态文明引领、资源高效利用、产业相互融合的循环型工业体系。一方面，要积极推进传统产业转型升级。以资源精深加工和智能制造为方向，启动新一轮技术改造工程，支持有前景的重点企业全面提高产品技术、工艺装备、能效环保等水平，降低企业成本，实现传统产业向高端化、高质化、高新化发展。另一方面，要发展壮大战略性新兴产业。以抢占特色新兴产业发展制高点为目标，滚动实施"百项创新攻坚工程"项目，着力构建在全国具有重要影响力的千亿元锂电、光伏光热、新材料产业集群，使新兴产业成为带动全省工业转型升级和创新发展的重要支撑。最后，还要大力拓展工业新业态，以新一代信息技术应用和"两化"融合为突破口，培育发展新产业、新业态，形成新的工业增长点。此外，还要优化工业生产力布局。充分发挥西宁创新要素集聚和海东区位优势，引导新能源、新材料、特色轻工、新型建材、高端装备制造等技术和劳动密集型产业向西宁、海东两大园区布局，进一步提高东部地区环境准入门槛；充分发挥柴达木地区资源能源和土地优势，抓好化工、有色冶金等基础原材料产业和多元化能源产业，鼓励海西、海南、海东及其他有条件地区利用荒漠、荒滩、荒地等有序发展光伏光热风力发电、高原生物等新兴产业。

第三,做强旅游支柱产业。持续打造大美青海,把青海省建设成为中华民族特色文化旅游目的地、国家生态旅游目的地、国家丝绸之路战略支点上黄金旅游目的地。为此,既要进一步增强旅游综合服务能力,优化旅游发展环境,推动旅游资源市场化改革,高水平建设重点景区和配套基础设施,还要促进旅游产品转型升级,积极发展休闲观光、极限挑战、深度自驾、屋脊探险、影视摄影、乡村游、冬春游、老年旅游以及中藏药健康旅游等旅游产品,充分依托独特的森林、湿地、荒漠、野生动植物等自然资源,大力发展森林旅游、湿地旅游等生态型旅游产品。此外,围绕丝绸之路经济带和青藏铁路沿线、中国长江黄河之旅等旅游推广联盟,加快旅游外联通道建设,推动旅游跨区域合作发展。

3.5 结论

新中国成立70年来,青海经济增长和结构发展历经了改革开放之前的曲折发展、改革开放以后至西部大开发之前的逐渐稳定发展和西部大开发至今的稳定快速发展等阶段。

70年以来,青海经济增长和结构发展在各个时期都取得了巨大成就,尤其是西部大开发战略实施以来,全省经济实现了稳定高速增长,产业结构不断协调和优化。归纳起来,主要体现在国民经济快速发展,综合实力大幅提升,产业结构持续优化升级,经济增长动能不断转换,经济质量不断改善等方面。其中,青海综合实力显著增强又集中表现在青海地区生产总值不断取得突破,地方财政收支和居民收支持续提高,固定资产投资和社会消费品零售总额高速增长,对外贸易迅速崛起等方面。

但总体来看,青海经济增长和结构发展还存在经济总量较小、产业结构不够优化、经济发展动力急需转换以及经济增长质量有待提高等诸多挑战,要形成经济增长稳中向好、结构调整不断深化的良好发展态势还需要继续努力。首先,青海要继续保持经济中高速增长,必须充分发挥一二三产业对经济增长的共同作用,具体可通过提高农牧业综合生产能力,促进和保证第一产业稳定发展，加快发展矿产资源等优势产业的后续深度加工，促进第二产业可持续发展，大力发展现代服务业，保持第三产业快速增长等方面着手。其次，要着力形成青海特色和比较优势的产业体系，继续加快产业结构转型升级。再次，通过持续扩大有效投资，着力扩大消费规模，促进出口稳定增长等，同时发挥"三驾马车"对全省经济增长的拉动作用，加快实现发展动能转换优化。最后，不断增强第一、第二、第三产业的综合竞争力和绿色低碳发展水平，深入推进国家循环经济发展先行区建设，以绿色低碳为主攻方向，促进产业迈向中高端，通过壮大高原特色现代生态农牧业、大力推进新型工业化和做强旅游支柱产业等，持续提高经济发展质量。

参考文献

［1］中共青海省委办公厅.青海经济发展50年［M］.西宁：青海人民出版社，2002.

［2］中共青海省委宣传部.青海三十五年［M］.西宁：青海人民出版社，1985.

［3］李庆华.经济发展战略研究［M］.北京：中共中央党校出版社，1998.

［4］李勇.青海省志·计划志［M］.西宁：青海人民出版社，2001.

［5］葛志强.青海省经济史［M］.太原：山西经济出版社，2016.

［6］胡永科.中国西部概览·青海［M］.北京：民族出版社，2000.

［7］张爱儒，赵玲.青海经济［M］.北京：民族出版社，2016.

［8］国家统计局国民经济综合统计司.新中国统计60年资料汇编［M］.北京：中国统计出版社，2010.

［9］国家统计局.中国统计年鉴2018［M］.北京：中国统计出版社，2018.

［10］青海省统计局.青海统计年鉴2018［M］.北京：中国统计出版

社，2018.

［11］刘伟，李绍荣. 产业结构与经济增长［J］. 中国工业经济，2002（5）：14-21.

［12］Kuznets, Simon. National Income and Industrial Structure［J］. *Econometrica*，1949（17）：205-241.

［13］朱慧明，韩玉启. 产业结构与经济增长关系的实证分析［J］. 运筹与管理，2003（2）：68-72.

［14］李子伦. 产业结构升级含义及指数构建研究——基于因子分析法的国际比较［J］. 当代经济科学，2014，36（1）：89-98，127.

［15］于斌斌. 产业结构调整与生产率提升的经济增长效应——基于中国城市动态空间面板模型的分析［J］. 中国工业经济，2015（12）：83-98.

［16］张海峰. 1949—2007 年青海省产业结构演进特征与机理［J］. 青海师范大学学报（自然科学版），2010，26（4）：74-82.

［17］马杰，李刚峰. 青海省十个五年计划回顾及"十一五"规划编制启示［J］. 攀登，2005（6）：26-29.

［18］杨爱秋，张剑勇，郭瑜. 浅析青海省产业优化升级存在的问题及对策［J］. 中小企业管理与科技（上旬刊），2017（11）：50-51.

［19］马蓝，安立仁. 青海省经济增长需求要素贡献分析［J］. 生产力研究，2014（6）：73-76.

［20］徐建龙. 扩大消费在拉动青海经济增长中的作用［J］. 青海民族学院学报，2008（1）：125-130.

［21］刘伟，李绍荣. 产业结构与经济增长［J］. 中国工业经济，2002（5）：14-21.

［22］朱晓华，邓宝义. 我国产业结构对经济增长影响的实证分析［J］. 企业经济，2013（7）：132-136.

［23］蔡昉. "十二五"时期中国经济增长新特征［J］. 青海社会科学，2011（1）：1-7.

［24］闫程莉，安树伟. 我国区域经济发展"十二五"回顾与"十三五"展望［J］. 改革与战略，2016（3）：87-92.

［25］桑知措.青海省产业结构与经济增长的实证分析［J］.青海农林科技，2011（3）：7-9.

［26］毛丽青.固定资产投资在青海跨越式发展中的地位和作用实证分析［J］.青海统计，2010（11）：33-40.

［27］陈书伟，张和平.青海省城乡居民消费、政府消费与经济增长关系的实证分析［J］.青海社会科学，2013（6）：133-137.

［28］艾卓玛措.青海省经济结构战略性调整的思路与对策分析［J］.青海统计，2004（2）：21-25.

［29］曹颖轶，金光盛.1981—2010年青海省产业结构演进的偏离份额分析［J］.西北民族大学学报（哲学社会科学版），2012（5）：174-180.

［30］国家统计局.2017年分省（区、市）万元地区生产总值能耗降低率等指标公报［EB/OL］.（2018-07-19）［2019-06-08］.http://www.stats.gov.cn/tjsj/zxfb/201807/t20180719_1610865.html.

［31］中华人民共和国国家发展和改革委员会."十一五"各地区节能目标完成情况表［EB/OL］.（2011-06-10）［2019-06-08］.http://www.ndrc.gov.cn/zcfb/zcfbgg/201106/t20110610_417376.html.

［32］中华人民共和国国家发展和改革委员会."十二五"各省（区市）节能目标完成情况表［EB/OL］.（2016-12-02）［2019-06-08］.http：//www.ndrc.gov.cn/gzdt/201612/t20161202_829076.html.

［33］青海经济信息网.青海省国民经济和社会发展第十三个五年规划纲要［EB/OL］.（2016-02-17）［2019-06-21］.http://www.qhei.org.cn/ghyfz/wngh/201602/t20160217_638555.shtml.

第4章 青海70年产业与发展

黄世润[①]　王永莉[②]

4.1　引言

产业发展在推动城镇化进程、促进人民增收、丰富人们物质生活和精神生活、提高人民生活水平等方面具有不可忽视的作用。随着社会科学技术的进步以及经济全球化的发展，产业发展向高科技化、生态化、集群化、融合化等方向发展。

关于产业的划分，世界各国不完全一致，但基本均划分为三大类：第一产业、第二产业和第三产业。根据我国2003年三次产业划分规定，第一产业主要指农、林、牧、渔业；第二产业包括采矿业，制造业，建筑业，电力、燃气及水的生产和供应业；第三产业包括除第一、第二产业以外的其他行业，具体包括交通运输、仓储和邮政业，信息传输、计算机服务和软件业，批发和零售业，住宿和餐饮业，金融业，等[③]。

1949年新中国成立以来，在党和政府的关心和全省各族人民的勤奋努力下，青海产业发展取得了伟大成就。三次产业结构经历了从"一三二"

[①]　黄世润，四川雷波人，西南民族大学经济学院财政学专业研究生。

[②]　王永莉，四川蒲江人，经济学博士，西南民族大学经济学院硕士生导师，主要研究方向为民族经济等。

[③]　肖京华.准确反映经济发展客观实际——国家统计局局长李德水就实施新的《三次产业划分规定》答记者问［J］.江苏统计，2003（6）：46.

最后到"三二一"的变化过程，逐步趋于合理。据统计，2018年，青海实现地区生产总值为2865.23亿元。其中，第一产业增加值为268.10亿元，第二产业增加值为1247.06亿元，第三产业增加值为1350.07亿元，第一、第二、第三产业增加值占地区生产总值的比重分别为9.4%、43.5%和47.1%，人均生产总值达到47689元。全省产业向特色化、专业化、生态化、集聚化发展，已经形成多个特色农牧业产业发展基地和产品品牌，园区工业和循环经济发展等取得显著成效，交通、商贸和旅游等第三产业持续发展。青海未来产业发展需要加快转变经济发展方式，发展集约型、生态型产业，实现一二三产业的可持续发展。

本章主要从第一产业、第二产业和第三产业三个方面来探究青海新中国成立70年来产业发展历程、成就及展望。根据青海自身产业发展特点，在第一产业中着重分析农业和牧业，第二产业中着重分析工业和建筑业，第三产业中主要围绕交通运输邮电业、商贸业、旅游业等。第二节，将从青海三次产业中的代表性产业农业、牧业、工业、建筑业、交通运输和邮电业、商贸业、旅游业等具体产业，根据各产业发展特征分阶段探讨新中国成立70年来的产业发展历程。第三节，总结了青海70年各产业发展成就，并适当与全国进行比较。第四节，针对现阶段青海产业发展存在的主要问题，结合青海省"十三五"规划纲要，对青海产业未来发展提出相应的建议。最后，是对本章进行简短的总结。

4.2 青海70年产业发展历程

4.2.1 青海70年第一产业发展历程

新中国成立以前，青海经济十分落后，以农牧业为主，手工劳动为特征，农业生产方式较原始，生产力水平极低，处于自然或半自然经济状态[①]。1949年，全省第一产业产值为0.99亿元。其中，农业产值为0.5亿

---

① 葛志强.青海省经济史［M］.太原：山西经济出版社，2016：53.

元，牧业产值为0.45亿元，林业和渔业产值为0.05亿元，分别占第一产业产值的50%、45%和5%[①]。农业和畜牧业居于主要地位。因此，本节从农业和畜牧业两个方面对青海省的第一产业发展进行基本梳理。纵观青海70年第一产业发展历程，大致可分为恢复和发展阶段、曲折发展阶段、体制变革与快速发展阶段、产业化和特色化发展阶段四个阶段。

4.2.1.1 农业发展历程

新中国成立前，青海省的农业生产十分落后。新中国成立后，党和政府制定了一系列方针、政策，引进和推广了先进农业技术和经验，农业生产得到了迅速恢复和发展。根据农业发展阶段性特征，其发展历程大致分为如下四个阶段：

（1）农业恢复和发展阶段（1949—1957年）。

1950—1952年国民经济恢复期间，青海省委、省政府在农村发放救济款和贷款并开展减租减息工作和废除苛捐杂税，减轻了农民生产负担，农民积极性有所提高，大大促进了青海农业发展。1951—1953年春开展的土地改革使许多无地少地的贫雇农及中下农获得土地。同时，为改善农业生产条件，扩大灌溉面积，青海修筑和恢复了一批水利工程，并大量发展了小型水利。

"一五"计划期间，地方工业贯彻执行"为农、牧业生产服务，并与农、牧业经济密切结合"的方针，试制了大量的农业用简易机具及小型动力机械，农业生产力水平大幅提高。同期，青海组织农民互助合作运动，积极对农业进行社会主义改造，把私有制的小农经济逐步改造为社会主义公有制的集体经济，实现了生产关系的变革。粮食的总产量实现了大幅提升。

（2）曲折发展阶段（1958—1977年）。

"大跃进"至改革开放前夕，农业的发展比较曲折。"大跃进"时期，开展农村公社化运动，违反了社会经济发展的客观规律，违背了农牧民意愿，阻碍和破坏了农业生产。1961年，青海省坚持以农业为基础，集中力

---

① 注：数据根据《新中国六十年统计资料汇编》数据整理。

量恢复和发展农牧业生产，对国民经济分两步进行调整。经过两轮的经济调整，农牧业生产得到恢复和发展。据统计，1965年种植业总产值比1957年增长28.2%，粮食总产增加了14.6%。"文化大革命"时期，社会动乱使农业生产出现了徘徊状态，产量一度起落不定。

（3）农业体制变革与快速发展阶段（1978—2000年）。

党的十一届三中全会以后，"六五"计划到"七五"计划期间，青海在农业区打破了当时农业生产的"一大二公"的旧体制，积极推行家庭联产承包责任制并逐步确立了"土地集体所有、家庭承包经营、长期稳定承包权、鼓励合法流转"的新型农村土地制度。

"八五"计划到"九五"计划期间，青海省继续深化农村改革，稳定和完善以家庭联产承包为主的责任制，积极发展多种形式的社会化服务体系，逐步壮大集体经济实力，健全统分结合的双层经营体制；强化基层组织的管理与服务职能，发展农户间多种形式的经济联合；实行科教兴农，提高农牧民的文化科技素质，大力推广效益显著的农牧业科技成果；逐步增加对农业的投入，努力改善农业基本生产条件；积极改革农产品流通体制，实行鼓励发展粮食与畜产品生产的购销体制和价格政策。农业产业化有了良好的开端。

（4）产业化和特色化发展阶段（2000年以后）。

2000年以来，青海省认真贯彻落实党在农村的各项方针政策，农业投入有了较大的增长。通过加强农林水利基础设施建设，大力推进农牧业经济结构的战略性调整，推动农业产业化经营，全省农牧业和农村牧区经济保持了持续快速健康发展。

"十五"计划到"十一五"计划期间，建成黑泉水库、盘道水库等重点水利工程；农业科技推广体系、检疫检测体系和质量标准体系逐步建立和完善，建成了多个农资、农机、气象等服务站点，为农业生产提供了较好的服务；实施了旱作节水农业、青稞生产基地、优质杂交油菜制种基地、现代农牧业示范基地、环湖高效畜牧业、牧草良种基地等工程；农业结构逐渐从传统型向特色型转变；农业产业化经营组织逐渐发展起来，推动了农业产业化发展。期间，在全省范围内取消了农牧业税，极大地减轻了广大农牧民的负担，有力地推动了全省农村牧区经济的全面发展。

"十二五"期间，青海省继续加强农业水利设施建设，改善农业灌溉条件；进一步调整农业生产结构，向效益农业方向调整，使得农产品更加趋向多元化发展，农业的发展更加结合当地气候环境；更加注重特色农业发展；深入推动农业产业化发展，促进农业规模化、专业化经营。

4.2.1.2 牧业发展历程

青海省是我国四大牧区之一。省内除东部10个县（市）为农业区外，其余6个自治州、29个县（市）均为牧业区[①]。青海畜牧业发展历史悠久。新中国成立前，由于历代统治阶级的掠夺、盘剥，畜牧业长期处于停顿和衰退的境地。新中国成立后，畜牧业经济得到了迅速恢复和发展。纵观青海牧业70年发展历程，大致分为如下四个阶段：

（1）恢复与发展阶段（1949—1957年）。

新中国成立初期，青海根据牧区的社会经济特点，采取一系列有别于农业区的政策措施对牧区进行民主改革。1949—1957年，青海在牧区积极实行轻税、调整畜产品价格和发放牧业贷款政策，牧业得到较快恢复和发展。期间，牧业互助组织、合作社建立起来，畜牧业技术队伍建设、家畜改良和草原建设也开始起步。1957年底，大牲畜头数达413.52万头，肉类产量为4.01万吨，牛奶产量为8.29万吨，羊毛产量为0.99万吨。

（2）曲折发展阶段（1958—1977年）。

1958—1960年，受浮夸风、高指标的冒进思潮的影响，青海牧业受到严重破坏。全省大牲畜年底头数从1957年的413.52万头下降到1960年的189.81万头。1961—1965年，青海重申牧区"以牧为主"的方针，实行"集体所有，分散放牧，按劳定群，按群包产，按劳分配，超产奖励"的生产责任制，从而使畜牧业生产力得到较快恢复和发展。1965年，全省大牲畜年底头数达到343.61万头。1971年开始，青海省在广大牧区开展牧业学大寨运动。在牧区开展打井、修渠、种植牧草、修棚等群众性的草原

[①] 中共青海省委宣传部.青海三十五年［M］.西宁：青海人民出版社，1985：33.

建设活动，促进了牧业发展。受到阶级斗争、草畜矛盾以及自然灾害的影响，1970年、1972年、1975年全省牲畜总数有所下降。但整体而言，全省牧业仍得到了较好的发展。1978年，全省大牲畜年底头数达到568.8万头，肉类产量为5.99万吨，牛奶产量为11.6万吨，羊毛产量为1.61万吨，相对于1965年分别增长了62.03%、65.47%、65.71%、75%。

（3）体制变革，发展速度加快阶段（1978—2000年）。

改革开放后，青海省牧业经济体制发生重大改变，牧业进入健康发展轨道。青海省通过对牧业区经济体制、管理体制等方面进行改革，进一步完善了统分结合的双层经营体制，实现了人、畜、草与责、权、利的统一，从而充分调动了广大牧民管护和建设草原的积极性，促进了畜牧业生产和牧区经济的发展。2000年，全省大牲畜年底头数达到441.36万头，肉类产量为20.83万吨，牛奶产量为20.61万吨，羊毛产量为1.63万吨，牛毛绒产量为0.19万吨，禽蛋产量1.34万吨。

（4）专业化、特色化发展阶段（2000年以后）。

2000年以来，青海加快转变畜牧业发展方式，调整结构，大力发展特色农牧业，推进传统型向特色型转变、数量型向优质高效型转变、种养型向种养加产供销型转变；大力发展农区畜牧业和设施畜牧业，积极发展现代高效畜牧业；实施农牧区良种牛羊工程，努力提高良种比例；发展高效设施牧业，建设牧业示范园区和养殖基地，打造特色主导产业和品牌，提高牧业综合生产能力，推进生态畜牧业发展。同时，大力推进环湖地区现代生态畜牧业，积极发展青南地区草地生态畜牧业，促进草场使用权流转，引导牧户规模经营，加快草原畜牧业向集约型转变，提高畜牧业生产效益，加快畜牧业基础设施建设，推动产业化经营。因此，21世纪以来，青海省畜牧业发展成效显著，畜牧业发展更加具有地方特色，经济效益显著提高。

4.2.2 青海70年第二产业发展历程

第二产业主要包括工业和建筑业，故本章主要对新中国成立70年来青海工业和建筑业的发展历程作一个梳理。

4.2.2.1 工业发展历程

新中国成立之前，青海经济落后，基本没有现代化工业。新中国成立后，青海工业快速发展。青海工业发展历程大致可以分为起步阶段、大起大落阶段、较快发展阶段和持续快速发展阶段四个阶段。

（1）起步阶段（1949—1957年）。

1950—1952年，青海省人民政府整顿和改组原有企业并新建了一批工厂，非常弱小的地方工业得到了恢复与发展。1952年，全省有国营、地方国营、公私合营、个体工业企业共48个，个体手工业共2785个，完成工业总产值为0.1亿元。"一五"计划时期，青海省对工业进行社会主义改造的同时，大力发展重工业。期间，重点扩建、改建了西宁火电厂、大通人民煤矿等国营工业企业；兴建了一批电厂、机械厂、汽车修理厂等工业企业；从外省迁入了一批工业企业和专业技术工人。1957年，地方工业企业达到356个，实现工业产值为1.04亿元。

（2）大起大落阶段（1958—1963年）。

"大跃进"时期，青海工业在"左"倾思想指引下，盲目冒进，掀起了全民办工业的高潮。一时间，大量厂矿出现。1960年，全省正式注册的国营、集体所有制工业企业为899个，实现工业产值为6.62亿元。1961—1963年，青海对工业进行调整，压缩了基本建设投资，导致工业企业生产任务严重不足。1963年全省工业企业减至415个，相比1960年减少了484个，工业产值下降到1.74亿元。工业企业个数和产值都出现了大幅下降。

（3）较快发展阶段（1964—1980年）。

1964—1980年，国家在工业领域开展"三线"建设。青海省地处我国大"三线"建设地区，大量工业企业的迁入，大大促进了青海工业的发展。青海的"三线"建设于1964年9月黑龙江齐齐哈尔第二机床厂内迁到西宁开始，到1979年黑龙江哈尔滨量具刃具厂完成内迁结束。"三线"建设前期，受"文化大革命"的干扰，许多工业企业随着"批、斗、改"的进行陷入了混乱无序的状态。"三线"建设后期，内迁企业基本投产，工业生产增速较快。

（4）持续快速发展阶段（1981年至今）。

"六五"计划时期，青海省在工业企业推行扩大自主权、利改税的同时，对工业企业结构、行业结构与产品结构进行调整。通过对原有工业企业的改造，增强企业生产适销对路产品的能力，扩大服务领域，青海工业生产得到快速发展[①]。"七五"计划时期，随着经济体制改革逐步深入，工业企业经济效益差等问题凸显，在执行国家综合治理整顿的方针中出现市场销售由过热转为疲软、生产企业产成品压库以及资金流动性不足等问题，部分企业开工不足，工业生产增速下降。

"八五"计划到"九五"计划期间，青海省工业发展坚持贯彻邓小平南方讲话精神，继续深化企业改革，依托资源优势，以市场为导向，积极调整和优化产业、产品结构和布局，重点突出特色的同时，拓宽融资渠道，加大对现有工业企业技术改造增量投入，使得这一时期青海工业经济运行效率大大提高。一批依托地方资源优势的大中型项目相继竣工投产，形成一批具有相当实力的工业企业，重点资源开发县的资源开发也初见成效。在海西州和海北州建设了一批矿厂，初步形成青海省的能源、盐化工业基地；在果洛州和玉树州建立了一批以农畜产品为原料的工厂；在东部农业区形成了硅铁走廊。各具特色的省内工业基地初步形成[②]。1997年底，青海省明确提出工业发展的调整思路：大力发展电力、石油天然气、盐化工、有色金属四大支柱产业，积极发展冶金业、医药制造业、畜产品加工业、建材业四大优势产业。2000年，四大支柱的资产总量已占全部工业的59.3%，对全省工业经济稳定增长起到了重要的支撑作用。

2000年以来，青海抓住国家西部大开发战略，依托丰富的资源优势，加快资源开发。21世纪初，青海省先后建成了全国最大的钾肥生产基地、食盐生产基地、硅铁冶炼基地、西北最大的水电基地、油气生产基地；大力推进水电、钾肥、石油天然气、有色金属、生物制品、新型材料等一批重大工业项目的建设，提高了工业产品附加值，构筑了具有资源优势和竞争优势的特色经济体系；重点发展了石油天然气开采、电力生产、有色金

---

① 翟松天，崔永红.青海经济史（当代卷）[M].西宁：青海人民出版社，2014：165.
② 翟松天，崔永红.青海经济史（当代卷）[M].西宁：青海人民出版社，2014：166.

属、盐湖化工四大支柱产业，培育了冶金、医药制造、畜产品加工和建材四大优势产业①。此外，青海省实施生态立省战略，大力发展循环经济助推产业结构调整。2005—2008年，相继建成了柴达木循环经济实验区、西宁经济技术开发区两大循环经济开发区，大量的工业园如雨后春笋般成长起来。

"十二五"期间，青海省紧紧把握低碳、循环、绿色的发展方向，以发展园区经济为载体，以发展循环经济为主要途径，以建设百个项目、培育百家重点企业的"双百"工程为抓手，培育战略性新兴产业，发展壮大优势产业，改造提升传统产业。全省工业健康快速发展，特色化发展明显。

4.2.2.2 建筑业发展历程

新中国成立前，青海的建筑业基础薄弱，发展缓慢，水平低，尚未形成独立的行业。新中国成立后，青海的建筑业从分散到集中，以各种形式组织起来并得到迅速发展。其发展历程可大致分为如下两个阶段：

（1）1949—1977年建筑业的初步发展。

国民经济恢复时期和"一五"计划时期，青海省建筑业有了初步的发展，一批建筑公司相继成立并成立了统一的行业管理部门。"大跃进"时期，青海建筑业发展遭到重创，生产指标大幅下降。后期经过调整，建筑业又开始回到正常的发展轨道上。但是，紧接着的"文化大革命"时期，整个社会鼓吹停产闹革命，许多企业停工停产，建筑业发展陷入混乱之中。然而，期间由于"三线"建设战略的实施，青海的建筑业仍有一定的发展。1977年，全省完成产值为2.06亿元，建筑企业增加到67个，从业人员达到4.71万人。

（2）1978以后建筑业的迅速发展。

十一届三中全会以后，青海省建筑业进行了改革，企业发展迅速，生产经营规模逐步扩大，建筑产业实力明显增强。1983年，明确了建筑业企业整顿、管理体制改革、人才培养等方面的要求。1984年5月，开始打破

---

① 葛志强. 青海经济史［M］. 太原：山西经济出版社，2016：108.

一些计划管理体制。全省建筑业改革逐步向建立社会主义市场经济体制目标靠近，逐步深入。"六五"时期，城镇建设投资开始向多元化投资转变。"八五"计划末，青海省建筑产业已具有建筑安装、装饰装潢、对外工程承包、建筑制品生产、物资流通、科研教育等综合能力，门类比较齐全。"九五"计划时期，《中华人民共和国建筑法》的颁布使得建筑市场逐渐规范和完善。1998年，中国取消住房福利制度，住宅建设的市场化和住房消费的货币化为建筑业提供了广大的发展空间。2000年，全省有建筑企业273家，建筑企业从业人员增加到8.83万人；建筑企业总产值为44.72亿元，占地方生产总值的12.69%。

21世纪以来，随着西部大开发战略的实施和城镇化以及新型工业化的快速发展，青海省固定资产投资高位运行，主要生产经营指标实现较快增长，企业数量不断扩大，企业结构进一步改善，建筑业规模逐步扩大。"十五"到"十二五"期间，青海省委、省政府适应建立现代企业制度的要求，不断加快国有企业改革步伐，构建新的产权制度，实现投资主体产权多元化，不断克服国有产权一股独大而引起的效率低下的问题，同时，不断调整建筑企业组织结构，以适应市场经济需求。通过建立统一、开放、有序的建筑市场，促进建筑业健康持续稳定发展。

4.2.3　青海70年第三产业发展历程

4.2.3.1　交通运输邮电业发展历程

青海的交通运输和邮电业随着青海交通和邮电基础设施的建立和完善发展起来。鉴于在本书第2章已经对青海交通邮电基础设施发展历程做了一个基本了解，故本章不再累述交通运输邮电业的发展历程。

4.2.3.2　商贸业发展历程

新中国成立以前，青海商品交换很不发达，市场极度混乱、萧条。新中国成立以后，商贸业得到快速发展。根据青海商贸业发展历程的特点，本文将其分为如下三个阶段：

（1）社会主义商贸业初步建立时期（1949—1957年）。

国民经济恢复时期和"一五"计划期间，青海实行通用人民币；严厉打击投机倒把的投机商,稳定物价;成立专业贸易公司、供销合作社、合作商店以及合作小组,极大地促进了商贸业的发展。1957年,以国营商业、供销合作社为主导的社会主义统一市场基本形成,有组织、有计划的社会主义商业也基本形成。

(2)艰难发展时期(1958—1978年)。

"大跃进"时期,由于青海各地盲目开展"大购大销"运动并在商业体制上搞单一的国营企业,流通渠道单一,阻碍了商业的发展。虽然后来对商业体制进行调整,商贸市场运行较协调,但是,随即而来的"文化大革命"批判唯生产力论,重犯"大购大销"、把供销合作社并入国营商业、取消集市贸易的错误,民族贸易被严重削弱,商业经营无章可循,商品供需矛盾加剧,商业发展再次受到重挫,发展缓慢[1]。1978年,全省商品零售额为6.68亿元,仅比1957年增加了1.78倍。

(3)健康、稳定发展时期(1979年至今)。

党的十一届三中全会以后,青海商业不断深化改革,逐步由计划经济向社会主义市场经济体制转变,恢复集体所有制,扶持城市和农牧区集体商业,发展个体私营商业和饮食服务业,流通领域很快出现多种经济成分和多种经营方式并存的局面。同时,通过股份制改组、联合、兼并等多种形式,搞活中小商业企业;允许经营不善的企业依法破产;积极推进民族贸易、供销合作社、粮食企业改革;调整完善市场区域布局和商品种类结构,加强市场管理,促进市场健康有序发展,商业得到快速发展。2000年,全省商品零售额达到100.26亿元。

2000年以后,我国加入世贸组织,经济信息化、全球化趋势明显,我国经济发展进入了快车道。"十五"计划到"十一五"规划期间,青海省以深化体制改革为动力,调整产业结构,提高科技水平,鼓励多种所有制经济共同发展,大力发展现代商贸业。"十二五"规划期间,青海加强城镇商贸市场建设,发展城市便利店、综合超市等新型零售网点和配送中心;鼓励发展连锁经营,推进连锁经营向多业态和专营专卖方向发展;

---

[1] 赵恒伦.青海商贸的历史转变[J].中国商贸,1995(19):4.

深入实施农村牧区"万村千乡"、市场建设和新农村现代流通服务网络工程,加快供销合作社经营网络改造,健全农牧业生产资料、农村日用消费品、农副产品购销和可再生资源回收利用服务体系,鼓励大中型流通企业经营网点向农村牧区延伸和农超对接,推行产销一体化,实现便利消费进社区、便民服务到农家;推进市场监测和应急调控体系建设,及时应对市场异常波动,保障市场供应,稳定市场物价;积极引进国内外知名商贸企业和品牌,保护和振兴具有地域、民族特色的品牌商贸业得到了快速的发展①。

4.2.3.3 旅游业发展历程

青海省旅游业与全国比较,起步晚,发展水平低。青海旅游业起步于20世纪80年代初期。1982年省旅游局成立,当年接待海外游客共825人。1995年以前,青海游客以海外游客为主。随着青海旅游业的逐步发展和改善,游客来源更加多元化,包括外国人、华侨、港澳台同胞、国内其他省份的游客等。

2000年以来,青海把旅游业作为推动资源转化、实施生态立省战略和推进高原旅游胜地建设的重要举措。青海省委、省政府多次制定了旅游发展规划,加大对旅游基础设施和重点景区的建设投入以及宣传力度,加强了对旅游行业的管理,逐步形成了以西宁为中心的河湟旅游区、青海湖旅游区、西部格尔木旅游区等高原特色旅游景区。旅游业成为青海经济发展的一个亮点。近年来,青藏铁路的开通、国际大型体育赛事的举办、青海旅游"大美青海"媒介宣传等,提升了青海的地方知名度,促进了青海旅游经济的飞速发展。"十二五"期间,青海省着力打造了塔尔寺、青海湖、金银滩—原子城、青海藏医药文化博物馆等一批国家5A级旅游景区和大美青海旅游品牌,积极发展生态青海健康之旅、文化青海溯源之旅、神奇青海探险之旅;提升了"一圈三线"旅游发展的水平②;建设了青海湖国家

---

① 青海经济信息网.青海国民经济和社会发展第十二个五年规划纲要[EB/OL].(2013-05-25)[2019-06-15].http://www.qhei.org.cn/ghyfz/wngh/201305/t20130524_359563.shtml.

② 一圈是以西宁为中心的夏都旅游圈,三线是西宁—三江源生态旅游线、兰青—青藏铁路观光旅游线、门源—祁连森林草原风光旅游线。

级风景名胜区、热贡国家级文化生态保护实验区和贵德高原旅游示范区，积极申报新的国家A级旅游景区、国家级风景名胜区和历史文化名城，支持红色特色旅游产品开发，提高旅游服务水平，丰富旅游发展内涵，拓展旅游业发展空间；加快交通、通信、电力等旅游基础设施、配套服务设施和重点景区建设，提升旅游业发展保障水平。青海旅游业得到快速发展。

4.3 青海70年产业发展成就

4.3.1 第一产业发展成就

新中国成立70年来，在党和政府的领导下，在全省人民的共同努力下，青海省第一产业发展取得了显著的成绩，表现为第一产业产值大幅提升，农业生产条件显著改善，种植结构不断优化，牧业发展成就显著，特色农牧业发展规模日益扩大等。

4.3.1.1 第一产业产值大幅提升

1949—1978年，青海第一产业虽受到三年"大跃进"和三年自然灾害以及"文化大革命"的影响，但这一时期第一产业发展仍然较快。1978年，全省第一产业产值从1949年的0.99亿元增加到3.67亿元，年均增速为4.62%。

改革开放以后，随着农村经济体制的改革和社会主义市场经济的发展以及党和政府高度重视"三农"问题，农业生产技术进步，农业经济效益大幅提高，农牧业发展上升趋势迅猛，第一产业进入快速发展阶段。2000年，第一产业产值达到40.12亿元，比1978年增加了36.45亿元，年均增长11.48%；2018年，第一产业实现产值达到248.1亿元[①]，比1978年增加了244.43亿元，年均增速达到11.11%；相比2000年增加了207.98亿元，年均增速达到10.65%（见图5-1）。

---

① 2018年数据均来自全国和青海统计公报，后面不再标注。

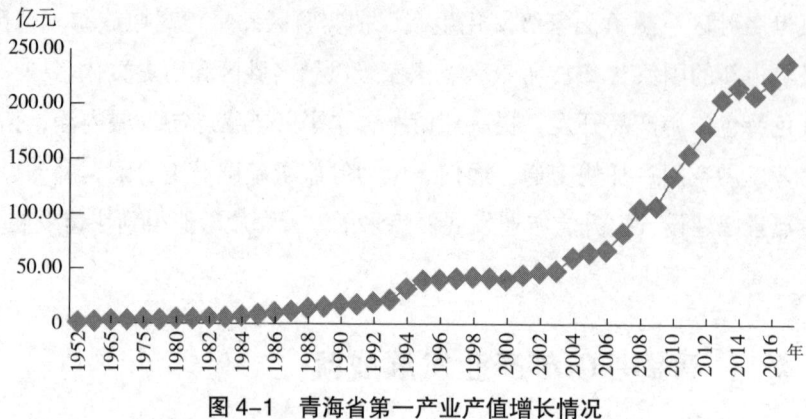

图4-1 青海省第一产业产值增长情况

资料来源：根据《青海统计年鉴2018》整理。

由于青海特殊的地理环境条件，第一产业中畜牧业和农业一直占据绝对的主导地位，林业和渔业虽然也得到了较好的发展，但在整个农林牧渔总产值中的比重一直很小。2017年，青海农林牧渔产值结构为44.6∶2.48∶50.26∶0.94，牧业比重最高，渔业比重最低。

4.3.1.2 农业生产条件显著改善

随着社会科学技术的进步，青海农业生产技术进步加快，农业机械化水平大大提升。1949—1980年，随着全省工业的发展，农业用机械实现了从无到有。1980年，全省农业机械总动力达到69.6万千瓦，大中型拖拉机为6364台，小型和手扶拖拉机为13933台，联合收割机为363台，排灌动力机械为4552台。改革开放以后，社会经济全面发展为农业发展提供了良好的物质基础，农业生产技术、条件变化迅速。2017年，全省实现农业机械总动力达到470.63万千瓦、大中型拖拉机为13814台、小型和手扶拖拉机为248818台、联合收割机为2068台，分别比1980年增加了5.76倍、1.17倍、16.86倍和4.7倍；排灌动力机械为3297台，比1980年减少了1255台；农用运输车为32039辆，实现了从无到有（见表4-1）。据青海省第三次农业普查数据，2016年末，全省共有拖拉机为31.43万台，耕整机为1.80万台，旋耕机为9.55万台，播种机为4.94万台，联合收获机为2325台，机动脱粒机为2.21万台，农业机械多样化发展，机械化水平显著提高，农业生产率大大提高。

表 4-1 新中国成立以来青海省农业生产条件改善情况

年份	农业机械总动力/万千瓦	大中型拖拉机/台	小型和手扶拖拉机/台	排灌动力机械/台	联合收割机/台	农用运输车/辆	有效灌溉面积/千公顷
1949	—	—	—	—	—	—	49.9
1970	—	1296	749	263	98	—	161.2
1980	69.6	6364	13933	4552	363	—	159.6
1990	126.9	4232	63143	2919	479	—	171.6
2000	256.2	2409	167830	2725	670	8906	211.4
2010	421.31	4747	276168	2529	1113	31661	—
2011	432.34	9060	279616	2757	1231	32977	—
2015	453.51	12779	255994	2868	2298	35857	—
2016	458.72	13664	252320	2873	2396	30461	182.16
2017	470.63	13814	248818	3297	2608	32039	—

资料来源：根据《青海统计年鉴2018》《新中国六十年统计资料汇编》整理得到。

注："—"表示数据缺失。

随着农业基础设施建设力度的不断加大，农田水利设施逐步完善，促进了农业的进一步发展。2016年，青海能够正常使用的机电井数量为1862眼，排灌站数量为447个，能够使用的灌溉用水塘和水库数量为2166个，全省灌溉耕地面积为182.16千公顷，比1949年增加了130.26千公顷，增长了2.61倍。由于自身自然地理环境条件的限制，耕地资源有限，农田灌溉面积发展有限，改革开放以后，灌溉面积增长速度较慢。与改革开放初期相比，2016年农业灌溉面积仅增加了17.86千公顷（见表4-1）。近年来，农业肥料、药物、地膜等的使用也得到普及，极大地提高了农业生产率。

4.3.1.3 农业发展迅速，种植结构优化

（1）粮食基础地位更加巩固。70年来粮食生产保持稳定的增长速度，总产量逐年增加。全省粮食种植面积经历先增后减的趋势。新中国成立初期到改革开放前，粮食播种面积总体呈上升趋势。1949年粮食播种面积为305.7千公顷，1978年增加到434.76千公顷；粮食总产量由1949年的29.57万吨，增加到1978年的90.3万吨；粮食单产从0.1万吨/千公顷提高到0.21万吨/千公顷，生产效率大大提高。改革开放以后，粮食种

植面积总体呈下降趋势,但随着农业科学技术的进步,农业生产效率大幅提高,粮食产量逐年增加。2018年,粮食种植面积减少到281.26千公顷,比1978年下降了35.31%;粮食产量达到103.06万吨,是1978年的1.14倍;粮食单产提高到0.37万吨/千公顷(见表4-3),但青海粮食生产率远远低于全国平均水平,生产效率有待提高。

改革开放以来粮食种植结构也发生了重要变化,小麦和杂粮种植面积比重下降,薯类粮食作物种植比重上升。2017年,小麦种植比重从1978年的40.23%下降到15.38%,杂粮种植比重从37%下降到17.78%,分别下降了24.5个百分点和19.22个百分点;薯类种植比重上升了9.53个百分点,达到16.72%(见表4-2)。

表4-2 青海农作物种植结构变化情况　　　　　　　　　%

年份	总播种面积	粮食作物播种面积及构成				经济作物播种面积及构成		蔬菜和食用菌播种面积
		总量	小麦	杂粮	薯类	总量	油料	
1978	100	84.49	40.23	37.00	7.19	12.07	11.89	1.40
1980	100	80.98	39.54	34.30	7.15	15.51	15.48	1.10
1985	100	77.24	40.10	30.95	6.20	19.02	18.96	0.90
1990	100	73.49	39.19	28.00	6.31	21.00	20.91	1.26
1995	100	67.55	36.21	24.71	6.63	26.35	26.33	2.19
2000	100	58.29	29.90	20.03	8.36	34.72	34.60	2.85
2005	100	51.51	20.30	15.40	15.80	34.75	33.95	5.42
2010	100	52.11	19.17	16.49	16.46	35.31	33.23	7.61
2015	100	49.62	15.80	17.68	16.14	31.70	25.94	8.89
2016	100	50.07	15.37	18.11	16.59	31.60	25.41	8.97
2017	100	49.88	15.38	17.78	16.72	33.44	26.65	8.99
2018	100	50.47	—	—	—	34.45	26.54	7.89

资料来源:根据《青海统计年鉴2018》整理。

注:"—"表示数据缺失。

表4-3 新中国成立以来青海主要农作物产量和单位产量增长概况

年份	粮食/万吨	油料/万吨	蔬菜及食用菌/万吨	粮食单产（万吨/千公顷）	油料单产（万吨/千公顷）
1949	29.57	0.83	—	0.10	0.04
1952	37.13	1.62	—	0.11	0.05
1957	58.54	2.05	—	0.15	0.05
1962	41.46	0.73	—	0.09	0.02
1965	67.10	3.36	—	0.15	0.07
1970	64.90	2.57	—	0.14	0.06
1977	86.11	4.26	20.01	0.20	0.08
1978	90.30	4.53	19.77	0.21	0.07
1980	95.60	7.07	14.33	0.23	0.09
1985	100.32	9.92	16.15	0.26	0.10
1990	114.56	12.04	22.85	0.29	0.11
1995	114.19	16.21	38.31	0.30	0.11
2000	82.70	19.40	60.28	0.26	0.10
2005	93.26	31.85	84.46	0.38	0.2
2010	102.03	36.91	134.43	0.37	0.21
2015	102.72	30.48	166.4	0.37	0.21
2016	103.45	30.04	170.02	0.37	0.21
2017	100.71	29.48	170.01	0.36	0.20
2018	103.06	28.47	150.26	0.37	0.19

资料来源：根据《青海统计年鉴2018》《新中国六十年统计资料汇编》整理得到。

注："—"表示数据缺失。

（2）经济作物播种面积逐年增加，产量迅速提高，作物种类更加多元化。1949年油料种植面积为21.79千公顷，仅占总播种面积的6.56%；1978年增加到61.18千公顷，占总播种面积的11.89%；到2018年达到147.91千公顷，占总播种面积的比重增加到26.54%。油料产量由1949年的0.83万吨增加到1978年的4.53万吨，2018年产量达到28.47万吨，比1949年增长33.3倍。油料单产从0.04万吨/千公顷提高到0.07万吨/千公顷再提高到0.19万吨/千公顷（见表4-3）。但是，与全国平均水平比较，青海油料单产率还比较低。2017年全国油料单产率达到0.26万吨/千公顷，而青海仅为 0.2 万吨 / 千公顷。近年来，药材作为一种新增的经济作物逐渐发展壮大。2018 年，全省药材种植面积达 44.06 千公顷，比 2013 年增加 21 千公顷，产量达到 17.98 万吨，占经济作物总产量的 41.38%，其中，枸杞种植面积为 35.53 千公顷，占总药材种植面积的 80.64%，产量达到 8.56 万吨，占药物作物总产量的 47.61%，在药材中居于主导地位。

（3）蔬菜生产增长较快，产品质量不断提高。由于青海地处我国第三级阶梯，海拔高，自然环境条件恶劣，加上农业生产技术落后，21 世纪，青海蔬菜产业的发展受到自然环境限制发展缓慢。1978 年，蔬菜和食用菌种植面积仅为 7.19 千公顷，仅占总播种面积的 1.4%，青海蔬菜产量仅为 19.77 万吨（见表 4-2 和表 4-3）。随着塑料大棚、地膜覆盖等先进农业生产技术的出现以及逐步推广，蔬菜产业的发展突破了自然环境的限制，生产力得到极大的提高，产量大幅增加，品种更加多元化。同时，随着社会经济的发展，人们的收入水平有所提高，消费水平也显著提升，对生活质量的追求更高，推动了青海蔬菜产业的发展。2018 年全省蔬菜及食用菌种植面积达到 43.96 千公顷，比 1978 年增加 36.77 千公顷，增长了 5.11 倍，总产量达到 150.26 万吨，比 1978 年增长了 6.6 倍。

4.3.1.4　牧业发展成就显著

1949—1978 年，尽管经历了十年"文化大革命"，牧业发展较为曲折，但整体牧业发展速度仍然较快，成就显著。1978 年，大牲畜年底头数达到 568.8 万头，比 1949 年增加了 319.54 万头。主要农产品肉类、牛奶、羊毛分别达到 5.99 万吨、11.6 万吨、1.61 万吨，其中牛奶产量比 1949 年提高了 6.64 万吨，羊毛产量提高了 1.18 万吨，肉类和牛奶是主要的畜产品。按不变价格（1980 年 =100），1978 年牧业生产总值实现 3.6 亿元，比 1949 年增加了 2.62 亿元，年均增速达到 4.59%（见表 4-4）。

1978 年以后，青海在牧区改革经济制度，大力进行牧业技术改造，使畜牧业生产得到持续、稳定、快速发展。随着社会主义市场经济体制的建立和不断深化改革，农牧民的商品生产意识大大增强，畜牧业产业化发展趋势明显，主要畜产品产量大幅增加，经济效益逐步提高。2017 年，青海省主要畜产品肉类达到 38.33 万吨，牛奶为 33.80 万吨，羊毛为 1.91 万吨，羊绒毛为0.18万吨，禽蛋为2.46万吨，大牲畜年底头数为575.1万头。除羊毛和牛绒毛以外，其他畜产品产量都增长得比较快。肉类产品和牛奶仍然占据绝对的主导地位，并且保持较高速度的增长。牧业实现产值为182.98亿元，比1978年增加了180.06亿元，年均增速达到11.19%（见表4-4）。2018年末，全省肉类产量为36.53万吨，其中，猪肉为9.15万吨，牛肉为13.18万吨，羊肉为13.12万吨，禽肉为0.84万吨，显然牛肉和羊肉是主要的肉类产品。

表4-4 新中国成立以来青海省主要畜产品产量及牧业产值变化情况

年份	肉类/万吨	牛奶/万吨	羊毛/万吨	牛绒毛/万吨	禽蛋/万吨	大牲畜年底头数/万头	牧业产值/亿元	备注
1949	—	4.96	0.43			249.26	0.98	总产值按1980年不变价格计算，1978年括号内数据为1980年不变价格计算值，非括号内值为当年价格计算值
1952	2.82	5.80	0.50	—	—	290.88	1.16	
1957	4.01	8.29	0.99			413.52	1.57	
1962	2.15	4.43	0.68	—		221.12	1.11	
1965	3.62	7.00	0.92			343.61	1.75	
1978	5.99	11.60	1.61			568.8	(3.6) 2.92	
1980	8.49	11.56	1.70	0.17		553.88	2.87	总产值按当年价格计算
1985	11.16	15.45	1.53	0.19	0.92	589.39	5.01	
1990	15.34	20.13	1.76	0.20	1.07	612.30	10.95	
1995	18.37	20.02	1.79	0.23	1.24	559.00	27.57	
2000	20.83	20.61	1.63	0.19	1.34	441.36	30.49	
2005	25.75	23.62	1.77	0.21	1.39	453.46	51.70	
2010	27.53	26.22	1.77	0.24	1.56	471.64	101.45	
2015	34.75	31.5	1.87	0.19	2.26	485.50	158.37	
2016	36.04	33.00	1.88	0.19	2.39	614.20	165.72	
2017	38.33	33.8	1.91	0.18	2.46	575.10	182.98	

资料来源：根据《青海统计年鉴2018》《新中国六十年统计资料汇编》整理得到。

注："—"表示数据缺失。

4.3.1.5 特色农牧业发展迅速，规模日益扩大

青海立足高原特有的冷凉型气候特点和高海拔、无污染的地理区位

优势,在种植业中,大力发展以马铃薯、油菜、蚕豆、反季节蔬菜种植。已形成了一批青海省名牌产品,如"姥爷山牌"鸡腿红葱、"大通牌"蔬菜、"循化红"线辣椒等。在畜牧业方面,主要以牛(羊)肉、奶制品和牛(羊)皮毛为主,如拥有"天露""小西牛""青海老酸奶"等乳制品品牌[1]。

近年来,青海在发展特色产业和结构调整的观念方面不断转变。全省把发展一村一品作为推进农牧业结构调整,促进农牧业增效、农民增收的重要手段,积极培育乡村主导产业和特色产品,一村一品取得了明显成效。截至2018年,全省有61个村镇获得了"全国一村一品示范村镇"。初步形成了湟中县多巴镇韦家庄村蔬菜产业基地,互助县台子乡多士代村八眉猪养殖基地,玛多县花石峡镇日谢村藏羊养殖基地,乐都区高店镇紫皮大蒜种植基地等。依据不同的生态类型,全省已形成了以互助、湟中、民和、乐都、大通为主的马铃薯基地,以湟中、互助、大通为主的蚕豆基地,以湟中、湟源、互助、平安、贵德、门源为主的油菜基地,以西宁市及周边为主的花卉基地,以循化为主的辣椒生产基地。畜产品逐步向川水奶牛、浅脑山良种肉牛、西宁及海东良种肉羊、青南与环湖藏羊、牦牛以及柴达木绒山羊等优势产业带推进[2]。

4.3.2 第二产业发展成就

新中国成立70年以来,青海第二产业产值大幅提高,其中工业总体实力增强,优势产业稳步发展,建筑业取得显著成就,第二产业在国民经济中占据着越来越重要的位置,极大地推动了全省的工业化和城镇化进程。

4.3.2.1 第二产业发展迅速,地位越来越凸显

1949—1980年,青海受国家政策偏向,大力发展工业。经过3年国民经济恢复时期和"一五"计划时期以及"三线"建设时期,工业和建筑业得到快速恢复和发展,第二产业实现高速增长。1980年,第二产业增加值

---

[1] 尹秀娟.基于产业融合的青海特色农业发展路径探索[J].柴达木开发研究,2017(2):14.

[2] 王晓军,等.青海六十年农业农村经济发展成就辉煌[J].青海统计,2009(11):4.

从1949年的0.07亿元增加到7.83亿元,年均增速为16.44%;占地区生产总值的比重从5.69%提高到44.01%,提高了38.35个百分点。其中,工业增加值比1949年增加了5.61亿元,年均增速达15.8%,占地区生产总值的比重提高了26.98个百分点;建筑业增加值增加了2.15亿元,年均增速达18.93%(见表4–5)。

表4–5 新中国成立以来青海省第二产业发展概况

年份	地区生产总值/亿元	第二产业增加值/亿元			第二产业占地区生产总值比重/%		
		第二产业	工业	建筑业	第二产业	工业	建筑业
1949	1.23	0.07	0.06	0.01	5.69	4.89	0.81
1952	1.63	0.12	0.10	0.02	7.36	6.13	1.23
1957	3.95	0.78	0.40	0.38	19.75	10.13	9.62
1965	6.14	1.28	0.96	0.32	20.85	15.64	5.21
1970	8.15	2.79	2.02	0.77	34.23	24.79	9.45
1975	12.42	4.76	3.78	0.98	38.33	30.43	7.89
1978	15.54	7.71	5.57	2.14	49.61	35.84	13.77
1980	17.79	7.83	5.67	2.16	44.01	31.87	12.14
1985	33.01	13.39	8.90	4.49	40.56	26.96	13.60
1990	69.94	26.89	21.23	5.66	38.45	30.35	8.09
1995	167.80	64.58	51.62	12.96	38.49	30.77	7.72
2000	263.68	108.83	78.80	30.03	41.27	29.89	11.39
2005	543.32	264.61	203.94	60.67	48.70	37.54	11.17
2010	1350.43	744.63	613.65	130.98	55.14	45.44	9.70
2015	2417.05	1207.31	893.87	313.81	49.95	36.98	12.98
2016	2572.49	1249.98	901.68	348.67	48.59	35.05	13.55
2017	2624.83	1162.41	777.56	384.85	44.29	29.62	14.66

资料来源:根据《青海统计年鉴2018》整理所得。其中,1992—2004年、2005—2008年、2013年数据分别根据第一次、第二次和第三次经济普查数据进行调整和修订,2013年开始按照国民经济行业分类(GB/T 4754—2011)标准执行。

改革开放以后,第二产业继续保持着高速度增长,在国民经济中的地位越来越凸显。2017年,全省第二产业增加值达到1162.41亿元,比1980年提高了1154.58亿元;年均增速为14.47%,增长速度非常快;占地区生产总值的比重达到44.29%，2010年甚至达到55.14%，占据整个国民经济的半壁江山。2017年，工业增加值达到777.56亿元，比1980年增加了7771.89亿元，年均增速达14.22%，占地区生产总值的比重达29.62%，2010年比重达到最高45.44%；建筑业增加值实现384.85亿元，增加了382.69亿元，年均增长15.04%（见表4-5）。2018年，第二产业增加值达1247.06亿元，第二产业增加值占全省地区生产总值的比重为43.5%。

4.3.2.2　工业总体实力增强，优势产业稳步发展

经过70年不断的探索发展，青海工业逐渐发展壮大。21世纪以来，青海牢牢抓住国家实施西部大开发战略的历史机遇，以资源优势为依托，大力推进资源转换战略，强化创新意识，同时把发展循环经济作为优化产业结构和转变增长方式的主攻方向，不断加快产业和产品结构升级，促进产业发展。青海工业经济发展成果显著，企业的核心竞争力不断增强，工业生产总量快速增长，对国民经济的支撑和带动作用明显增强，工业经济不断实现跨越式发展。

（1）工业总体实力增强。

1949—1980年，在国家的大力支持下青海工业得到快速发展，现代工业体系初步形成。1949年青海仅有工业企业15个，到1980年工业企业增加到1274个，增加了1259个。全部工业增加值从0.19亿元增加到14.26亿元。工业增加值保持两位数以上年均增速增长。改革开放以后，特别是20世纪90年代末，青海大力发展规模以上工业企业，规模企业发展较快。1998年实现工业总产值为122亿元，比1980年增加了7.56倍；规模以上工业企业为573个，规模以上工业总产值为95.7亿元，占全部工业总产值的78.47%。2017年，全省工业总产值达到2558.49亿元，比1998年增加了19.97倍；规模以上企业调整到569个，实现规模以上工业总产值为2494.29亿元，比1998年增长了25.06倍，是1998年全部工业总产值122亿元的20.45倍；规模以上工业总产值占全部工业总产值的比重达到97.49%，比1998年上升了19.02个百分点，工业总体实力增强。2017年，全国共有规模以上工业企业373000个，青海规模以上工业企业个数仅占

0.15%，规模以上工业企业非常少（见表4-6）。

表4-6 1998—2017年青海省规模以上工业发展情况

年份	规模以上工业企业数/个	工业总产值/亿元	规模以上工业总产值/亿元	规模以上工业总产值占工业总产值比重/%
1998	573	122	95.7	78.47
1999	559	134.08	—	—
2000	445	141.57	—	—
2001	391	240.54	194.2	80.72
2002	399	272.62	207.6	76.15
2003	400	332.27	247.9	74.61
2004	461	461.41	374.1	81.08
2005	404	556.6	486.9	87.48
2006	435	716	640.7	89.53
2007	471	906.11	822.7	90.8
2008	515	1175.93	1103.1	93.81
2009	523	1167.47	1080	92.54
2010	555	1570.47	1481.99	94.37
2011	386	1982.11	1894	95.53
2012	423	—	2200	—
2015	575	—	2518.12	—
2016	593	—	2835.56	—
2017	569	2558.49	2494.29	97.49

资料来源：根据青海省历年统计年鉴整理所得，工业总产值按当年价格计算；1998—2006年为全部国有及规模以上非国有工业企业；2007年起为规模以上工业企业；规模以上企业为年主营业务收入在500万元以上；2011年起规模以上工业企业是指主营业务收入在2000万元以上的工业企业。1995年工业普查对工业总产值计算方法做了修订，即从1995年始按新修订（新规定）方法计算工业总产值，生产法工业增加值＝工业总产出－工业中间投入＋应交增值税。

注："—"表示数据缺失。

（2）优势产业和支柱产业发展成效显著。

20世纪90年代末，青海开始着力发展省内优势产业和支柱产业，逐步形成了以电力、石油天然气、盐化工、有色金属为主的四大支柱产业和以冶金业、医药制造业、畜产品加工业、建材业为主的四大优势产业。到2000年，青海四大支柱产业工业总产值为129.89亿元，增加值为45.41

亿元，占全部工业增加值78.8亿元的57.63%；四大优势产业工业总产值为75.08亿元，增加值为18.77亿元，占全部工业增加值的23.82%。2010年，四大支柱产业实现工业总产值为982.72亿元，创造工业增加值为398亿元，工业增加值占全部工业增加值的64.86%，比2000年提高了7.23个百分点。四大优势产业工业总产值达到260.78亿元，占全部工业总产值1570.47亿元的16.61%，创造工业增加值为87.78亿元，工业增加值占全部工业增加值的14.32%。支柱产业和优势产业逐步成为全省工业经济增长的支撑点。"十二五"期间，青海调整产业结构，在调整四大优势产业和支柱产业的基础上，转变为着力发展新能源产业、新材料产业、油气化工、盐化工等十大优势产业。2017年十大优势产业总产值达到1793.64万元，比2011年增加了658.41万元，年均增长7.92%，占全省规模以上工业企业产值的比重由59.79%上升到71.83%，在国民经济中发挥着重要的支撑作用（见表4-7）。

表4-7　2011—2017年青海十大优势产业产值增长情况　　单位：亿元

指标名称	年份						
	2011	2102	2013	2014	2015	2016	2017
全省规模以上工业企业	1898.61	2165.25	2497.86	2622.73	2518.69	2751.88	2496.94
其中：十大优势产业	1135.23	1263.89	1579.11	2008.55	2079.09	1920.59	1793.64
1.新能源产业	2.26	5.67	10.77	40.31	58.12	67.02	75.74
2.新材料产业	106.33	140.19	181.88	212.48	279.32	215.60	185.49
3.盐湖化工产业	174.20	207.90	230.55	251.76	252.99	266.87	258.19
4.有色金属产业	366.94	357.02	564.98	610.88	615.40	698.14	700.99
5.油气化工	107.21	106.85	102.54	281.17	219.28	66.24	73.54
6.煤化工	66.29	72.74	53.75	20.76	—	14.14	18.25
7.装备制造业	25.75	34.00	43.02	121.70	144.88	179.14	166.41
8.钢铁产业	175.33	189.32	213.35	208.19	193.46	171.18	170.97
9.轻工纺织业	33.41	47.76	66.78	78.81	86.15	95.92	35.03
10.生物产业	77.52	102.44	111.49	182.49	229.49	146.34	109.04

资料来源：根据青海省2012—2018年的统计年鉴整理所得。

注："—"表示数据缺失。

（3）园区工业发展迅速，循环经济发展势头强劲。

"十一五"计划以来，青海省把发展循环经济作为优化产业结构和转变增长方式的主攻方向，大力推进资源的综合开发，加速延长产业链，推动产业融合发展，相继建立了柴达木和西宁循环经济开发试验区。柴达木循环经济试验区是国家首批13个循环经济产业试点园区之一，包括以盐湖化工、石油天然气化工、金属冶金产业融合发展为特色的格尔木循环经济工业园；以盐碱化工、新材料、生物医药、硅产业融合发展为特色的德令哈循环经济工业园；以能源、煤炭综合利用、盐湖化工一体化发展为特色的大柴旦循环经济工业园；以配套盐湖资源开发为主导，以煤炭清洁利用、高原特色生物资源开发为特色的乌兰循环经济工业园。西宁经济技术开发区主要是对原西宁地区各工业园区整合后重新组建成立的开发区，通过推进产业重组整合，园区光伏制造、藏毯绒纺、有色金属精深加工等产业有了新的发展，同时产业规模和产业质量均有新的提升。2017年，全省试验区十个循环经济重点行业实现工业总产值为1422.55万元，占全省规模以上工业总产值2496.29万元的56.99%。

4.3.2.3　建筑业取得显著成就

新中国成立70年来，青海建筑业发展成就显著，其建筑企业个数、从业人员以及产值不断增加。改革开放以前，建筑业历经"大跃进"和"文化大革命"时期，在曲折发展中取得了较好成绩。1952年，青海省只有2个建筑企业，从业人员仅为0.27万人。1978年，建筑企业增加至67个，从业人员增加了4.44万人，实现产值为2.06亿元，其中国有共1.87亿元，集体共0.19亿元。改革开放以后，随着社会主义市场经济体系的逐步建立和完善，经济取得快速发展，建筑业发展比较快。2017年，建筑企业比1978年增加了359个，增长了4.36倍；从业人员增加了6.43万人，增长了1.37倍；实现产值为408.17亿元，增长了198.11倍，年均增速达14.52%。1996年以后，民营建筑企业逐渐发展并壮大起来。到2017年，非国有和非集体企业个数占总建筑企业的88.03%，实现了从无到有，从有到占主导地位的历史性转变（见表4-8）。

表 4-8 青海省主要年份建筑业发展概况

年份	建筑业企业单位数 / 个			建筑业企业从业人员 / 万人			建筑业企业总产值 / 亿元		
	合计	国有	集体	合计	国有	集体	合计	国有	集体
1952	2	2	—	0.27	—	—	—	—	—
1978	67	33	34	4.71	4.27	0.44	2.06	1.87	0.19
1980	67	38	29	5.70	5.09	0.61	2.75	2.44	0.31
1985	117	46	71	8.01	6.56	1.45	7.47	6.17	1.30
1990	131	43	88	4.65	2.97	1.68	9.01	7.55	1.46
1995	115	53	62	7.15	5.41	1.74	20.49	18.07	2.41
2000	273	101	104	8.83	4.56	2.59	44.72	32.93	6.82
2005	392	68	47	8.62	2.59	1.05	91.01	49.51	4.75
2010	478	57	37	9.11	2.87	0.66	280.47	163.33	10.50
2015	441	34	23	11.00	1.83	0.55	410.69	62.26	11.52
2016	434	33	22	14.62	2.44	0.74	411.38	59.52	14.2
2017	426	31	20	11.14	1.15	0.52	408.17	51.36	11.57

资料来源：《青海统计年鉴2018》，1992年以前数据为全民和集体所有制建筑业企业数据，1993—1995年数据为各种经济成分的建制镇以上建筑业企业数据，1996—2001年数据为资质等级（旧资质）四级及四级以上建筑业企业数据，2002年及以后数据为所有具有资质等级的施工总承包、专业承包建筑业企业（含劳务分包建筑业企业）数据。

注："—"表示数据缺失。

4.3.3 第三产业发展成就

4.3.3.1 第三产业在国民经济中的地位越来越突出

1949—1978年，青海商贸业发展虽然受到"大跃进"和"文化大革命"的影响，发展较曲折，但整体来看，这一时期仍保持高速发展。1978年，青海第三产业实现产值为4.16亿元，比1952年增加了3.85亿元，以10.5%的年均增速增长，在国民经济中的比重达到26.77%，相比1952年提高了7.75个百分点。改革开放以后，随着社会主义市场经济体制的建立和对第三产业的越来越重视，包括餐饮服务业、交通运输业、邮电业、商贸业、旅游业、信息技术服务业等在内的第三产业发展迅速。2018年，第三产业实现产值为1350.07亿元，比1978年增加了1345.91亿元，保持年均15.55%的高速增长；第三产业在地区总产值的比重提高到47.12%，在整个国民经济中起着越来越重要的支撑作用（见表4-9）。

表4-9 青海省主要年份第三产业发展情况

年份	地区生产总值/亿元	第三产业产值/亿元	第三产业产值占地区生产总值比重/%
1952	1.63	0.31	19.02
1957	3.95	1.04	26.33
1965	6.14	1.50	24.43
1970	8.15	2.00	24.54
1975	12.42	3.02	24.32
1978	15.54	4.16	26.77
1980	17.79	4.96	27.88
1985	33.01	10.98	33.26
1990	69.94	25.38	36.29
1995	167.80	63.60	37.90
2000	263.68	114.73	43.51
2005	543.32	213.37	39.27
2010	1350.43	470.88	34.87
2015	2417.05	1000.81	41.41
2016	2572.49	1101.32	42.81
2017	2624.83	1224.01	46.63
2018	2865.23	1350.07	47.12

资料来源：根据《青海统计年鉴2018》《青海省国民经济和社会发展统计公报2018》整理和计算所得。

4.3.3.2 交通运输和邮电业成果显著

良好的基础设施条件是一个地区经济发展的基本保障。新中国成立以来，尤其是改革开放以来，青海省一直高度重视基础设施建设。经过70年的不懈努力，青海省交通邮电事业发生了翻天覆地的变化，形成了以铁路为主，公路、民用航空和管道为辅的综合交通运输网。基础设施条件的不断完善，为全省经济建设和产业发展提供了有力的物质支持。

新中国成立以后到1980年，青海交通运输和邮电业取得了重大的历史性成就。在交通运输方面，1978年，青海客运量达到328万人，其中，公路为158万人，铁路为170万人；货运量达到1326万吨，其中，公路为780万吨，铁路为546万吨。邮电业方面，从邮电业务总量看，1952年青海邮电业务总量仅有19万元，到1978年已达到764万元，累计增长了39.2倍。

改革开放以来，青海交通运输和邮电业快速发展。交通运输方面，相比1978年，2017年客运量达到6603万人，比1978年增加了6275万人，其中，公路运输为5070万人，增加了4912万人；铁路运输为1134万人，增加了964万人。民用航空客运量达到329万人，实现从无到有。公路客运量增加最快。货物运输量增加到18140万吨，比1978年增加了16814万吨，其中，公路运输为14871万吨，增加了14091万吨；铁路运输为3052万吨，增加了2506万吨；民用航空运输和管道运输分别达到1.27万吨和215万吨。整体来看，公路运输增长较快并且是主要的运输方式，民用航空和管道运输实现了从无到有。但由于航空运输成本高，且设施有限，航空运输量是青海运输量最少的运输方式。邮电业方面，从邮电业务总量来看，青海邮电业务总量从1978年的764万元增长到2017年的1676012万元，增长了2192.73倍[①]。

4.3.3.3 商品零售业快速发展

随着社会主义市场经济体制的改革，社会主义市场经济活力不断得到释放，青海经济发展进入快速发展的快车道。改革开放以来，特别是实施西部大开发以来，青海社会经济发展水平显著提高，居民收入水平、生活水平提高，消费市场规模迅速扩大，商品零售业发展迅速。

1949—1980年，经过31年的发展，青海商品零售业发展取得了显著成效。虽然这一时期商品零售业总体水平较低，产值基数小，但发展速度较快。1980年，商品零售业产值仅为8.3亿元，比1950年增加了8亿元，年均增长11.7%。20世纪80年代以后，青海省商品零售业发展进入了快速发展的轨道，商品零售额从1980年的8.3亿元上升到2017年的839.03亿元，增长了100.09倍，年均增速13.29%。2018年，全省社会消费品零

---

① 注：数据来源于《青海统计年鉴2018》。

售总额达835.56亿元。按规模来分，限额以上企业零售额为339.35亿元；限额以下单位（个体户）零售额为496.21亿元。按经营地来分，城镇消费品零售额为669.26亿元；乡村消费品零售额为166.31亿元。按消费类型来分，商品零售额为776.41亿元；餐饮收入额为59.16亿元（见图4-2）。

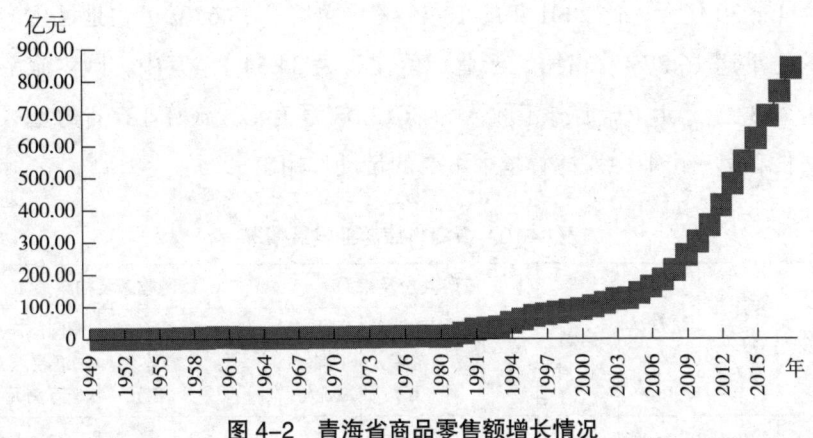

图4-2 青海省商品零售额增长情况

资料来源：根据《青海统计年鉴2018》《新中国六十年统计资料汇编》整理而得。其中，2010—2012年社会消费品零售总额增加了"其他"零售额，即非批零住餐法人附营的限额以下产业活动单位零售额及非批零住餐法人单位消费品零售额；2010—2014年社会消费品零售总额数为第三次经济普查修订数。

4.3.3.4 旅游业迅速崛起

改革开放以后，青海省依托其丰富独特的旅游资源，开始发展旅游业。经过40年的发展，取得显著成就。青海旅游业发展之初，由于当时我国社会经济实力还比较落后，人民生活水平普遍不高，游客主要为国际游客，基本没有国内游客。

到20世纪90年代中后期，随着我国居民收入水平的提高，国内游客量迅速上升，成为青海游客的主力军。特别是进入21世纪，在省委、省政府的正确领导下，旅游设施不断完善，旅游业从业人员不断增加，青海省旅游业发展进入了快速发展的快车道。"十二五"期间青海旅游总收入达824.52亿元，收入年均增长高达28.13%。2017年，青海省拥有旅行社308个，从业人员2303人，星级饭店339个，旅游人次达到3484.1万人次，其中国际旅游人次为7万次，国内旅游人次为3477.1万人次，实现旅游收入 382 亿元（见表 4-10）。2018 年，全年全省接待国内外游客共 4204.38 万人次，比 2001 年的 378.97 万人次增长了 10.09 倍。其中，国内游客为 4197.46 万人次，比 2001 年的 375 万人次增长了 10.19 倍；入境游客为 6.92 万人次，比 2001 年的 3.97 万人次增长了 74.31%。实现旅游总收入为 466.30 亿元，比 2001 年的 13.45 亿元增长了 33.67 倍，占地区生产总值的比重达 16.27%，占第三产业产值比重为 34.54%。其中，国内旅游收入为 463.91 亿元，旅游外汇收入为 3613.08 万美元。旅游业在青海地区经济增长和第三产业中发挥着越来重要的带动作用。

表 4-10 青海省旅游业发展情况

年份	年末旅行社数/个	年末旅行社从业人员/人	星级饭店总数/个	旅游人次及来源			旅游收入及构成		
				总人次/万人	国际旅游者/万人	国内旅游者/万人	总收入/亿元	国内旅游收入/亿元	国际旅游外汇收入/万美元
1981	—	—	—	0.09	0.09	0	—	—	—
1994	—	—	—	0.95	0.95	0	—	—	1833/万元人民币
1995	—	—	—	41.89	1.33	40.56	—	—	230.6
1996	—	—	—	48.61	1.04	47.58	—	—	205
1997	—	—	—	43.04	1.29	41.75	—	—	272
1998	—	—	—	48.01	1.66	46.35	—	—	276.4
1999	—	—	—	45.03	2.05	42.98	—	—	393.8
2003	125	1418	—	396.07	1.77	394.3	14.63	—	472
2004	129	1463	—	512.09	2.89	508.2	20.2	—	912
2005	132	1490	84	637	4	633	26	25	1102
2006	155	1730	96	815	4	810	36	35	1325
2007	183	1880	106	1002	5	997	47	46	1591
2008	198	1900	117	905	3	902	48	47	1015
2009	198	1940	119	1109	4	1105	60	59	1542
2010	188	1551	122	1226	5	1221	71	70	2045
2011	217	2033	123	1412	5	1407	92	91	2659
2012	229	2391	134	1581	4.7	1576	124	122	2432

续表

年份	年末旅行社数/个	年末旅行社从业人员/人	星级饭店总数/个	旅游人次及来源			旅游收入及构成		
				总人次/万人	国际旅游者/万人	国内旅游者/万人	总收入/亿元	国内旅游收入/亿元	国际旅游外汇收入/万美元
2013	245	2456	164	1780.4	4.6	1775.8	159	157	1942
2014	247	2480	219	2005.6	5.2	2000.4	202	200	2574
2015	238	2138	313	2315.4	6.6	2308.8	248	246	3876
2016	273	2057	332	2876.9	7.0	2869.9	310	307	4416
2017	308	2303	339	3484.1	7.0	3477.1	382	379	3829

资料来源：根据青海省历年统计年鉴整理得到。

注："—"表示数据缺失。

4.4 青海70年产业发展展望

青海经历70年产业的快速发展，第一、第二、第三次产业产值及其内部结构趋于优化协调，但在科学发展观引领下，全省同样面临经济新常态下转方式、调结构以及生态环境保护压力增大等艰巨任务，未来青海产业发展仍需不断协调优化。为此，既要加快转变经济发展方式，进一步优化三次产业结构，还需注重农林牧渔协调发展，推动农牧业特色化、产业化，同时加快工业内部结构调整，进一步推动园区经济发展，推动交通运输邮电业稳定发展，加快商贸、旅游等第三产业的可持续发展。

4.4.1 加快转变经济发展方式，调整三次产业结构

新中国成立以来，青海三次产业都取得了重大发展，三次产业产值持续稳定上升。第一产业产值在国民经济中的比重持续下降，第二产业和第三产业对国民经济的拉动作用越来越突出。2017年，第一产业占地区生产总值的比重下降到9.08%，第二产业和第三产业产值比重分别达到44.29%和46.63%。但是与全国水平相比，第一产业和第二产业产值比重略高1.48个百分点和3.79个百分点，第三产业比重低5.27个百分点。三次产业结

构还有待优化。

根据青海目前整体经济发展水平、各产业原有发展基础、资源和环境约束条件等，在不放松农业基础的同时，大力促进第二产业和第三产业的快速发展。其中，第一产业要注重特色化、产业化发展，提高经济效益；第二产业要注重调整产业内部结构，加快优势特色产业发展，依托园区工业产业集群效应优势，促进发展方式转变，推动第二产业快速发展；第三产业则要把加快服务业发展作为经济转型升级的战略支点，高起点谋划现代服务业布局，依据各区域的资源禀赋、产业基础和功能定位，规划建设一批服务业集聚区，提高服务业在国民经济中的比重和贡献率。同时，要放开市场准入，减少对服务业重点领域的前置审批和资质认定，减轻企业税负，支持各类市场主体平等参与公共服务设施和服务平台建设[①]。

4.4.2 注重农林牧渔协调发展，推动农牧业特色化、产业化

由于青海特殊的自然地理气候环境等，农业和畜牧业在第一产业中的比重一直以来保持较高水平，林业和渔业发展薄弱。2017年农业和畜牧业占农林牧渔总产值的比重分别为44.06%和50.26%，林业和渔业产值比重仅为2.48%和0.94%，发展极不平衡。青海在大力推进农业和畜牧业协调发展的同时，也要推进林业和渔业发展，特别是林业。青海作为三江源头，生态地理环境保护非常重要，因此要提高林业在第一产业中的比重，在提高经济效益的同时，保护生态环境。

尽管青海高原特色农牧业发展取得了显著成效，但全省农牧业特色化、产业化发展过程中面临生态环境脆弱，农牧业发展受自然条件限制大；产业链松散，产品附加值较低；市场发育程度较低，品牌建设薄弱；龙头企业规模小、带动作用不强；社会化服务体系不完善；对外宣传不足等问题[②]。例如，青海枸杞产业发展较快，但知名度不高，人们只知"中国枸杞在宁夏"，不知"精品枸杞在青海"，形成"宁夏有品牌、青海有品

---

① 青海经济信息网.青海国民经济和社会发展第十三个五年规划纲要[EB/OL].（2016-02-17）[2019-06-15].http://www.qhei.org.cn/ghyfz/wngh/201602/t20160217_638555.shtml.

② 鲁临琴.青海农牧业产业化存在的问题及其对策[J].攀登，2004（1）：82.

质"的怪现状①。为推动农牧业特色化产业化发展,政府应不断加大强农惠农政策力度,推动农田水利、人工饲草基地等农牧业基础设施建设。其次,要加强规模经营化发展,推进农牧产品优势产区建设;还要加大产品宣传力度,注重打造高原特色生态有机品牌,打造畜禽养殖、粮油种植、果蔬、枸杞沙棘"四个百亿元"产业。最后,要促进农畜产品深加工,提高农畜产品附加值;培育都市农牧业、休闲农牧业、创意农牧业、草地生态畜牧业等新兴业态,构建和延伸"接二连三"产业链和价值链,提升综合效益。

4.4.3 加快工业内部结构调整,促进发展方式转变

新中国成立70年来,工业对整个国民经济增长贡献逐渐增大,青海工业也取得巨大进步。西部大开发战略以来,青海依托既有产业基础和自然资源禀赋发展壮大了四大支柱产业和四大优势产业;"十二五"规划以来,全省已基本形成十大特色优势产业。但因受资源型工业特点和市场要素等制约,青海优势产业多为化工、装备制造、有色金属等重工业,工业内部结构极其不平衡:重工业比重过大,轻工业非常薄弱。2017年青海重工业工业增加值占规模以上工业增加值比重高达85.4%,轻工业工业增加值占规模以上工业增加值的比重仅为14.6%。因此,在促进经济转型升级的过程中,要注意调整产业内部结构性矛盾。在工业发展战略方面,青海应走轻、重工业并举的发展战略,并借助市场形成的"倒逼机制",将整体经济下行的压力向推动发展方式转变转化,积极引导企业加快转变发展方式、调整产业结构,推动工业经济提质增效升级②。

4.4.4 进一步推动园区经济发展,发挥产业集群优势

产业集群作为一种新的产业组织模式,既可以实现外部规模经济,又

---

① 杨正位.青海特色优势产业发展战略研究[J].中国延安干部学院学报,2013,6(4):127.

② 丁翠英.青海工业发展中存在的问题、路径选择及产业布局优化[J].甘肃科技,2018,34(24):78.

可以实现中小企业的专业化，在增强地方产业竞争优势和拉动经济增长中发挥着重要作用。据估计，对外商投资有吸引力的地区，群集存量每增加10%，该地区被未来投资者选中的概率就会增加5%～7%[①]。扶持与建设产业园、工业园区等开发载体，对培育具有竞争力的主导优势产业链，推动产业专业化、特色化和集群化发展具有重要意义。青海省坚持走差异化、集群化的园区发展道路，深入推进企业集中布局、产业集群发展、资源集约利用、功能集合构建，集群式发展的工业园区初步形成。但青海省工业园区起步相对较晚，工业园区经济规模小、发展速度慢、配套设施不完善、发展后劲不足等问题，制约了工业园区的优势发挥[②]。

为推动园区工业进一步发展，充分发挥园区工业的产业集群效应，青海要坚持走差异化、集群化的园区发展道路，深入推进企业集中布局、产业集群发展、资源集约利用、功能集合构建，培育形成新的增长动能和区域竞争新优势。依托东部特色种养高效示范区、环湖农牧交错循环发展先行区、青南生态有机畜牧业保护发展区和沿黄冷水养殖适度开发带，推进农牧业产业园区建设。建立和完善园区项目准入评审体系，形成与园区环境承载力相适应的产业规模和结构；建立煤电油气运协调机制，构建技术研发、产品设计、试验检测、成果中试、企业孵化等公共服务平台，完善产品展示、市场信息、电子商务、物流配送、金融保险等现代服务体系，提升工业园区综合功能。重点发展现代物流、商务、贸易、金融等现代服务业集聚区，加快服务业集聚区发展。

4.4.5 完善交通邮电基础设施，推动交通运输邮电业稳定发展

新中国成立以来，青海交通邮电等基础设施得到了较快的发展，但与全国比较整体水平相比还比较低，交通邮电通信业还有很大的发展空间。2017 年，全省铁路营运里程为 2299 千米，仅占全国铁路营运里程 12.7 万千米的 1.81%；公路通车里程为 80895 千米，仅占全国的 1.69%；

---

① 于树江，李艳双. 产业集群区位选择形成机制分析［J］. 中国软科学，2004（4）：120.
② 黄克谦. 加快青海省工业园区建设推动青海经济可持续发展［EB/OL］.（2007-12-25）［2019-06-15］. http://www.qhnews.com/2008zt/system/2007/12/25/002309801.shtml.

民航通航里程为 145736 千米。货物运输量达到 18140 万吨，仅占全国的 0.38%。旅客运输量达 6603 万人，仅占全国的 0.36%。公路运输仍然是主要的运输方式，运输量达 5070 万人，占比 76.78%。2017 年，全年全省邮政和邮电业务量为 6.01 亿元和 161.59 亿元，分别占全国的 0.06% 和 0.59%；同年末移动电话用户共 610.88 万户，固定电话用户共 106.69 万户，邮电通信业务水平落后于全国平均水平。

因此，青海要加大公共基础设施投入力度，统筹铁路、公路、民航协调发展，进一步完善区域内综合交通基础设施网络，提高交通通畅水平和通达深度，构建与经济发展、改善民生、促进旅游业大发展相适应的现代综合交通运输体系。同时，完善邮政、邮电设施，提高邮电业务水平。

4.4.6　加快第三产业发展，促进商贸、旅游等可持续发展

第一，完善商贸业发展环境，促进商贸业发展。改革开放以来，青海商贸业经历了流通主体、流通渠道、流通方式、经营业态和管理体制的根本性变革，商贸发展市场逐步完善，商贸业规模持续扩大。2018 年，全省社会消费品零售总额为 835.56 亿元，占全国 366261.6 亿元的 0.23%。按经营地划分，城镇消费品零售额为 669.26 亿元，占比 80.1%；乡村消费品零售额为 166.31 亿元，占比 19.9%。按消费类型划分，商品零售额为 776.41 亿元，占比 92.92%；餐饮收入额为 59.16 亿元，占比 7.05%。全省商贸总体水平较低，乡村、餐饮服务业占比较小。

为促进商贸业的可持续发展，既要做好商业网点规划，将商业网点规划与城市规划有机结合，将发展专业市场与改造传统商业有机结合，逐步建立布局结构合理、功能齐全、竞争有序的商业网络体系，逐步形成适应经济发展和满足人们需求的商业网络。同时，要加快限额以上企业特别是规模大、覆盖广、影响深、带动性强的大型批发零售、住宿餐饮企业的培育和发展。最后，要健全农村牧区商贸业流通体系[①]。青海省是全国的五大牧区之一，全省有近一半人口居住在农牧区，消费市场大，对全省商贸业

---

① 郭霞. 青海商贸流通业发展现状、问题及建议 [J]. 青海统计，2012（9）：23.

的发展具有重要的现实意义①。

第二，加快旅游业发展，培养新的经济增长点。青海旅游资源众多，开发潜力大，但因旅游投资不足且民间资本参与有限等，全省旅游项目以自然风光旅游为主，很多独特的人文旅游资源如宗教旅游等未被充分利用，没有充分发挥旅游产业的经济社会效应，加之青海旅游产业起步较晚，整体竞争力不强，制约旅游产业发展的旅游基础条件和保障条件等限制性因素还不少②。为提升青海旅游产业的竞争力，实现旅游产业可持续发展，既需要青海省委、省政府继续重视优化旅游发展环境，推动旅游资源市场化改革，构建旅游投融资平台，高水平建设重点景区和配套基础设施；还需要加快交通基础设施建设，实现交通干线与景区衔接，改善旅游交通设施条件；同时加快旅游集散地建设，完善游客咨询、服务和救援体系等旅游条件，进一步发挥旅游产业在全省第三产业和国民经济发展中的重要作用。

第三，加快房地产市场发展，助推建筑业发展。建筑业的盛衰与房地产业的发展息息相关③。1998年，我国颁布《关于进一步深化城镇住房制度改革 加快住房建设的通知》，结束了我国实行多年的住房实物分配，住房分配的货币化和住房供给的商品化、社会化进程加快，房地产作为一个新兴的产业迅速发展起来。青海建筑业和房地产业在20世纪90年代末随着住房的市场化进程，发展速度快速提高。随着城镇化的推进，增加大量城镇人口，城镇住房需求将会增加，且住房还是一种投资方式。未来青海房地产业将会有一个较大的发展潜力，建筑业也因此会迎来一个新的发展阶段。因此，青海要加快推动房地产市场发展，改革户籍管理制度，促进农牧业人口向非农业人口转变，促进城镇发展，以此促进建筑业发展。

---

① 房玉双.青海省商贸流通业现状及发展思路［J］.中国商论, 2010（14）: 208.
② 丁悦, 宋金平, 赵西君.基于因子分析的青海旅游产业发展潜力评估［J］.青海社会科学, 2010（6）: 91.
③ 张忆.《房地产建筑业》概述［J］.新经济, 1995（9）: 36.

4.5 结论

纵观青海70年产业发展历程，阶段性发展特征明显。第一产业中农业和牧业在国民经济恢复时期和"一五"计划时期都得到了较好恢复和发展；"大跃进"到"文化大革命"期间，发展比较曲折；改革开放以后到2000年，随着农牧业经济体制的变革，农牧业进入快速发展阶段；2000年以后，随着社会主义市场经济的发展，农牧业产业化、特色化发展明显。第二产业在国民经济恢复和"一五"时期，青海工业开始起步发展；1958—1963年，受"大跃进"及国民经济调整影响，工业发展波动较大；"三线"建设时期，青海工业发展保持较快发展速度；改革开放以后，工业进入持续快速发展阶段。建筑业在新中国成立后，改革开放以前，从分散到集中，虽历经曲折，以各种形式组织起来并得到迅速发展。改革开放以后，随着社会主义经济体制建立和完善，建筑业得到快速发展。新中国成立以来，第三产业发展速度特别快。改革开放以前，全省第三产业中的商贸业和交通邮电通信业发展较快，其间经历了国民经济恢复和"一五"时期的快速发展阶段、1958—1978年的艰难发展时期以及改革开放以后健康持续快速发展。改革开放以后，随着社会主义市场经济的建立和国民经济的快速发展，第三产业多元化发展趋势明显，旅游业等新兴产业快速发展起来。

经过70年发展青海产业发展取得了巨大成就。第一产业产值稳步提升；农业生产条件大大改善，农业总产量大幅提升，产业内部结构逐渐优化；畜牧业发展成效显著，产值和主要畜产品产量大幅增加；农牧业特色化、专业化趋势明显。第二产业发展迅速，产值大幅增加；工业整体实力增强，支柱产业和优势产业发展成效显著，循环经济发展势头强劲；建筑业产值大幅提升。第三产业在国民经济中的地位越来越突出，商贸业和交通邮电通信都得到了快速发展。

从各产业发展整体水平以及各产业内部结构来看，青海产业发展与全国相比还存在较大差距。为进一步促进青海一二三产业持续健康发展，青海既要加快转变经济发展方式，进一步优化三次产业结构，还需注重农林牧渔协调发展，推动农牧业特色化、产业化，同时加快工业内部结构调整，进一步推动园区经济发展，推动交通运输邮电业稳定发展，加快商贸、旅游和建筑业等第三产业的可持续发展。

参考文献

[1]肖京华.准确反映经济发展客观实际——国家统计局局长李德水就实施新的《三次产业划分规定》答记者问[J].江苏统计，2003（6）：46.

[2]葛志强.青海省经济史[M].太原：山西经济出版社，2016.

[3]中共青海省委宣传部.青海三十五年[M].西宁：青海人民出版社，1985.

[4]翟松天，崔永红.青海经济史（当代卷）[M].西宁：青海人民出版社，2014.

[5]赵恒伦.青海商贸的历史转变[J].中国商贸，1995（19）：4.

[6]青海经济信息网.青海国民经济和社会发展第十二个五年规划纲要[EB/OL].（2013-05-25）[2019-06-15].http://www.qhei.org.cn/ghyfz/wngh/201305/t20130524_359563.shtml.

[7]尹秀娟.基于产业融合的青海特色农业发展路径探索[J].柴达木开发研究，2017（2）：14-17.

[8]王晓军，宋海祥，吴栋仁.青海六十年农业农村经济发展成就辉煌[J].青海统计，2009（11）：4-10.

[9]青海经济信息网.青海国民经济和社会发展第十三个五年规划纲要[EB/OL].（2016-02-17）[2019-06-15].http://www.qhei.org.cn/ghyfz/wngh/201602/t20160217_638555.shtml.

[10]鲁临琴.青海农牧业产业化存在的问题及其对策[J].攀登，

2004（1）：82-84.

［11］杨正位.青海特色优势产业发展战略研究［J］.中国延安干部学院学报，2013，6（4）：127-132.

［12］丁翠英.青海工业发展中存在的问题、路径选择及产业布局优化［J］.甘肃科技，2018，34（24）：78，103-106.

［13］于树江，李艳双.产业集群区位选择形成机制分析［J］.中国软科学，2004（4）：120-122.

［14］黄克谦.加快青海省工业园区建设推动青海经济可持续发展［EB/OL］.（2007-12-25）［2019-06-15］.http://www.qhnews.com/2008zt/system/2007/12/25/002309801.shtml.

［15］郭霞.青海商贸流通业发展现状、问题及建议［J］.青海统计，2012（9）：23-30.

［16］房玉双.青海省商贸流通业现状及发展思路［J］.中国商论，2010（14）：208-209.

［17］丁悦，宋金平，赵西君.基于因子分析的青海旅游产业发展潜力评估［J］.青海社会科学，2010（6）：91-96.

［18］青海省建设厅.青海省建筑业的改革与发展［J］.中国勘察设计，2004（12）：70-71.

［19］汪发红，唐晓剑，李宏毅，等.青海省建筑业发展现状与趋势展望［J］.建材世界，2017（2）：108.

［20］张忆.《房地产建筑业》概述［J］.新经济，1995（9）：36-38.

［21］王娟.青海省"三线"建设述评［D］.兰州：西北师范大学，2013.

［22］王恒庭.青海特色农业经济发展研究［J］.合作经济与科技，2008（11）：9-10.

［23］胡永科.中国西部概览·青海［M］.北京：民族出版社，2000.

［24］国家统计局国民经济综合统计司.新中国统计60年资料汇编［M］.北京：中国统计出版社，2010.

［25］国家统计局．中国统计年鉴2018［M］．北京：中国统计出版社，2018.

［26］青海省统计局．青海统计年鉴2018［M］．北京：中国统计出版社，2018.

第 5 章 青海 70 年城镇化与发展

黄世润[①]　王永莉[②]

5.1　引言

城镇化是指随着一个国家或地区社会生产力的发展、科学技术的进步及产业结构的调整，其社会由以农业为主的传统乡村型社会向以第二产业和第三产业等非农产业为主的现代城市型社会逐渐转变的历史过程。城镇化表现为人口城镇化、地域景观城镇化、生活方式和生活质量的城镇化、环境状态城镇化等。

城镇化是现代化的必经之路。城镇化对于解决"三农"问题、扩大有效内需、促进产业升级，实现经济发展方式的转变，进而推进全面建成小康社会具有重大现实意义和深远历史意义。进入 21 世纪，我国社会经济发展的主要目标是到 2020 年全面建成一个惠及十几亿人口的全面小康社会，而全面建设小康社会的一个核心就是推进新型城镇化建设。因此，为实现 2020 年全面建成小康社会的目标，我们必须坚持走科学发展、集约高效、功能完善、环境友好、个性鲜明、城乡一体的新型城镇化道路。一个地区的城镇化发展不是独立于其所处的地理环境、社会经济基础、发展

---

① 黄世润，四川雷波人，西南民族大学经济学院财政学专业研究生。
② 王永莉，四川蒲江人，经济学博士，西南民族大学经济学院硕士生导师，主要研究方向为民族经济等。

历史、资源区位等条件的，而是与当地经济基础、社会文化等紧密联系。新中国成立以来，青海城镇发展取得了巨大成就。人口城镇化水平显著提高，城镇体系初步形成，城镇基础设施逐步完善，城镇居民生活水平提高，社会公益事业得到较好发展。

本章主要从人口城镇化及第二、第三产业就业情况、城镇体系建设、城镇基础设施建设、城镇居民收入水平、城镇公益事业等方面探究青海在新中国成立 70 年来的城镇化历程、取得的成就及未来发展展望。接下来第二节，根据青海城镇化发展的阶段性特征将青海城镇化历程分阶段进行梳理。第三节，通过青海纵向比较和与全国横向的简单比较，总结青海 70 年城镇建设成就。第四节，针对青海现阶段城镇化发展现状，结合青海"十三五"规划对青海未来城镇化发展进行展望。最后，对本章进行简要的总结。

5.2　青海 70 年城镇化发展历程

青海现代意义上的城镇化是从新中国成立才开始的，包括人口城镇化、第二三产业就业人口分布、城镇体系建设、城镇基础设施建设、城镇居民收入水平、城镇公益事业在内的城镇化水平。在改革开放以前，青海城镇发展过程较为曲折，首先经历了三年国民经济恢复时期和第一个五年计划时期的快速发展阶段，然后是"大跃进"和调整时期的大起大落发展阶段，最后是"文化大革命"时期的曲折缓慢发展阶段。改革开放以后，城镇发展进入健康、持续、发展的快车道。

5.2.1　青海 70 年城镇人口发展历程

新中国成立以来，随着青海省国民经济的发展，特别是第二、第三产业的快速发展，青海省人口城镇化进程非常迅速。根据青海省人口城镇化发展的阶段特点，下面将其分为起步阶段，大波动发展阶段，缓慢发展阶段和健康、持续、快速发展阶段四个阶段。

5.2.1.1 起步发展阶段（1950—1957年）

1950—1957年，经过3年国民经济恢复时期和第一个五年计划的发展，青海农业、工业和商业得到快速恢复和发展。特别是工业、商业和交通运输业的发展，促使城镇规模逐渐扩大，城镇人口与日俱增。期间，工业的发展带动了大量的人口就业和人口流向城市，成为城市工人，还从北京、天津、上海和辽宁等地区迁入了一批专业技术工人[①]。到1957年，第二、第三产业的就业人数从1952年的1.07万人和8.18万人增加到了5.72万人和17.82万人；城镇人口从1952年的8.38万人增加到了30.04万人；人口城镇化水平突破两位数，从5.2%上升到14.68%。新中国成立初期，青海省尚未建立有建制的镇，城市仅有省会西宁市，城镇人口就是指居住在西宁市的人口。由于历史形成的比较优越的自然环境和经济条件，加之西宁市作为当时全省经济建设的重点，其城镇人口迅速增长。期间西宁市增长的21.66万人中，大部分源于迁移增长，其中除少部分由本省农村迁入城市外，大多都是从其他省份迁入的[②]。

5.2.1.2 大波动发展阶段（1958—1963年）

1958—1960年，受极"左"思想等影响，在国家优先发展重工业的大政策背景下，农业大力支持城市重工业发展，许多农村人口流入城市，成为城镇工业劳动力人口，3年间城镇人口急剧增加。1960年，第二产业和第三产业就业人数分别从1957年的5.72万人和17.82万人，飙升至21.36万人和25.34万人；城镇人口增加到70.07万人，城镇化率从16.63%快速增长到了24.71%。1961年开始，青海省根据中央对经济调整工作的指示，贯彻"以农业为基础，以工业为主导，以及按农轻重次序安排国民经济"的方针，大量精简和动员城市人口回乡，加强农业第一线的劳动力。随着此后三年自然灾害，人们生活困苦，城市人口急剧下降，1963年，第二产业和第三产业就业人数分别降至4.52万人和7.56万人，比1960年分别下降了79%和71%；城镇人口数下降到30.62万人，人口城市化水平为

---

① 翟松天，崔永红. 青海经济史（当代卷）[M]. 西宁：青海人民出版社，2014：161.
② 谢其助，翟松天. 中国人口（青海分册）[M]. 北京：中国财政经济出版社，1989：43，216.

16.48%，比 1960 年下降了 8.23 个百分点。

5.2.1.3　缓慢发展阶段（1964—1980 年）

1964—1980 年，历经"文化大革命"，全省广大知识青年上山下乡，接受贫下中农再教育；许多工厂企业停工、停产，国民经济遭受严重损失，阻碍了城镇化进程。"三线"建设时期，随着大量工业企业的迁入，大量的企业工人也随迁落户青海。根据《青海省志·人口志》的记载，1965—1973 年，迁建企业迁入青海的包括职工及其家属的人口共计有 140300 人。虽遭到"文化大革命"的破坏，但因"三线"建设的拉动，青海人口城镇化仍缓慢发展。1980 年，青海城镇人口达到 74.71 万人，人口城镇化率上升到 19.82%，比 1963 年提高了 5.22 个百分点；第二产业和第三产业就业人数分别达到 28.24 万人和 21.07 万人。

5.2.1.4　健康、持续、快速发展阶段（1981 年至今）

党的十一届三中全会以后，国家把工作重心转移到经济建设上来，加快推进经济体制改革和实行对外开放。青海农业、工业、建筑业、商贸业得到了快速发展，全省整体经济实力得到提升，第二、第三产业就业人口快速增加。城镇建制标准降低，城镇数量迅速增加。城乡人口流动限制逐渐放松，大量农业人口转入城镇。到 2000 年，全省第二产业就业人口达到 35.79 万人，比 1980 年增加了 7.55 万人，第三产业人口增加到 89.63 万人，增加了 60.78 万人。2000 年城镇人口增加到 179.54 万人，城镇化率达到 34.76%。

进入 21 世纪，青海在国家西部大开发战略的带动下，全省经济实力大幅提升，大量的劳动力人口向城镇转移，各地方政府也把小城镇建设作为推动地区经济和社会发展的战略任务来抓，城镇化进程明显加快。在新的历史时期，青海加快经济发展方式的转变，大力发展特色农牧业，实现农牧业产业化经营，提高经济效益；坚持生态立省战略，推进循环经济发展，促进产业结构优化升级，重点发展支柱产业和优势产业，推动工业持续、快速、稳定发展；积极促进第三产业，尤其是旅游业、服务业发展。21 世纪初，青海经济发展取得了显著成绩，城镇化也取得了骄人成就。2017 年，全省第二、第三产业就业人员分别达到 73.28 万人和 138.90 万人,人口城镇化率上升到53.07%。

5.2.2 青海70年城镇体系发展历程

青海城镇体系的形成和发展与当地资源开发、行政建制规划密切相关。根据青海城镇体系发展历程,可将其发展历程大致分为如下四个阶段:

5.2.2.1 城镇体系初步形成阶段(1949—1957年)

1949年,青海共有23个城镇,包括一个市区、一个专区、两个设置局,19个县城。1950年青海解放后,随着各级人民政权建立、国民经济恢复和发展,在青海广大农牧区逐渐形成一批以行政职能为主的小城镇。这些小城镇依托旧城镇,利用已有的基础设施,集中资金建设了一些大中型项目,使原有的小城镇得到了较大发展,城镇化水平逐步上升,青海城镇体系初步形成。

5.2.2.2 大起大落阶段(1958—1965年)

"大跃进"时期,在高指标、浮夸风的思想影响下,青海投入建设了一大批工程项目。期间,青海省从外省迁入了大量的人口,形成了西宁、格尔木、大柴旦、冷湖4个设市城市,增设了马德、德令哈、江南、天河、小唐古拉、茫崖5个县及县级行政区。1960年,全省城镇数量增加到44个。1961年开始,随着青海对国民经济进行调整,加上三年自然灾害,青海城市人口大量下降。同时,青海省委、省政府对全省的城镇数量和规模进行了收缩和调整。1965年,青海省只剩下西宁一个设市城市、34个县城、7个建制镇。

5.2.2.3 城镇空间布局初步形成阶段(1966—1980年)

1966—1980年,虽历经"文化大革命",但由于"三线"建设,青海的城镇仍然缓慢发展。在资源丰富的地区形成了一批资源开发型小城镇,西部戈壁地区城镇逐渐出现并发展起来。资源型开发城镇的建立,为青海的城镇空间布局奠定了良好的基础。西宁以其独特的政治、经济、文化中心的省会城市,吸引了许多国家大中型项目的青睐,从而带动了西宁市城市基础设施的建设,推动了西宁的城镇化发展。

5.2.2.4　快速发展阶段（1981年至今）

改革开放以后，青海城镇化进程进入了一个全新的发展阶段。为适应对内改革和对外开放的经济发展新形势，青海逐步调整城镇数量和规模。20世纪80年代，青海省降低了城镇建制的标准，迎来了建制镇发展的第一次高峰时期，城镇数量迅猛上升[①]。1980年设立了格尔木市，1984年增加23个建制镇，1985年增加5个建制，1988年设立了德令哈市。随着黄河上游水电资源的开发，出现了龙羊峡、李家峡等一批水电城镇。

2000年以后，中央在西部实施西部大开发战略。在国家西部大开发战略的带动下，各地把小城镇建设作为推动地区经济和社会发展的战略任务，青海城镇建设也进入了持续稳定发展阶段，迎来了第二次建制镇发展高峰期。到2010年，建制镇达到137个，10年间增加了88个，城镇体系不断扩大。

5.2.3　青海70年城市基础设施建设历程

新中国成立后，青海城镇基础设施随着社会经济的发展和城镇化进程的推进得到快速发展。根据青海城镇基础设施发展的阶段性特征，大致可分为改革开放之前的初步建设发展阶段和改革开放之后的快速全面发展阶段。

5.2.3.1　城镇基础设施初步建设发展阶段（1949—1977年）

新中国成立后，经过三年国民经济恢复、第一个五年计划、"大跃进"以及"三线"建设时期等的发展，青海工业、商业贸易和交通运输业快速恢复和发展，第二、第三产业就业人口增加，人口流动越来越大，城镇人口规模增加。城市经济的发展、人口的增加以及城镇规模的扩大，推动了城市基础设施建设。青海省城镇道路拓宽，道路里程加长，城市公共交通出现，公用采暖设施开始兴起并不断完善；自来水厂实现从无到有；城市绿化取得有效进展；主要街道和公共场所都设置了路灯；主要交通干道的路面等级得到了提升。一些工业城镇、资源城镇逐渐发展起来，并逐渐开

---

① 刘成明. 青海省人口城镇化的历史与现状之分析及未来构想［J］. 青海民族研究，2005（2）：85.

始市政工程、城市公用事业等设施建设。

5.2.3.2 快速、全面发展阶段（1978年至今）

改革开放以后，青海省委、省政府高度重视城乡建设和环境保护，城镇建设进程加快。1982年以后，随着全面义务植树活动的深入开展，城市园林绿化发展较快。1985年，一批县城开通了县城公共汽车。许多城镇绿化已初具规模，建成了一批园林①。20世纪90年代以后，青海省把加大城市基础设施建设作为国民经济的增长点，其城市道路、桥梁和城镇公用事业建设取得了长足发展，城镇功能日趋完善。全省县城建设工作也进一步加快，特别是东部农业区县城和集镇的发展尤为突出。2000年底，青海省城市道路长度达438千米，道路面积达599.30万平方米，人均人行道面积共155.38万平方米；桥梁达59座；路灯共19595盏；排水管道共262.8千米；污水年排放量共10292万立方米；全省城市日供水能力达到60万吨，供水管道长达756千米，城市用水普及率为97.3%；城市公交运营车辆达1125辆，运营线路长度达301千米；全省城市园林绿地面积共1388公顷，绿化覆盖面积共1591公顷，城市建成区绿化覆盖率为17.04%。

2000年以后，青海省紧紧抓住实施西部大开发战略的政策机遇，大力建设和完善城镇基础设施，吸引外来资本投资。政府不仅继续加强对原有城市基础设施的投入力度，还在"十二五"期间新设了海东和玉树两个城市。随着城市规模的扩大，城市基础设施进一步完善。此外，小城镇的建设也成为新时期城镇建设的亮点。党的十五届三中全会指出："发展小城镇，是带动农村经济和社会发展的一个大战略。"为贯彻落实《中共中央、国务院关于促进小城镇健康发展的若干意见》精神，实施小城镇发展战略，加快青海省城镇化进程，推进农村牧区经济和社会持续协调发展，青海省作出《关于加快全省小城镇建设的决定》，明确了小城镇发展的目标、布局和重点。在党的十六大明确提出要"壮大县域经济"后，县域经济受到了前所未有的重视和关注，小城镇发展也迎来了最好的发展机遇。此后，各级政府本着谁投资、谁管理、谁受益的原则，通过市场机制，利

---

① 翟松天，崔永红. 青海经济史（当代卷）[M]. 西宁：青海人民出版社，2014：253.

用国家扶持、群众筹集、社会参与、引进外资等多种渠道，拓宽投融资渠道，加大对小城镇建设的投入，城镇道路、燃气、环卫、园林绿化等市政公用基础设施不断完善，城镇环境得到较大改善。

5.2.4 青海70年城镇居民生活水平提高历程

经济发展水平决定了人民的收入水平。改革开放以前，青海经济发展比较迅速，但总体水平较低，人民收入水平增长缓慢。改革开放以后，特别是进入21世纪以来，国民经济进入高速发展阶段，人们的收入水平快速提高，生活方式和生活质量发生巨大改变。根据青海国民经济发展历程，全省70年城镇居民生活水平变化历程大致分为如下三个阶段：

（1）低水平发展阶段（1949—1980年）。

新中国成立前夕，青海在马步芳政权统治下，其工农业生产遭到严重破坏，物价飞涨，各族人民生活处在饥寒交迫之中。新中国成立后，在党和政府的领导下，青海国民经济得到了较好的恢复和发展。特别是通过"一五"计划和"三线"建设，青海工业、农业、商业、交通运输业等产业得到了较好发展，第二、第三产业就业人员逐渐增加，城镇居民的平均工资水平由1949年的413元提高到1980年的1065元[①]，居民收入水平得到了大幅提高和改善。

（2）较快发展阶段（1981—2000年）。

党的十一届三中全会后，全国把工作重点转移到经济建设上来，实行改革开放。青海省委、省政府坚决贯彻执行党中央的方针政策，大力发展经济，使经济得到较快发展。随着市场机制的不断引入，企业活力不断得到释放。2000年，青海实现地区生产总值为263.68亿元，其中第二、第三产业实现产值为223.56亿元；城镇居民人均可支配收入达到5169.96元；城镇居民恩格尔系数从1984年的51.5%下降到了40.9%，城镇人民生活水平得到有效提高。

---

① 数据来源：《新中国六十年统计资料汇编》。

（3）快速提高阶段（2001年至今）。

进入21世纪，随着国家西部大开发战略的实施，青海省紧紧抓住机遇，国民经济快速发展，人民收入水平不断提高。虽经历了2008年国际金融危机，青海城镇居民恩格尔系数从2007年的37.3%上升到了40.4%，但在省政府和全省人民群众的不懈努力下，青海经济社会发展不断迈上新台阶，城镇居民收支快速提升。党的十八大以来，青海认真贯彻落实"四个全面"战略布局要求，主动适应引领新常态，全省城镇居民收入水平持续提高。2017年，青海实现地区生产总值为2624.83亿元，其中第二、第三产业实现产值为2386.42亿元；城镇居民人均可支配收入达到29168.86元；城镇居民恩格尔系数下降到28.23%。

5.2.5　青海70年社会事业发展历程

公益事业包含城镇信息通信、广播电视、文化娱乐、体育等事业，限于篇幅，本章仅对城镇教育和卫生事业做一个基本分析。

5.2.5.1　教育事业发展历程

（1）曲折发展阶段（1949—1977年）。

1950—1952年的3年经济恢复期间，青海顺利实现了对旧学校的接管和改造，且促进了各级各类学校教育发展，教育机构数量和教学质量都得到了显著提高。第一个五年计划期间，全省各级各类学校均在恢复巩固的基础上得到了健康发展。1956年，创建了青海民族学院和青海师范专科学校，开创了青海高等教育的历史。同时，还兴办了7所民族师范学校。截至1957年底，全省共有小学1441所，专任教师4401人；普通中学14所，专任教师400人；中等职业学校18所，专任教师330人；普通高等学校1所，专任教师55人；另外还有4所幼儿园，幼师40人。

"大跃进"时期受"左"倾思想的影响，社会力量集中于搞生产，忽视了教育发展，教育事业发展缓慢。随着青海对教育事业进行调整，教育发展逐渐回到正常发展轨道。1965年底，全省共有普通高等学校1所、普通中学30所、中等职业学校14所、小学5847所、幼儿园13所。"文化大革命"使青海教育事业再一次遭到重创，期间取消了高考制度。1978年召开全省教育工作会议，整顿和充实了全省教育界领导班子，迅速扭转了十年动乱造成的混乱局面，恢复了正常的教学秩序，恢复和发展了一批职业技术学校，教学质量明显提高。

（2）健康、持续、快速发展阶段（1978年至今）。

党的十一届三中全会以后，青海省教育事业取得了新中国成立以来最为辉煌的成就。改革开放以后到20世纪末，在国家实施"科教兴国""人才强国"战略的指引下，青海省积极发展省内教育事业。青海省加强了教师在职培训，不断提高教师的待遇和社会地位，扩大师范院校的建设与招生规模，加强教育教学科研工作，开始为中小学教师评定专业技术职称。一系列的积极措施，极大地促进了青海教育事业的发展。

进入21世纪以来，青海省积极发展教育事业，优化教育结构，扩大教育供给，提高教育质量，促进各级各类教育全面、协调、健康发展。尤其是国家全面普及九年义务教育以来，青海基础教育事业迅速发展。同时，2014年实施精准扶贫以来，教育扶贫一直备受关注。"一村一幼"工程大大促进了青海幼儿园教育的发展。总之，21世纪以来，青海教育事业得到了迅速发展。

5.2.5.2 卫生事业发展历程

（1）初步发展阶段（1949—1957年）。

新中国成立前，青海卫生事业发展落后。历史上，除明清两朝在西宁设置医官外，全省没有专管卫生的行政机构。1949年，全省仅有公立及教会办的医疗机构8所，藏医机构1所，私立诊所19所，医学教育机构1所，从业人员537人，全省病床数100张，卫生技术人员103人，其中西医师9人，医士29人，护士30人；全省民间有中医师300余人[①]。

新中国成立后，人民政府设立卫生处，管理全省卫生工作，使得全省卫生事业有了统一的管理部门。1950—1957年，青海省筹建了中级卫生学校，鼓励社会人员开办诊所，建立青海省医药公司以及药材公司，筹建妇幼保健站等。全省各州、市、县陆续建立了医药经营网点。青海医疗卫生

---

① 胡永科.中国西部概览·青海[M].北京：民族出版社，2000：224.

事业得到快速发展。1957年，全省卫生机构为215个，其中医院为45所，有病床2115张，卫生技术人员增至2605人。

（2）曲折发展阶段（1958—1977年）。

"大跃进"时期，在"左"倾思想的影响下，全省卫生事业遭到重创。经过调整，国民经济情况好转，青海医药卫生事业相应得到了恢复和发展。到1965年，全省卫生事业机构调整为822个，其中医院63所，病床663张，卫生技术人员增至6114人。

"文化大革命"期间，大批医务工作者遭到批斗、迫害，医疗工作陷入无序状态。许多优秀的卫生技术人员被"下放改造"，严重地削弱了城市医疗工作，但是，期间开展爱国卫生运动，组织合作医疗，促进了基层卫生工作建设。整个"文化大革命"期间，青海卫生事业缓慢发展。

（3）全面快速发展阶段（1978年至今）。

党的十一届三中全会重新确立了正确的路线、方针和政策，落实知识分子政策，青海卫生事业进入了全面发展的快车道。改革开放后，青海实行卫生改革，稳步推进城镇职工医疗保障改革；开展医学教育工作和爱国卫生工作；加强医疗方面的对外交流与合作；加强卫生法制与精神文明建设，使青海的卫生事业得到了快速的发展。2000年，全省卫生事业机构为1847个，其中医院为577所，病床为16521张，卫生技术人员增至21502人。

21世纪以来，青海省把医疗卫生服务体系建设摆在优先发展的基础地位，不断加大政府投入，持续完善城乡基本医疗卫生服务体系，着力解决各族群众看病就医问题。青海通过实施乡镇卫生院、中心血站、疾病控制中心等建设项目，使覆盖全省的疾病预防控制体系、医疗救治体系和卫生监督体系初步形成，全省突发公共卫生事件应急能力和救治水平进一步提高；通过大力推进医疗卫生信息化建设，加快健康医疗大数据应用发展，探索创新"互联网+医疗健康"服务新模式、新业态，为健康青海建设提供信息化支撑；建设基层卫生信息化、县医院信息化、远程会诊、突发公共卫生事件应急指挥信息系统、健康保障一体化等项目，建成省级全民健康信息平台并投入运行，并实现与国家级信息平台的互联互通。医疗卫生事业取得较大发展。

5.3 青海70年城镇化发展成就

经过70年的探索和发展,青海城镇化建设取得了十分显著的成绩,全省人口城镇化水平逐步提高,非农产业就业比重显著提高,城镇体系和城镇基础设施逐步完善,城镇居民收入水平、生活水平明显提升,教育和卫生等城镇公用事业得到全面快速发展。

5.3.1 人口城镇化水平逐步提高

新中国成立70年来,青海人口城镇化成绩斐然。2018年人口城镇化水平达到54.47%,比1952年提高了49.28个百分点。其间经历了1950—1960年和1984—1985年两次人口城镇化率的快速提高时期,1961—1963年逆城镇化时期,1964—1983年和1986—2000年两次人口城镇化的缓慢发展时期,2000年以后稳定持续上升时期。整体来看,青海省在新中国成立70年来人口城镇化呈稳定上升趋势,特别是2000年以来,随着国民经济的快速发展,加快经济发展方式转变和经济结构调整,第二、第三产业发展迅速,吸收了大量的劳动就业人口,极大地促进了人口城镇化水平的提高(见图5-1)。

1950—1957年,人口城镇化水平持续提高。虽然这一时期人口城镇化水平仍低于全国,但与全国平均水平差距不断缩小。1957年,城镇化水平达到14.68%,比1952年提高了9.49个百分点,年均提高了1.9个百分点,且与全国平均水平差距由1952年的7.27个百分点缩小到0.71个百分点。

1958—1960年,人口城镇化水平骤然提升超过全国平均水平。1960年,青海人口城镇化水平达到28.17%,比1957年提高了13.5个百分点,比全国同期水平高出8.43个百分点。1961—1963年,青海调整压缩城镇人口,人口城镇化率骤然下降到1957年的水平,低于全国水平2.24个百分点。1964—1983年,全省城镇化发展缓慢,城镇化水平与全国水平相当。1983 年，城镇化水平为 19.68%，仅比 1964 年提高了 3.12 个百分点，比全国低 1.94 个百分点。

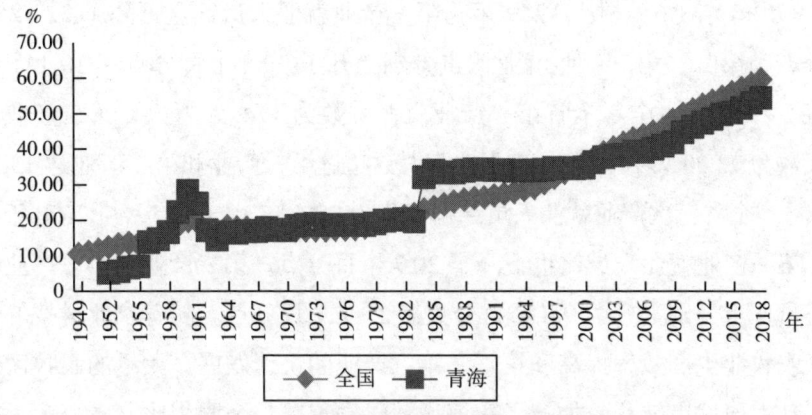

图 5-1　全国和青海人口城镇化率增长情况

资料来源：根据《青海统计年鉴 2018》《新中国六十年统计资料汇编》整理得到。1990 年以前数据为公安户籍统计数，其余年份数据为人口变动抽样调查推算数。1990 年、2000 年、2010 年数据为年底数。

随着改革开放的推进，1984—1985 年，青海人口城镇化率迅速从 1983 年的 19.68% 提高到 1985 年的 33.81%，超过全国平均水平 10.1 个百分点。1986—1998 年，虽整体水平高于全国，但城镇化发展缓慢，且这一时期全国出现持续上升发展势头。1999 年以后，青海城镇化也呈上升发展势头。到 2018 年，青海城镇化水平提高到 54.47%，比 1998 年提高了 19.83 个百分点。但由于这一时期青海整体发展速度较全国慢，城镇化水平一直低于全国平均水平，2018 年低于全国平均水平 5.21 个百分点。

5.3.2　非农产业就业比重明显提高

第二、第三产业是吸收农村人口、扩大城市就业、推进城镇化的主要产业。随着第二、第三产业的发展，第二、第三产业就业人口不断增加，城镇人口也随之增加，城镇化水平也不断上升。70 年来，随着青海加快经济发展方式转变和产业结构调整，三次产业就业结构进一步优化，从事第一产业的人员向第二和第三产业逐步转移，非农产业就业比重明显提高。1949 年，青海第一、第二、第三产业就业人数依次为 56.11 万人、0.7万人和7.01万人，三次产业就业人数结构为87.92∶9.02∶12.5，显然第一产业就业居于最主导地位。2000年，三次产业就业结构转变为55.8∶12.6∶31.6，相比1949年，第一产业就业人员比重下降了32.12个百分点，第二、第三产业就业比重分别上升了3.58个百分点和19.1个百分点。2017年，全年全省第一产业就业人数为114.79万人，第二产业就业人数为73.28万人，第三产业就业人数超过第一产业和第二产业达138.9万人[①]；全省三次产业就业人员结构变化为35.1∶22.4∶42.5，与2000年相比，第一产业就业人员比重下降了20.7个百分点，第二产业和第三产业就业人员比重分别上升了9.8个百分点和10.9个百分点。随着农业科技的进步，农牧业生产效率提高和第二、第三产业的快速发展，大量的农牧区剩余劳动力向城市转移，加速了青海城镇化进程。与全国相比，青海第一产业就业人员比重整体略高，但差距不大。除"三线"建设时期青海第二产业就业比重超过全国水平以外，其余时期全国第二产业就业比重均超过青海。1949—1962年，青海第三产业就业比重超过全国；1964—1981年，青海第三产业就业比重低于全国；1982—2013年，青海第三产业就业多数年份均超过全国；2014年以来，青海第三产业就业比重又略低于全国。2017年，青海第一产业比重较全国高8.1个百分点，第二、第三产业就业比重较全国分别低5.9个百分点和2.4个百分点（见表5–1）。

表5–1 新中国成立以来青海和全国三次产业就业结构比较　　　　　%

年份	青海			全国		
	第一产业	第二产业	第三产业	第一产业	第二产业	第三产业
1949	87.90	1.10	11.00	—	—	—
1952	87.10	1.50	11.40	83.50	7.40	9.10
1957	75.50	6.00	18.50	81.20	9.00	9.80
1962	80.10	4.50	15.40	82.10	7.90	9.90
1963	87.70	4.60	7.70	82.50	7.70	9.90
1964	86.60	4.80	8.60	82.20	7.90	9.90
1965	84.50	7.10	8.30	81.60	8.40	10.00

---

① 三次产业就业人数数据来源于《青海统计年鉴2018》和《新中国六十年统计资料汇编》。

续表

年份	青海			全国		
	第一产业	第二产业	第三产业	第一产业	第二产业	第三产业
1970	82.00	12.00	6.00	80.80	10.20	9.00
1975	77.40	15.60	7.00	77.20	13.50	9.30
1980	68.70	17.90	13.40	68.70	18.20	13.10
1981	68.80	17.80	13.40	68.10	18.30	13.60
1982	66.50	17.10	16.40	68.10	18.40	13.40
1985	61.40	20.10	18.50	62.40	20.80	16.80
1990	60.00	18.80	21.20	60.10	21.40	18.50
1995	56.10	16.90	27.00	52.20	23.00	24.80
2000	55.80	12.60	31.60	50.00	22.50	27.50
2005	49.50	17.40	33.10	44.80	23.80	31.30
2010	41.40	22.60	36.00	36.70	28.70	34.60
2013	37.11	23.17	39.72	31.40	30.10	38.50
2014	36.62	22.90	40.50	29.50	29.90	40.60
2015	35.81	23.00	41.19	28.30	29.30	42.40
2016	35.50	22.90	41.60	27.70	28.80	43.50
2017	35.10	22.40	42.50	27.00	28.10	44.90

资料来源：根据《青海统计年鉴2018》《新中国六十年统计资料汇编》《中国统计年鉴2018》整理得到。其中，全国1990—2000年，就业人员总计、城镇和乡村就业人员小计资料根据第五次全国人口普查资料重新调整，2001年及以后资料根据人口变动抽样调查资料推算；为了与《中国统计年鉴》口径保持一致，与历史数据具有可比性，青海2001—2010年就业人员总数根据第六次人口普查相关数据进行了修正，2011年、2012年就业人员总数是根据人口和劳动力抽样调查的推算数，分产业就业人数按全面报表结构推算。

注："—"表示数据缺失。

5.3.3 城镇体系不断完善

经过70年的快速发展，青海已初步形成以西宁为中心、小城市和州府县城为骨干、小城镇为基础的城镇体系。新中国成立前，青海小城镇数量非常少，且大多分布在东部地区。新中国成立以来，到1957年，全省有城镇39个，包括西宁城市1个，县城38个，青海城镇体系初步形成[①]。

---

① 许光中.青海城市化问题研究[M].西宁：青海人民出版社，2007：61.

在青海省委、省政府的领导下，经过"三线"建设的发展和后来的波动以及改革开放之后的快速发展等时期，通过逐步的城镇规划编制，先后设立了格尔木市、德令哈市、海东市、玉树市等城市，其他城镇也先后完成了规划编制，城镇规模大大增加。自然条件较恶劣的西部地区也逐渐发展了一些城镇，城镇空间布局初步形成。到2000年，青海省共有城镇68个，其中城市3个，建制镇49个。

西部大开发以来，到2010年，建制镇达到137个，10年间增加了88个，再加上1个省辖市和2个州辖市，市镇数达到140个；2013年，海东撤地设市，玉树撤县设市，城市由3个增加到5个，全省城镇数量增加到142个。2015年，青海省下辖西宁市、海东市2个地级市，格尔木市、德令哈市和玉树市3个县级市，玉树藏族自治州、海西州、海北州、海南州、黄南州、果洛州6个州，27个县，7个民族自治县，6个市辖区，5个行政委员会。基层行政单位有369个乡，34个民族乡，36个镇①。2018年，民政部批复茫崖和冷湖行政委员会合并设立茫崖市。城镇体系不断得到完善，但城镇分布不均等问题依然存在。

5.3.4 城镇基础设施全面持续不断改善

5.3.4.1 城镇基础设施不断完善

经过青海各族人民70年的艰苦奋斗，青海城镇基础设施取得显著成效，城市公共交通车辆、城市道路、供气设施、供水设施等不断完善。城市公共交通越来越发达，人们出行越来越方便。2010年，青海实有公共营运车辆达到历史最高2340辆，比1995年增加了2338辆，比2000年增加了1215辆，分别增长了5.82倍和1.08倍。城市道路设施长度实现了逐年增长，2016年城市道路长度达1019.36千米，比1997年增加了613.36千米，增加了1.51倍。城市供气管道设施逐年增加，2016年城市供气管道长达1296.8千米。城市供气量快速提升，到2011年煤气供气总量达到167980万立方米，比1995年增加了132.32倍。同时，城市供水设施也逐

---

① 李毅，冯琳琳，孙凌宇．青海新型城镇化建设研究［M］．北京：经济日报出版社，2018：52.

步改善，供水能力稳步提高。2016年，城市供水管道长度达到2464.57千米，供水总量达到25387.46万吨（见表5-2）。

表5-2 1995—2016年青海省城市基础设施完善情况

年份	实有公共汽车营运车辆数/辆	城市道路长度/千米	城市道路面积/万平方米	煤气供气总量/万立方米	液化石油气供气总量/吨	供气管道长度/千米	供水总量/万吨	供水管道长度/千米
1995	402	—	—	1260	6890	—	14971	435
2000	1125	438	599.3	15815	13290	—	14325	765
2001	1215	441	602	28748	11865	—	15661	851
2002	1330	470.68	699.7	26981	15405	—	14158	867
2003	1428	1126.43	1527.7	37874	14970	—	14316	2119.63
2004	1559	1178.77	1598.7	67456	17399	—	14914	2162.63
2005	1839	1232.13	1684.8	63606	14338	—	15116	2344.32
2006	1802	1292	1809	75146	12642	—	16475	2416
2007	1937	1353	1883	103810	11064	—	16615	2663.48
2008	1899	649.6	1173	118383	—	—	17068	1294.47
2009	1855	690.4	1152.4	149913	7511	—	16357	134（无西宁市）
2010	2340	710.8	1350.4	162570	6382.4	—	17672	1249.3
2011	1879	737.53	1429.5	167908	6633	886.88	21769.25	1501.38
2012	2001	772.91	1529.18	111917	6833.95	948.97	22945.54	1534.26
2013	1885	901.61	1784.7	103798	5366.01	1035.31	24564.23	2080.66
2014	1915	925.34	1835.15	113747	6249.53	1061.3	25030.58	2230.71
2015	2071	987.46	1969.9	—	6352.94	1234.22	25674.16	2455.51
2016	2248	1019.36	2058.97	—	6762.64	1296.8	25387.46	2464.57

资料来源：根据《青海统计年鉴1996—2015》《2016年青海省城市县城建设统计公报》《中国统计年鉴2016—2017》整理得到。2003—2007年数据包括县镇的数据，其余年份仅包括城市数据。

注："—"表示数据缺失。

5.3.4.2 城镇环保设施大为改善

随着国家可持续发展战略的大力实施，城市发展更加注重绿色、环保。青海城镇污水、垃圾处理设施得到大力建设改善，城镇更加宜居。尤其"十二五"以来，城市和县城污水处理能力得到快速提高。2016年，青海省共有污水处理厂38个，污水处理能力达到52.7万立方米/日，相比2011年，其污水处理厂增加了12座，污水处理能力提高了31.09%（见表5-3）。其中，城市污水处理厂为11座，城市污水处理能力为41.9万立方米/日，污水处理率高达77.79%，但比全国低15.61个百分点，城市污水处理厂、污水处理能力以及污水处理率分别比2011年增加了5座、9.8万立方米/日、16.8个百分点；县城污水处理厂为27座，县城污水处理能力为10.8万立方米/日，污水处理率达60.06%，污水处理厂、县城污水处理能力以及污水处理率分别比2011年增加了17座、2.7万立方米/日、28.95个百分点。显然，无论是从污水处理厂数量上还是处理能力上，县城都要比城市低，但县城污水处理发展速度却相对快于城市，5年间县城污水处理率提高了28.95个百分点，而城市仅提高了16.8个百分点。

表5-3 2011—2016年青海省城市和县城污水处理情况

年份	城市污水处理厂数量/座	城市污水处理厂处理能力（万立方米/日）	城市污水处理率/%	县城污水处理厂数量/座	县城污水处理厂处理能力（万立方米/日）	县城污水处理率/%
2011	6	32.1	60.99	10	8.1	31.11
2012	6	32.1	60.36	10	8	31.22
2013	8	34.2	61.64	10	8	34.14
2014	8	34.2	59.19	10	8	33.86
2015	11	41.9	59.98	21	9.3	47.25
2016	11	41.9	77.79	27	10.8	60.06

资料来源：根据《2016年青海省城市县城建设统计公报》整理得到。

同时，青海省污水和垃圾无害化处理设施建设实现了零的突破。根据《2016年青海省城市县城建设统计公报》，2016年，全省城市县城共有生活垃圾无害化处理场33座，年处理量为120.33万吨。其中，城市设计日处理能力达到2253吨，生活垃圾无害化处理率为96.29%，基本与全国城市平均水平持平；县城设计日处理能力达到1553吨，生活垃圾无害化处理率为66.88%，比全国平均水平低18.08个百分点。城市道路清扫保洁面积为2944万平方米，其中机械清扫面积为1373万平方米，机械清扫率为46.6%，比全国平均水平低13.14个百分点。县城道路清扫保洁面积为1439万平方米，其中机械清扫面积为292万平方米，机械清扫率为20.29%。

5.3.5 城镇居民收入水平和生活质量稳步提高

新中国成立70年以来，全省城镇居民人均可支配收入不断提高，生活质量持续改善。2017年，青海城镇居民人均可支配收入达到29168.86元，比1984年增加了41.59倍，比2000年增加了4.64倍；城镇居民食品支出占总支出的比重下降到28.23%，与1984年和2000年相比，分别下降了23.27个百分点和12.6个百分点（见表5-4）。随着食品支出比重的下降，人们的消费也更加多元化，结构更加合理。《青海省统计年鉴2018》数据显示，2017年，全省城镇居民在食品烟酒、衣着、居住、生活用品及服务、交通通信、文化教育娱乐、医疗保健方面的支出占总消费支出的比重分别由2010年的34.13%、10.49%、16.28%、6.35%、12.63%、10.56%、6.96%变化为28.23%、8.85%、17.87%、6.52%、15.09%、11.77%、9.08%，人们的消费结构进一步优化，食品烟酒、衣着方面的支出明显减少，在交通通信、文化教育娱乐、医疗保健方面的支出不断增加。

表5-4 青海和全国城镇居民人均可支配收入及恩格尔系数比较

年份	城镇居民人均可支配收入/元		城镇居民恩格尔系数/%	
	全国	青海	全国	青海
1984	652.1	684.8	58	51.5
1986	900.9	901.8	52.4	52.7
1988	1180.2	1153.8	51.4	55
1990	1510.2	1335.9	54.2	63.4
1992	2026.6	1756.03	53	61
1994	3496.2	2769.36	50	59.7
1996	4838.9	3829.78	48.8	49.9
1998	5425.1	4240.08	44.7	45.4

续表

年份	城镇居民人均可支配收入/元		城镇居民恩格尔系数/%	
	全国	青海	全国	青海
2000	6280	5169.96	39.4	40.9
2002	7702.8	6199.88	37.7	35.7
2004	9421.6	7319.67	37.7	35.7
2006	11759.5	9000.35	35.8	36.2
2008	15780.8	11648.3	37.9	40.4
2010	19109.4	14461.69	35.7	34.13
2012	24564.7	18335.5	36.2	32.64
2014	28843.9	22306.57	20.8	29.89
2016	33616.2	26757	20.12	28.66
2017	36396.2	29168.86	19.24	28.23

资料来源：根据全国和青海省历年统计年鉴整理所得。恩格尔系数表示食品支出总额占个人消费支出总额的比重，2010年及以后的食品支出包括食品和烟酒支出。

但与我国东部沿海地区甚至全国城镇居民人均收入水平的快速提升相比，因青海位于西部内陆地区，经济发展较东中部地区慢，城镇居民人均收入增长相对缓慢。1984年，青海城镇居民人均可支配收入比全国水平高32.7元，城镇居民恩格尔系数低于全国6.5个百分点；1988年开始，全国城镇居民人均收入水平超过青海并与青海的收入水平差距逐年拉大。2017年，与全国平均水平相比，青海城镇居民人均收入少7227.34元，城镇居民恩格尔系数高8.99个百分点（见表5-4）。

5.3.6 教育水平显著提高

1949—1980年，青海教育事业取得了显著成就，各级各类学校初步建立并全面发展。1952—1980年，全省高等教育学校从零增长到6所，专任教师达999人，生师比达到4.2；中等职业学校增加了36个，专任教师增加了867人，生师比下降到10.5；普通中学增加了578所，专任教师增加10719人，生师比从8.9提高到18.5；普通小学增加4142所，专任教师增加至25162人，生师比达到22.8；幼儿园增加至46所，专任教师增加至408人，生师比达到38.1（见表5-5）。

表 5-5　青海主要年份各级各类教育机构数和专任教师人数增长情况

年份	普通高等学校			中等职业教育			普通中学			普通小学			幼儿教育事业		
	学校数/所	专任教师/人	生师比	学校数/所	专任教师/人	生师比	学校数/所	专任教师/人	生师比	学校数/所	专任教师/人	生师比	学校数/所	专任教师/人	生师比
1952	—	—	—	7	88	18.2	4	60	8.9	1065	—	—			
1957	1	55	3.2	18	330	17.8	14	400	17.4	1441	4401	34.9	4	40	22.1
1965	1	326	1.7	14	313	12.2	30	767	10.7	5847	10812	28.6	13	65	30.9
1970	3	351	1.8	9	261	8.5	49	1375	22.9	3097	10057	23.0			
1975	4	625	4.3	11	436	13.1	540	5857	16.0	6531	19485	27.7			
1978	6	819	4.3	27	657	12.1	818	9791	18.2	6577	23918	25.0			
1980	6	999	4.2	33	955	10.5	582	10779	18.5	5207	25162	22.8	46	408	38.1
1985	7	1253	5.1	37	1283	9.5	435	12917	17.9	4256	24649	22.0	219	843	34.6
1990	7	1470	4.2	39	1670	6.8	484	16023	13.6	3839	26515	18.5	203	1275	34.8
1995	7	1410	5.2	34	1691	8.1	471	15691	12.4	3437	26881	16.7	203	1719	41.9
2000	8	2107	6.3	15	1363	9.8	448	16645	13.5	3429	27706	18.2	201	2115	30.1
2005	8	3051	11.3	47	1588	15.5	511	20050	16.3	2898	27478	18.4	284	2211	37.3
2010	9	3731	14.4	40	2444	32.4	434	21875	14.9	1792	26584	19.5	599	3544	31.6
2015	12	4127	16.1	39	2410	31.7	371	24796	13.3	978	26479	17.1	1525	6656	25.2
2016	12	4340	16.0	39	2457	30.1	374	25094	13.1	889	26408	17.3	1667	10158	18.3
2017	10	4671	16.1	20	2433	30.8	371	25167	13.1	758	27319	17.0	1735	10663	18.3

资料来源：根据《青海统计年鉴 2018》《新中国六十年统计资料汇编》整理得到。

注："—"表示数据缺失。

改革开放以来，青海教育事业发展成就更加突出，教育水平显著提高。尤其 21 世纪以来，青海省积极发展教育事业，调整优化教育结构，提高教育质量，促进教育事业全面、协调、健康发展。2017 年，相对于 1980 年，全省高等学校增加了 4 所，专任教师增加了 3672 人，生师比提高到 16.1；中等职业学校调整到 20 所，专任教师增加了 1478 人，生师比提高到 30.8；普通中等学校减少 211 所，专任教师增加 14388 万人；小学减少 4449 所，专任教师增加了 2157 人，生师比下降到 17；幼儿园增加了 1689 所，幼师增加了 1255 人，生师比降至 18.3。2014 年实施精准扶贫

"一村一幼"项目以来，青海幼儿园教育迅速发展。幼儿园由 2013 年的 1245 所快速增加到 2017 年的 1735 所，增加了 490 所；教职工从 8047 人增加到 18703 人，增长了 1.32 倍；幼师从 4668 人增加到 10663 人，增长了 1.28 倍（见表 5-5）。2018 年，全省专任教师学历合格率为 99.95%；专任教师中大专及以上学历教师占 96.8%。

随着青海人口城镇化水平迅速提高和教育事业的全面发展，全省各族群众的文化水平显著提高。2010 年第六次人口普查，全省常住人口中，受教育水平具有大专以上程度的为 484794 人，具有高中（含中专）程度的为 586714 人，具有初中程度的为 1427738 人，具有小学程度的为 1984287 人[①]。与 2000 年第五次人口普查相比，每万人中具有大学程度的由 330 人上升至 862 人，具有高中程度的仍为 1043 人，具有初中程度的由 2166 人上升至 2537 人，具有小学程度的由 3094 人上升至 3527 人。全省常住人口中，文盲人口为 575773 人，与 2000 年第五次人口普查相比，文盲人口减少 358510 人，文盲率即全省常住人口中 15 岁及以上不识字人口所占比重，由 18.03% 下降至 10.23%，下降了 7.8 个百分点[②]。

但青海总体教育发展水平还比较低。青海各级各类学校机构数和专任教师人数在全国中的比重都比较低。2017 年，青海小学学校数和专任教师人数分别仅占全国的 0.45% 和 0.29%，初中教育机构数和专任教师分别占全国比重的 0.52% 和 0.45%，中等职业教育机构数和专任教师分别占全国比重的 0.34% 和 0.37%，普通高等学校机构数和专任教师占全国的比重分别为 0.46% 和 0.28%。与西部十二省区比较，青海教育事业发展也比较落后，学校较少，专业教师少（见表 5-6）。就城乡之间来看，普通高等学校、中等职业学校、普通高中分布在城镇，乡村仅分布有小学、初中和幼儿园，且小学和初中专任教师的城乡分布极不均匀。2017 年，青海乡村普通小学专任教师为 10710 人，占全省小学教师总人数的 39.2%；乡村初中专任教师为 3383 人，占全省初中教师总人数的 21.05%，教育的城乡发

---

① 以上各种受教育程度的人包括各类学校的毕业生、肄业生和在校生。
② 青海统计局. 青海省第六次人口普查主要数据公报 [EB/OL].（2011-05-05）[2019-6-15］. http://www.qhtjj.gov.cn/tjData/surveyBulletin/201507/t20150720_15645.html.

差距较大。

表 5–6 2017 年青海与西部和全国教育发展概况

地区	小学		初中		中等职业		普通高等学校	
	学校数/所	专任教师/人	学校数/所	专任教师/人	学校数/所	专任教师/人	学校数/所	专任教师/人
全国	167009	5944910	51894	3548688	8181	811147	2631	2442995
内蒙古	1658	99653	683	57604	248	18480	53	39598
广西	8454	247133	1757	129756	271	28095	74	66934
重庆	2954	125270	863	76209	132	18156	65	58388
四川	5721	325016	3722	201344	436	48804	109	121894
贵州	7113	202061	2048	127528	192	21839	70	47896
云南	11186	227269	1668	12890	374	26342	77	53533
西藏	806	20429	98	10042	11	1631	7	3707
陕西	4752	159061	1621	99994	245	18671	93	103994
甘肃	6172	141962	1621	81032	209	16659	49	41179
青海	758	27319	270	16074	39	3041	12	6911
宁夏	1353	34239	247	20171	28	3482	19	11695
新疆	3523	153387	10139	85965	160	12773	47	30349

资料来源：根据《中国统计年鉴 2018》整理得到。

5.3.7 医疗卫生事业成果显著

1949—1978 年，虽经历"大跃进"和"文化大革命"，但青海卫生事业依然实现了快速发展，取得了巨大的进步。1952—1978 年，青海卫生机构增加了 965 个，年均增加 37 个。其中，医疗机构增加了 479 个，占总机构数的比重提高了 7.34 个百分点；病床增加了 10422 张，年均增加 400.85 张；卫生技术人员增加了 12577 人，年均增加 484 人（见表 5–7）。

表 5–7 青海主要年份卫生事业机构、床位、人员数增长情况

年份	卫生机构数/个	医疗机构数/个	病床数/张	卫生技术人员/人
1952	67	28	529	513

续表

年份	卫生机构数/个	医疗机构数/个	病床数/张	卫生技术人员/人
1957	215	45	2115	2605
1965	822	63	6634	6114
1970	818	80	8212	8217
1975	920	499	10222	11390
1978	1032	507	10951	13090
1980	1047	511	11941	15115
1985	1253	518	13743	18031
1990	1218	446	15698	19893
1995	1176	592	17165	20233
2000	1847	577	16521	21502
2005	1478	562	16035	20771
2010	1569	734	20052	23897
2015	1772	863	34245	34343
2016	1766	878	35229	36917
2017	1857	956	38348	40503

资料来源：根据《青海统计年鉴2018》整理得到。

改革开放以后，随着社会经济的发展和医疗体制改革的不断深入，青海医疗事业得到全方位发展，卫生事业机构、床位、人员数快速增加，医务人员专业水平有所提升。2017年，青海全省有卫生机构1857个，比1978年增加了825个，年均增加21个。其中医疗机构为956个，比1978年增加了449个；床位为38348张，比1978年增加了27397张，年均增加702.49张；卫生技术人员达到40503人，增加了27413人，年均增加703人（见表5-7）。2018年，青海全省医院有220个，床位为3.26万张；乡镇卫生院为405个，床位为4521张；社区卫生服务中心为32个；妇幼保健院（所、站）为50个；疾病预防控制中心（防疫站）为56个；村卫生室为4474个；诊所（卫生所、医务室）为790个；卫生监督所（中心）为55个；卫生人员为5.28万人。其中，执业（助理）医师为1.62万人，注册护士为 1.76 万人。

5.4　青海 70 年城镇化发展展望

　　站在青海 70 年城镇化建设成绩的基础上，未来新型城镇化还需要继续提高人口城镇化水平，不断完善城镇规划和布局体系，用可持续发展理论建设新型生态城镇，加强城镇基础设施建设，加大教育投入力度，加强医疗保障体系建设等，进一步实现城乡统筹协调发展。

5.4.1　加快经济发展和户籍制度改革，提高人口城镇化水平

　　2018 年，青海全省城镇化水平已超过了 50%，但城镇化水平在区域之间极不平衡，只有西宁和海东两市城镇化水平超过全省平均水平且超过全国平均水平，其他州县城镇化率普遍低于 40%，果洛州城镇化水平仅有 27.88%，东部沿海部分发达省份早在 1999 年就已经达到了 50% 以上。青海只有西宁和海东进入城镇化发展的后期阶段，其他州县城镇化正处于人口向城市迅速聚集的中期加速阶段。青海未来随着新型工业化和信息化的加速推进，农业现代化水平不断提高，人口城镇化将加速推进，发展速度将会保持较高的水平。青海省依托其当地丰富、特色的资源，逐步推进产业结构转型升级，第三产业在未来的发展潜力巨大，而其第一产业和第二产业比重还有很大的下降空间。所以青海第三产业还将吸引更多的人口就业，城镇人口也会随着就业人口的产业之间的转移而增加。青海应加快第二、第三产业发展，增强第二、第三产业就业吸引力，未来青海人口城镇化将会继续保持较高水平的速度增长。

　　同时应加快户籍制度改革，打破城乡区域界限，逐步取消现行的农业户口与非农业户口的管理办法，实行以居住地确定落户地点、以现行职业确定身份的户籍管理制度。对在城镇有固定居所和经营场所，有稳定职业或生活来源，或能引进资金，或有特殊管理才能的当地或外地人口，均可在城镇落户。鼓励有技术、有资金的农民向城镇聚集，参与城镇建设。让

有条件和有能力的农村剩余劳动力有步骤地实现"农转非",消除建立在户籍制度基础上的各种不公平规定以及各种户籍转换的人为障碍,增加城镇常住人口。

5.4.2 加快城镇规划建设,完善城镇体系

纵观 70 年来青海城镇体系建设历程,城镇体系建设过程中政府主导明显,与国家生产力布局、产业发展、地区发展政策等密切相关。青海凭借国家积极政策、政府科学合理规划以及全省各民族辛勤努力,城镇发展取得显著成绩,城镇体系也逐步完善。但青海深居西部内陆地区,城镇化进程缓慢,城镇建设与东部发达地区差距还比较大,城镇数量比较少,城镇密度低,城市规模较小,城市辐射带动作用较弱。从全省来看,青海东部地区自然环境条件较西部地区好,城镇基础条件较好,城镇化进程较快;西部地区自然条件恶劣,城镇发展受限,城镇化进程缓慢,全省城镇布局呈现东密西疏的明显不均衡分布状态。

根据青海省第十三个五年规划,青海省在未来将着力推进东部城市群快速发展,强化西宁中心城市集聚辐射带动作用,打造"一芯双城七片区"城市发展新格局,加强海东副中心城市建设,基本形成多层次城镇体系;壮大格尔木、德令哈、玉树区域性城市,充分发挥其在全省城镇化格局中的重要支撑作用;培育 8 个新兴城市,将共和、同仁、贵德、海晏、玛沁等具有先行优势的 5 个县积极培育成新兴城市。按照《青海省新型城镇化规划》,青海继续在交通沿线和人口集中地区打造宜居宜业的综合服务型、工业服务型、交通物流型、文化旅游型、商贸服务型和农牧业服务型美丽城镇。

因此,未来青海全省城市数量将进一步增加,原有城市规模可能进一步扩大,作为全省中心的西宁和副中心的海东在未来全省的城镇化发展过程中将发挥越来越重要的中心辐射带动作用,城市集聚发展的趋势将越来越明显,西部地区城镇发展分布格局将进一步趋于合理。

与此同时,青海城镇规划和布局中要坚持用可持续发展理论建设新型生态城镇。我国编制的《中国 21 世纪人口、资源、环境与发展白皮书》

中，国家首次把可持续发展战略纳入我国经济和社会发展的长远规划。1997年，中共十五大把可持续发展战略确定为我国"现代化建设中必须实施"的战略。2002年，中共十六大把"可持续发展能力不断增强"作为全面建设小康社会的目标之一。可持续发展理念发展生态城镇，实现新型城镇化成为青海未来城镇发展的主要趋势和方向。青海建设新型生态城镇，至少要注意以下四个方面：第一，要加强相关法律法规的建设，促进资源的合理利用，限制污染产业发展，对违反相关法律法规的企业实施严格的惩罚，引导企业自觉节约资源。第二，要充分发挥政府的主导作用。政府带头提倡节俭和绿色消费，同时为广大公众宣传，提高居民节约环保意识和参与积极性，开展各种形式的能源和资源节约活动。第三，在城市化进程中，最大可能地减少对生态环境和生产过程的破坏，使材料、能源、生态系统内部有序循环转换，实现经济效益、生态效益和社会效益的多赢。第四，在城市整个统筹规划建设和布局中，始终观察可持续发展理念、落实科学发展观和新发展理念等，使城市资源、能源共享、环境共保、污染共治，加大城镇污水处理、垃圾处理、园林绿化等设施建设的投入力度，实施清洁生产，使用现代生态技术处理生活垃圾和工业废物，真正建设绿色、低碳、环保宜居的新型生态城镇，实现人口、资源和环境的可持续发展。

5.4.3 加强城镇基础设施建设，完善城镇服务功能

城市基础设施是区域经济发展的重要物质基础，城市基础设施的存量状况、设施能力、设施的完善程度是区域经济活动正常运行、区域经济不断发展的前提。尽管青海城镇基础设施建设已经取得了显著成就，基础设施条件比较好的城市（西宁）也凭借其优势吸引了很多大中型项目投资。与全国相比，全省城市公交、道路、供气、污水处理、垃圾无害化处理等设施总体水平非常低；甚至与西部十二省区相比，青海基础设施水平也比较落后（见表5-8）。随着城镇经济的发展，青海城镇基础设施还有很大的提升空间。

表 5-8 2017 年青海与西部和全国城市基础设施概况

地区	每万人拥有公交车辆/标台	道路长度/千米	道路面积/万平方米	供水总量/万吨	污水处理厂/座	城市污水处理厂处理能力（万立方米/日）	城市污水处理率/%	垃圾无害化处理厂/座	生活垃圾无害化处理率	天然气供气管道长度/千米	天然气供气总量/万立方米
全国	15	397830	788853	5937591	2209	15743	95	1013	98	623253	12637546
内蒙古	11	10035	21277	82591	44	245	96	27	99	9680	181191
广西	11	9064	19821	183563	46	323	94	26	100	5513	69676
重庆	12	9364	19015	138012	51	316	96	25	99	22320	466511
四川	15	16077	33979	255921	130	630	92	48	99	49338	718967
贵州	11	4345	8930	71414	51	202	95	21	95	6414	70939
云南	14	6062	11856	89552	42	243	94	28	93	5947	28746
西藏	10	688	1093	11094	7	26	89	5	95	3450	2772
陕西	16	7886	17538	137919	42	303	92	22	99	16567	385643
甘肃	11	4890	10678	50960	24	143	95	23	98	3140	203741
青海	14	1117	2753	27287	11	44	79	8	95	2244	146460
宁夏	15	2324	6545	33486	19	93	95	12	99	6279	182460
新疆	15	7864	14908	98555	41	234	89	27	89	13358	507035

资料来源：根据《中国环境统计年鉴 2018》数据整理得到。

为保证城镇经济发展的重要物质基础得到有效供给，青海省首先应以完善城镇功能为目标，大力建设市政道路、停车场、供水排水、供气供热、污水垃圾处理等设施，提升城市综合承载力；其次要着力创建公交城市，完善交通设施布局，建设公交专用道、综合换乘枢纽，建立快捷的城市公共交通体系，提高交通出行便捷性、舒适性；再次要构建良好的路网体系，建设城镇慢行系统，保障慢行路权；最后要安排与周边省区交界区域的城镇基础设施建设，完善服务功能，增强与周边省份城市交流，学习先进经验，未来青海城镇基础设施建设将进一步扩大，基础设施将进一步完善①。

---

① 青海经济信息网. 青海国民经济和社会发展第十三个五年规划纲要［EB/OL］.（2016-02-17）［2019-06-15］. http://www.qhei.org.cn/ghyfz/wngh/201602/t20160217_638555.shtml.

5.4.4 大力发展第二、第三产业，保持居民收入稳步增长

经过70年的快速发展，青海城镇居民人均可支配收入水平大幅提高，人民生活质量极大改善。但与全国相比，青海城镇居民人均可支配收入水平还相对较低，居民恩格尔系数相对较高。第一产业就业人员比重较高，第二产业就业比重较低。因此，青海继续把不断提高人民生活水平作为发展的根本出发点和落脚点，在经济发展的基础上努力提高城乡居民的收入水平和生活质量，保障全体人民共享改革发展成果。在政策上，要建立城镇居民增收长效机制。改进和完善职工收入与经济效益协调增长机制，完善企业工资指导线和最低工资制度，在提高效益的基础上逐步提高最低工资标准和离退休人员待遇。要加快调整产业结构，转变经济发展方式，大力发展第二、第三产业，提高第二、第三产业在国民经济中的比重，增强第二、第三产业就业吸力。规范劳动力市场秩序，鼓励劳动者自主创业和自谋职业，促进多种形式就业，增加城镇居民收入。

5.4.5 加大教育投入力度，提高居民文化水平

新中国成立以来，青海教育水平已取得巨大成就，但与全国平均水平相比较低，甚至与西部地区相比都比较落后。为提高全省的人力资源禀赋，充分发挥人力资源在地方经济发展中的促进作用，发挥教育对推进城镇化的促进作用，青海省应加大对教育的投入力度，构建育人为本、公平普及、注重质量的现代教育体系，形成惠及全民的公平教育；提供更加丰富的优质教育，构建体系完备的终身教育；增强教育发展改革活力，强化基础教育的普惠性和公平性，加快建设现代职业教育体系，提升高等教育综合实力和创新性；提高全民受教育程度和创新人才培养水平，实现教育现代化。

5.4.6 加强医疗保障体系建设

新中国成立70年来，青海卫生事业得到较好的发展，医疗设施、从业人员都得到大幅增加，医务人员专业技术水平也得到极大提升。但是与

全国相比仍存在较大差距，尤其是医疗卫生设施不足、体系不健全、医务人员专业技术水平总体较低等问题比较突出。2017年，全省医疗卫生机构数仅占全国的0.65%，卫生人员数仅占全国的0.48%，医疗卫生机构床位数仅占全国的0.48%。甚至在西部十二省份中，青海医疗卫生设施也相对较落后。

为了提高整体医疗卫生服务水平，青海省首先应通过深化医药卫生体制改革，实现医疗、医保、医药"三医联动"，推动基本医疗、大病保险、医疗救助、商业健康保险、社会慈善等制度衔接配合，构建上下联动、衔接互补、多层次的医疗保障体系。其次，要建立相互制约、多方参与的医疗质量、医疗服务等医疗卫生综合监管制度，不断提升监管水平。再次，要大力推进社会办医，规范发展民营医院，优先支持举办康复、养老、老年病、精神、儿童、中西医结合等特需专科医疗机构，形成多元办医格局。最后，要加强全科医生培养，建立规范化培养基地，大力实施基层医疗卫生机构人才培养项目，推动社区医生（乡村医生）与居民签订健康管理和服务合同；同时，推行远程医疗、家庭医生等新型医疗服务[①]。因此，未来城镇医疗设施数量将更多，医务人员数量和专业水平进一步扩大和提高，医疗质量和服务水平将会得到极大的改善。

5.5　结论

改革开放以前，青海包括人口城镇化、第二和第三产业就业人口分布、城镇体系建设、城镇基础设施建设、城镇居民收入水平、城镇公益事业在内的整个城镇化进程，发展过程较为曲折，既经历了三年国民经济恢复和"一五"时期的快速发展，也经历了"大跃进"和调整时期的大起大落发展等。改革开放以后，全省城镇化发展总体迈进健康、持续、发展的快车道。

---

① 青海经济信息网.青海国民经济和社会发展第十三个五年规划纲要［EB/OL］.（2016-02-17）［2019-06-15］.http://www.qhei.org.cn/ghyfz/wngh/201602/t20160217_638555.shtml.

经过 70 年的探索和发展，青海城镇化建设取得了十分显著的成绩，尤其改革开放以来，全省人口城镇化水平逐步提高，非农产业就业比重显著提高，城镇基础设施逐步完善，城镇居民可支配收入水平明显提升，食品支出占家庭总支出的比重持续下降，生活质量得到显著改善，通过政府城镇规划编制以及资源的开发，青海城镇分布格局和体系逐步完善。

尽管青海城镇化发展发生了翻天覆地的变化，但与全国和其他地区相比，青海省城镇化水平、人民可支配收入水平、教育和医疗卫生事业水平等还比较低，全省城镇基础设施还不够完善，城镇地区分布不均等问题还比较突出。未来要推进青海新型城镇化建设，既要加快产业结构调整，促进第二产业和第三产业优化升级，增强就业吸力，加强户籍管理制度改革，促进农业人口向非农业人口转变，促进人口城镇化水平的提高；还要不断完善城镇规划和调整布局体系，用可持续发展理论建设新型生态城镇，努力发展有潜力的新兴城市，加快形成城镇体系新布局；进一步加强城镇基础设施建设，提升城镇品质；要千方百计实现城乡居民收入稳步增长，提高居民生活质量水平；继续加大教育投入力度，加强医疗保障体系建设等，努力推进社会公益事业全面进步，实现城乡统筹协调发展。

参考文献

[1] 翟松天，崔永红. 青海经济史（当代卷）[M]. 西宁：青海人民出版社，2014.

[2] 谢其助，翟松天. 中国人口（青海分册）[M]. 北京：中国财政经济出版社，1989.

[3] 许光中. 青海城市化问题研究[M]. 西宁：青海人民出版社，2007.

[4] 刘成明. 青海省人口城镇化的历史与现状之分析及未来构想[J]. 青海民族研究，2005（2）：85-90.

[5] 胡永科. 中国西部概览·青海[M]. 北京：民族出版社，2000.

［6］李毅，冯琳琳，孙凌宇.青海新型城镇化建设研究［M］.北京：经济日报出版社，2018.

［7］青海统计局.青海省第六次人口普查主要数据公报［EB/OL］.（2011-05-05）［2019-6-15］.http://www.qhtjj.gov.cn/tjData/surveyBulletin/201507/t20150720_15645.html.

［8］青海经济信息网.青海国民经济和社会发展第十三个五年规划纲要［EB/OL］.（2016-02-17）［2019-05-25］.http://www.qhei.org.cn/ghyfz/wngh/201602/t20160217_638555.shtml.

［9］青海省情［M］.西宁：青海人民出版社，1986.

［10］葛志强.青海省经济史［M］.太原：山西经济出版社，2016.

［11］魏庭玉.青海城镇发展的特点及城镇化探讨［J］.青海师范大学学报（哲学社会科学版），1990（4）：7-10.

［12］青海省住房和城乡建设厅.2016年青海省城市县城建设统计公报［EB/OL］.（2017-12-20）［2019-05-25］.http://www.qhcin.gov.cn/info/1013/18975.htm.

［13］薛美琴.青海省城市化发展水平研究［D］.兰州：兰州大学，2011.

［14］臧小平.从数据变化看青海教育事业50年成就［J］.青海教育，1999（10）：7-8.

［15］国家统计局国民经济综合统计司.新中国统计60年资料汇编［M］.北京：中国统计出版社，2010.

［16］国家统计局.中国统计年鉴2018［Z］.北京：中国统计出版社，2018.

［17］青海省统计局.青海统计年鉴2018［Z］.北京：中国统计出版社，2018.

［18］国家统计局，环境保护部.中国环境统计年鉴2018［Z］.北京：中国统计出版社，2018.

［19］刘璐.青海新型城镇化和城乡一体化发展对策研究［J］.柴达木开发研究，2018（2）：16-19.

［20］那小红.青海省城镇化问题研究［D］.兰州：兰州大学，2008.

［21］马玉英.青海城市化发展水平与全国的比较分析［J］.青海民族研究，2006（4）：151-157.

［22］王建康.新型城镇化发展水平评价指标体系及其应用——基于全国31省市截面数据的实证分析［J］.青海社会科学，2015（3）：50-54.

［23］辛婷业.青海省城镇化水平时空演变及成因分析［D］.西宁：青海师范大学，2018.

第6章 青海70年贸易与发展

王焱霞[①]

6.1 引言

青海省作为我国青藏高原上的重要省份之一,是长江、黄河、澜沧江的发源地,与甘肃、四川、西藏、新疆接壤。因地处祖国腹地,没有任何国境线,且地理条件非常艰险,无论输入商品还是输出商品都异常艰难。青海省历年对外贸易量在全国各省区中排名落后,且青海的对内贸易发展也相对缓慢。

新中国成立70年来,从纵向来看,青海对外贸易取得了十分喜人的成绩;虽然横向比较,青海对外贸易与全国其他省区相比,发展水平还不高。虽然全省对外贸易发展不能与占据天时(改革开放后,中国面临的国际经济环境相对友好)、地利(地理位置近海,便于低附加值商品实现海洋运输)、人和(人们思想开放,采用各种新技术和新方法,不断提高劳动生产率)的沿海省区相比,但随着西部大开发政策的实施和"一带一路"进程的推进,青海通过引进国外先进仪器和设备,提高了青海省的劳动生产率,通过出口矿产品和畜产品等资源优势产品为地方经济的发展积累了大量资金。对外贸易的发展还促进了全省人民生活水平的改善,使相

---

① 王焱霞,四川德阳人,现工作于西南民族大学经济学院。主要研究方向:经济与贸易、区域经济。感谢中央高校课题2015 SZYQN15 的资助。

对封闭的青海逐渐接触到各种新思想、新观念、新技术等，促进了青海省经济社会全面加速发展。

西部大开发战略实施后，青海的发展环境发生了明显改变。青海省开始着力提升其国际竞争力，加快其产业结构和贸易方式调整，充分发挥其矿藏丰富、电力资源丰裕、高原绿色食品多的优势，通过提高出口产品的加工深度和技术含量，努力提高出口产品的价值，对外贸易对青海经济增长的拉动作用和对资源配置的优化作用开始发挥出来。青海积极参与到世界经济分工中去，积极承接发达地区的产业转移，对外贸易的快速发展反过来促进了青海经济持续增长和结构不断改善。

"一带一路"构想的实施，将原来很多往来不密切的亚非欧众多国家通过新"丝绸之路"紧密联系在一起。原本阻碍发展和流通的空间，因铁路的铺设而缩短了距离，推动了青海贸易发展。不但促进了沿线国家和地区交通运输业的蓬勃发展，相关生产企业得以蜕变，而且也带动建筑、旅游等相关产业，促进青海省经济全面发展和产业升级。"一带一路"不仅给青海省带来有形的物资，也带来无形的财富——思想和知识。过去受到地域限制和环境制约，青海的人才流失严重，科技发展远远落后于其他地区。铁路等交通建设完善后，大企业开始进驻，先进科技开始助力当地发展，优秀人才将知识转化为有形的高价值商品，青海省通过引进、吸收、再创造，经济社会有了更进一步发展。

青海省是深入实施西部大开发战略的重点省区，又地处"丝绸之路"经济带内陆建设的重要区域。青海省对于自身在丝绸之路经济带中的定位非常明确，提出打造"战略支点"的战略布局。青海省正在充分利用西部大开发和"丝绸之路"经济带战略构想，不断优化贸易结构、扩大贸易规模、提升自身的贸易竞争力，促进青海省经济社会的跨越式发展。

本章将围绕新中国成立70年来，尤其是改革开放后，青海省贸易的发展历程、发展成就以及未来发展进行分析，尤其是对外贸易。第二节首先简要介绍青海对内贸易发展。第三节着重梳理青海外贸发展历程，将以改革开放为起点，围绕青海外贸的飞速发展以及各个时间段发生的重大事件对青海省外贸的影响，以十年为期限展开分析。第四节总结青海对外贸易发展成就，将以国家相关政策颁布时间为分界点，梳理相关政策对青海外贸和经济发展的影响，总结青海贸易发展所取得的成就。第五节是对青海外贸未来发展的展望和建议，最后是简短的结论。

6.2 青海对内贸易发展概况

相对于中国大部分地区，青海的生产力发展水平直到民国时期都还比较落后，所以此前青海地区经济交易主要是藏族、蒙古族牧民之间进行的以物易物的直接交易。对分散居住在青海茫茫草原的牧民来说，首先需要的是糖、茶、布匹等生活必需品，货币对于生活来说还是次要的。即使是在丹葛尔、隆务、塔尔寺等商业稍微发达的地区，商业交易也是以物物交易为主，主要是藏、蒙牧民将青盐驮运到丹噶尔城与汉、番民交换布匹、炒面等货物。

新中国成立70年来，尤其是改革开放40年来，在中央和青海省委、省政府的正确领导下，青海省商务事业实现跨越式发展，城乡市场繁荣活跃，国内贸易水平明显提升，为促进全省改革发展和稳定做出了积极贡献。1950年，青海社会消费品零售总额只有0.4亿元。2017年，全省社会消费品零售总额突破800亿元大关，达到839.03亿元，比1950年增长了2096.6倍，比1978年的6.68亿元增长了124.6倍，其中城镇达728.08亿元，占86.7%，乡村达110.95亿元，占13.3%。西部大开发以来，全省社会消费品零售总额高速增长，2000年突破100亿元，达到100.26亿元，2007年突破200亿元，达到212.54亿元，2011年达到413.35亿元。2018年全省社会消费品零售总额达835.56亿元，其中城镇消费品零售额为669.26亿元，乡村消费品零售额为166.31亿元。2010年全省居民人均生活消费支出为7772元，其中城镇人均生活消费支出为11519元，农村人均生活消费支出为4779元。2018年全省居民人均生活消费支出为16557元，城镇人均生活消费支出为22998元，农村人均生活消费支出为

10352元。城乡居民消费水平明显提升，商品质量持续提高，消费结构不断升级。

青海省地域辽阔，村落遍布，农村公路基本实现了村村通，但是物流体系还不完善。因此，电子商务进农村是打通青海省农村物流通畅的机遇，青海省利用电子商务进农村综合示范项目，构建完善县、乡、村三级物流配送体系。各示范县鼓励邮政、供销、商贸流通、第三方物流和本地物流等企业在内的各类主体，在相互竞争的基础上，制定了农牧区电子商务物流解决方案，打通了下行"最后一公里"和上行"最初一公里"的物流"瓶颈"。

2016年6月，青海被纳入全国冷链物流综合示范省份。这对于青海这样一个农畜产品资源富集、冷链物流基础薄弱的省份来说，是具有里程碑意义的大事。截至2018年8月，青海累计新建、改造农产品市场共136个，"万村千乡"农家店覆盖全省100%的县、90%以上的乡镇和85%以上的行政村，全省18个贫困县实施了电商进农村综合示范县工程，以西宁市、海东市、海南州、格尔木市为节点的区域性家政服务网络初步建成，为改善城乡居民生活环境、带动农牧民创业增收、助力全省脱贫攻坚目标实现做出了积极贡献。

为了促进内部贸易不断发展，青海省开展了一系列商贸和科技活动。

第一，消费促进月活动。青海省以满足人民群众物质文化需要为目标，通过上下促动、城乡互动、行业联动，为企业搭建多样化的促销平台，通过政府推动、企业参与的方式，创造良好的消费购物环境，让广大群众方便消费、放心消费，达到活跃消费市场、培育消费热点、惠及百姓生活的目的。

第二，藏毯国际展览会。作为青海的重大商贸活动之一，从首届中国（青海）藏毯国际展览会举办至今已有15年，国内外客商参展参会数据持续攀升。历经15年，中国（青海）藏毯国际展览会已经发展成为青海国际经贸交流的重要平台，并为推动青海在新时代深度融入"一带一路"建设，为我国经济社会发展和扩大对外开放做出积极贡献。

第三，建设现代物流供应链。青海省不断加快现代流通建设，着力增强消费对经济发展的基础性作用。着眼满足人民日益增长的美好生活需要，推动流通现代化，加快供需衔接智能化，发展现代供应链，着力改善消费环境，培育消费新的增长点，增加商品和服务有效供给，不断增强消费在全省经济增长中的拉动作用。

第四，加速创新。为了提升竞争新优势，青海省积极融入贸易强省行动计划，推动技术创新、业态创新、管理创新、制度创新，以各类产业园区为载体，积极承接东中部加工贸易梯度转移，促进经济结构优化调整，提升经济发展质量效益。加大自主品牌培育力度，改革外经贸发展专项资金分配标准，择优支持实体企业稳定发展，提高企业核心竞争力。

这一系列活动促进了青海经济结构的优化和对内贸易的快速发展。以5年时间来看，社会消费品零售总额从2012年的480亿元增加到2017年的839.03亿元，年均增长11.8%，占全省国民生产总值比重由2012年的26%提高至2017年的31%，人均消费由2012年的8374元增加到2017年的1.4万元。电子商务迅猛发展，交易额由2012年的133.1亿元增加到2017年的598亿元，年均增长35%；网络零售额由2012年的27.8亿元增加到2017年的221亿元，年均增长52%。大宗商品市场保持繁荣，二手车市场交易量、交易额分别增长136%和91%。

青海的对内贸易发展不断向好，在国际经贸形势前景日趋复杂的当下，是青海经济持续健康发展的重要保障。

6.3　青海70年对外贸易与发展历程

新中国成立以来，尤其是改革开放以后，青海对外贸易实现了快速发展，对外贸易总量从1980年的887万美元增加到2017年的65532万美元，年均增长达到12.3%，这对促进青海经济的繁荣起着重要的推动作用。

改革开放前，青海地方外贸和全国大部分省区外贸的主要职能一样，都是按照国家下达的外贸收购和调拨计划，先组织收购本省货源，再统一调往沿海口岸公司供应出口。如果有进口需求，也是委托外贸总公司或沿海口岸公司组织进口，地方不直接经营进出口业务。出口生产和经营企业对国际市场的情况不了解、不熟悉，与全国其他省区一样，青海地方政府对外贸工作也缺乏主动性和积极性，也没有专业的外销人员和外贸经销渠道。

1978年12月召开的中共十一届三中全会，全国实行对内改革和对外开放。为适应对外开放和扩大对外贸易的需要，国家外贸体制率先进行改革，主要是实现了两个转变：一是改变了外贸独家垄断经营的格局，从收购调拨向自营出口转变；二是改变了中央财政统负盈亏，向地方承包经营转变。青海也在1980年，首次获得了部分进出口商品的对外经营权。进出口经营权的取得，是地方外贸发展的前提条件，也为外贸企业进入国际市场、参与国际竞争提供了活动舞台。到1985年，青海省除少数几种商品，如菜籽油、机械设备等仍调往沿海口岸出口以外，其他各类出口商品全部实现自营。

总体来看，青海对外贸易的持续发展历程，经历了改革开放之初对外贸易的起步阶段和曲折发展阶段、西部大开发前10年的快速发展和新时期的波动发展等阶段。

6.3.1 对外贸易初步发展阶段（1980—1990年）

1980—1985年改革开放初期，青海开始逐步获得进出口商品的对外经营权。此后5年间，青海对外贸易获得了长足发展。从1980年进出口总额为887万美元，上升到1985年的3411万美元，年均增长30.9%。如果这样大幅度的增长源于1980年基数比较低，从1985年到1990年的增长就要归因于对外贸易制度的改革。1985年，除少数几种商品外，青海各类商品均实现出口的自主经营；1990年进出口总额增长到7027万美元，5年间年均增长15.6%，其中出口总额从2123万美元上升到6805万美元，年均增长26.2%，进口总额从1288万美元下降到222万美元，年均减少29.6%（见图6-1）。

1988年是我国外贸体制实行重大变革的关键一年。依照"十三大"制定了"自负盈亏，放开经营，工贸结合，推行代理制"的外贸体制改革方向，根据沿海经济发展战略的要求，在全国范围内开始全面推行对外贸易承包经营责任制，主要由各省、直辖市、自治区人民政府向国家承包出口收汇基数，上缴外汇额度基数、出口收汇基数内人民币补贴基数三项指标，超基数出口收汇实行分成，自负盈亏。各外贸和部分工贸总公司的地方分支机构与总公司脱钩，作为企业法人；同时将管理权下放地方，财政也与地方挂钩。对轻工、服装、工艺三个进出口行业实行自负盈亏试点。青海省外贸、工贸企业，除外贸运输、基地建设、有色金属和包装进出口公司仍同各总公司财务挂钩以外，其余均下放地方管理，与地方财政挂钩，体现出了以地方为主的特点。

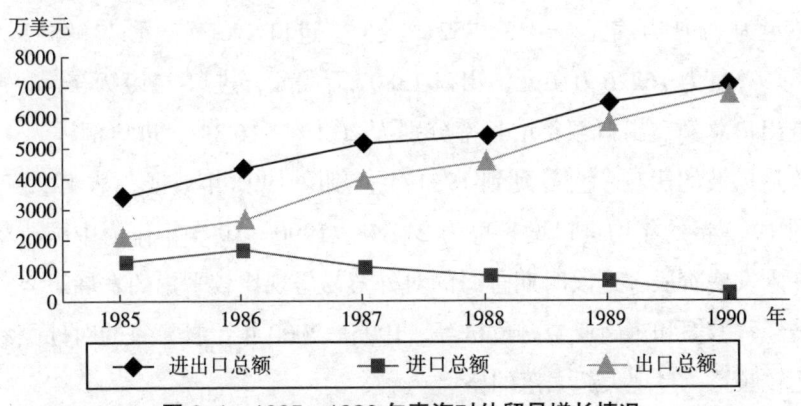

图6-1　1985—1990年青海对外贸易增长情况

资料来源：《青海统计年鉴》。

20世纪80年代晚期，青海的对外贸易虽然发展迅速，但仍面临诸多困难。例如，国家规定，对铜、铝、镍等有色金属禁止出口，硅铁、铬铁、铬矿、金属镁等实行许可证管理，严格限量出口。再加上青海省内粮油、畜产品等收购调省任务完成不好，不能按原订计划供应出口。国家对出口商品结构的调整，使青海的出口计划留下较大的缺口。同时，通货膨胀给青海外贸承包经营责任制的推行带来很大的困难，物价和各项费用上涨难以避免。但国家承包的出口亏损补贴一经确定则三年不变，这大大增加了80年代晚期外贸企业工作的难度。青海省开展自营出口业务以来，业务量成倍增长，自营出口额翻了几番，但自有资金却未得到补充，全靠银行贷款,外贸信贷资金十分困难,这严重影响出口商品的及时收购和对生产的扶持。青海省地处内陆腹地,运输线长,出口初级产品多,货运量大,一些出省物资车皮计划要经主管部门平衡,手续烦琐,严重影响及时出运和按期履约。1989年开始治理经济环境,整顿经济秩序,全面深化改革,外贸环境和秩序都需要进行治理整顿,而外贸体制改革也需要全面深化,外贸出口要继续稳定增长。

6.3.2 对外贸易曲折发展阶段(1991—2000年)

经过1989年的治理整顿,青海省的货物贸易进出口总额在1991—1995年实现平稳增长,1996年开始不稳定(见图6-2)。1991年青海进出口总量为7791万美元,出口7552万美元,进口240万美元;1995年青海进出口总量为16226万美元,出口13807万美元,进口2419万美元。5年间进出口总额、出口额年增长率分别为20.1%、16.3%,进口额因为1989年政治风波的影响一直蔓延到1991年,剔除1991年数据,从1992年开始到1995年的年均进口增长率为21.3%。1990—1995年作为中国改革开放深入发展阶段,这段时期青海的对外贸易呈现比较平稳的发展态势。因中美经贸摩擦和东南亚金融危机等,1995—2000年,青海省的对外贸易波动比较频繁,呈现大起大落的格局。

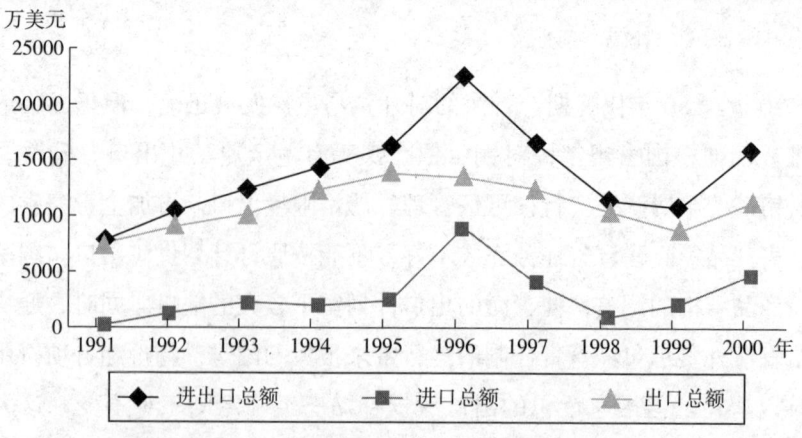

图6-2 1991—2000年青海对外贸易增长情况

资料来源:《青海统计年鉴》。

得益于世界经济的全球化发展趋势，青海对外贸易在1991—1995年实现快速稳定增长。整个90年代期间，世界经济发展日趋全球化，初具规模的中国出口导向型经济迎来了战略性的发展机遇。凭借人力资源供应的巨大优势和潜在劳动素质的不断提升，在中央和地方各级政府实行招商引资政策激励下，外资企业对华投资急速增加，中国外贸实现了从劳动密集型制成品向资本、技术密集型加工贸易的转变。尽管美国国会对华最惠国待遇年度审议持续了10年之久，但中美两国贸易总额仍在快速增长。

但这10年也是中美经贸关系不断进行讨价还价的时间，美方对中方享受最惠国待遇进行年审时往往挂钩各种问题，前后进行了两个阶段的谈判和交涉。1991年、1995年、1996年，双方进行了最惠国待遇与中国的知识产权保护相捆绑的谈判；1992年，双方进行了最惠国待遇与中美市场准入和中国"复关"相捆绑的谈判；1993—1994年，双方进行了最惠国待遇与中国的人权问题相捆绑的谈判；1996年，双方进行了最惠国待遇与中国以发展中国家身份"入世"相捆绑的谈判，直到1999年11月中美就中国加入世界贸易组织达成协议，困扰中方10年之久的最惠国待遇年审才终止。伴随着中美关系的波动，受时滞效应的影响，青海的对外贸易也呈现出较大的波动性，1996年进出口总额达到10年来的最高点22497万美元，进口急剧膨胀为9017万美元，出口由之前的升势转而下降。尤其是1997—1998年亚洲金融危机以后，世界经济发展的减缓和国际贸易的下降对青海省扩大出口产生了严重影响。同时，国际贸易保护主义抬头，一些国家采取技术壁垒、反倾销、保障措施等手段对中国劳动密集型产品的出口进行限制，这些综合起来对青海省出口非常不利，所以出现1996年后贸易局势的剧烈波动。

6.3.3 对外贸易加速发展阶段（2001—2010年）

青海省的对外贸易进出口总额在2001—2010年虽然有波动，但总体是增长的趋势。2004年开始不稳定，如图6-3所示。2001年青海进出口总量为20490万美元，出口为1493万美元，进口为5577万美元；2010年青海进出口总量为78906万美元，出口为46630万美元，进口为32276万美元。这 10 年的进出口总额、出口额、进口额年增长率分别为 16.2%、13.5%、21.5%。因 2008 年次贷危机影响，2009 年青海的对外贸易出现明显下滑。

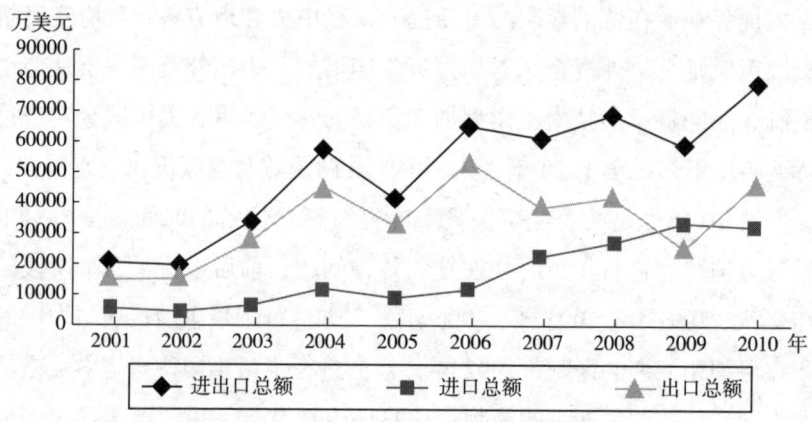

图 6-3　2001—2010 年青海对外贸易增长情况

资料来源：《青海统计年鉴》。

2001 年 12 月中国正式加入世界贸易组织，中国正式成为世界贸易组织成员。因在美国市场享受"正常贸易关系"待遇，中国对美贸易规模在最初的 5 年时间里提升很快。如图 6-4 所示，中美两国间的贸易总额从 2001 年的 804 亿美元猛增至 2005 年的 2116 亿美元，5 年内增加 163%，年均增速 33%。中国对美贸易顺差从 2001 年的 280 亿美元，猛增至 2005

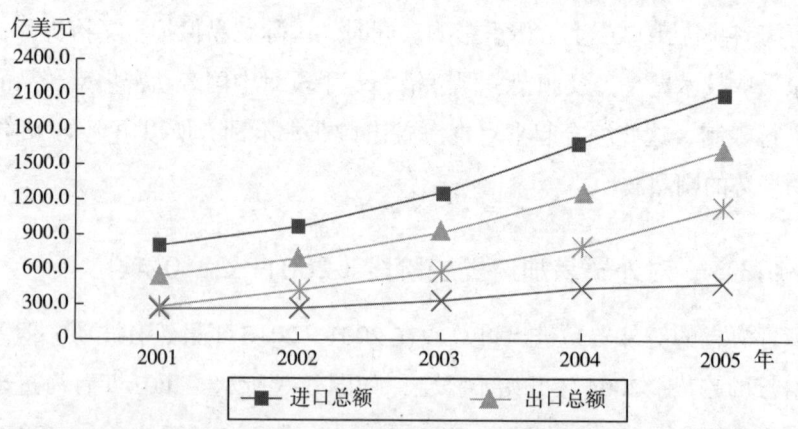

图 6-4　2001—2005 年中国对外贸易增长情况

资料来源：《中国统计年鉴》。

年的1142亿美元,5年内增加308%,年均增速62%,超过贸易总额的增幅和增速。中美双方未曾预料的贸易增长规模和急剧扩大的美国对华贸易逆差,最终引发了中美之间接连不断的贸易纠纷和摩擦:美方运用各种手段来阻止中方对美贸易规模的进一步扩大,甚至采取的措施比中国加入世界贸易组织之前更甚。

以2004年为例,该年美国一共对中国发起反倾销调查案4起、特保调查案1起,涉案金额共计5.72亿美元。美国一系列的针对举措直接导致了中国包括青海省的对外贸易发生波动,如图6-3所示,青海省在2005—2010年,对外贸易的数额发生了很大的波动,表现出明显的不稳定性。图6-5是2006—2010年中国对外贸易情况,其波动情况与图6-3中青海省同期的波动情况大体一致。

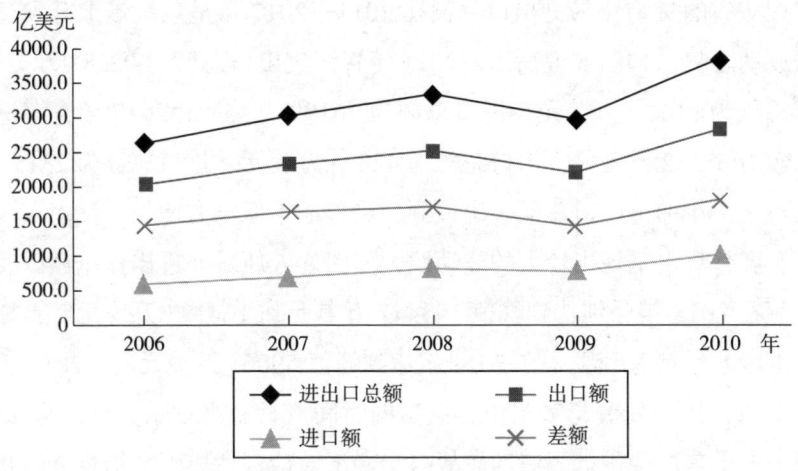

图6-5　2006—2010年中国对外贸易增长情况

资料来源:《青海统计年鉴》。

虽然受到中美贸易摩擦的影响,青海省的对外贸易呈现一定的不稳定性,但也存在比较积极的影响。西部大开发在2000年开始,有两个主要目标:发展西部经济和西部生态环境的保护,这一系列的举措对青海的经济结构改善起到很大的推动作用,尤其对外贸易结构发生了很大的变化。初级产品出口比重从1985年的71.6%下降到2009年的6.2%;工业制成品出口比重从1985年的28.4%上升到2009年的93.8%,说明青海大量出口初级产品来换取工业品的被动局面从根本上得以扭转。从进口商品结构来看，初级产品进口规模较大，而高新技术产品进口表现出总值偏小、规模起伏不定和稳定性差的特性；出口商品主要集中在按原料分类的制成品、化学品及制品和杂项制品，机电和高新技术产品的出口增长缓慢，在分工层次结构上仍处于较低位置。

青海在 2000—2010 年的对外贸易整体上呈现较快发展的格局，虽然 2005 年、2007 年及 2009 年呈现下降态势，但能够迅速在次年转跌为升，这既因为受制于中美关系的发展变化，也得益于西部大开发进行的产业升级发展。

6.3.4 对外贸易波动发展阶段（2011—2017 年）

青海省的货物贸易进出口总额在 2011—2017 年呈现缓慢上升和急剧下跌波动态势，如图 6-6 所示。2011 年青海进出口总额为 92381 万美元，出口总额为 66182 万美元，进口总额为 26199 万美元；2017 年青海进出口总额为 65532 万美元，出口总额为 42375 万美元，进口总额为 23157 万美元。这 7 年的进出口总额、出口额、进口额不但没有增长，反而有所下滑，发展趋势也呈现出较大的波动性，如图 6-6 所示，进出口总额以及出口总额在 2015 年分别达到峰值 193447 万美元和 164197 万美元后，掉头大幅下滑，进口总额则是在 2014 年达到峰值 59063 万美元后，2015 年就率先下滑。这一发展趋势与中美关系的时间点具有高度重叠性。从 2011 年开始，中美两国进行了三四轮战略与经济对话，达成了"构筑全面互利的中美经济伙伴关系""推进结构调整和发展方式转变""促进经济强劲、可持续、平衡增长"等一系列共识。这一系列的举措促使中美货物贸易总额增长曲线在 2014 年、2015 年达到了中美贸易历史的峰值，但在 2016 年这一曲线也是掉头向下，中国对美国贸易顺差在 2015 年达到峰值后也相应下行。这与美国的发展重心转向更加注重本国利益、全球贸易的逆全球化趋势开始增强高度相关。

经过改革开放近 40 年的发展，到 2017 年青海的对外贸易商品主要是机电产品，其进出口额为 10566 万美元，占青海省进出口总额比重为

16%，其次是氧化铝和橡胶或塑料加工机械及零件，其进出口额分别为 9758 万美元和 4374 万美元。比较好的是高新技术产品的进出口额为 2460 万美元，甚至高于农产品的 1320 万美元，羊毛仅为 172 万美元。可见青海的外贸产业已经逐渐向技术密集型和资本密集型转变，这一转变将有助于青海的产业逐渐转向低能耗、低污染的新兴产业，对环境破坏和依赖逐渐减少，反过来促进人民生活的改善和经济的可持续发展。

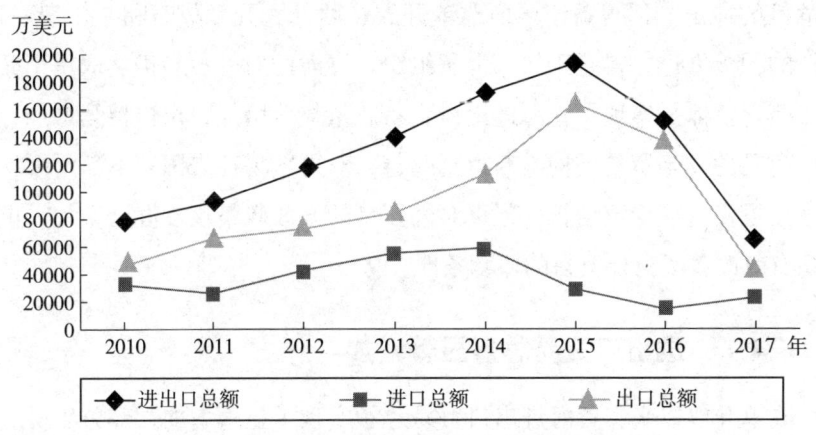

图 6-6　2010—2017 年青海对外贸易增长情况

资料来源：《青海统计年鉴》。

2013 年 9 月和 10 月由国家主席习近平分别提出建设"新丝绸之路经济带"和"21 世纪海上丝绸之路"的合作倡议。青海省地处丝绸之路经济带中国—中亚—西亚经济走廊主线，位于新亚欧大陆桥、中国—中南半岛及中巴、孟中印缅三大经济走廊的交汇地带，是我国深化向西开放的重要区域，是连接陆上丝绸之路和海上丝绸之路的节点省份。作为丝绸之路的重要途经之地，"一带一路"建设启动以来，青海省充分发挥青海的特色产业、民族文化、资源能源和区位条件等优势，积极与沿线国家和地区开展交流合作。到 2017 年青海与 113 个国家和地区建立了贸易往来关系，与日本、美国、巴基斯坦、澳大利亚等 13 个国家和地区的贸易额超过千万美元。

6.4 青海70年对外贸易发展成就

短短70年时间,青海省的对外贸易实现从无到有,再到快速发展,一步步走得异常艰难,既要面对美国等西方国家的苛难,还要应对国际经济危机的冲击。但得益于国内改革开放、西部大开发战略和"一带一路"倡议的积极推进,得益于加入世贸组织,青海的对外贸易仍然取得了骄人的成绩。整体上实现了青海进出口贸易总量显著增加,出口持续增加,进出口商品种类等贸易结构不断得到改善,对外贸易往来国家不断增多,外商直接投资金额稳定增长,促进对外贸易的开放政策逐步健全,加入世贸组织有效改善了对外贸易的环境条件。

6.4.1 进出口贸易总量显著增加

改革开放以来,青海进出口贸易总额实现了显著增加,部分年份贸易发展保持快速增长。1980年青海的对外贸易量为887万美元,到1990年提高到7027万美元,10年间的年均增长率为23%;1990年进口总额仅为222万美元,出口额高达6805万美元。到2000年青海对外贸易量为15973万美元,1990—2000年的年均增长率为8.6%,2000年的进口总额为4773万美元,10年间年均增长率为36%,而出口额为11200万美元,10年间年均增长率为5%。到2010年青海的对外贸易量为78906万美元,10年间年均增长率为17.3%,2010年的进口总额为32276万美元,10年间年均增长率为21%,而出口额为46630万美元,10年间年均增长率为15.3%。到2018年青海的对外贸易量为46亿美元,2010—2018年的年均增长率为24.7%,2018年的进口总额为148900万美元,2010—2018年的年均增长率为21.1%,而出口额为311100万美元,2010—2018年的年均增长率为26.8%。由图6-7可知,青海省的进出口总额在改革开放后始终保持增长,1980—1990年增长比较缓慢,1990—2000年开始加速,真正快速的发展是在2000年以后。

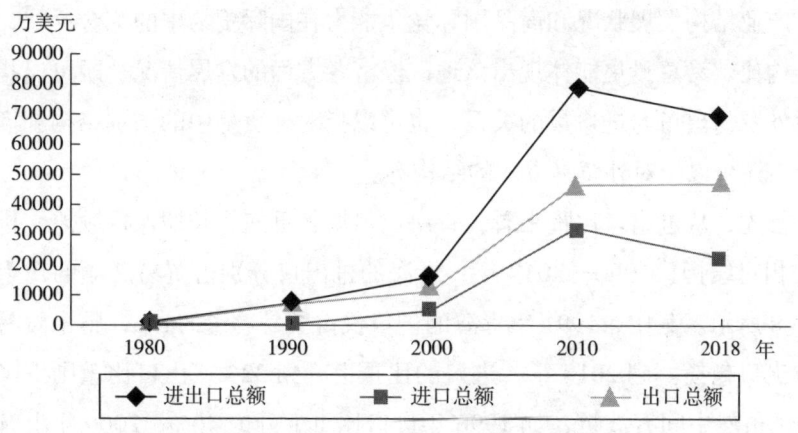

图6-7　1980—2018年青海进出口贸易总额增长情况

资料来源:《青海统计年鉴》。

青海对外贸易尽管取得了显著成绩,但因青海省地处亚欧大陆腹心,位于中国西北地区,经济发展相对全国其他省区比较落后,对外贸易总量依然较少。从历年对外贸易数据来看,青海省对外贸易额占全国对外贸易总额的比重非常低。1980年,全国进出口总额为381.4亿美元,青海为887万美元,青海对外贸易额占全国对外贸易额比重为0.02%。2018年,全国的进出口总额为305050亿元,青海为46亿元,占全国总额的比重为0.015%。可见青海省的对外贸易在全国所占比重一直较低,排名也一直比较靠后。这是由青海特殊的地理位置和此前的国家外贸政策决定的。青海省北连新疆,东接甘肃,东南毗邻四川,南邻西藏,全省域不与任何国家接壤,并且因其地处青藏高原东北部,西高东低,西北高中间低,地形复杂多样,交通不便,历史上青海东部素有"天河锁钥""海藏咽喉""金城屏障""西域之冲"和"玉塞咽喉"等称谓,可见其交通之闭塞。改革开放初期,国家优先发展的是东部沿海省区,青海和广大的内陆省区一样,积极支持沿海城市的发展,服务于全国的改革开放进程。

6.4.2　出口持续增加,对外贸易结构不断改善

改革开放以来,青海对外贸易总量不仅取得了显著成就,全省对外贸易的商品结构也不断得以改善。对外贸易结构是一国(地区)经济发展水

平、产业结构发展状况和商品国际竞争能力在国际贸易中的综合反映，贸易结构比贸易总量更能体现出该地区经济各方面的发展情况，既可以指一国对外贸易出口与进口量的关系，也可以指对外贸易中的国别结构和商品结构，还可以指对外贸易方式的结构等。

首先，从进出口比重来看，青海出口增长迅速，长期保持顺差，进口增长相对缓慢。1990—2017 年，青海的进出口分别占贸易总额的比重如图 6-8 所示。其中，1991 年青海的进口仅占贸易总量的 3%，整个贸易总额被出口包揽。到 2018 年，进口的比重上升到 32%，出口比重则下降为 68%。虽然中间有波折，如 1996 年进口比重上升为 40%，2009 年上升为 57%，但总体来看，青海的进口比重在逐渐上升，同时出口比重不断下降。究其原因是 1991 年以前，青海的对外贸易量比较低，贸易主要是因为青海向国外出口农牧产品，因为工业落后，也不需要从国外进口工业原料或元器件，所以进口量非常少，而 1991 年从全国的数据来看，进口所占比重已经为 47%。这也说明，青海的对外贸易起步较晚。1998 年青海的进口比重为 8%，这与当年亚洲金融危机息息相关，2009 年的进口急剧增长也与当时的世界经济危机紧密相关。1991—2018 年，青海的出口比重增长明显，因为随着贸易的深化发展，青海的出口产品不再仅局限于农产品和畜牧产品，青海也开始出口工业产品。

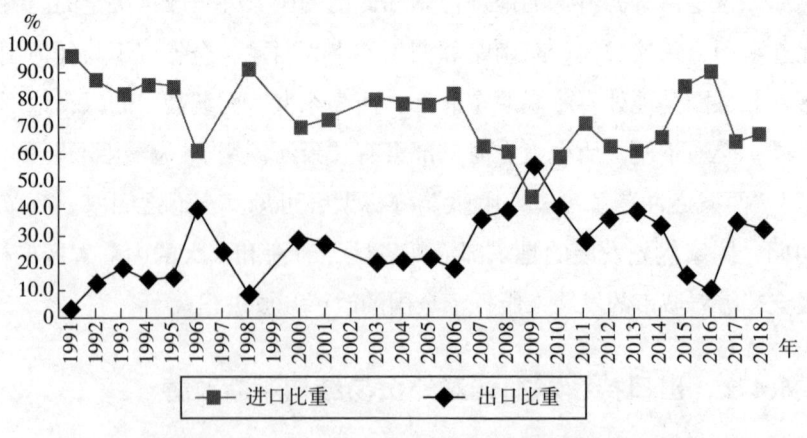

图 6-8　1991—2018 年青海进出口总量结构变化

资料来源：《青海统计年鉴》。

其次，从进出口贸易国家看，青海对外贸易国家增多，市场类型丰富。截至2017年底，青海已经与113个国家和地区实现贸易往来，对日本、美国、巴基斯坦、澳大利亚等13个国家和地区的贸易额超千万美元。2017年青海最大的五个出口市场分别是美国、巴基斯坦、日本、南非、吉尔吉斯斯坦，贸易金额依次为6736万美元、4911万美元、4282万美元、4138万美元、3244万美元（见表6-1），占青海省出口总额的比重分别为15.9%、11.6%、10.1%、9.8%、7.7%，而2017年全国出口总额中这五个国家所占的比重分别为19.0%、0.8%、6%、0.6%、0.2%。相较全国来说，青海最大的出口市场——美国所占比重与第二位的巴基斯坦相差不是太大，说明青海对美国市场存在依赖，但依赖程度比起全国外贸对美国市场的依赖程度要低。同时青海比较大的外贸对象还包括巴基斯坦、南非、吉尔吉斯斯坦等，在全国所占比重都不高，说明青海的对外贸易伙伴更多样，市场类型更丰富，应对单个市场变动造成冲击的能力比全国更灵活。

表6-1　2017年青海前10位进出口商品和出口国家和地区贸易概况　　单位：万美元

序号	前10位出口商品		前10位进口商品		前10位出口国家和地区	
	商品	贸易金额	商品	贸易金额	国家	贸易金额
1	钛白金	10944	机电产品	10566	美国	6736
2	纺织纱线、织物及制品	8030	氧化铝	9758	巴基斯坦	4911
3	焦炭、半焦炭	4955	橡胶或塑料加工机械及零件	4374	日本	4282
4	文化产品	4361	高新技术产品	2460	南非	4138
5	服装及衣着附件	4267	农产品	1320	吉尔吉斯斯坦	3244
6	农产品	3763	肉及杂碎	934	中国台湾	2780
7	中药材及中式成药	3464	金属加工机床	342	韩国	1515
8	机电产品	2067	非泡沫塑料的板、片、膜、箔	306	意大利	1318
9	山羊绒	1594	计量检测分析自控仪器及器具	303	越南	1200
10	鞋类	1165	煤及褐煤	240	中国澳门	1164

资料来源：《青海省统计年鉴2018》。

6.4.3 进出口商品结构不断优化

近年来,青海着力调整进出口商品结构,发展新能源、特色农畜、特色文化等新领域产品进出口。2017年全省自营商品进出口总额达6.26亿美元,与1980年自营初期的887万美元相比,对外贸易额增长了近70倍,年均增长了11.2%。

1991—2017年青海省工业制成品进、出口均呈现出大幅增加,对外贸易结构日趋优化,工业制成品的进出口已经成为青海省对外贸易发展的主导。以2017年为例,青海出口最多的是钛白金、纺织品、焦炭、文化产品等,进口最多的是机电产品、氧化铝、橡胶或塑料加工机械及零件、高新技术产品等(见表6-1)。对外贸易的伙伴国更多样,抗风险能力提升;对外贸易的产业结构更优化,向低能耗、低污染,并提高自身生产技术水平方向发展。显然,青海对外贸易结构的改善除受到中美关系等外部经济因素的影响,也受到国内经济政策的影响。

6.4.4 外商直接投资金额稳定增长

改革开放以来,青海利用外资规模持续扩大。截至2018年6月底,累计审批外商投资企业共622家,投资总额共103.32亿美元,投资项目涉及锂电池上游产业、风电场开发、民族服饰用品、针纺织品等多个领域,其中引进外资融资租赁公司、期货公司及外资电影放映公司,填补了青海省在金融和高端服务业无外资的空白。

青海1991—2017年实际利用外资的情况如图6-9所示。1991年利用外资额为13万美元,2007年达到峰值31000万美元,2017年为1833万美元。总体来看呈现先上升再下降的趋势,尤其是2001—2007年呈现快速增长态势,增长速度快于全国同期。

但全国在1991—2017年实际利用外资却始终呈上升趋势,如图6-10所示,2001—2007年增速放缓,2007年后继续增长,恰好与青海同期呈现相反态势。这应当与2007年中央制定的遏制经济增长由偏快转为过热以及遏制高耗能、高污染产业过快增长有紧密关系。青海因为地处内陆地区，经济发展起步较晚，2000年前后其经济发展水平还比较低下，劳动力成本低廉，许多高能耗、高污染的产业开始向青海迁移，但2007年的经济政策阻止了这一趋势发展。所以青海实际利用外资呈现与全国不同的趋势，虽然牺牲了量上的增长，但增长的产业结构却得以提升。

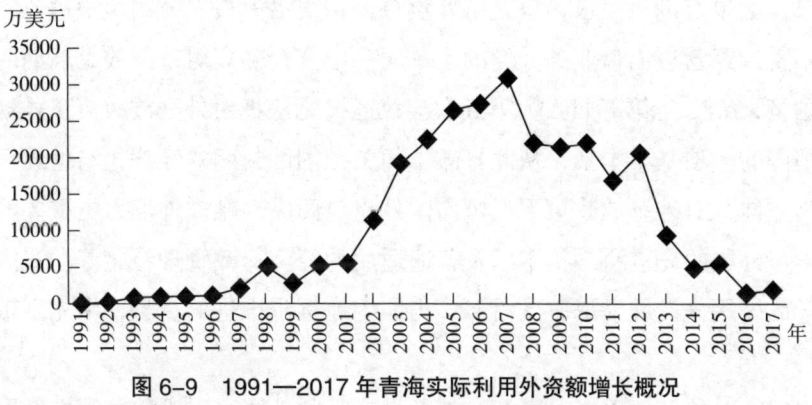

图6-9　1991—2017年青海实际利用外资额增长概况

资料来源：《青海统计年鉴》。

图6-10　1991—2017年全国实际利用外资额增长概况

资料来源：《中国统计年鉴》。

6.4.5　促进对外贸易发展的开放政策逐步健全

我国实行对外开放基本国策、实施西部大开发战略以及加入世界贸易组织等，表明促进青海对外贸易持续发展的开放政策体系逐步健全。党的十一届三中全会后的改革开放政策，结束了青海经济封闭停滞的局面，青海经济发展和对外贸易迎来了前所未有的发展机遇。改革开放前,青海的对外贸易量因为对外交通不便、生产力发展水平相对低下等条件的制约,几乎还停留在以物易物的直接交易水平。且因当时外贸政策是由国家下达外贸收购、调拨计划,地方组织收购货源,再统一调往沿海口岸公司供应出口,如果有进口需求,也是由外贸总公司或沿海口岸公司组织进口,地方不直接经营进出口业务。党的十一届三中全会确立对外开放是长期的基本国策,1982年第五届人大第五次会议通过宪法把对外开放政策正式规定为中国的一项基本国策,从此打破了闭关锁国的封闭式经济,与世界经济融为一体。对外开放政策不仅可向国外出口商品,赚取外汇,更重要的是要学习外国的先进科学技术以及普遍适用的经济行政管理经验等。我国对外开放采用先发展沿海省区沿海,再向内地逐步推进的步骤,由先富带动后富。

实行对外开放以来,青海对外贸易在吸收外资、引进技术等方面取得了巨大成就,并有力促进了当地经济的发展。"六五"和"七五"期间,即1980—1990年,青海陆续开发了水电、石油、钾肥、盐类、石棉、铅锌等资源项目,开发建成了柴达木盆地资源的输电工程,农牧区经济社会生产得到较快发展。"七五"结束时青海人均收入已经从"六五"初期的481元上升到1558元,年均增幅为12.5%,这是新中国成立以来发展势头最快、经济形势最好的一个时期。但青海与全国差距却依然存在,有时差距还在扩大。1980年,青海人均GDP为481元,全国人均GDP为468元,青海高出全国13元。1985年,青海人均GDP为808元,全国人均GDP为866元。到了1990年,青海人均GDP为1558元,全国人均GDP为1663元。1995年,青海人均GDP为3430元,全国人均GDP为5091元,青海与全国差距进一步扩大。改革开放政策极大地促进了全国和青海的经济增长,但由于青海相对闭塞的地理位置和相对落后的技术水平,青海相对于全国经济落后的格局并未彻底改变。

为了缩小与东部沿海地区发展的差距,实现共同富裕目标,2000年1月,国务院成立了西部地区开发领导小组。2000年3月,国务院西部开发办正式成立,西部大开发战略开始实施。2006年12月8日,国务院通过《西部大开发"十一五"规划》。目标是努力实现西部地区经济又好又快发展，人民生活水平持续稳定提高，基础设施和生态环境建设取得新突破，重点区域和重点产业的发展达到新水平，教育、卫生等基本公共服务均取得新成效。青海是西部大开发重点发展的12个省区之一。实施西部大开发，依托亚欧大陆桥、长江水道、西南出海通道等交通干线，发挥中心城市作用，逐步形成我国西部有特色的西陇海兰新线、南（宁）贵、成昆（明）等跨行政区域的经济带，带动其他地区发展，有步骤、有重点地推进西部大开发。青海是陆路通往新疆和西藏的必经之路，且青海地域辽阔，资源丰富，其水力、盐湖、有色金属、动植物资源在中国占有相当重要的位置，所以西部大开发过程中，青海的发展尤为重要。

青海的经济发展仅仅靠投资和加大内需还不够，还需要加大对外开放。通过对外开放引进国外先进的技术和管理经验，带动青海产业结构的转型升级；通过对外开放，解放思想，促进劳动生产率提升；通过对外开放，以国际市场作为舞台，充分利用青海的地区优势资源，在国际分工中占有一席之地。改革开放初期，得益于政策偏向，中国沿海地区率先发展，西部大开发政策则为青海对外贸易快速发展奠定了政策基础。如图6-11所示，2000年青海对外贸易总额为15973万美元，其中进口4773

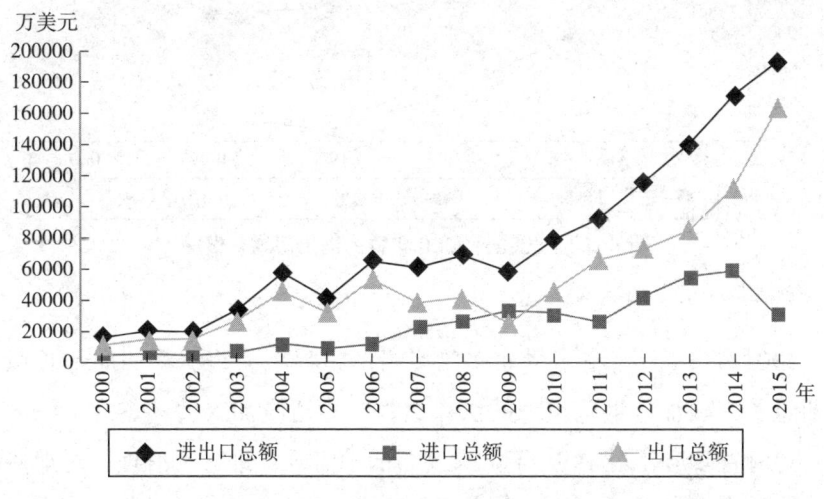

图6-11　2000—2015年青海进出口增长情况

资料来源：《青海统计年鉴》。

万美元，出口 11200 万美元。2015 年分别达到了 193447 万美元、29250 万美元、164197 万美元，年增长率分别为 18%、28% 和 20%，同期全国的进出口总额、进口额和出口额的增长率分别为 15%、14% 和 16%。由此可见，在西部大开发以来 15 年间，青海对外贸易的发展速度明显快于全国。

6.4.6 加入世贸组织有效改善了对外贸易环境条件

推动青海对外贸易在 2000 年后快速增长的因素还包括中国成功加入世界贸易组织，有效改善了青海和全国对外贸易的发展环境和条件，优化了贸易结构。中国加入世界贸易组织前，因受到东南亚金融危机影响，青海"九五"期间进出口情况波动比较大，如图 6-12 所示，到 1999 年，进出口总额仅为 10785 万美元，出口额下降到 8686 万美元，比 1998 年下降了 17%，比 1995 年甚至下降了 37%，出口创汇收入占地区生产总值比重仅为 3%。由此可见青海省对外贸易的脆弱性，以及外部环境稳定对青海经济和贸易发展的重要性。

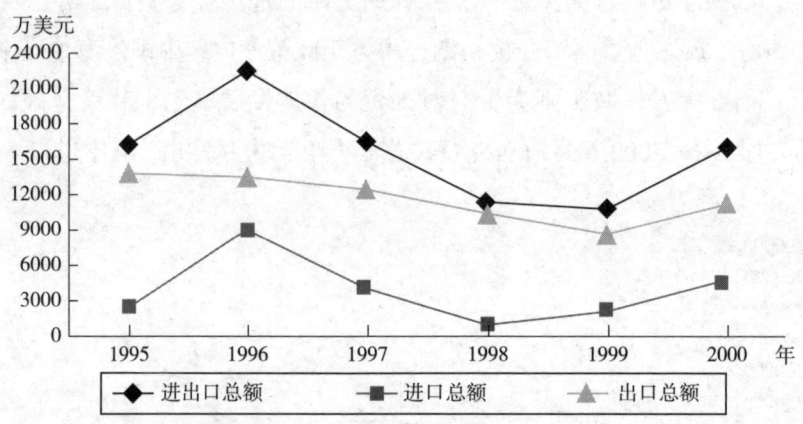

图 6-12　1995—2000 年青海进出口增长情况

资料来源：《青海统计年鉴》。

2001 年 11 月，在卡塔尔多哈举行的世界贸易组织第四届部长级会议通过了中国加入世贸组织的法律文件。为适应加入世界贸易组织的需要，青海省政府还对 1991 年以来发布的政府规章进行了清理，对那些主要内容与法律、行政法规以及党和国家新的方针政策不相适应的规章予以废止，这一系列的举措大大提升了青海对外贸易的活力，也促进了青海经济的发展。加入世贸组织后，中国的外贸企业可以取得稳定的多边优惠待遇，可以参加多边贸易规则的制定，为中国企业参与国际贸易制定较公平的外部环境创造了机会。

加入世贸组织后，青海进出口商品的结构更加多样化。2000年青海出口的主要商品按价值超过200万美元进行排序，依次是：铅2183万美元，铝1696万美元，硅铁1310万美元，硅944万美元，锌782万美元，碳化硅647万美元，氧化镁529万美元，织物制服装472万美元，地毯331万美元，羊毛手工毯318万美元，织物或钩编的服装292万美元，镁265万美元。可见，大宗出口商品主要集中于矿产品和纺织品。2005年，青海出口金额超过1000万美元的商品包括：未锻造的铝及铝材14743万美元，硅铁3516万美元，纺织纱线、织物及制品3010万美元，地毯2157万美元，碳化硅1522万美元，织物制服装1447万美元，铅1436万美元，针织或钩编的服装1374万美元。2000年，青海进口的商品非常单一，氧化铝3263.3万美元，进口额排第二的就是羊毛68.40万美元。2005年青海进口商品主要还是氧化铝6855万美元，但进口的工业产品开始增多，进口额超过100万美元的商品除氧化铝外，还有汽车及汽车底盘201万美元，建筑及采矿用机械及零件149万美元，冷冻机和制冷设备133万美元，制造纸及纸制品用机械115万美元。从进出口商品结构来看，不但种类更多样化，而且逐渐从矿产品和农牧产品向工业品过渡。

加入世贸组织后，青海对外贸易往来国家明显增多。2000年青海主要的出口国及金额排名前五的国家分别是：韩国3551万美元，日本2862万美元，美国1424万美元，新加坡545万美元，哈萨克斯坦459万美元。可见韩国、日本和美国是青海最重要的出口市场。2005年出口金额排名前五的国家和地区有：日本10668万美元，美国4239万美元，中国香港3808万美元，韩国2874万美元，阿拉伯联合酋长国2624万美元。可见青海对单个贸易伙伴的依赖性开始减弱，贸易结构更合理。

加入世贸组织，促进了青海进出口贸易的显著发展，展现出与以往不同的发展态势。首先是过去封闭式的竞争，在开放的国际大市场中变得更公平；其次是过去单一靠货物贸易的格局变为融合了技术贸易、服务贸易和知识产权合作等的综合贸易方式；三是依靠拼价格、拼数量和拼优惠条件的粗放式竞争被取代，逐渐形成了靠质量、服务和先进经营管理理念的集约型竞争方式。青海对外贸易在数量和质量上不断提升。

6.5　青海70年贸易发展展望

新中国成立70年以来，尤其是改革开放和西部大开发以来，青海国内贸易持续高速增长，对外贸易实现了跨越式发展，全省进出口贸易总额持续增加，对外贸易结构持续优化。但面临国际贸易局势错综复杂和国内经济步入新常态等，青海贸易发展既面临诸多机遇，也要正视困难，着力解决对外开放总体水平不高、经济外向度低、对发展拉动作用不强等问题。青海未来需要紧紧把握新时期发展国内外贸易的良好机遇，继续充分发挥开展国内外贸易的比较优势，勇于迎接各种挑战，通过继续加强对外开放通道建设，健全长效合作机制，扩大对外人文交流等，多举措深度融入"一带一路"建设；通过扩大贸易规模，优化贸易结构，提升出口产品竞争力，继续培育对外贸易新优势；积极发展加工贸易和服务贸易，完善促进贸易发展的政策支撑体系，实现对外贸易的持续健康发展，加快构建全方位开放新格局。

6.5.1　紧紧把握新时期发展国内外贸易的良好机遇

尽管国内经济发展步入新常态，国际贸易局势错综复杂，但青海未来国内外贸易发展依然拥有"丝绸之路经济带"建设倡议和承接国内外产业转移等诸多良好机遇，需要紧紧把握。

首先，新时期青海必须牢牢把握"一带一路"构想的建设机遇，促进其对外贸易发展。"一带一路"是"丝绸之路经济带"和"21世纪海上丝绸之路"的简称。2013年9月和10月习近平主席分别提出建设"新丝绸之路经济带"和"21世纪海上丝绸之路"的合作倡议。它旨在充分依靠中国与有关国家既有的双多边机制，借助既有的、行之有效的区域合作平台，积极发展与沿线国家的经济合作伙伴关系，共同打造政治互信、经济融合、文化包容的利益共同体、命运共同体和责任共同体。在这个共同体中，青海起着重要的桥梁作用。2015年3月28日，国家发展改革委、外交部、商务部联合发布了《推动共建丝绸之路经济带和21世纪海上丝绸之路的愿景与行动》，标志着"一带一路"构想正式拉开帷幕。"丝绸之路经济带"将连接整个亚欧大陆的巨大市场，沿线各国需求潜力巨大，中亚各国的需求也恰是青海和中国的优势产业和产品，中亚各国丰富的矿产品也是中国急需的，双方开展贸易具有很强的互补性。如中亚国家居民对住房的需求增长迅速，造成其市场上钢材、水泥和其他建筑材料严重短缺；受自然条件限制，中亚地区蔬菜、水果、罐头和冷冻食品进口量很大；因为电力能源匮乏，中亚国家对水电、风电等清洁电力需求量也非常大；中亚国家需要进口的机械及运输设备等也是青海和中国的优势出口产品。

其次，青海具备承接国内外产业转移的经济基础和交通条件。在新技术革命推动下，发达国家和地区竞相发展附加值较高的高新技术产业和服务业等，低附加值的制造业等产业向经济欠发达地区转移已经成为世界经济的发展趋势之一，承接东部乃至世界的产业转移给青海这样的欠发达地区带来了历史性发展机遇。"一带一路"倡议提出之前，中国对外贸易完全依赖海洋运输，这也是东部沿海城市得以快速发展的重要原因。但"丝绸之路"经济带构想的实施，使中欧之间的陆路贸易通道得以打通，传统属内陆地区的青海，此时却成为贸易的前沿。承接国外和东部沿海城市的产业转移，既可以带动本地经济的发展，也可以促进本地经济结构的改善。同时产品如果从青海走陆路出口，运输成本比之前从沿海地区出口大大降低。同时，西部大开发战略实施以来，青海经济社会全面协调发展，其工业基础也已初步具备，其交通基础设施等投资环境持续改善，其产业配套能力不断增强，为承接产业转移和发展国内外贸易奠定了坚实基础。青海丰富的资源加之国家产业政策的支持等，在"一带一路"带来的发展机遇面前，其国内外贸易发展前景相当广阔。

6.5.2 继续充分发挥开展国内外贸易的比较优势

第一,充分利用青海区位及综合运输通道的优势,继续发挥其作为西北地区和"丝绸之路"经济带上的交通枢纽作用。青海虽属我国内陆偏远地区,但在中国与中亚经济板块中,青海却处于中心位置。青海不但是古丝绸之路和唐蕃古道的必经之地,且向北、向东、向东南、向西、向西南都有畅通的交通路线,是连接中国与漠北、西域、青藏高原的交通枢纽,也是丝绸之路上中西交流的中转站,是各种贸易交流和文化交流的连接点。青海的交通网络已经初具雏形,形成了铁、陆、空联运立体交通模式。经铁路,敦格铁路、兰青铁路、兰新铁路、青藏铁路互相串联,成为我国西北地区的环形闭合铁路网,形成沟通甘肃、青海、新疆、西藏以及四川等省区的便捷通道。经公路,青海通过霍尔果斯、巴克图等口岸可联系哈萨克斯坦;经哈萨克斯坦集散,可达到乌兹别克斯坦和塔吉克斯坦和吉尔吉斯斯坦,乃至俄罗斯和欧洲;以西宁为起点经新疆吐尔尕特口岸和伊尔克什坦口岸可以连接吉尔吉斯斯坦,并通过吉尔吉斯斯坦到达塔吉克斯坦和乌兹别克斯坦。经飞机,青海已开通南亚、欧亚航线。青海已具备面向国内外广泛拓展商品贸易、服务贸易和对外投资的区位和交通条件。

第二,青海具备与欧亚国家共建"丝绸之路"经济带的文化优势和交流沟通基础,具备开展贸易往来的文化语言等比较优势。在文化交流和融合上,青海是一个多民族省份。这里古代是西戎属地,汉属羌地。历史上这里曾经有羌、吐谷浑等民族居住,后发展成一个多民族聚居区。藏族、土族、回族、撒拉族、蒙古族等在长期的历史进程中形成了各具特色的民俗风情。同时作为古丝绸之路的重要商道,青海自古就是中西文化(包括农耕和游牧文化、佛教文化、伊斯兰文化、儒家文化、道家文化、基督教文化)交汇的地方,各种文化和谐共存。

第三,青海依然拥有包括新能源和清洁能源在内的资源丰富的比较优势。青海有着"中国的乌拉尔"称号,因其不但有丰富的矿藏资源,而且还有丰裕的新能源。石油、天然气资源储量相当丰富,已探明的储量有2亿吨和1500亿立方米。有色金属等资源不但储量可观,而且品位高、类型全、分布集中，所以开采条件十分优越。青海地处青藏高原，故而其太阳能、风能、生物质能、地热能等资源都非常丰富，此外其水电资源也非常丰富。所以青海也是世界上极少的清洁能源基地之一。青海省还是生态农牧业基地，成为发展生态农牧业的净土。青海的优势资源还包括独具特色的民俗手工艺、旅游资源等。

6.5.3　勇于面对新时期贸易发展面临的劣势和挑战

第一，青海对外贸易总量还比较小，贸易产品质量和效益均有待提高。尽管青海省对外贸易总额在过去70年取得了显著成就，但出口产品多为高耗能、低附加值、低科技含量的初级产品，对外贸易规模需要继续扩大，贸易结构需要优化。青海省外贸依存度仍然远远低于全国平均数。2010—2014年，青海省外贸依存度分别为4.0%、3.7%、3.9%、4.1%和4.1%，同期全国对外贸易依存度分别为51%、50.1%、47%、46%、41.5%，青海省对外贸易发展潜力较大。贸易产品过于集中，尤其出口产品过于集中于少数质量偏低、效益偏下的商品，造成对某种商品或极少数商品过度依赖。目前，青海出口产品主要是资源性的矿产品、低技术含量的粗加工产品、高耗能且处于国际产业分工低端的产品。高耗能产品不仅破坏国内环境资源，国际上也受到绿色贸易壁垒等非关税壁垒的限制，不利于青海出口稳定增长。

第二，青海对外贸易的出口市场比较单一，投资和贸易对象相对集中，不但加大出口竞争压力，而且导致企业难以及时规避出口和投资风险。青海进出口贸易对象有180多个国家和地区，进口对象国主要有澳大利亚、印度尼西亚、德国、美国、日本等；出口国家和地区主要有美国、巴基斯坦、日本、中国香港、韩国、德国等。有限的几种主要贸易产品出口到有限的几个国家和地区，加之加工贸易发展滞后，出口商品的质量和效益不高。由于青海部分贸易伙伴正处于向市场经济转轨进程，其法律法规多变不健全，对外政策上缺乏连贯性和一致性，政策朝令夕改，有的甚至不符合市场经济要求和国际惯例，不利于青海对外贸易持续发展。

2014年底，青海的外商投资主要来自35个国家和地区，累计审批外商投资企业共588家，合同外资共48亿美元，实际利用外资共28亿美元。规模在扩大，但外资企业普遍规模较小，且主要集中在制造业领域，涉及服务业，尤其是高附加值服务业的企业几乎没有，高新技术企业也屈指可数。青海从事对外贸易出口业务的企业主要是私营企业，占全省出口总额的90%以上，但外商投资企业所占出口比重非常低。

第三，青海外贸市场上的企业主体偏少，有限的外贸企业技术装备比较落后，创新力弱，导致青海省多数特色优势企业和产品在国际市场上竞争优势不明显。尽管青海拥有丰富的特色产业，如生态农业等，但特色优势产业规模不大，缺少具有带动力的龙头企业，没能形成具有聚集效应的外商投资产业链。青海省农畜产品的附加值较低，没有形成出口规模；青海省的工业仍整体科技创新能力不强，外向型经济所占比重较小，高新技术产品出口比重较低。

第四，青海省整体市场体系建设滞后，尤其是金融市场，没有充分发挥市场在资源配置中的基础性作用。青海地处内陆，信息和技术接受较慢，又缺乏科学规划和合理布局，不仅产业层次较低，结构类同，难以形成分工协作的实力和合力，且在出口贸易中容易形成恶性竞争。青海省是少数民族聚集省份，非国有中小型外贸企业以及外向型的农村经济实体的发展需要大量投资，尽管已初步形成银行、证券、保险及其他金融机构并存的格局，也有运行稳健的多层次金融组织和市场体系，但整体金融市场发展相对滞后。尤其是涉及外贸发展的金融保障体系仍未形成，外贸企业融资困难、资金不足普遍存在，制约了对外贸易的发展。同时，外商对青海省的投资仍不足。青海省在争取国外贷款项目时，过多依赖大型招商会，缺乏专业招商、行业招商和对口招商等形式，同时招商的项目也比较单一。好不容易引进的项目，青海省的投资软硬环境仍需进一步改善，政府的服务意识和能力还有待提升。外商投资企业主要集中在劳动密集型的高耗能产业和餐饮娱乐业等行业，投资者以港澳台中小投资者居多，表现出投资规模小、技术含量低、抗风险能力差的特点。

6.5.4 多举措深度融入"一带一路"建设

青海要继续立足和发挥比较优势,加强与"丝绸之路"经济带沿线国家及地区的交流合作,努力把全省建成"丝绸之路"经济带上重要的战略通道、商贸物流枢纽、产业基地、人文交流基地,多举措深度融入"一带一路"建设。

实施"一带一路"之前的2010—2014年,青海省对外贸易进出口总量以平均每年25%的速度跨越式地增长,其出口额年平均增长率为52.1%。2010年进出口总额仅为7.89亿美元,到2014年已达到15.2亿美元,5年间实现翻倍式增长。2014年,青海省进出口贸易总值达到171896万美元,出口和进口总量均达到此前历史的最高水平,其中出口总额增长尤为迅速,比2010年增加了2.14倍。2010—2014年,青海出口虽然始终以硅铁、纺织纱线织物、铝及铝材品等为主,但其出口商品结构不断优化,技术含量较高、增值率较高的产品出口开始逐渐增加,包括民族服装、汽车零件、中药材、纺织服装、机械设备等。同时,青海省还重点加大了藏毯、穆斯林民族服饰及用品、牛羊驼"三绒"织物及制品、高原特色枸杞及沙棘等生物制品、高原特色农畜产品、新能源、新材料、高新技术材料等特色产品的出口。显然,如今青海出口产品种类更丰富,技术含量更高,但出口商品还是主要集中在按原料分类的制成品、化学品及制品和杂项制品,青海省在国内外贸易分工中还是处于较低的分工层次。

首先,要继续加强对外开放通道建设。加快铁路公路建设,实现与主通道间的高效畅通,构建进入中亚、西亚、南亚及欧洲地中海国家的战略通道,夯实对外开放的互联互通基础。加快构建通达全国和重要国家(地区)的航线网络,开通国际货运包机,建设区域航空货运集散中心。加强航空和陆路口岸基础建设,提升口岸综合服务功能,形成"丝绸之路"经济带上的贸易通道。

其次,要健全长效合作机制。加强与国内外各类商协会、海外侨胞的沟通联系,为合作交流提供信息和服务。积极与沿线国家和地区缔结友好关系,加强与中亚五国、阿拉伯联合酋长国、沙特阿拉伯、俄罗斯等国的沟通联系，制订务实的交流合作计划，打造西宁、海东和格尔木三个对外开放节点城市。进一步强化西部省区间参与"一带一路"建设的政策协调，建立沟通协商机制，共同打造向西、向南开放的经贸共同体。

最后，不断扩大对外人文交流。充分发挥民族文化人文优势，广泛开展教育、文化、旅游、卫生等领域合作，形成面向周边国家和地区的人文交流基地。以唐蕃古道、昆仑文化为重要载体，打造文化展示交流平台。以循化县撒拉族与土库曼斯坦历史文化同根同源为基础，打造丝绸之路历史文化旅游区。利用玉树州杂多县系澜沧江—湄公河源头的独特地理优势，打造"澜沧江—湄公河源头风情文化旅游"线路。开展教育交流合作，扩大与相关国家互派留学生规模，广泛开展丝绸之路沿线城市青少年交流互访活动。加强医疗卫生交流合作，在高原医学、藏蒙医药、地方病防治、专业人才培养等方面建立密切的协作关系，在沿线有需求国家建立高原病和藏蒙医药诊治中心。

6.5.5 全方位培育对外贸易新优势

按照青海"十三五"规划纲要，全省要千方百计扩大贸易规模，优化贸易结构，提高开放型经济发展水平，尤其着力提高自营进出口比重，培育对外贸易新优势。

第一，要努力扩大贸易伙伴，千方百计扩大贸易规模。深入拓展外贸市场，发展更多的贸易伙伴，继续扩大与现有贸易伙伴的贸易规模。在"一带一路"倡议推进的开放背景下，实现海路和陆路运输方式并重，加强能源和信息网络建设；实现欧亚经济和谐发展，改善贸易环境，促进互联互通。深化与重点国家和地区的合作交流，紧密与重点国家和地区的经济联系，以国际友好城市为纽带，在政府高层互访、部门对口洽谈、企业深度对接、民间友好交流4个层面形成机制化，深化务实合作。

第二，要持续优化贸易结构，提升产品出口能力。要注重优化商品结构和科技创新，加强产业链的延伸，对优势产品进行深加工，努力提高产品附加值，增强出口产品在国际市场上的竞争力。青海省矿产资源丰富，通过实施科技兴贸战略和技术革新等，推动矿产品加工生产技术的升级，争取不断优化出口商品结构。加强出口基地建设，稳定传统优势产品出口，提升出口产品质量、档次和创新要素比重，实现出口商品以初级产品为主向高附加值产品转变。建设特色优势产品出口加工基地和商贸物流集散基地，积极推进藏毯、穆斯林用品、生物制品、特色文化产品等13个国家级、省级出口基地建设。实施"千万美元潜力培育计划"和出口自主品牌培育计划，在藏毯、特色纺织、装备制造、水电、钾肥、藏文化及医药、新能源、生物制品等行业扶持一批年进出口总额超千万美元，具有国际竞争力和知名度的骨干进出口企业。同时，对农产品和矿产品要提高其加工比率和加工水平，增加其技术含量，通过提高产品标准，使这类产品与国际接轨，并争取逐步替代对这类产品的进口。对纺织产品要提高其加工程度和附加值，积极向这些产业渗透国际新技术和新材料，充分利用青海人力成本低的优势，使这些产业获得国际比较优势；对绿色生态农业产品要提高其附加值，充分利用青海得天独厚的清洁农业资源，向国际市场提供精加工生态农产品。

第三，要积极发展加工贸易和服务贸易，着重提高优势产品的加工深度和效益。青海要充分抓住全国和发达国家产业转移的机遇，承接东部地区产业转移，有效参与国内和国际市场分工，将加工贸易部分向青海转移。同时，青海要大力发展服务贸易，加快服务业开放水平，引进国际性高端服务业，培育一批服务外包企业，提升承接服务外包业务能力和水平，建设服务外包基地，制定国际服务贸易促进措施，扶持龙头企业到海外承接服务贸易项目。稳定和拓展旅游等传统服务业出口，探索扩大金融、物流、通信等服务业对外开放，培育新的服务贸易增长点，提升服务业国际化水平和在对外贸易中的比重。

第四，要提高政府的服务意识和服务能力，完善促进贸易发展的政策支撑体系。要营造法治化、国际化、便利化的营商环境，提高外商投资服务水平，健全有利于合作共赢的体制机制。要继续深化外商投资管理体制改革，全面实行准入前国民待遇加负面清单的管理制度，创新对外投资合作方式，积极有效地引进境外资金和先进技术。要不断推动贸易便利化，加快对外贸易"单一窗口"和口岸体系建设，建立信息互换、监管互认、执法互助的通关协作机制。引进外资和项目时加以引导，使其更多地与青海省特色优势产业互补，努力实现以外资带动特色产品加工升级、出口扩张的目的。进一步加强金融业的整合，使更多的具有比较优势的中小型外贸企业获得发展资金。

总之，青海将紧抓国家实施"一带一路"倡议的重大历史机遇，坚持对外开放与深化改革相结合，对内开放与对外开放相结合，优化和拓展对外合作空间，加快培育国际合作和竞争新优势，构建全方位、多层次、高水平对外开放新格局。

6.6 结论

深处青藏高原腹地的青海，在中央和青海省委、省政府的正确领导下，通过 70 年时间，尤其是改革开放 40 年来，对内贸易持续稳定发展，城乡市场繁荣活跃，国内贸易水平明显提升，为促进全省经济社会发展做出了积极贡献。

青海对外贸易从无到有，实现了持续快速发展。其发展历程经历了改革开放之初对外贸易的起步阶段和曲折发展阶段、西部大开发前 10 年的快速发展，以及新时期的波动发展等阶段。尽管走得异常艰难且曲折波动，既要面对美国等西方国家的贸易摩擦，还要应对国际经济危机的冲击。但得益于国内对外开放的基本国策、西部大开发战略和"一带一路"构想的积极推进，以及我国加入世贸组织等，青海的对外贸易仍然取得了巨大成绩。

新中国成立 70 年以来，青海对外贸易实现了跨越式发展。尤其是改革开放以来，青海对外贸易整体上实现了进出口贸易总量显著增加，尤其是出口持续增加；进出口商品种类等贸易结构不断得到改善，对外贸易往来国家明显增多；外商直接投资金额稳定增长，促进对外贸易的开放政策逐步健全，加入世贸组织有效改善了对外贸易的环境条件。但青海对外贸易总量依然较小，贸易产品质量和效益均有待提高，贸易结构有待优化，促进贸易发展的市场体系和政府政策支撑还不够健全和完善。

青海未来需要紧紧把握新时期发展国内外贸易的良好机遇，继续立足和发挥比较优势；加强与"丝绸之路"经济带沿线国家及地区的交流合作，继续加强对外开放通道建设，健全长效合作机制，扩大对外人文交流等，多举措深度融入"一带一路"建设；扩大贸易规模，优化贸易结构，提升出口产品竞争力，继续培育对外贸易新优势；积极发展加工贸易和服务贸易，完善促进贸易发展的政策支撑体系，实现国内外贸易的持续健康发展，加快构建全方位、多层次、高水平对外开放新格局。

参考文献

[1] 王涛，强莉. 中国西北五省对外贸易竞争力比较分析 [J]. 山东农业大学学报（社会科学版），2017（1）.

[2] 张首青. 西部大开发，青海外贸要大发展 [J]. 青海统计，2001（1）：16-17.

[3] 高兴霞. 青海对外贸易结构与经济增长关系研究 [J]. 中国商论，2011（12Z）：229-230.

[4] 高兴霞. 青海对外贸易结构的实证分析 [J]. 中国商论，2010（14）：206-207.

[5] 张首青. 浅谈中国加入WTO对青海外贸出口的影响 [J]. 青海统计，2000（6）：29.

[6] 勉卫忠. 近代青海商业贸易中的交易方式 [J]. 青海民族大学学报（社会科学版），2013，39（1）：79-83.

[7] 苑莹. "一带一路"视域下的青海对外贸易环境分析及对策研究 [J]. 青藏高原论坛，2015，3（3）：70-77.

[8] 李毅，李正欣. 青海省对外贸易发展现状、存在问题及原因解析 [J]. 中国市场，2015（8）：143-145.

[9] 张伟. 青海扩大对外开放的战略研究 [J]. 青海社会科学，2010

(1): 45-49.

［10］张继银,李勉业,王玉英.扩大青海对外开放的思考［J］.青海社会科学,1994（2）:38-43.

［11］李勇.青海融入丝绸之路经济带建设的战略构想［J］.青海社会科学,2014（5）:67-70.

［12］易瑾超.我国外贸商品结构的变动分析及优化对策研究［J］.宏观经济管理,2005（4）:35-37.

［13］金卫星.中美经贸关系的历史轨迹（1979—2016）［J］.美国研究,2018,32,136（04）:8,36-52.

［14］曾鹏,朱玉鑫.中国十大城市群国际贸易综合发展状况比较研究［J］.国际贸易问题,2012（7）:48-57.

［15］2006—2017年青海海关统计数据.

［16］2001—2017年青海统计年鉴统计数据.

［17］2001—2009年青海商务厅统计数据.

第 7 章 青海 70 年金融与发展

郭梦娇[①] 付 强[②]

7.1 引言

青海省位于"世界屋脊"青藏高原的东北部,自然环境较为恶劣,交通不便,是藏族、回族等少数民族的聚居地,蕴藏着丰富的天然气、水力等多种资源,有天然的牧场和草场。新中国成立前,青海省经济社会发展基础十分薄弱。新中国成立 70 年以来,青海省经济社会发展取得了长足的进步,尤其是金融市场的逐步完善和金融服务水平的提高,对全省经济发展的拉动作用越来越重要。

金融是国民经济的重要组成部分。金融发展事关国家的经济主权和财富控制权,在维护经济增长和服务实体经济的过程中发挥着重要作用。伴随着科技进步和经济发展,金融的作用日益突出,青海要将金融与实体经济、金融安全等紧密结合,提升全省的综合实力和经济安全。

在青海金融 70 年发展历程中,尤其是改革开放以来,全省包括银行、保险和证券在内的金融业实现了快速发展。结合青海省不同时期经济发展的实际情况和金融需求,全省金融产业围绕服务实体经济、防控金融风险、深化金融改革三项任务,引导创新驱动,服务于小微企业和"三

---

① 郭梦娇,女,西南民族大学经济学院。
② 付强,1969 年 10 月,西南民族大学经济学院,博士,研究方向为国际金融市场等。

农"产业，精准扶贫，全力促进金融推动全省经济社会各领域协调发展。青海省政府也始终高度重视金融发展，采取多项政策措施，改善金融生态环境，金融行业发展迅速，成绩显著。全省的金融机构主动发挥金融行业的服务优势，协助企业去杠杆，降低经营成本，警惕金融风险发生。对于青海省的传统产业，如盐湖化工、能源化工、有色冶金等行业，正在加快传统行业的转型升级，金融业积极支持锂电、光伏光热等战略新兴产业的发展。另外，全省积极响应国家政策，大力支持贫困地区的基础设施建设和脱贫攻坚的目标实现，坚决停止在钢铁、煤炭等过剩产能行业的贷款新增，创建"三农"金融服务新模式，加大对农牧业产业园区重点企业的支持力度。

新时期，全省积极深入推进西部大开发战略和"一带一路"倡议建设，金融业不断扩大资金投放，持续优化金融供给，确保金融支持与青海实体经济发展的一致性。在结构化融资、资产证券化等方面积极探索；积极推进金融机构和现代信息技术的融合，全面提升金融机构的服务能力；始终牢牢守住不发生金融风险的底线，着重防范化解信用风险、流动性风险等；把握"一带一路"构想、供给侧结构性改革等政策导向，助推"丝绸之路"经济带建设，提升金融服务实体经济的能力和水平，继续发挥金融业对促进第三产业发展和全省经济增长的重要贡献作用。全省已经形成了银行、证券、期货、保险等多种金融机构并存的金融组织体系，全国性、区域性、地方性金融机构稳步协调发展。截至2017年末，青海省共引进全国性股份制商业银行5家，证券营业部总数达到21家，保险业机构总数达到16家，新增融资性担保机构47家、各类创新型金融机构总数达到183家，还组建了省信用担保集团公司、青海股权交易中心。金融行业的支柱地位得到了进一步彰显。

回顾青海金融发展70年的风雨历程，尽管经历了不少困境和曲折，但在中央的正确指引和全省各族人民的齐心努力下，包括银行、证券、保险行业在内的青海金融业实现了跨越式发展，各类金融机构数量和金融从业人员持续增加，金融业产值不断增长，整体发挥了金融业在提升资源配置效率、满足金融消费需求、促进实体产业发展和防范抵御金融风险等方面的重要作用。在科学发展观指引下,青海步入经济新常态,未来青海金融服务能力将持续提高,更好发挥金融服务实体经济的作用,不断提高金融安全程度。

本章接下来将重点围绕银行业、保险业和证券业等金融发展,首先简要回顾青海金融发展历程,然后概括总结青海金融发展取得的伟大成就,并对青海未来金融发展作一展望,最后是本章简短的结论。

7.2 青海70年金融与发展历程

改革开放之前,青海金融业经历了新中国成立初期的逐步恢复和缓慢发展时期后,"大跃进"开始出现剧烈波动并被迫进行调整,"文化大革命"中再次受到重创,发展比较缓慢。改革开放之后到20世纪末,青海金融发展进入快速发展时期;21世纪以来青海金融步入银行、保险和证券等全行业协调稳定发展时期。

7.2.1 改革开放之前青海金融缓慢曲折发展时期

新中国成立之前,民国政府的货币政策有着明显的半殖民地半封建色彩,国民政府铸造银圆,在全国各领域流通,但因银圆数量较少,无法适应不断扩大的贸易需求。当时国民政府为了维持币值稳定,设立青海省金库,由金库来发行一种地方性钞票以缓解银圆供应紧张问题。但是银圆不断升值,物价下跌迅速改变了整个金融行业的形态,青海民间信贷发展迅速。1935年,国民政府开始集中发行法币来取代银圆地位,但法币的发行量过多,引起了严重的通货膨胀,法币大幅贬值。再加上当时国民政府的经济体系逐渐崩溃,通货膨胀日益严重,整个经济发展停滞,金融体系日趋崩坏。国民政府还想重新以金圆券来挽救国家金融体系,但国民政府信用已失,金圆券没多久就成为废纸,经济濒临崩溃[1]。

---

[1] 祁贵兴.青海金融史话(之一)[J].青海金融,1998(1):35.

中华人民共和国成立后,青海省金融行业首先要进行调整和恢复[①]。整个青海的官僚资本银行迅速被接管,1949年10月正式成立中国人民银行青海分行。当时青海省金融行业的从业人数只有100多人,存贷款数量极少,且货币种类比较多,尽管中国人民银行规定人民币为唯一合法货币,要取缔一切非法货币,禁止金银计价流通和买卖,但在当时青藏贸易中,货物交易的种类和频率繁多,西藏未得到解放,银圆作为双方贸易中一种长期使用的货币,价值稳定,无法立即禁止银圆流通,只能压缩银圆流通的空间。随着中国人民币的币值逐步稳定,银圆的流通日益受限,人民币逐步取代银圆占领了市场,青海平稳地度过了人民币取代银圆的时期,进一步了解决青海省的货币乱象,促进了经济社会的稳定[②]。

1949—1952年国民经济恢复时期,青海金融行业进一步恢复和缓慢发展。全省金融机构存款余额在1952年末达到2099万元,人民银行积极发放贷款,支持青海省的经济建设和生产恢复。国营企业和私营企业都得到了极大的发展,尤其把对农业生产的恢复放在首位,3年共发放农业贷款564万元,极大地稳定了当时全省的经济和民心。同时,各种金融机构也逐步建立起来[③]。1950年中国人民保险公司在青海省正式成立;1951年开始兴建农村信用社,帮助农民解决生产困难;1952年8月交通银行青海办事处成立。第一个五年计划期间,在基于农业发展卓有成效的基础上,将部分信贷转向其他产业,加强基础设施建设,支持农牧区发展,扩大农副产品和工业品的贸易,增加生产资料和生产设备,保证了金融事业的稳步发展。"一五"末期,全省GDP已经超过6亿元,保险收入为68万元。建设银行青海分行于1954年成立;1955年5月,中国农业银行青海分行成立。截至1957年底,全青海省已经有280多家农村信用社,全省已经建立了较为完备的基本银行体系,但银行机构的组织形式比较单一,且覆盖面不广。

从1958年开始,受到"左"倾错误思想影响,"大跃进"和人民公社

---

① 祁贵兴.青海金融史话(之二)[J].青海金融,1998(2):41.
② 祁贵兴.青海金融史话(之二)[J].青海金融,1998(2):43.
③ 祁贵兴.青海金融五十年纪[J].青海金融,1998(12):13.

化运动的展开违背了经济发展的客观规律，刚刚有起色的金融行业再次遭受打击。不仅停止了保险业务经营，还把金融机构全部并入人民公社，全省金融业的发展严重受阻。"大跃进"中，银行信贷基本原则和管理制度都被废除，引发了严重的经济失衡和货币信贷危机，财政赤字大增，银行的贷款数量突飞猛进地增长。到 1960 年，国家作出了一系列加强货币信贷调控的政策决策，把货币的发行权真正收归中央，实行计划统一的管理方式，农业银行才逐渐恢复经营，并且把青海省的人行和农行合并。1964 年后，国家财经状况逐渐好转，金融业开始逐步恢复。由于受到"文化大革命"的冲击，1966—1976 年青海省的金融发展再次遭受重创，金融机构的基层业务被取缔，农村信用社交由生产大队管理，货币信贷政策受到冲击，金融行业的发展再次受到严厉打击。1972 年、1973 年，根据国务院决定，人民银行加强了对信贷和现金投放的管理，切实控制现金发行，基本保持了贷款规模和货币发行量的适度增长。1976 年"文化大革命"结束，全省的经济步入新的发展阶段。

7.2.2 改革开放之后到 20 世纪末青海金融快速发展时期

1978 年召开党的十一届三中全会以后，经济和金融体制改革如火如荼地展开，青海金融行业得到迅速发展，金融机构的组织形式和业务内容逐渐多元化，各金融机构恢复正常经营[1]。首先，中国农业银行青海分行在 1979 年恢复正常经营，其次，1976 年中国银行西宁分行成立。以前，外汇实行的"统收统支"政策极大地打击了出口创汇企业的生产积极性，自 1980 年起，中国银行西宁分行开办了外汇调剂业务，主要用于购买原材料，有力地支持了青海省农牧业的发展。1980 年，已被裁撤的中国人民保险公司青海分公司重新开业，开始受理保险业务。1984 年初，中国工商银行青海分行成立。同年，青海省人民银行承接央行的职能，管理并协调全省金融机构，强化对金融机构的监督，规范金融体系运转。1985 年，全省各项人民币存款余额达到 28 亿元，全省经济建设取得了极大的进步，1986

---

[1] 祁贵兴.青海金融史话（之二）[J].青海金融，1998（2）：45.

年中国人民银行青海分行还恢复了二级分行，人民银行的体系得到了更进一步的完善。

1992年10月，党的十四大的召开为中国金融的发展提供了更为确切的方向和指导，进一步深化了全国的金融体制改革，树立了建立社会主义市场经济体制的宏伟目标[①]。同时，证券市场开始兴起，1994年，青海省第一家证券交易厅——青海信托投资公司证券交易厅成立，随后青海证券公司开业，并且可以进行联网的股票交易。1995年，青海省多家公司上市并发行股票，全国人大也相继颁布了《商业银行法》《保险法》等金融法律，将金融行业的发展引向规范化、制度化的道路，各商业银行自主经营、自负盈亏，发展形式趋向多样化。

1996年始"九五"计划实施，青海省金融体制改革进一步深化。农村信用社直接由人民银行进行监管，正式和农业银行脱钩。1997年青海省信托投资股份有限公司组建成功，证券机构也和银行脱钩。1997年底，西宁市商业银行在西宁城市信用联社的基础上正式宣告成立，国家开发银行也进驻青海省。同时，青海省商业性金融机构逐步和政策性商业机构相分离，金融机构的种类逐步多样化，现代化金融体系开始形成。1998年，成立了青海省监管办事处和西宁市中心支行。截至2000年10月，全省金融机构的贷款余额超过360亿元，各项存款余额达到294亿元，青海金融发展成绩显著。

7.2.3 21世纪以来青海金融协调稳定发展时期

2001年，实施西部大开发战略，推动了青海金融业的快速发展，全省的存款和贷款规模不断扩大，保险业持续扩大，证券市场开始起步。2001年末，金融机构各项存款余额和各项贷款余额持续增加，且新增贷款主要投向基础设施、资源开发等项目。2002年3月，中国银联成立，提高了全国金融系统的信息处理效率。直到2009年2月8日，中国银联青海分公司才在西宁正式成立，成为中国银联在全国设立的第35家分支机构，对

---

① 祁贵兴.青海金融五十年纪[J].青海金融，1998（12）：15.

提升青海的银行业发展水平，改善金融服务环境具有重要意义。

2003年以来，青海省各项存款数量增加较多。随着银行贷款权限的集中上移，贷款逐步向集团公司、大企业等倾斜，长期贷款增加，贷款风险比较集中。2004年青海证券行业认真贯彻国务院推出的《关于推进资本市场改革开放和稳定发展的若干意见》，全省证券市场基本保持安全、平稳发展。2004年5月，中小企业板在深圳证券交易所推出，中国创业板已迈出实质性的一步，多层次资本市场开始建立。2004年末，青海共有9家上市公司、2家证券公司，上市公司总股本达到25.8亿股。2家证券公司下属的省内外证券营业部和证券服务部共有24家，全年股民开户数为20.06万户，其中省内股民开户数为6.59万户。尽管青海证券经营机构刚刚起步，规模小，融资量少，而且成立时间不长，但是全省多元化资本市场的雏形已经初步形成。

2005年，青海省银行金融机构改革不断深化，贷款质量不断提高。全省的农村信用社改革置换了2.22亿元的不良贷款，极大地提高了资产质量。证券行业继续稳健运行，全省共有证券公司1家、证券营业部和证券服务部11家、期货公司1家，全省依然只有9家上市公司，但其总市值已经超过150亿元。保险业务也在逐步发展，全省共有保险公司包括分支机构共126家，其中省级分公司5家、中心支公司14家、专业保险中介机构4家[①]。同时，青海省金融生态环境建设步伐加快，及时整顿和规范市场经济秩序，明确了全省社会诚信体系建设的总体目标。此后两年间，青海省金融行业继续稳健发展，金融机构的人员逐步精简，支付体系日益完善，依靠各网点和互联网的强大功能，借助电子银行优势加速资金的流通；新设了保险经纪公司省级分公司，使保险行业的规模得到进一步扩大。全省更加重视金融生态环境建设，全力打造"青海品牌"，处理不良贷款，青海省的金融秩序得到进一步规范。2006年，中国金融业面临WTO 5年过渡期结束后银行业的对外全面开放问题。从2006年12月11日起，中国银行业市场全面向外资开放，实行国民待遇，中国银行业发展

---

① 中国人民银行西宁中心支行货币政策分析小组.2005年青海省金融运行报告[J].青海金融，2006（3）：28-29.

从此进入新的开放时代。2006年末，金融机构本外币各项存款余额比年初增加166.71亿元，而本外币各项贷款余额增长比年初增加了88.81亿元，银行业的对外联系紧密，开放程度有明显提高[①]。

2007年，青海省经济发展对金融的需求更加旺盛，银行业整体壮大，各项存款和贷款快速增长，银行从业人数超过1万人，尤其是国有商业银行的从业人数已经达到8162人；上市公司的业绩稳步提高，截至年末上市公司共有10家，全年在国内债券市场筹资达到19亿元。青海省保险行业稳步发展，保险行业的保费收入不断增加，保险公司分支机构共有177家，其中财产险公司分支机构100家，而寿险只有77家，但全省还是只有一家证券期货交易公司。2008年，全省的金融行业发展遇到了前所未有的挑战，受到国际金融危机的影响，整体的资金链收紧，储蓄存款增多，贷款情况波动明显。全省金融机构继续加强银企之间沟通，积极扶持企业平稳度过金融危机。2008年，全省金融机构的从业人数达到12918人，营业网点有959个，存款和贷款的数量继续增加。2009年是金融危机后全省经济金融的恢复时期，大量的资金投向实体经济，在国家宏观调控政策的指导下，借助国家扶持青海的藏区经济发展和西部大开发战略的实施，青海省的经济继续向前发展，整个金融行业的综合化和全能化经营的趋势加快。2009年，全省金融机构人民币各项存款余额比上年末增长29.1%，金融机构人民币各项贷款余额比上年末增长36.4%。全年保险行业的保费收入水平有大幅提高，财产保险公司保费收入达到了8.4亿元，而寿险保险公司保费收入为9.81亿元；全年财产保险公司赔款支出为4.15亿元；寿险保险公司赔款支出则比上年下降24.8%[②]。

2010年青海省在地震等自然灾害的考验下，全省的金融行业继续保持着良好的发展态势。通过不同形式的信贷模式对农牧区和中小型企业加大贷款的发放，设立各种绿色通道，搭建银行和农牧区的信用平台。保险行

---

① 青海省统计局.2006年青海省国民经济和社会发展统计公报［EB/OL］.（2009-10-14）［2019-06-08］.http://www.qhtjj.gov.cn/tjData/yearBulletin/200910/t20091014_4369.html.
② 青海省统计局.2009年青海省国民经济和社会发展统计公报［EB/OL］.（2010-04-01）［2019-06-08］.http://www.qhtjj.gov.cn/tjData/yearBulletin/201004/t20100401_4372.html.

业发展加快，寿险和财产险的保费收入均有大幅增加，尤其是针对农牧区的小额保险受到热烈欢迎。2011年，全国继续实施稳健货币政策，金融部门要求增强对中小微企业的金融支持力度。青海省积极响应国家政策，支持中小微企业的发展，加大对中小微企业的信贷投放，同时加强对资金使用的监管力度。青海省人民政府于2011年3月批准设立省级开发区——海东工业园区，规划面积达103.77平方千米，2014年园区为29家入驻企业申请了青海省信息服务专项资金共780万元。到2016年1月底，海东工业园区累计完成固定资产投资共355.66亿元，入驻企业共106家，入驻园区的企业实现了稳健发展。2012年，青海省将推进债务融资发展作为工作重点，加强金融机构和企业的顺畅沟通。全省的融资企业由1家扩展到12家，累计融资量达到297亿元，新增银行网点10个，且主要分布于农村地区。全省贷款主要投放于新兴的信息技术产业、高科技产业，青海省的信贷结构逐步优化。2013年，由资金保障平台、组织管理平台、风险控制平台、信用公示平台和农村专业合作社为架构的"国开农贷"新型信贷模式开始推广，主要用于补充县域经济发展的资金，全省贷款保持较快速度的增长。全省有保险公司分支机构13家，保险兼业代理机构774家，保险行业的规模进一步扩大。

2014年，青海省人民银行西宁中心支行牵头建立了跨境人民币业务协调、工作考核、监测分析和监督检查三项机制，新出台的《青海省银行业金融机构跨境人民币业务考核办法（试行）》主要用于便利跨境人民币业务，提升结算效率和便捷度，扩大人民币结算规模。2014年，全省金融机构累计办理跨境人民币结算业务共114.15亿元，银行业金融机构继续平稳发展，全省的存款增速放缓，贷款保持较快增长。2015年，全省继续推进金融机构改革，农村信用社改制转型继续推动，全省已组建7家农村商业银行，全省村镇银行数量达到3家，金融机构本外币存款余额同比增长14.8%，本外币贷款余额较上年增长19.1%。但整体金融机构资产质量的下行压力较大，不良贷款余额和不良贷款率均有所上升，不良贷款余额达到71.2亿元，不良贷款率为1.4%。全年金融业增加值达到220.87亿元，金融行业占GDP的比重为9.1%，社会融资规模超过

1111.8亿元。证券行业的营业范围也由单一的证券经纪业务逐步转变为证券资产管理、融资融券、代销金融产品等多元化、综合性业务。随着机构的不断增加，青海省金融组织体系和服务体系逐步完善，但金融机构的资产质量有待进一步提高。

2016年，中国人民银行、财政部等七部委联合印发了《关于构建绿色金融体系的指导意见》，引导社会资本投入绿色产业，明确提出"建立绿色金融体系"概念。截至2016年末，青海省银行业绿色信贷余额较年初增加402.36亿元，绿色信贷覆盖率达到35.48%，重点支持了青海循环经济、低碳经济和节能减排设施的建设，尤其是扶持了藏区特色产业和高原生态旅游业的发展，有力推进了全省节能减排战略目标的有效实施。此外，全省银行业金融机构还加大了对"两高一剩"行业贷款的限制，积极推进绿色产业的发展，增强经济可持续发展的活力。2017年，央行实施定向降准来助推普惠金融的发展。人民银行颁布了"关于对普惠金融实施定向降准的通知"，聚焦单户授信500万元以下的小微企业贷款、个体工商户和小微企业主经营性贷款，以及建档立卡贫困人口、助学等贷款，扩大普惠金融覆盖范围，将政策延伸到脱贫攻坚与"双创"等其他普惠金融领域。青海省在年内拨付县域金融机构涉农贷款增量奖励资金共1138万元，涉及17家金融机构，年内增加了2家村镇银行，农村金融网点得到进一步巩固和加强[①]。

2018年，青海省实现地区生产总值为2865.23亿元，全省金融机构人民币各项存款余额为5754.66亿元，人民币各项贷款余额达到了6582.44亿元[②]，全省原保险保费收入达到87.66亿元，其中，财产险的保费收入达到37.03亿元，保险赔付额达到34.69亿元。2018年青海省地方金融局挂牌成立，这对加强地方金融监管、推动金融更好地服务全省经济社会具有重要意义。青海省地方金融局通过提升地方监管的效能和水平，与各金融

---

① 中国银行保险监督管理委员会.青海银行业2016年绿色信贷发展报告［EB/OL］.（2017-06-13）[2019-06-08].http://www.cbrc.gov.cn/qinghai/docPcjgView/782A4E04283247D8AC724E7B1628B545/603210.html.

② 综合处.青海省2018年国民经济和社会发展统计公报［EB/OL］.（2019-03-01）[2019-0608].http://www.qhtjj.gov.cn/tjData/yearBulletin/201903/t20190301_59809.html.

机构和其他监管机构一起推动全省金融改革事业，不断完善青海省金融监管体系。

7.3 青海 70 年金融与发展成就

经过 70 年不懈努力，尤其是改革开放 40 年的快速发展，包括银行、保险和证券业在内，全省金融行业实现了跨越式发展。全省金融机构数量、金融从业人员、金融资产总量持续增加；全省人民币存款总额和贷款总额保持快速增长，其中居民储蓄存款超过企业存款，贷款广泛投向实体经济各部门；全省寿险和财产保险的原保费收入和保险赔付也实现持续增长；保险密度和保险深度不断提高；资本市场初具规模；金融产业增加值持续提高，对第三产业和地区经济增长的贡献率不断提高。

7.3.1 改革开放之前青海金融发展成就

新中国成立初期，在 1949—1952 年 3 年经济恢复时期和第一个五年计划期间，青海省金融机构全力支持全省经济建设的恢复和初步发展。1949 年青海省只有 1 家银行——中国人民银行青海省分行，1950 年才设立了中国人民保险公司青海省分公司。人民银行青海分行在国家政策的指导下，积极筹集资金用于经济建设和信贷发放，1952 年金融机构存款达 2099 万元，较 1949 年增加了 2095 万元，金融机构贷款则从 1949 年的 1 万元增长到 1952 年的 723 万元，全省金融行业逐渐恢复发展。储蓄率有所提高，"一五"计划末期银行存款比 1952 年增加了 3 倍，广泛吸收社会各阶层的资金支持经济建设。同时，保险行业也有所发展，1957 年保费收入达到 68 万元。"大跃进"、人民公社化运动以及"文化大革命"的到来使得逐渐恢复的青海经济遭受严重打击，金融行业的发展严重受挫。到改革开放之前的 1978 年，全省金融机构数不足 300 个，从业人员仅有 3500

余人①。青海各项人民币存款和贷款总额，分别从 1953 年的 0.20 亿元和 0.15 亿元，增长到 1977 年的 11.38 亿元和 6.39 亿元，存款总额和贷款总额分别比 1953 年增长了 55.9 倍和 41.6 倍（见表 7-1）。

表 7-1　1951—2008 年青海人民币各项存款和贷款余额增长概况　　单位：亿元

年份	存款总额及其来源			贷款总额及其投向			
	总额	企业存款	城乡居民储蓄存款	总额	工业贷款	商业贷款	农业贷款
1951	0.14	0.03	0.01	0.04	—	—	0.03
1952	0.21	0.02	0.01	0.07	—	0.01	0.06
1953	0.20	0.05	0.03	0.15	—	0.08	0.06
1954	0.33	0.07	0.07	0.48		0.41	0.07
1955	0.52	0.13	0.12	1.11	0.03	1.01	0.07
1956	0.78	0.31	0.24	1.44	0.12	1.14	0.18
1957	0.90	0.25	0.37	1.85	0.11	1.56	0.18
1958	3.16	1.00	0.42	1.81	0.19	1.45	0.17
1959	5.26	0.86	0.97	4.11	0.75	3.18	0.18
1960	4.87	0.97	0.99	6.34	1.24	4.83	0.27
1961	4.77	1.20	1.17	5.78	0.85	4.66	0.27
1962	3.45	1.09	0.69	4.04	0.51	3.20	0.33
1963	4.36	1.54	0.78	2.45	0.34	1.78	0.33
1964	4.42	1.20	0.94	1.59	0.30	1.02	0.27
1965	4.65	1.35	1.05	1.86	0.30	1.27	0.29
1966	5.00	1.30	1.21	2.44	0.46	1.67	0.31
1967	5.48	1.45	0.90	2.37	0.43	1.67	0.27
1968	5.27	1.37	0.98	2.83	0.71	1.84	0.29
1969	5.61	1.32	1.42	3.38	0.92	2.17	0.29
1970	5.71	1.44	1.56	4.38	1.28	2.79	0.31
1971	5.91	1.53	1.71	4.86	1.58	3.11	0.17
1972	6.76	1.65	1.96	4.89	1.61	3.10	0.17
1973	7.28	1.94	2.16	4.72	1.53	3.01	0.18

① 祁贵兴.青海金融史话（之二）[J].青海金融，1998（2）：43.

续表

年份	存款总额及其来源			贷款总额及其投向			
	总额	企业存款	城乡居民储蓄存款	总额	工业贷款	商业贷款	农业贷款
1974	7.99	2.61	2.41	4.85	1.52	3.14	0.19
1975	8.21	2.24	2.70	5.26	1.72	3.30	0.25
1976	9.56	2.73	3.00	5.48	1.87	3.33	0.29
1977	11.38	3.86	3.21	6.39	2.08	3.96	0.35
1978	10.03	3.35	3.42	6.86	2.26	4.12	0.48
1979	12.92	4.59	3.95	7.24	2.51	4.02	0.71
1980	13.61	3.98	4.42	7.67	2.53	4.24	0.79
1981	15.54	4.06	4.91	7.91	2.42	4.51	0.76
1982	17.29	4.59	6.03	9.62	2.52	5.95	0.71
1983	20.10	5.90	7.02	10.51	2.63	6.42	0.71
1984	23.28	7.46	8.22	11.39	3.23	5.69	1.04
1985	26.63	10.66	9.70	21.15	4.18	7.61	1.33
1986	30.02	11.95	12.00	29.63	6.42	8.55	1.76
1987	36.43	14.43	14.70	40.21	8.42	10.45	2.02
1988	42.20	18.15	17.25	48.68	11.47	13.74	1.76
1989	45.47	17.90	20.90	58.96	16.19	16.59	1.99
1990	56.06	19.32	27.42	72.22	21.06	19.13	2.89
1991	64.72	20.33	34.00	87.54	26.22	20.53	3.28
1992	72.38	21.89	41.29	105.14	31.28	23.31	3.22
1993	80.49	26.80	47.24	133.67	36.70	22.73	2.06
1994	103.20	34.00	59.23	176.16	45.76	31.61	1.89
1995	126.96	42.63	76.89	219.30	56.22	39.56	2.78
1996	151.00	54.57	89.06	267.87	70.30	46.25	4.08
1997	183.39	69.72	103.33	252.57	79.18	53.33	5.00
1998	212.05	81.56	118.87	280.02	104.54	53.87	5.29
1999	242.24	92.32	131.39	290.67	108.64	54.33	4.73
2000	280.17	111.13	146.29	348.57	84.91	39.16	3.90
2001	347.01	125.79	177.46	394.68	79.34	39.99	3.73
2002	419.41	154.06	207.31	443.24	81.87	33.92	4.06

续表

年份	存款总额及其来源			贷款总额及其投向			
	总额	企业存款	城乡居民储蓄存款	总额	工业贷款	商业贷款	农业贷款
2003	480.51	170.83	241.54	514.29	84.61	36.41	4.45
2004	601.75	212.56	312.28	619.85	80.02	32.79	23.63
2005	733.05	220.38	361.51	638.59	48.19	26.31	25.35
2006	896.78	274.61	422.35	723.18	62.67	28.38	26.56
2007	1092.65	361.05	468.72	873.15	87.08	30.92	32.87
2008	1383.68	430.51	610.38	1025.63	83.80	33.51	35.14

资料来源：国家统计局国民经济综合统计司.新中国六十年统计资料汇编［Z］.北京：中国统计出版社，2010.

注：本表资料2003年以前为国家银行数据，2004年起为全部金融机构数据，所以与前文2003年之前全部金融机构的数据略有出入；"—"表示数据缺失。

7.3.2 改革开放之后到20世纪末青海金融发展成就

改革开放以来，青海省金融业进入了高速发展的繁荣时期，主要表现在：金融机构和金融从业人数大量增加，存款、贷款和保费等金融资产总量不断增长，宏观金融环境不断改善，青海省的金融市场建设不断推进。

（1）金融机构、金融从业人员和金融资产总量持续增加。随着国家金融体制改革的不断深化和社会主义市场经济体制的不断完善，青海省的金融产业得到了突飞猛进的发展。改革开放早期，青海省的主要任务是恢复全省金融体系的运转。当时除海西以外，全省农业银行于1980年已经基本恢复了正常运作，同年，中国银行西宁分行成立。1985年，青海省第一家城市信用社成立。1988年青海证券公司开业，全省先后成立了中国工商银行分行、中国银行分行、中国人民保险公司分公司，逐步建立起以央行为核心领导，以国家政策性银行、国有商业银行、保险公司为主体，以证券、信用社等金融机构起补充作用的金融体系。到1996年底，青海省的金融机构数量已经达到1344个，从业人数有15803人，相较于改革开放初期，分别增加了1069个和12281人。全省金融机构的信贷资金规模也迅速增长，到1998年底，青海省金融机构存款余额已超过230亿元，较改革开放初期增长了20倍；全省贷款总额达到317.4亿元，比1980年增长了23.3倍。信贷规模的快速增长给全省经济建设发展提供了重要支撑。1998年末，青海信贷借差已经达到136.9亿元，全省的GDP则从1978年的15.2亿元增长到了1996年的183.2亿元。2001年实施西部大开发战略以后，青海银监局大力推进青海省金融服务建设，消除金融机构空白体系，全省整体金融运行态势良好。2001年末金融机构各项存款余额为391.06亿元。其中，企业存款达到142.24亿元；各项贷款余额则超过400亿元，短期贷款达176.24亿元。

（2）金融机构各项存款总额和贷款总额持续稳定增长。改革开放之后到西部大开发之前，青海金融机构各项人民币存款和贷款规模增长十分迅速，分别从1978年的10.03亿元和6.85亿元增长到2000年的280.17亿元和348.57亿元，存款总额和贷款总额分别比1978年增长了26.9倍和49.8倍，全省人民币各项贷款总额和存款总额分别在1992年和1994年超过100亿元（见表7-1），尤其是贷款的快速增长，极大地支持了青海地方经济持续增长。

（3）存款结构和贷款投向适应不同时期经济发展要求，不断发展变化。从存款来源来看，改革开放之前，青海各项存款中，企业存款与居民储蓄存款的比重经常发生变化，但大部分时间企业存款超过居民储蓄存款。改革开放以后，居民收入水平持续增加，储蓄率也不断提高。1977年全省存款总额突破10亿元，达到11.38亿元。从1980年开始，全省居民储蓄存款开始稳步超过企业存款。其中1980年企业存款为3.98亿元，居民储蓄存款为4.42亿元，企业存款和居民储蓄存款占总存款的比重分别为29.2%和32.4%。西部大开发以后，全省存款快速增加。到2000年达到280.17亿元，其中企业存款为111.13亿元，居民储蓄存款为146.29亿元，企业存款和居民储蓄存款占总存款的比重分别为39.7%和52.2%。到2008年，各项存款达到1383.68亿元，其中企业存款为430.51亿元，居民储蓄存款为610.38亿元，企业存款和居民储蓄存款占总存款的比重分别为31.1%和44.1%（见表7-1）。

再从贷款投向来看，改革开放之前，1955—1989年，全省投向商业企业的贷款比重最高，即短期贷款比重较高。改革开放以后，投向工业企业的贷款持续增长，到1990年比重逐渐超过商业贷款，一直到西部大开发之前，工业企业是主要的贷款主体，即中长期贷款已超过短期贷款。1957年全省发放贷款为1.85亿元，其中工业企业贷款、商业企业贷款和农业贷款依次为0.11亿元、1.56亿元和0.18亿元，占全省贷款比例分别为5.95%、84.32%和9.83%。到1990年，全省当年发放贷款为72.22亿元，其中工业企业贷款、商业企业贷款和农业贷款依次为21.06亿元、19.13亿元和2.89亿元，占全省贷款比例分别为29.16%、26.48%和4.0%，工业企业贷款首次超过商业企业贷款。2008年全省当年发放贷款为1025.63亿元，其中工业企业贷款、商业企业贷款和农业贷款依次为83.80亿元、33.51亿元和35.14亿元，占全省贷款比例分别为8.17%、3.27%和3.43%（见表7-1）。西部大开发以后，全省贷款投向牧业贷款和消费贷款持续增加。

（4）保险事业发展取得了初步成效。1990—2000年，青海原保险保费收入和保险赔付总额分别从4461万元和1770万元增长到2000年的51273万元和11896万元，分别增长了10.5倍和5.7倍；同期青海保险深度和保险密度分别从0.64%和9.97元增长到2000年的1.94%和99.27元，人均保费即保险密度10年间增长了近9倍（见表7-2）。

表7-2　1990—2017年青海保险业发展水平提高概况

年份	保费收入/万元	保险赔付/万元	常住人口/万人	地区生产总值/亿元	保险深度/%	保险密度/元
1990	4461	1770	447.66	69.94	0.64	9.97
1991	5033	1819	454.43	75.10	0.67	11.08
1992	5405	2925	461.02	87.52	0.62	11.72
1993	7894	3946	466.70	109.68	0.72	16.91
1994	11724	6679	474.00	138.40	0.85	24.73
1995	16538	8199	481.20	167.80	0.99	34.37
1996	19841	7139	488.30	184.17	1.08	39.90
1997	24903	12263	495.60	202.79	1.23	50.25
1998	30996	9957	502.80	220.92	1.40	61.65
1999	41988	11481	509.80	239.38	1.75	82.36
2000	51273	11896	516.50	263.68	1.94	99.27

续表

年份	保费收入/万元	保险赔付/万元	常住人口/万人	地区生产总值/亿元	保险深度/%	保险密度/元
2001	54581	19329	523.10	300.13	1.82	104.3
2002	65850	15713	528.60	340.65	1.93	124.6
2003	76107	19509	533.80	390.20	1.95	142.6
2004	73687	24722	538.60	466.10	1.58	136.8
2005	78581	19916	543.20	543.32	1.45	144.7
2006	87242	31228	547.70	648.50	1.35	159.3
2007	107445	46248	551.60	797.35	1.35	194.8
2008	141064	59975	554.30	1018.62	1.38	254.5
2012	324007	108577	573.17	1893.54	1.71	565.3
2014	460891	180778	583.42	2303.32	2.00	790.0
2016	687282	273794	593.46	2572.49	2.67	1158.1
2017	801794	292528	598.38	2624.83	3.05	1339.9

资料来源：根据青海历年统计年鉴整理。其中，保险深度＝保费收入/GDP，保险密度＝保费收入/常住人口，均按当年价格简单计算而得。

7.3.3 21世纪以来青海金融发展成就

进入21世纪以来，由于实行西部大开发，青海经济社会发展保持持续稳定快速增长，全省金融发展取得了前所未有的巨大进步，银行信贷规模、保险市场和证券市场等迅速发展，金融业增加值不断提高。

（1）全省金融机构、金融从业人员和金融资产总量快速增加。2002年，在落实国家宏观调控政策、推进现代化建设进程中，全省的银行和保险等金融事业在经济建设中发挥了更加积极的作用，当年金融机构存款余额达到467.21亿元，比年初增加了77.08亿元；贷款余额则超过480亿元；金融继续保持平稳运行，年末金融机构人民币各项存款余额达538.58亿元；金融机构各项贷款较年初增加了83.95亿元；全年全省获得保费收入7.61亿元，比上年增长了15.61%，其中寿险收入的增长率明显高于财产险，寿险增长了19.45%，财产险只增长了9.72%[①]。

---

① 青海省统计局.2002年青海省国民经济和社会发展统计公报［EB/OL］.（2009-10-14）[2019-06-08］. http://www.qhtjj.gov.cn/tjData/yearBulletin/200910/t20091014_4365.html.

2004年全年金融机构本外币各项存款和贷款余额分别较年初增加了63.18亿元和64.02亿元。人民币消费贷款增长较年初增加了27.3%。全年共获得保费收入为7.37亿元，其中，寿险收入为3.58亿元，财产险收入达3.19亿元，保险赔付总额为2.47亿元。2005年，青海省经济仍然保持了较快增长速度，全省共有政策性银行2家、国有商业银行4家、城市商业银行1家。全省金融机构人民币各项存款余额为733.05亿元，各项贷款余额为638.59亿元，贷款主要投向农牧业和中长期贷款。2007年全省金融机构本币各项存款余额就已经突破1000亿元，金融机构本外币各项贷款余额直到2008年才达到1033.9亿元。保险事业的发展也较为迅速，2008年全年保险公司实现保费收入为14.1亿元，寿险收入为6.67亿元，保险赔付2.24亿元；财产险收入为6.61亿元，赔款为3.47亿元，整体金融运行态势稳健[①]。2013年全省金融机构数量达1083个，从业人员有1.8万人（见图7-1），金融机构人民币存、贷款余额分别达到了4102.54亿元和3398.17亿元，全省共有13家保险公司分支机构，1家证券公司，1家期货公司，拥有上市公司10家[②]。

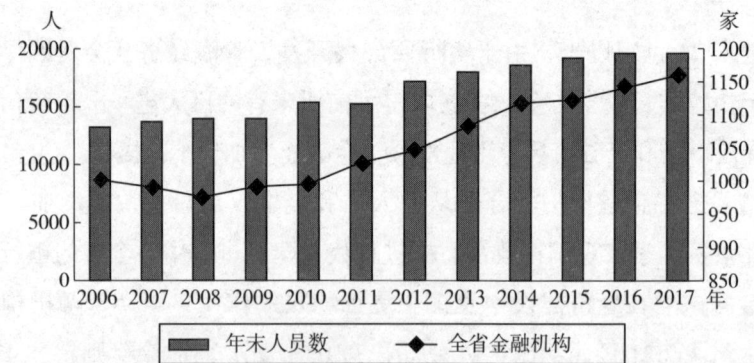

图7-1 2006—2017年青海银行类金融机构和从业人员增长情况

资料来源：根据历年青海统计年鉴整理。

---

① 综合处.2005年青海省国民经济和社会发展统计公报［EB/OL］.（2009-10-14）[2019-06-08].http://www.qhtjj.gov.cn/tjData/yearBulletin/200910/t20091014_4368.html.

② 综合处.青海省2015年国民经济和社会发展统计公报［EB/OL］.（2016-02-29）[2019-06-08].http://www.qhtjj.gov.cn/tjData/yearBulletin/201602/t20160229_39207.html.

21世纪以来，全省金融业快速发展，稳健运行，银行类金融机构数量和从业人员持续增加，为全省经济建设提供了有力支撑，尤其是"十二五"以来，发展速度明显加快（见图7-1、表7-3）。

表7-3 2007—2017年青海银行系统机构和从业人员增长和分布概况

项目	机构数/个					年末人员数/人				
	2007	2010	2015	2016	2017	2007	2010	2015	2016	2017
全省金融机构合计	991	995	1123	1141	1160	13720	15374	19206	19602	19597
中国人民银行	18	18	18	18	18	1055	1232	1400	1314	1309
国家开发银行	1	1	1	1	1	86	122	144	134	144
农业发展银行	26	26	26	26	26	409	452	468	414	422
工商银行	87	84	90	85	84	2067	2087	2250	2239	2199
农业银行	163	170	177	177	177	2773	2901	2936	2903	2756
中国银行	42	48	46	46	47	836	1091	1210	1230	1265
建设银行	103	103	114	114	114	2486	2819	2989	2962	2855
交通银行	—	1	4	4	5	—	60	155	170	184
邮储银行	143	154	181	181	181	1026	709	926	961	970
中信银行	—	—	7	8	8	—	—	211	238	228
光大银行	—	—	—	—	1	—	—	—	—	75
招商银行	—	—	9	9	10	—	—	242	253	254
浦发银行	—	—	4	7	12	—	—	158	190	213
兴业银行	—	—	1	1	3	—	—	113	143	132
民生银行	—	—	1	1	1	—	—	—	95	106
青海银行	47	51	78	81	82	768	900	1676	1561	1684
农村信用社	361	338	230	230	173	2214	2967	2468	2697	2004
农村商业银行	—	—	133	146	211	—	—	1432	1647	2319
村镇银行	—	1	2	4	4	—	34	58	118	120
财务公司	—	—	1	1	1	—	—	27	29	31
五矿信托	—	—	1	1	1	—	—	343	304	327

资料来源：根据历年青海统计年鉴整理。其中，2007年青海银行数据当年指城市商业银行，2007年农村信用社数据当年指省农村信用联合社。

（2）金融机构各项存款和贷款总额持续快速增长，信贷服务实体经济能力明显增强。2001—2018年，全省人民币存款总额和贷款总额分别从2001年的347.01亿元和394.68亿元，增长到2018年的5754.66亿元和

6582.44亿元，存款总额和贷款总额分别比2001年增长了15.6倍和15.7倍，全省贷款总额和存款总额分别在2014年和2013年超过4000亿元（见表7-1、表7-4）。虽然青海各项存款和各项贷款逐年快速增加。2004年以前贷款余额大于存款余额，而2004年以后出现了反转，贷款余额小于存款余额，并呈现迅速扩大趋势，一直到2012年达到峰值。从2013年开始，存贷差进一步缩小，到2016年贷款又超过存款。存贷比由1997年的138%下降到2007年的80%，下降了58个百分点。各项存款增加说明储蓄率有所提高，2004—2012年存贷差趋势逆转、存贷比下降说明金融机构把储蓄转化为本地投资的能力迅速减弱，资本的"虹吸现象"比较严重。而到2016年以后，贷款又超过存款，表明金融机构把储蓄转化为本地投资的意愿迅速增加，金融服务实体经济的能力继续增强（见表7-4）。

表7-4　2008—2018年青海人民币各项存款和贷款余额增长概况

年份	人民币各项存款余额/亿元	人民币各项贷款余额/亿元	存贷差/亿元	存贷比/%
2008	1389.58	1033.9	355.68	74.4
2009	1785.78	1399.02	386.76	78.3
2010	2319.64	1822.65	496.99	78.6
2011	2825.83	2231.52	594.31	79.0
2012	3528.41	2791.68	736.73	79.1
2013	4102.54	3398.1	704.44	82.8
2014	4529.87	4171.73	358.14	92.1
2015	5227.96	5124.1	103.86	98.0
2016	5570.17	5579.76	-9.59	100.0
2017	5826.63	6222.49	-395.86	106.8
2018	5754.66	6582.44	-827.78	114.4

资料来源：青海省统计局，http://www.qhtjj.gov.cn/tjData/yearBulletin/。其中，存贷差 = 存款 - 贷款，存贷比 = 贷款 / 存款。

由表7-4我们可以明显看出，2008—2018年，青海省金融机构人民币各项存款余额一直呈现持续增加态势。2008年，全省人民币各项存款余额只有 1389 亿元。到 2010 年，青海省人民币各项存款余额已经有了 2319.64 亿元，2012 年和 2013 年存款总额接连突破 3000 亿元、4000 亿元。从 2013 年起，全省的人民币存款增长速度开始放缓。2015 年较 2014 年只增长了 500 多亿元，人民币存款总额也超过了 5000 亿元。之后增速继续减缓，2018 年青海省人民币存款总额达到 5754.66 亿元，但是较 2017 年下降了 1.24%。与此相比，青海省人民币各项贷款余额的上升趋势更加明显，2008—2010 年，全省的人民币贷款余额增加了近 800 亿元；2011 年贷款余额更是突破了 2000 亿元。2010—2015 年，每年的增长速度平均保持在 23% 左右，并且在 2015 年贷款余额顺利突破 5000 亿元，较前年增加了 1000 亿元左右。2016 年，虽然青海省人民币贷款余额超过了存款余额，但其增速却减缓至 8.89%；2017 年全省的贷款余额继续增加，增长数量较上年超过 600 亿元。

（3）全省寿险和财产保险的保费收入和赔付额快速稳步提高。2008—2018 年，根据青海省寿险和财险的保费收入水平和赔付额，我们可以明显看出，保险行业的发展日益稳健。尽管寿险的发展有所起伏，但总体上无论是保费收入还是赔付额都是在逐步增长，而财险发展的上升趋势更为明显，保费收入和赔付额的增长速度大致相当，整个保险行业的发展生机勃勃。

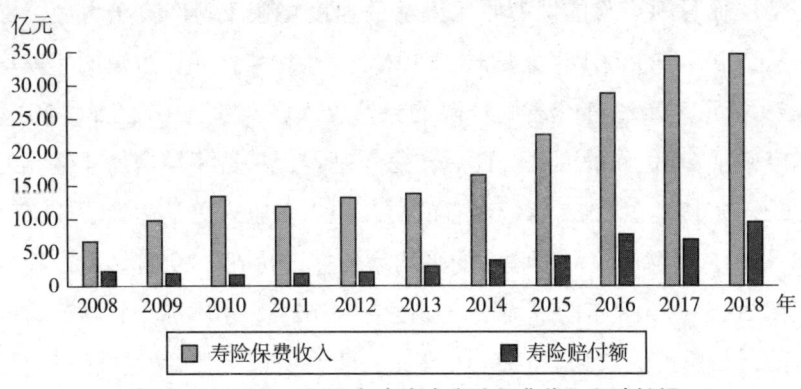

图 7-2　2008—2018 年青海省寿险保费收入和赔付额

资料来源：青海省统计局，http://www.qhtjj.gov.cn/tjData/yearBulletin/.

我们从图 7-2 可以看出，总体来看，全省的寿险保费收入和赔付额基本呈现波动上升的趋势。2010年以前寿险保费收入在逐步提高，从2008年的6.67亿元增加到2010年的13.4亿元，增长幅度超2倍，但是同期全省的寿险赔付额却在减少，只是减少的幅度比较小。到了2011年，保费收入有轻微幅度的下降，比上年下降了11.5%。同年，青海省的寿险赔付额却有所回升，从2010年的1.7亿元上升到了1.87亿元。2012年以后，青海省的寿险保费收入和赔付额继续增长，截至2018年，青海省寿险保费收入已经达到34.67亿元，赔付额为9.56亿元。

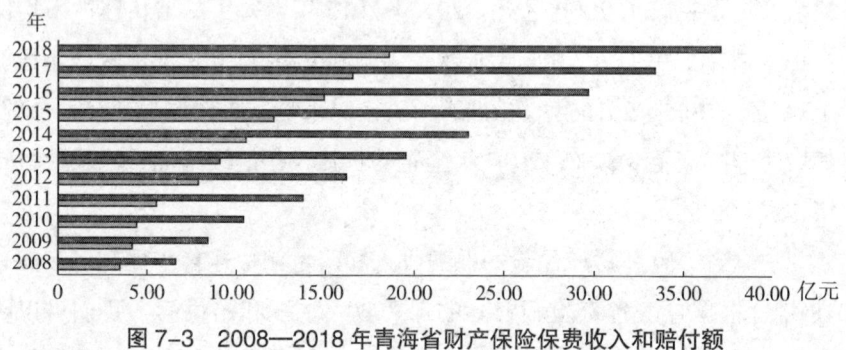

图7-3　2008—2018年青海省财产保险保费收入和赔付额

资料来源：青海省统计局，http://www.qhtjj.gov.cn/tjData/yearBulletin/.

相比青海省的寿险，财产保险的增长更加稳定、迅速。2008—2018年，全省财产险无论是在保费收入水平还是赔付额上一直保持稳步增长的态势，而且财产险的保费收入上涨的速度略快于财产险赔付额，保费收入从2008年的6.61亿元增长到2010年的10.4亿元，短短两年就增加了3.79亿元。2012年全省财产险的保费收入已经超过16亿元，2014年更是突破了20亿元的大关。此后，每年基本保持着年均增加4亿元的高速增长，尤其是在2017年，全省的财产险保费收入更是达到了33亿元，2008—2018年财产险保费收入的平均增长速度达到18.98%。财产险的赔付额在2008—2018年的平均增长速度为18.62%，基本和全省财产险保费收入的增长速度大致相当。近10年来，青海省财产保险发展相对比较稳定，且全省每年保费收入和赔付额波动不大，增长速度也比较稳定，发展相当稳健。

（4）青海保险整体发展水平不断提高。从保险发展水平来看，西部大开发以来，青海保费总收入和总赔付额一直持续增长，保险密度和保险深度水平也不断提高。2001—2017年，青海原保险保费收入和保险赔付总额分别从54581万元和19329万元，增长到2017年的801794万元和292528万元，分别增长了13.7倍和14.1倍；同期青海保险深度和保险密度分别从1.82%和104.3元，增长到2017年的3.05%和1339.9元（见表7-2），全省保险发展水平与全国的差距进一步缩小。

新中国成立70年以来，尽管青海保险事业取得了巨大的成就，但是与全国的差距比依然较大。2018年全国实现国内生产总值为900309亿元，年末全国内地总人口为139538万人，全国全年实现原保险保费总收入为38017亿元，全国保险密度为人均保费2724.5元，保险深度为4.2%。同期青海实现地区生产总值为2865.23亿元，年末常住人口为603.23万人，全年实现原保险保费收入为87.66亿元，青海保险密度为1453.2元，保险深度为3.1%；青海保险密度和保险深度分别只占全国平均水平的53.3%和73.8%。2018年青海原保险保费收入为87.66亿元，占全国原保险保费收入总额38017亿元的0.23%，青海赔付支出共34.69亿元，占全国总赔付支出额12298亿元的0.28%，位列全国倒数第二，保险整体发展水平仅超过西藏。按照青海金融发展"十三五"规划，到2020年，全省保险密度为2500元，保险深度要提高到4.0%。显然，青海保险业还有极大的发展和提升空间。

（5）青海证券业取得了初步发展成就。到2018年底，全省拥有A股上市公司共12家，上市公司总股本为137.54亿股，其中流通股本为106.16亿股；有证券公司1家，证券营业部28家，证券开户数31.03万户。全省目前共有上市公司12家，其中9家公司的注册地为西宁市，上海交易所上市交易的有8家，深圳交易所上市交易的有4家，而市值排在前列的均是青海优势矿产资源行业，如钾肥和铅锌矿等（见表7-5）。

表7-5 青海12家上市公司概况

序号	上市公司名称	证券简称	股票代码	行业
1	藏格控股股份有限公司	藏格控股	000408.SZ	钾肥

续表

序号	上市公司名称	证券简称	股票代码	行业
2	青海盐湖工业股份有限公司	盐湖股份	000792.SZ	钾肥
3	西部矿业股份有限公司	西部矿业	601168.SH	铅锌
4	远东智慧能源股份有限公司	智慧能源	600869.SH	其他电力设备
5	广誉远中药股份有限公司	广誉远	600771.SH	中药Ⅲ
6	青海互助青稞酒股份有限公司	青青稞酒	002646.SZ	其他酒类
7	神州易桥信息服务股份有限公司	顺利办	000606.SZ	软件开发及服务
8	西宁特殊钢股份有限公司	西宁特钢	600117.SH	特钢
9	青海春天药用资源科技股份有限公司	青海春天	600381.SH	营销服务
10	正平路桥建设股份有限公司	正平股份	603843.SH	基础建设
11	青海金瑞矿业发展股份有限公司	金瑞矿业	600714.SH	无机盐
12	青海华鼎实业股份有限公司	青海华鼎	600243.SH	其他通用机械

资料来源：2018年青海省上市公司市值排行榜–产业排行榜–排行榜–中商情报网［EB/OL］.（2019-01-03）［2019-06-18］. http://top.askci.com/news/20190103/1648361139648.shtml. 其中，2017年6月13日经国家工商总局核准，青海省工商行政管理局批准由原公司名称"金谷源控股股份有限公司"更名为"藏格控股股份有限公司"。

（6）青海金融业整体实力显著增强。随着全省银行业、保险业和证券业的持续健康发展，全省金融产业增加值不断提高，金融产业增加值占第三产业比重和占地区生产总值比重持续提高，金融业作为支柱产业的地位得到进一步巩固和提升。1992—2017年，青海金融产业增加值从1992年的5.83亿元增长到2017年的274.60亿元，增长了46.10倍，同期全省第三产业增加值和地区生产总值分别增长了38.1倍和28.9倍，显然金融产业增长速度远远超过地区生产总值增长水平。全省金融产业增加值占第三产业增加值和占地区生产总值比重，也分别从1992年的18.6%和6.7%，提高到2017年的22.4%和10.5%，同时提高了3.8个百分点。尽管期间金融产业发展还是出现过波动，尤其是受到2008年次贷危机的影响，但金融产业对第三产业和地区生产总值增长的贡献率不断提高，金融服务实体经济能力不断提升，有力支持了全省经济社会的持续协调发展（见表7-6）。

表 7-6　1992—2017 年青海金融业增加值及其对第三产业贡献率等增长概况

年份	地区生产总值/亿元	第三产业增加值/亿元	金融业增加值/亿元	金融业增加值占第三产业比重/%	金融业增加值占地区生产总值比重/%	
					青海	全国
1992	87.52	31.31	5.83	18.6	6.7	5.4
1993	109.68	39.34	8.27	21.0	7.5	5.3
1994	138.40	48.22	10.82	22.4	7.8	5.3
1995	167.80	63.6	14.62	23.0	8.7	5.2
1996	184.17	73.76	17.29	23.4	9.4	5.1
1997	202.79	84.36	18.92	22.4	9.3	5.2
1998	220.92	92.54	19.23	20.8	8.7	5.1
1999	239.38	103.32	18.7	18.1	7.8	5.0
2000	263.68	114.73	16.98	14.8	6.4	4.8
2001	300.13	130.3	16.1	12.4	5.4	4.7
2002	340.65	148.83	16.75	11.3	4.9	4.6
2003	390.20	169.81	17.98	10.6	4.6	4.4
2004	466.10	193.7	19	9.8	4.1	4.1
2005	543.32	213.37	20.36	9.5	3.7	4.0
2006	648.50	249.04	23.69	9.5	3.7	4.5
2007	797.35	294.91	27.67	9.4	3.5	5.6
2008	1018.62	355.93	36.54	10.3	3.6	5.7
2009	1081.27	398.54	45.63	11.4	4.2	6.2
2010	1350.43	470.88	54.53	11.6	4.0	6.2
2011	1670.44	540.18	62.56	11.6	3.7	6.3
2012	1893.54	624.29	83.73	13.4	4.4	6.5
2013	2122.06	766.06	145.23	19.0	6.8	6.9
2014	2303.32	853.08	175.21	20.5	7.6	7.2
2015	2417.05	1000.81	220.87	22.1	9.1	8.4
2016	2572.49	1101.32	245.81	22.3	9.6	8.2
2017	2624.83	1224.01	274.60	22.4	10.5	7.9

资料来源：根据历年青海和全国统计年鉴整理。均按当年价格计算；1992—2004 年、2006—2008 年、2013 年数据分别根据第一次、第二次和第三次经济普查数据进行调整和修订，2013 年执行国民经济行业分类（GB/T 4754—2011）新标准。

按照青海"十三五"金融发展规划纲要，到2020年末，全省贷款余额要超过9000亿元，全省金融业增加值要达到300亿元以上，占GDP比重则要达到10%左右。而青海金融产业增加值在2017年已达到274.60亿元，占当年全省地区生产总值2624.83亿元的比重达到10.5%，基本实现了规划目标，但金融业作为支柱产业的地位依然需要进一步巩固和提升。

7.4 青海70年金融与发展展望

新中国成立70年以来，尤其改革开放之后，青海金融市场和金融行业实现了跨越式发展。但青海整体金融发展水平与全国相比依然存在较大差距，金融服务全省实体经济和特色优势产业还有待增强，金融风险防范和金融监管也刻不容缓。展望青海金融发展的未来，既要积极稳妥，继续深入推进金融改革开放进程，还要强化金融监管，重视金融创新，完善金融生态环境和金融征信体系建设，不断提高青海金融发展质量，充分发挥金融对地区经济增长的促进作用。

7.4.1 推进金融体制改革，统筹城乡金融发展

青海省的金融机构和从业人员要积极承担社会责任，努力推进金融体制的改革，尤其是加大对农村金融体制改革的支持，督促银行业金融机构将金融服务的重心向基层延伸，积极推动经济金融化。为此，省内银行机构对于金融服务空白乡镇，要充分发挥周边的辐射作用来满足其金融需求；还要积极推进政府的"三农"政策，优化农村金融服务水平，由点及面逐步推动城乡金融协调发展，加大对农牧区金融发展的激励，促进金融机构深入农牧区，开发农牧区的金融市场，健全农牧区的金融体系，逐步在农牧区普及现代金融工具，发挥电子支付的优势；最后逐步完善金融支持政策和农业信贷政策，积极采取金融政策支持农牧区的特色优势产业发展，提高农牧区资金利用的效益，对于特色产业可以给予一定的优惠和补

贴，引导资源优化配置。

7.4.2 强化金融监管，防范金融风险

要构建适应现代金融市场发展的金融监管机制，有效防范系统性、区域性金融风险。一方面，要在央行指导下加强对金融机构的合法性和合规性监管，高度关注和防范金融风险，关注大型、中型、小型各类企业的财务状况，主动进行压力测试以及情景分析，准确评估各行业、企业的偿债能力和资金链状况，提高信贷资产质量，优化信贷结构，加强存贷款的质量审核。另外，还要注重信贷管理，规范信贷体系，引导金融机构调整信贷规模和结构，优化金融资产结构，降低不良贷款率和不良贷款的规模。另一方面，要积极做好全省的金融支持工作，关注企业在发展中遇到的资金运作问题。对于具有发展潜力和良好市场前景，但是又遭遇资金困难的客户，要在做好对客户和项目风险评估的基础上，适当加大支持力度，建立良好的客户关系，树立金融机构的声誉和形象。

全省金融业的发展已经进入全新阶段，要尽快进行金融机构的业务转型，调整经营战略，根据行业的实际情况和自身的经营状况，积极进行金融产品和服务的创新，调整经营目标和发展方向。全省的金融机构要主动加强和政府、企业的沟通，及时了解政企的情况，反馈企业的财务情况，对于金融风险不仅要做到事前预警，还要及时关注市场情况，防范金融风险的发生，尤其对于高风险、高收益的行业要作出理性的判断和预防。

7.4.3 树立金融创新意识，重视人才培养

当时世界发展越来越快，新产业的出现层出不穷，唯有不断进取才会有新的收获。全省的金融机构要树立创新意识，加快金融产品、金融服务和金融机制的创新，不断拓展金融资产的种类，降低金融行业的经营风险，提高金融运营效率。信息技术时代的到来，加速了互联网和计算机在世界范围内的传播，互联网、计算机在人们生活中的地位越来越重要，对于金融行业的影响也越来越深刻，将信息技术和金融相结合，开拓新的金融创新发展模式。如普惠金融和互联网金融的诞生，一方面节约了金融机

构的经营成本和支出，另一方面也提升了效率。此外，还要重视金融人才的培养，提高金融行业的服务质量和专业性，树立正确的竞争意识和创新思维；金融机构还要重视职业道德和思想道德建设，培养一批符合时代需求、有较为全面的业务能力的高素质金融人才，切实推行出可行的金融机构从业者的选拔和培养方案，真正做到人尽其才，才尽其用。

近年来，青海省政府也在积极促进科技与金融相结合，加大科技金融创新力度，探索新的金融创新方向，实施了一系列支持措施，包括政府科技基金的支持，构建新型融资平台；还有对科技创新政策的扶持和引导，努力通过金融与科技的结合改善金融服务环境，拓展融资渠道，提振青海金融的发展。

7.4.4 重视金融生态环境的建设

在日新月异的时代，新的投资渠道和投资方式不断产生，金融产品和服务的种类越来越多，也越来越复杂，"金融诈骗"现象时有发生，严重影响了金融行业的声誉和形象。因此，要意识到青海省的金融业发展离不开良好的金融环境，无论是青海省的各部门，还是金融机构的从业者，都更应该重视金融环境建设，整顿金融秩序，规范金融交易机制，进一步健全金融行业的信用评价体系，加快建设金融企业的信用系统，降低信用风险；对失信违约的做法，欺诈和恶意违约行为，要严厉打击，加大违约成本；实现信息的公开和透明，利用信息的共享功能，互相监督，相互制约，推进诚信建设，打造良好的金融环境；企业也要自觉接受金融行业的监督，加强诚信意识的建设，积极向金融机构反映自己的经营状况和资金链，主动接受资金运转监测情况，增强投资者的信心，拓宽融资渠道。

同时，营造良好的金融环境氛围还需要加强公众对于金融环境的建设和维护，要加大宣传和引导力度，树立正确的投资理念，寻求合法合规的投资方式。金融机构要承担社会责任，普及金融知识，加强公众对于金融环境的认识，引导投资者树立正确的投资理念，加强投资者对风险的认识，理性投资，增强自我保护能力。强化公众对企业和金融机构的监督意识，营造社会各界重视金融环境建设的氛围。金融环境的优化不仅有利于维护金融行业的稳定和声誉，而且良好的金融环境能吸引更多的资金和企业，提高整个金融行业的竞争力，确保青海省金融安全和经济持续健康发展。

7.4.5 完善金融行业征信体系建设

青海省的互联网金融信息服务仍然处于新生阶段，依然存在许多不足，诸如信息安全、隐私保护等问题。完善金融行业的征信体系，建立起消费者个人信息数据库，推进金融大数据的整合，逐步形成覆盖全省大部分地区的征信数据库，实现信息共享。通过建立健全法律体系，完善征信体系的制度建设，规范信息采集标准。这样不仅可以优化金融业资产结构，完善金融产业的服务体系，还有效降低了信用风险。强化信息安全和个人隐私保护，完善法律保障体系，保障征信系统的安全、可控。

一方面，要提高互联网和大数据环境下的金融企业信息披露的质量和水平，减缓和消除由于信息不对称所引起的逆向选择和道德风险；另一方面，要坚持营造良好的社会信用氛围，形成诚实守信的环境，提高失信和违约惩戒的成本；针对大量数据仍然孤立存在，还没有完全实现信息共享，要扩大征信数据来源，连接社会各部门、各阶层的信息沟通渠道，建立完善的信用沟通机制。当然对于征信数据要进行严格的筛选和管理，严防虚构和造假数据。此外，还要加强互联网征信体系的监管，转变传统监管方式和思路，确保信息采集、信息提供的合法性。推进互联网金融和征信行业监管的技术升级，增强监管手段，提高监管效率，对全省金融行业的信息安全有重大影响。

7.4.6 继续全面提升金融服务实体经济能力

按照青海"十三五"规划，青海要加快建设功能齐全、层次分明、运行有序的金融市场体系。吸引银行、证券、保险、期货及互联网金融等金融新业态集聚发展，促进地方金融机构改革创新和转型升级，加快发展各类金融中介服务机构。加快多层次资本市场建设，着力提升区域性股权交易市场综合金融服务功能。探索推进期货市场发展，与国内重要商品交易所合作，推动发展钾肥、无机盐、特色农畜产品等行业性、区域性期货现货交易。建立完善中小微企业、农牧业等担保体系，积极引导民间资本参与融资性担保机构组建和增资扩股。创新公共服务、资源环境等重点领域投融资机制，鼓励社会投资。全省金融系统将以更加开放、创新的举措，深入推进金融改革发展，有效聚集和配置金融资源，不断提升金融服务实体经济的能力和水平，增强金融支持发展方式转变、发展动能转换、产业结构转型、民生事业发展的关键性作用。

7.5　结论

新中国成立以来，金融在青海经济社会发展中的作用越来越突出，从早期与计划经济相适应的金融体系到改革开放后的金融市场体制改革，青海省的金融行业发生了翻天覆地的变化。全省金融行业经历了70年风雨，遇到了来自国内的困难和国际金融危机的影响，但在国家政策的积极引导和全省人民的共同努力下，全省银行、保险和证券业等整个金融业实现了全面发展。改革开放之前，青海金融业经历了新中国成立初期的逐步恢复和缓慢发展时期后，"大跃进"开始出现剧烈波动并被迫进行调整，"文化大革命"中再次受到重创，发展比较缓慢。改革开放之后到20世纪末，青海金融发展进入快速发展时期；21世纪以来青海金融步入银行、保险和证券等全行业协调稳定发展时期。

新中国成立70年以来，包括银行、保险和证券业在内，全省金融行业实现了跨越式发展。已建立起以中央银行为核心、金融企业为主体、能够适应社会经济发展需求、与整个资本市场和货币市场相适应的金融体系，金融机构功能齐全、管理体制完善、监管到位，整个金融行业不断焕发出新的生机与活力，为全省的社会主义现代化事业做出了不可磨灭的贡献。全省金融机构数量、金融从业人员、金融资产总量持续增加；全省人民币存款总额和贷款总额保持快速增长，其中居民储蓄存款超过企业存款，贷款广泛投向实体经济各部门；全省寿险和财产保险的原保费收入和保险赔付也实现跨越式发展；保险密度和保险深度不断提高；资本市场初具规模；金融产业增加值持续提高，对第三产业和地区经济增长的贡献率不断提高。

青海整体金融发展水平与全国相比依然存在较大差距，金融服务全省实体经济和特色优势产业还有待增强，金融风险防范和金融监管也刻不容缓。展望青海未来金融发展，既要积极推进金融体制改革，统筹城乡金融发展，还要树立金融创新意识，重视人才培养，强化金融监管，防范金融风险，进一步完善金融行业征信体系建设，不断增强金融服务全省实体经济的能力和水平。

参考文献

[1] 祁贵兴.青海金融史话（之二）[J].青海金融，1998（2）：41-45.

[2] 祁贵兴.青海金融史话（之一）[J].青海金融，1998（1）：34-35.

[3] 祁贵兴.青海金融五十年纪[J].青海金融，1998（12）：13-15.

[4] 刘世安.飞速发展的青海金融业[J].青海金融，1997（10）：8-9.

[5] 祁贵兴.目前青海经济金融形势分析[J].青海金融，1996（11）：17.

[6] 胡安舜.蓬勃发展的青海金融事业[J].青海金融，1999（10）：4-6.

[7] 人行西宁中支货币信贷政策分析领导小组.2004年青海省金融运行报告[J].青海金融，2005（4）：25-26.

[8] 中国人民银行西宁中心支行货币政策分析小组.2005年青海省金融运行报告[J].青海金融，2006（3）：27-30.

[9] 人行西宁中心支行货币政策分析小组.2006年青海省金融运行报告[J].青海金融，2006（3）：18-21.

[10] 人行西宁中支货币政策分析小组.青海省金融运行与走势判断报

告[J].青海金融,2008（5）:11-14.

[11] 人行西宁中支货币政策分析小组.青海经济金融形势分析与展望[J].青海金融,2008（11）:26-28.

[12] 人行西宁中支货币政策分析小组.2008年青海省金融运行报告[J].青海金融,2009（3）:18-19.

[13] 人行西宁中支货币政策分析小组.2009年青海省金融运行报告[J].青海金融,2010（4）:17-19.

[14] 王小平,石海城,陈希凤.建立青海现代金融体系研究[J].青海社会科学,2009（1）:49-50.

[15] 刘世安.加强金融工作 促进青海经济发展[J].攀登（哲学社会科学版）,1998（1）:59-64.

[16] 薛长德.金融支持西部大开发思考[J].青海金融,2000（9）:14-15.

[17] 黄克谦.进一步改善金融生态环境 推动青海金融业快速发展[J].青海金融,2008（8）:11-13.

[18] 周青康.加强青海和谐金融建设的几点思考[J].青海金融,2007（8）:41-43.

[19] 胡安舜.金融宏观调控对青海省经济金融运行的影响分析[J].中国金融,2005（11）:35-36.

[20] 仇万强.进一步改善金融服务全力支持西部大开发和青海经济建设[J].青海金融,2001（1）:10-11.

[21] 陈希凤,李三鱼,李新鹏.对青海金融现状调查[J].西部金融,2009（2）:41-42.

[22] 中国人民银行西宁中心支行人事处课题组,霍健.金融支持青海农业产业结构调整的思考[J].青海金融,2011（6）:36-38.

[23] 周慧.青海金融支持实体经济发展的问题与对策[J].青海金融,2014（4）:4-6.

[24] 解晓菲,郭小明.青海省金融体系存在的问题及政策建议[J].青海金融,2005（11）:5-6.

[25] 刘尚荣.青海保险业与经济社会和谐发展研究[J].保险研究,2008(8):88-90.

[26] 淡亚君.青海经济发展方式转变问题研究[J].西部金融,2011(5):60-61.

[27] 张永革.对做好金融工作支持青海经济发展的思考[J].青海金融,1996:15.

[28] 解晓菲,牛永涛.监管、优化、发展——青海金融展开腾飞的翅膀[J].银行家,2004(12):56-58.

[29] 承列,蔡立平,薛长德.目前青海金融运行难点及对策[J].青海金融,2003(7):14-16.

[30] 王小平.金融促进频现亮点 经济发展再攀新高——2007年青海省金融运行回顾[J].青海金融,2008(1):4-6.

[31] 王兴顺.金融支持青海民族地区经济发展策略研究[J].青海社会科学,2009(3):67-68.

[32] 国家统计局国民经济综合统计司.新中国统计60年资料汇编[M].北京:中国统计出版社,2010.

[33] 人行西宁中文支课题组.纵向的鼓舞与横向的深思——青海金融改革开放30年回顾与思考[J].青海金融,2008(11):4-10.

[34] 王泽丽.青海省改革开放四十年的成就与经验[J].青海金融,2018(8):58-63.

[35] 中国人民银行海东市中心支行课题组,马渭桥,乔蕊.在改革创新中提档升级——改革开放40年海东市金融业发展情况调查[J].青海金融,2018(11):20-24.

[36] 刘德成.青海金融发展水平测度研究[J].青海大学学报(自然科学版),2012(5):86-90.

第8章 青海70年环境与发展

王焱霞[①]

8.1 引言

青海省地处世界屋脊——青藏高原，位于西北干旱区、青藏高原区和东部季风区三大自然区域的交汇处。青海东部由青藏高原向黄土高原过渡，青藏高原位于亚洲大陆中部，被称为地球第三极，这里地质活动频繁、气候高寒、太阳辐射强，生态环境比较脆弱。青海南部的三江源地区，平均海拔为3500～4800米，深处青藏高原腹地，是长江、黄河和澜沧江（国外称湄公河）的源头。青海生态环境变化不仅直接影响青海省气候和生态环境变化，而且关系到全中国及亚洲的生态安全。所以，青海生态环境建设和保护，服务于中华民族长远利益，具有极为重要的战略意义。

新中国成立之前的漫长岁月中，在严酷的自然环境条件下，青海人民逐水草而居，以游牧业为主，对生态环境的影响相对较小。且在青藏高原藏族民间的宗教信仰中，有大量的图腾崇拜和禁忌，还有对神山、土地、神湖的崇拜和禁忌。青海各族群众这些原始朴素的敬畏自然意识和宗教信仰行为等，客观上起到了自发保护草原草地、河流湖泊、高山森林及

---

① 王焱霞，四川德阳人，现工作于西南民族大学经济学院。主要研究方向为经济与贸易、区域经济。感谢中央高校课题2015 SZYQN15的资助。

其动植物的作用,实现了人与自然生态系统在较低发展水平上的初步协调发展。

改革开放前,由于地理位置相对闭塞,人口稀少,经济发展水平较低,以农牧业为主的社会经济活动对生态环境造成的危害也相对较弱。改革开放之初的20年,青海制定实施"改革开放、治穷致富、开发资源、振兴青海"的经济发展战略,随着人口增加、资源开发速度加快,以及高能耗工业的快速发展,青海省脆弱的生态环境遭到破坏。全省产业结构单一,对草地畜牧业的依赖程度较高,形成了"人口增长—牲畜增加—草地过载—草地退化"的恶性循环。同时各种矿产资源等的大规模开发,引起局部生态退化。而全国和青海对环境保护问题还没有引起足够重视,缺少环境保护的相关政策措施。青海省环境恶化状况不断加剧,干旱、大风、雷电、滑坡、泥石流等自然灾害频繁发生,生态破坏日益严重。

2000年中央提出实施西部大开发战略,包括青海在内的西部地区要重点加强基础设施建设和生态环境保护,"可持续发展"逐步成为发展理念和趋势,青海也开始重视生态环境保护与发展问题。2003年7月,党中央提出"坚持以人为本,树立全面、协调、可持续的发展观,促进经济社会和人的全面发展"的科学发展观。2012年11月,中国共产党十八大报告提出,贯彻科学发展观,必须全面落实经济建设、政治建设、文化建设、社会建设、生态文明建设五位一体总体布局。2015年10月,党的第十八届五中全会提出"创新、协调、绿色、开放、共享"的"五大"发展理念。2017年10月,中国共产党十九大报告制定了坚持科学发展、快速增长转为高质量发展的发展战略和新发展理念。在科学发展观和新发展理念指引下,青海提出"生态立省"战略,要加大生态文明建设进程。青海省采取有效措施对产业和资源开发活动进行控制,并有序推进生态建设与环境治理,通过采取一系列政策和生态工程等,青海省的生态退化趋势得以扭转,环境治理和保护初见成效,可持续发展能力逐步得到提升。

本章主要围绕青海70年环境与发展的历程和成就以及未来发展进行

分析。第二节主要梳理青海环境与发展历程，重点分析1980—2018年青海能源消耗与经济增长等变化，尤其是西部大开发以后开始重视环境保护。第三节总结青海环境与发展取得的成就，将围绕相关环境保护政策措施制定实施后，全省生态环境保护和环境污染治理取得明显成就。第四节是对青海省未来环境与发展的展望，在科学发展观和新发展理念指引下，青海如何在生态保护优先理念指导下，加强环境保护和生态建设，共建和谐美丽新青海。最后是本章简短的结论。

8.2 青海70年环境与发展历程

新中国成立以来，一直到改革开放之前，青海经济发展水平相对较低，以农牧业为主的社会经济活动对生态环境造成的危害相对较弱。改革开放之后到20世纪末，青海开始实施资源开发战略，但不重视环境保护，进入环境与发展问题矛盾尖锐、生态环境破坏严重时期；21世纪以来，随着实施西部大开发战略，贯彻落实科学发展观和新发展理念等，青海步入越来越重视生态环境保护和生态建设的新时期。

8.2.1 改革开放之前环境与发展问题不严重时期

改革开放前的青海，因地处内陆偏远省份的青藏高原，气候具有明显的高、寒、干、缺氧等特点，同时青海交通闭塞，出省铁路只有一条兰青线，省内的运输主要是靠公路，公路网也很稀疏。环境条件艰苦，交通条件落后，人口增长缓慢，虽然严重制约了青海的经济社会发展，但客观上保护了青海省环境没有受到较大破坏。

改革开放前，1952—1975年，青海地区生产总值占比最高的是以农牧业为主的第一产业。1952年全省第一产业总产值为1.52亿元，占地区生产总值1.63亿元的93.2%，第二产业只占7.4%；1970年第一产业总产值为3.36亿元，占地区生产总值8.15亿元的41.2%；1975年，全省农业比重达37.4%，但第二产业已提高到38.3%，略微超过第一产业。农牧业虽然也会对生态环境造成破坏，引发一定程度的生态环境问题，但因人口增长缓慢，垦殖工具和技术水平比较低下，整体农牧业发展造成的草场退缩和环境破坏等比较有限。1952年末耕地面积为464.6千公顷，到1978年为602.97千公顷，年均增长率为1%；农作物播种面积1952年为373.43千公顷，1978年为514.58千公顷，年均增长率为1.2%；存栏大牲畜1952年为933.52万头，1978年为2213.75万头，年均增长率为3.38%。改革开放前，青海省的水土流失，草场退化和沙化、河流及湖泊水域面积减少的程度比较低，农牧业发展对青海草原草地的影响相对有限。图8-1是1952—1978年青海各产业产值占GDP比重，到1978年，全省第二产业比重已提高到49.61%，而第一产业比重已下降到23.62，第三产业比重为26.77%。

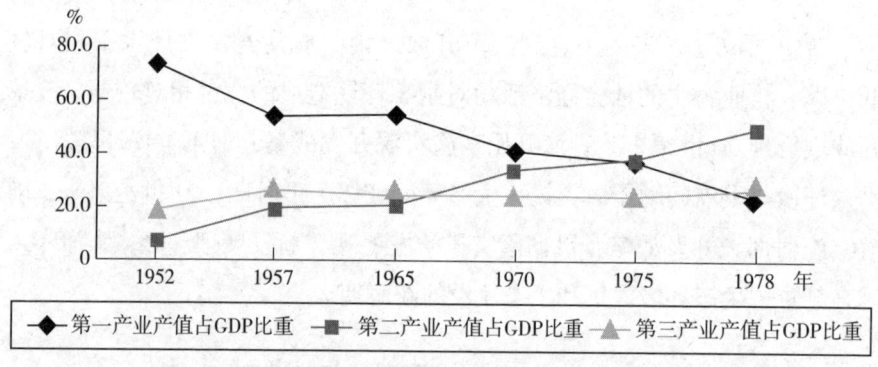

图8-1　1952—1978年青海三次产业产值占GDP比重

资料来源：《青海统计年鉴》。

8.2.2　改革开放以来到20世纪末环境与发展矛盾尖锐时期

改革开放后，青海省制定实施资源开发战略，加大资源开发力度，工业和地区经济得以迅速发展。到20世纪末，青海省环境恶化趋势明显，环境保护与经济发展的矛盾越发尖锐，但是环境保护问题还没有引起高度重视。图8-2是1980—2000年青海各产业产值占GDP比重，期间青海第二产业和第三产业的比重得以快速提升，1980年第二产业产值为7.83亿元，占地区生产总值17.79亿元的比重上升到44%。此后近20年，全省第二产业的比重始终高于第三、第一产业。尽管第二产业产值绝对值持续增长,但第三产业的增长率却比第二产业的增长率快很多,第二产业的年均增长率为14%,而第三产业的年均增长率为17%。

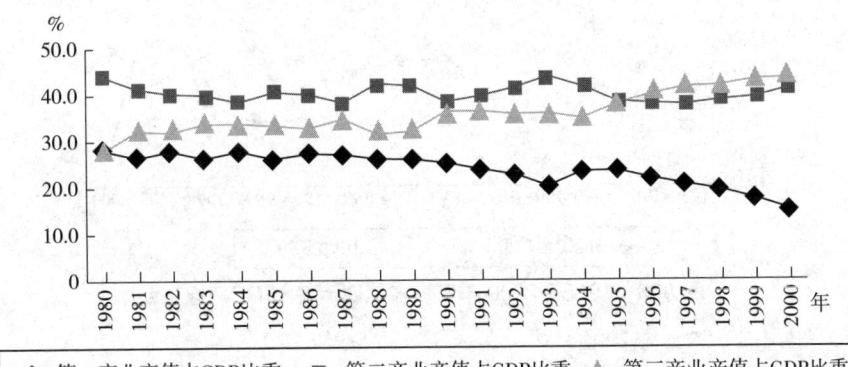

图 8-2 1980—2000 年青海各产业产值占 GDP 比重

资料来源:《青海统计年鉴》。

改革开放后,1986 年青海开始实施资源开发战略,1988 年明确提出"改革开放、治穷致富、开发资源、振兴青海"的经济发展战略,其核心是依托资源优势,加快资源开发,把资源优势转化为经济优势。"九五"期间甚至提出将能源产业作为青海的支柱产业,在黄河上游加快水电资源的利用,建成全国重要的水电基地之一;加快盐湖资源开发,形成年产 135 万吨的钾肥生产能力,并积极开展钠、镁、锶、锂、硼等资源开发利用,把柴达木盆地建成全国钾肥盐化工生产基地;加快石油天然气资源开发和油气产业发展;加快有色金属和非金属矿产资源开发,重点扩大特钢、电解铝、金属镁、水银、石棉炭等的生产规模。

1980—2000 年,青海能源消费增长率虽然在很多年份低于 GDP 增长率,但它们保持同向波动,能源消费增长快的年份,经济增长率也很快,能源消费增长下降的年份,经济增长率也减缓(见图 8-3),除 1999 年异常波动可能受东南亚金融危机影响外。青海实施资源开发战略,通过大力开发优势资源,加快第二产业发展,以此快速推动经济增长。同时,青海经济增长的资源能源耗费水平较高,属于粗放型经济发展方式。

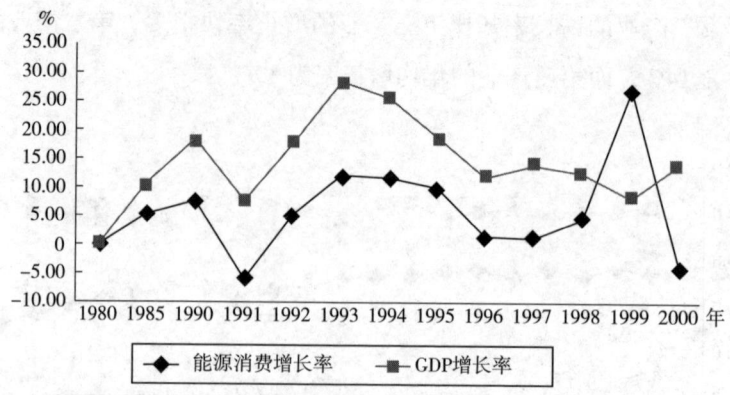

图 8-3　1985—2000 年青海省能源消费与 GDP 增长率

资料来源：《青海统计年鉴》。

但这种以化工和采矿业为支柱产业、消耗大量能源的发展模式是不可持续的，从图 8-4 可知，2003—2005 年，即使能源消费继续大幅增长，高速经济增长也难以维持。不断加大资源能源开发利用，造成青海环境破坏问题日益严重，青海面临经济发展与环境保护的矛盾越来越尖锐。据 1999 年印发的《青海省生态环境建设规划》，青海省环境恶化趋势主要表现在以下几个方面：第一，水土流失面积扩大，侵蚀程度日趋严重，受风、水、冻融侵蚀的土地面积为 33.4 万平方千米。最严重的黄河流域水土流失面积达 7.5 万平方千米，占整个黄河流域水土流失面积 43 万平方千米的 17.5%；流失面积最大的长江上游源头受侵蚀面积达 10.6 万平方千米，占长江流域水土流失总面积的 14.3%；内陆河流域和其他地区水土流失面积为 15.2 万平方千米，占全省水土流失总面积的 42.5%。第二，土地沙化趋势严峻。1999 年，全省沙漠化面积已达 1252 万公顷，主要集中在柴达木盆地、共和盆地和黄河源头地区。第三，退化草地面积逐年增加。1999 年中度以上退化草地面积为 733 万公顷，占草地总面积的 20.1%，严重退化草地为 440 万公顷，占草地总面积的 12.2%，沙化草地为 193 万公顷。第四，物种生存条件恶化，受威胁的生物物种占总类数的 15% ~ 20%，高于世界 0 ~ 15% 的平均水平。恶化的生态环境使青海大部分地区水源涵养功能大大下降，造成河道径流逐年减少，众多湖泊干涸。1988—1996 年，在降水波动不大的情况下，黄河源头地区水量比正常年份减少了 23.2%；龙羊峡水库多年达不到设计蓄水量；1908—1996年青海湖水位下降了11.12米,以平均每年12.5厘米的速度下降。

不断恶化的生态环境不仅直接造成了全省各个地方灾害频繁,1999年中东部农业区14个县出现春旱的频率在55%以上,全省每年受不同程度灾害面积13万公顷以上；频繁的自然灾害,还严重制约了青海省经济社会发展提高,农牧业生产水平低下,贫困人口增多。1999年,未解决温饱人口占农牧业人口的14%,比全国6%的贫困率高8个百分点,农牧民人均纯收入仅为1320元,比全国平均水平低770元。生态环境不断恶化,既是农牧区群众贫困的主要根源,也是造成江河下游及周边省区旱涝灾害的重要因素。全国和青海开始反思单纯"靠山吃山,靠水吃水",不注重生态环境保护的传统发展模式,可持续发展理念应运而生。

8.2.3 西部大开发以来不断重视环境保护与发展的新时期

2000年中央提出实施西部大开发战略,加强生态环境保护与建设成为包括青海在内的西部地区的重点开发内容,青海也开始重视生态环境保护与发展问题。2003年7月,中央提出"坚持以人为本,树立全面、协调、可持续的发展观,促进经济社会和人的全面发展"的科学发展观。2012年,党的十八大报告要求必须全面落实经济建设、政治建设、文化建设、社会建设、生态文明建设五位一体总体布局。2015年党中央提出"创新、协调、绿色、开放、共享"的"五大"发展理念。2017年10月,党的十九大报告制定了坚持科学发展、快速增长转为高质量发展的发展战略和新发展理念。在中央的统一领导和部署下,青海从"十五"计划开始,在此后的五年规划中,均提出生态建设和环境保护的内容和目标,步入越来越重视生态环境保护与生态建设的新时期。

从实施西部大开发战略以来的"十五"计划开始,青海省将环境保护作为政府工作的重要任务,提出加强植树造林、搞好水土保护、防治荒漠化、改善生态环境的指导思想。以改善生态环境为条件,提高农牧业综合生产能力和人民生活质量,以实现可持续发展为目标；加强生态环境保护和管理法规体系建设,建立规范高效的生态环境建设管理体制；坚持以科技为先导,以重点地区生态环境治理为突破口，遵循自然生态规律，防治并举，实现生态经济与社会效益的协调统一，促进全省国民经济和社会可持续发展。

"十一五"规划提出，坚持在尊重自然规律的基础上发展经济，切实保护好生态环境，加强环境污染防治，增强可持续发展能力。加大资源勘察力度，提高资源保障水平。坚持资源开发与节约并重，降低经济社会发展的资源消耗，大力发展循环经济，促进节约型社会建设。

"十二五"规划提出，要把建设资源节约型、环境友好型社会放在更加突出的战略位置，加快矿产资源勘察勘探，以节能减排为重点，健全激励和约束机制；树立绿色低碳发展理念，大力发展循环经济，强化生态环境保护和建设，推动形成节约能源资源、保护生态环境的产业结构、增长方式和消费模式，增强可持续发展能力。

"十三五"规划提出，要坚持把筑牢国家生态安全屏障作为重大历史责任，以生态保护优先理念协调推进经济社会发展。深刻领会中央关于生态文明建设的新部署和习近平总书记对全省生态保护的新要求，充分认识青海生态特殊的重要地位和作用，用新的视野把握生态文明新时代的历史机遇，突破传统的思维定式和路径依赖，切实把生态文明建设融入经济、政治、文化和社会建设的各方面和全过程，奋力开辟青海生态文明建设和各项事业发展的新境界。

实施"十五"计划以来，除2003—2005年和2009—2011年以外，其余年份青海能源消费增长率均逐年下降，且除2004年、2005年之外，其

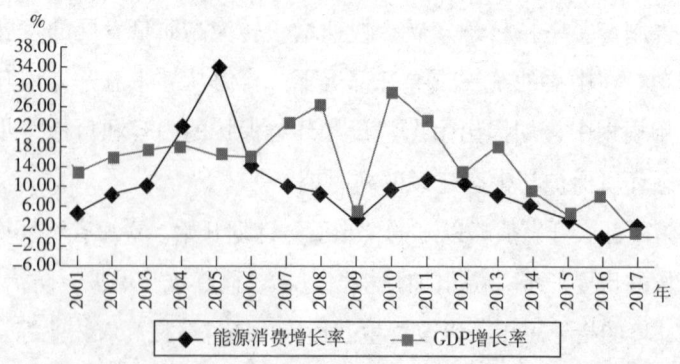

图 8-4 2001—2017 年青海省能源消费与 GDP 增长率

资料来源：《青海统计年鉴》。

余年份全省能源消费增长率均明显小于地区经济增长率（见图8-4），资源能源消耗增长过快的趋势逐步得到遏制。

8.3 青海70年环境与发展成就

新中国成立70年来，尤其是实施西部大开发战略以来，保护生态环境，实施可持续发展战略成为青海和全国的共同发展理念，青海环境污染和生态破坏状况逐步引起重视，并得到较好控制，环境保护和生态建设取得了突出的成就。全省通过一系列重大生态建设和环境保护工程，加大对土地、草地和水资源等保护；建立起各类生态保护区和各类综合治理工程，加大重点生态功能区保护建设力度；通过优化调整产业结构，加大污染治理投资投入和防治措施力度，在确保经济持续增长的前提下，全省能源消费总量和温室气体排放等各类污染排放量均呈现下降趋势；全省生态保护优先理念进一步确立，三江源头重现千湖美景，国家生态安全屏障地位日益巩固。

8.3.1 环境保护与生态建设取得明显成就

西部大开发以来，青海更加认识到其生态屏障的战略重要地位。全省上下高度重视生态环境保护和生态建设，并提升到"生态立省"的战略高度，积极实施一系列生态建设和环境保护工程，建立起各类生态保护区和各类综合治理工程等，通过编制《青海省生态环境评价报告》等，对青海省的生态环境保护和建设进行全面详细规划，国家生态安全屏障地位日益巩固。

青海省注重保护土地、森林、野生动物和水资源，通过一系列生态建设与环境保护工程加大对土地、森林、水资源和野生动物等的保护。实施积极退耕还林、退牧还草、天然林保护、三北防护林、野生动物保护工程等，全面落实草原生态保护补助奖励政策，基本建立起覆盖全省的生态环境监测与评估体系，促进生态保护与建设。治理方式从分散治理向集中治理转变、从单一手段向综合措施转变、从事后治理向事前保护转变,探索生态保护的长效机制。在青海湖流域及周边地区建立的生态环境保护与综合治理工程,采取退牧还草、划区轮牧、舍饲圈养、加快出栏等措施,实现草畜平衡。

图 8-5 显示青海省 2004—2017 年的主要自然资源总量增长情况。2004 年,全省水资源总量为 60.68 十亿立方米,造林面积为 52.46 千公顷;2017 年水资源总量增长到 78.57 十亿立方米,造林面积为 198.81 千公顷;草原面积在 2009—2016 年,始终保持 36.37 十万公顷左右。可见,青海的造林总面积在不断增加,水资源总量不仅没有出现明显减少,还缓慢增长。这说明经过一系列的生态环境保护和建设措施以后,全省在实现经济社会快速发展的同时,主要自然资源总量并未显著减少,整体生态环境没有继续明显恶化。

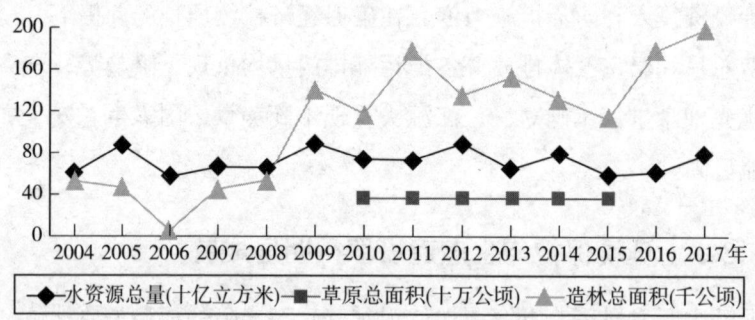

图 8-5　2004—2017 年青海主要自然资源总量增长情况

资料来源:《青海统计年鉴》。

《2018 年青海生态环境状况公报》显示①,2018 年青海全省生态环境状况总体保持稳定。通过生物丰度、植被覆盖、水网密度、土地胁迫、污染负荷指数综合评价,全省县域生态环境以"良"为主,生态环境状况稳中向好。全省 41 个国家重点生态功能区生态环境质量考核县域中,生态环境状况为"良"的县域 33 个、"一般"的县域 7 个、"较差"的县域 1 个,重点生态功能区县域生态环境状况稳中向好。

---

① 2018 年青海省生态环境状况公报——新闻中心 [EB/OL].(2017-11-09)[2019-06-08]. http://www.qhnews.com/newscenter/system/2019/06/05/012896370.shtml.

从环境空气质量看，2018年全省环境空气质量达标天数比例为90.9%，环境空气中6项污染因子平均浓度均达到二级标准，除细颗粒物（$PM_{2.5}$）同比无变化外，其余5项污染因子同比均有所下降。从水环境来看，长江干流、黄河干流、澜沧江干流、黑河干流、青海湖流域、湟水流域及柴达木内陆河流域，水质达到水环境功能目标的比例为98.4%。Ⅰ～Ⅲ类水质断面53个，比例为86.9%，地表水整体水质稳中向好。2018年，全省声环境质量较好，环境电离辐射水平处于底位涨落范围内。

青海省不断加强自然保护区建设和管理，保护区面积稳定增加，2017年末全省有自然保护区11个，面积为2177万公顷，比1998年增加1675万公顷；其中国家级自然保护区为7个，面积为2074万公顷，占全国国家级自然保护区面积的14.8%，比重仅次于西藏。湿地面积达到814.36万公顷，占全国湿地总面积的15.2%，居全国首位。截至2018年底，全省建成国家级森林公园7处，省级森林公园16处，省级自然保护区4处，国家级湿地公园19处，省级湿地公园1处，国家沙漠公园12处，森林康养基地2处、森林景观利用精准扶贫基地3处，等。

8.3.2 环境污染防治取得显著成效

西部大开发之后，在中央的统一部署下，尤其是在科学发展观指引，全省高度重视加大治理污染，通过健全工业污染防控体系，不断加大污染防治投资力度，加大水环境综合治理，增强空气污染和噪声污染等污染治理力度，取得了包括温室气体在内的主要污染物排放总量得以有效控制的良好成效。

（1）采取各种措施降低工业污染。遵照"谁污染，谁治理"原则，青海制定实施了各种工业固体废物的综合利用和处理处置方法。要求各个工业企业对产生的固体废物尽可能资源化，对历年未按照储存污染控制标准堆存工业固体废物，按照国家和青海省的相关要求进行限期治理，积极推进企业清洁生产，采用先进工艺技术与设备循环利用等手段，提高资源利用率，从源头减少工业固体废物的产生。鼓励充分利用现有的水泥厂等高温焚烧设备，对工业固体废物进行处理处置，重点加强工业园区工业固体废物综合利用和处置能力，建立工业固体废物综合利用和处置设施，消纳大部分工业固体废物。

从排污减少情况来看，2004年，青海废水排放量、二氧化硫排放量和生活垃圾清运量分别为14287万吨、7.3万吨和57.7万吨；到2017年，三者依次增长到27115.01吨、9.24万吨和77.7万吨（见图8-6）。显然"十一五"规划实施节能减排以来，全省保持经济持续增长的同时，污染排放总量没有明显增加。

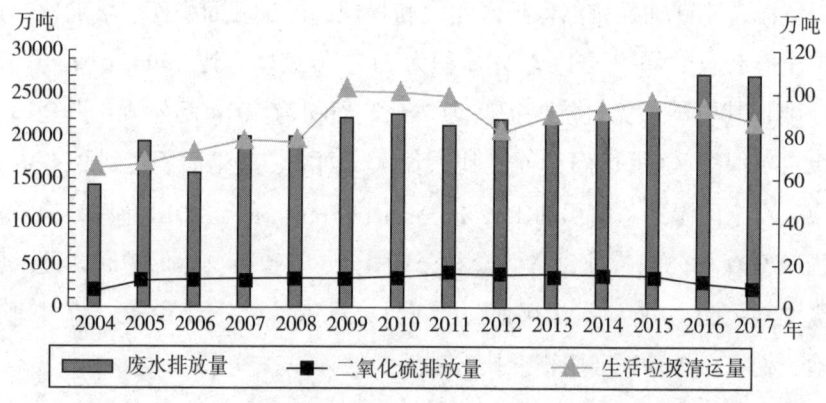

图8-6　2004—2017年青海省几种排污总量变化

如图8-7所示，2005—2017年，废水、二氧化硫和生活垃圾清运量整体均呈缓慢下降趋势，尤其是二氧化硫排放量平稳减少，说明节能减排等污染防治和环境保护措施取得了明显成效。

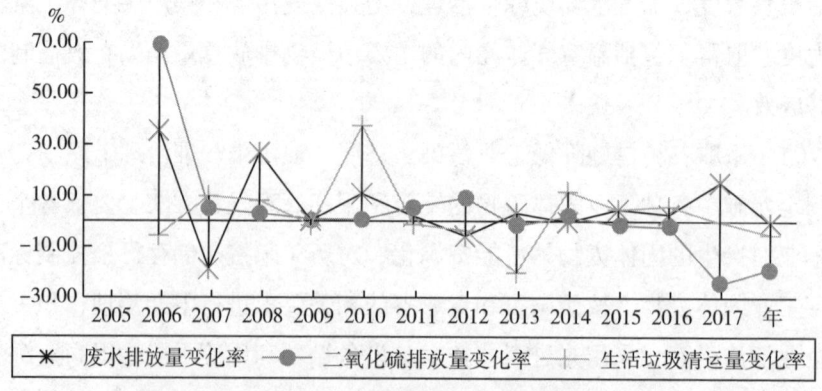

图8-7　2005—2017年青海省几种排污量增长率变化

资料来源：《青海统计年鉴》，增长率均为比上一年增长水平。

青海省政府还注重产业结构的调整，通过提高产业准入条件，限制引入高污染、高能耗产业，大力发展高科技和无污染产业。对已有的危险废物产生量较大的行业进行技术改造和升级换代，对规模小、污染严重的企业依法关停，有计划地加强全省危险废物处置中心基础设施和技术能力建设，处理处置危险废物综合利用。适合回收利用的危险废物优先采用先进的回收利用技术进行回收，不适合回收利用的危险废物，经预处理后焚烧处置或进入安全填埋场填埋。以西宁市经济开发区昆仑经济开发区等工业集中区为重点，建立区域危险废物集中收集、储存、回收、利用和安全处置设施。在海东市、海西州的全省主要工业园区统一建设规范化的废机油回收综合利用处置中心。

（2）采取强制措施降低空气污染。省政府不断采取措施，加强西宁、格尔木、德令哈市和河湟沿岸城镇环境空气、噪声污染综合治理。青海省各地区通过进一步推广大气污染治理网格化管理机制，健全大气污染防治工作体系，规范建立工作管理台账。各市（州）按照年度环境空气质量改善目标，结合实际确定大气污染防治工作重点，细化大气污染治理措施，持续加强扬尘、机动车尾气和煤烟尘污染治理，深化工业污染源治理，促进全省环境空气质量持续改善。

根据2016年印发的《青海省大气污染防治条例》，青海省环境空气质量持续得到改善。西宁市、海东市空气质量优良率分别达77.6%、73.3%，其中西宁市环境空气中可吸入颗粒物（PM_{10}）、细颗粒物（$PM_{2.5}$）年均浓度较上年分别下降11.7%、22.2%，海东市环境空气中可吸入颗粒物（PM_{10}）年均浓度较上年下降21.1%。其他六州州府所在地城镇空气质量优良率在76.7%～89.3%。

为大力发展空气环保型产业，加强环保技术的研发及产业化，青海省加快电动汽车充电站建设，扩大环保专用清洁车的生产规模。完善再生资源回收体系，强化综合利用及污染防治，推进资源再生利用产业化。发展清洁生产，推进排污权有偿使用和市场交易试点工作。加强农村污染治理，启动农村清洁工程，改善人居环境。实施好矿山地质环境保护与治理工程，推进矿山环境保护。到2018年，青海省二氧化硫、氮氧化物、化学需氧量、氨氮等主要污染物排放减少率均控制在国家下达的指标之内。

（3）采取综合措施保护饮用水资源。根据《青海省十三五规划》，不同河流实行不同的保护措施。在三江源区，以提高三江源区水源涵养功能，维护国家水生态安全为目标，坚持保护优先，自然恢复为主。以实施三江源生态保护和建设二期工程为依托，采取自然修复与工程建设相结合的措施，实施退牧还草、水土保持、荒漠化治理、湿地与河湖生态系统保护和建设等工程，不断提高森林覆盖率、草地植被覆盖度等，湿地生态系统状况和野生动物栖息地环境明显改善，生物多样性保护成效显著。

在青海湖内陆河流域，针对小城镇建设、生态旅游业及现代畜牧业发展带来的生活型污染和畜禽养殖污染隐患，重点实施历史遗留污染隐患治理、城镇及重点乡镇生活垃圾污水收集处理处置设施建设、规模化畜禽养殖污染防治以及主要河道生态修复、污染治理等工程。通过采取生态综合治理措施，提高水源涵养和水土保持功能，逐步改善青海湖流域生态环境质量，切实发挥青海湖在维护黄河上游和西北地区环境安全中的屏障作用。

在柴达木内陆河流域，针对地下水开采利用、盐湖资源和矿产资源开发、农业产业化培育等带来的环境问题，结合柴达木循环经济试验区建设，重点实施地下水保护、工业园区（集中区）废水集中处理设施建设、企业废水深度治理回用等工程，最大限度地减少废水排放，推进水资源的节约保护。

在黑河内陆河流域，针对矿产资源开发、小城镇建设发展中带来的生态环境问题，结合农村环境整治项目，积极探索微动力、低成本、高效益的农村分散式小型污水处理技术及河道生态修复治理等工程。

在湟水流域，针对流域人口密度大、经济总量占比高、水环境容量小、污染物排放集中的实际，采取综合系统的治理措施，重点抓好铬污染土地及地下水修复、农业污染阻隔及人工湿地建设、污水处理厂提标改造及中水回用、畜禽养殖污染防治和城镇集中式饮用水水源地规范化整治等工程。

（4）持续加大污染防治的投资力度。全省通过持续增加污染防治投资金额，不断加强技术改造，积极淘汰落后产能，加大节能减排力度。2007—2017年公共财政支出中节能环保支出累计达535亿元，2017年生态保护和环境治理行业投资达69.5亿元，是2012年的10.9倍。在一系列淘汰落后产能、节能环保、转型升级等政策措施的带动下，全省单位能耗持续下降。2017年，全省单位GDP能耗比2005年累计下降35.9%，规模以上工业单位增加值能耗累计下降44.6%。

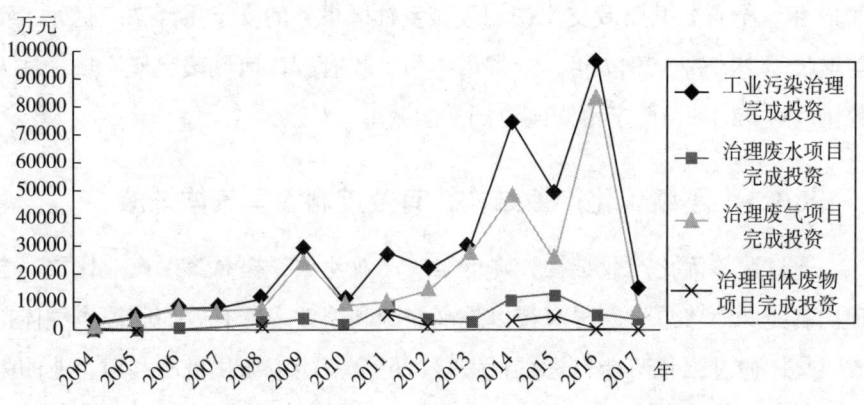

图8-8　2004—2017年青海治理工业污染及其"三废"投资增长情况

资料来源：《青海统计年鉴》。

图8-8是2004—2017年青海治理工业污染及其废水、废气和废渣（固体废弃物），即"三废"的投资增长图。其中，2004年工业污染治理竣工项目有18个，2011年达到35个。2004年，全省工业污染治理完成投资额为2612万元，其中，治理废水、废气和废渣的完成投资额依次为513万元、2093万元和6万元，分别占工业污染治理投资额的19.6%、80.1%和0.23%。2017年，全省工业污染治理完成投资额增长到15285万元，是2004年的4.85倍。其中，治理废水、废气、废渣和其他项目完成投资额依次为3793万元、5837万元、32万元和5623万元，分别占工业污染治理投资额的24.8%、38.2%、0.21%和36.8%。可见，青海治理污染方面的投资总体呈现比较大的增长幅度。随着投资规模的扩大，青海的污染防治工作取得了显著成效，其水、空气等污染防治和能耗降低均达到国家公布的合格指标。2017年全国治理工业污染总投资

为6815345万元，治理废水、废气、废渣完成投资额依次为763760万元、4462628万元、127419万元，分别占工业污染治理投资额的11.2%、65.5%、18.7%。显然，青海治理工业污染投资只占同期全国总量的0.22%，青海仍需加大工业污染治理投资。

随着一系列生态环境保护措施的持续施行，青海省环境状况逐渐改善，人居环境不断改良，人与自然和谐相处的新格局逐步开启。2007—2017年，全省公共财政支出中用于城乡社区事务的支出累计737亿元，年均增长了29.7%。2017年，全省市（州）政府所在地城镇空气质量优良天数比例达92.4%，西宁市入选全国文明城市。

8.3.3 不断优化产业结构，有效控制温室气体排放

通过调整优化产业结构，降低第二产业比重，提高第三产业比重，合理控制能源消费总量，青海得以提高能源利用效率，有效控制温室气体排放。具体通过强化节能目标责任考核，健全节能市场化机制和对企业的激励与约束，实施重点节能工程，推广先进节能技术和产品，加快推行合同能源管理，抓好工业、建筑、交通运输等重点领域节能。调整能源消费结构，增加非化石能源比重。提高森林覆盖率，增加蓄积量，增强固碳能力。加强适应气候变化特别是应对极端气候事件能力的建设。建立温室气体排放和节能减排统计监测制度，加强气候变化科学研究，加快低碳技术研发和应用。

区域产业结构的发展及其结构等显著促进区域社会经济繁荣的同时，也对生态环境产生重要影响。尤其当微观的环境污染治理效果越来越受到局限，资源的供给越来越紧缺，环境的自净能力越来越低下，产业转型成为治理环境污染的重要选项。

一般而言，三次产业中，第一产业多以绿色植物为生产对象，而绿色植物既是生态环境的重要屏障，又可固定二氧化碳和减少二氧化碳排放；但因种植业中不合理开垦和利用，会导致水土流失和土地盐渍化，农药化肥的使用会导致水、土壤及空气等各种污染；森林的过度砍伐容易引发洪涝、滑坡、泥石流等自然灾害，降低生态系统稳定性；过度放牧会导致草

场退化、土地沙化。但第一产业对环境影响的深度和广度都比较有限，改革开放前青海第一产业比重较高，带来的生态环境问题不严峻。

第二产业能耗、物耗水平以及污染物的产生和排放水平要远大于第一产业和第三产业。改革开放以来青海第二产业的迅速发展，特别是采掘业、制造业等重工业的快速发展，大量消耗矿产、能源等不可再生资源，工业污染物不断增加，生态环境日趋恶化。如图8-9所示，包括水泥、化肥、发电量、天然气等总产量大且增长快，如水泥从1999年的116.75万吨增长到2017年的1462.63万吨，增长了11.5倍；发电量从1999年的114.36亿千瓦小时增长到2017年的626.59亿千瓦时，增长了4.5倍；农用氮、磷、钾化肥产量从1999年的41.6万吨增长到2017年的463.02万吨，增长了10.1倍；天然气从1999年的3.47亿立方米增长到2017年的64.01亿立方米，增长了17.4倍。青海长期依赖污染和能耗比较高的重工业发展模式，低能耗高附加值的技术和产业水平有限，"十二五"以来，因节能减排政策等，这些产业的增长速度开始下滑，青海还需要进一步优化调整产业结构。

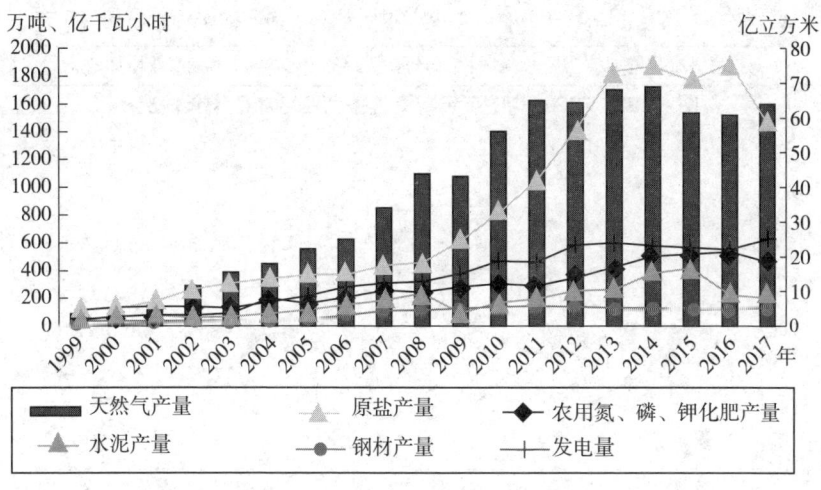

图8-9　1999—2017年青海省主要工业产量增长情况

资料来源：《青海统计年鉴》。

第三产业对环境的影响相对于第一产业、第二产业较小。第三产业对环境资源的依赖很小,但旅游业、交通运输业、餐饮业等行业也可能会产生废水污染、噪声扰民、汽车尾气污染等有害影响。青海省对生态环境影响最大的第三产业是交通运输业。随着机动车数量的直线上升,不仅占用了耕地、林地等耕地资源,机动车运行中鸣笛发出的噪声,形成噪声污染,排放的氮氧化物、二氧化碳等形成大气污染。

由图8-10和图8-11可知,虽然第二产业增加值在2017年之前一直高于第一产业和第三产业,但其增长率在2012年后就已经开始低于第三产业和第一产业增长水平;2017年第二产业的增加值开始下滑,这表明青海经济步入发展放缓的新常态,青海产业结构逐步优化。

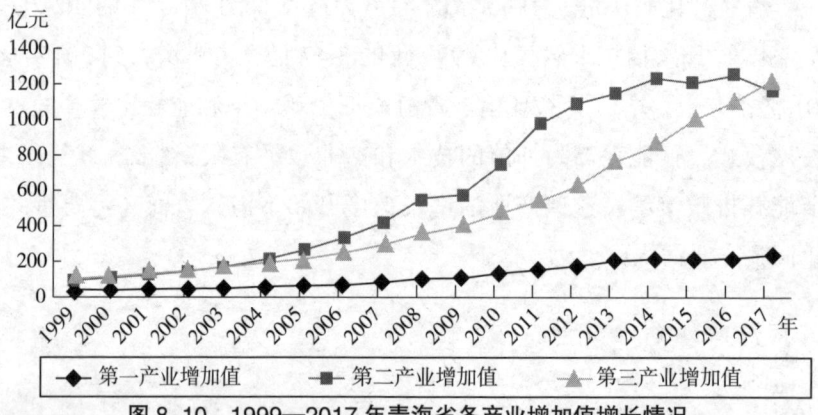

图8-10　1999—2017年青海省各产业增加值增长情况

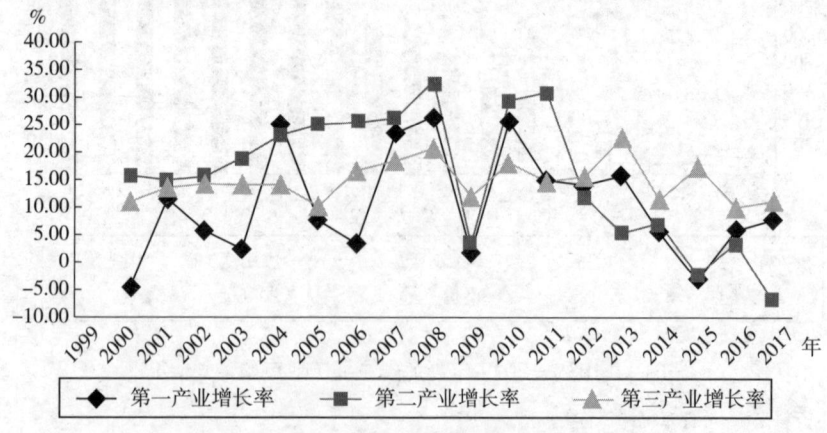

图8-11　1999—2017年青海省各产业增长率

资料来源:《青海统计年鉴》。

2000年以后，青海不断重视保护生态环境，实行节能减排等，调整产业结构，开展生态文明建设等，全省生态保护优先理念进一步确立，节能减排任务全面完成，国家生态安全屏障地位日益巩固。

8.4 青海70年环境与发展展望

站在已取得环境保护和生态建设重大成效的基础上，青海生态环境保护与经济社会发展的深层矛盾仍需破解。青海未来将继续落实科学发展观和新发展理念，继续贯彻实施生态立省和生态保护优先等战略，以"五大生态板块"为重点，继续实施重大生态工程，加强重点区域生态建设；积极提升国家公园战略，在三江源和祁连山等国家公园以及重点生态功能区发展生态旅游业；环青海湖要综合加强沙化防治；东部干旱山区要实施生态扶贫；继续坚持保护与治理相结合，加强环境综合治理，实现污染减排控制目标和环境质量总体改善。

8.4.1 继续实施重大生态工程，加强重点区域生态建设

青海依然重视全省生态战略的重要性，继续巩固和扩大生态安全屏障建设成果，进一步建立健全各类生态保护区和各类综合治理工程，以"五大生态板块"为重点，全面提升草原、森林、湿地、冰川、河湖、荒漠等自然生态系统稳定性和生态功能，继续加大重点生态功能区保护建设力度。

首先，三江源国家生态保护综合试验区，要建立起以三江源草原草甸湿地生态功能区为屏障、以青海湖草原湿地生态带、祁连山水源涵养生态带为骨架的"一屏两带"生态安全格局。基本完成生态保护和建设二期工程，开展三江源国家公园体制试点，重点推进草原植被保护和恢复，提升水源涵养功能，处理好保护生态环境和提高人民生活水平的关系，增强基础设施支撑能力，改善农牧民生产生活条件。加快建立生态补偿机制，积极引导牧民转变畜牧业生产方式，实现生态保护与牧民增收双赢的协调

发展。

其次，祁连山水源涵养区施行生态环境保护和综合治理工程。加大黑河源头生态治理力度，通过林草地、湿地保护和建设、水土保持、冰川环境保护等工程，切实保护和改善黑河、疏勒河、石羊河、大通河等水源地的林草植被，加强矿区环境综合整治，提高水源涵养功能。强化水土流失和沙化土地综合治理，努力实现生态系统良性循环。

再次，环青海湖地区，要启动环湖地区生态保护与环境综合治理工程，促进流域、林地、草地、湿地生态系统和生物多样性生态系统良性循环，加强裸鲤、鸟类以及其他珍稀野生动物保护，加大沙漠化土地治理力度，有效调控流域、河流水资源利用，巩固和扩大保护治理成果。

复次，柴达木水源涵养区，通过启动生态环境保护和综合治理工程，努力保护原生态地表地貌，恢复沙区林草植被，保护好土壤盐壳，适度开发利用林田、草原、水土光热资源，推进柴达木盆地生态保护与建设。

最后，河湟地区，继续深入实施生态环境综合治理工程，持续推进林草植被保护和建设，加强水土流失预防和治理，着力改善人居环境，实现区域生态环境逐步好转。

8.4.2 提升国家公园战略，加强生态旅游等创新发展

旅游业属于对生态环境破坏较小的绿色生态产业，也是青海包括国家公园在内的众多重点生态功能区可以发展的朝阳产业。祁连山国家公园和三江源国家公园地区的旅游需求不断提高，旅游宣传工作也逐步开展，但总体处于起步阶段，表现为旅游服务设施不足、自身竞争力不足、生态旅游市场发育不健全等方面。为了使国家公园生态旅游产业成为拉动地区经济的主要力量，应从以下几个方面着手：提升国家公园战略，推进生态文明建设；强化生态旅游教育，提高环境保护意识；加大生态旅游产业宣传，开展智慧旅游；深化生态旅游改革，树立全域生态旅游理念。

一方面，青海要充分发挥生态资源优势，积极提升国家公园战略。祁连山国家公园位于中国青藏高原东北部，横跨甘肃和青海两省，总面积为

5.02万平方千米，其中青海省境内总面积为1.58万平方千米，占国家公园总面积的31.5%，范围包括海北州门源县、祁连县、海西州天峻县、德令哈市，共17个乡镇4.1万人。2017年9月，中国批准建设祁连山国家公园，是中国10大国家公园之一。公园内生态系统独特，自然景观多样，平均海拔为4000~5000米。冰川广布，分布多达2683条，储量为875亿立方米，是青藏高原北部的"固体水库"。河流密布，主要有黑河、八宝河、托勒河、疏勒河、党河、石羊河、大通河7条河流。公园内湿地总面积为39.98万公顷。草地和森林广袤，草原面积达100.72万公顷，林地为15.24万公顷。野生动植物丰富，有野生脊椎动物28目63科294种。野生高等植物68科257属617种。青海省境内还包括1个省级自然保护区，1个国家级森林公园，即仙米国家森林公园面积为19.98万公顷，1个国家级湿地公园，即黑河源国家湿地公园面积为6.43万公顷。祁连山国家公园总体目标要完整保护高寒典型山地生态系统、水源涵养和生物多样性，建立全民共享全民所有的自然资源资产机制，创新生态保护与区域协调发展新模式，构建中国重要生态安全屏障，实现人与自然和谐共生。

三江源国家公园包括青海可可西里国家级自然保护区，以及三江源国家级自然保护区的扎陵湖、鄂陵湖、星星海等地，园区总面积为12.31万平方千米，涉及治多、曲麻莱、玛多、杂多四县和可可西里自然保护区管辖区域，共12个乡镇。2018年1月26日，国家发改委公布《三江源国家公园总体规划》，明确到2020年正式设立三江源国家公园。三江源国家公园生态环境状况总体保持稳定，园区地表水资源量达96.54亿立方米，水质状况总体为优。《三江源国家公园总体规划》的中期目标是到2025年，保护和管理体制机制不断健全，形成独具特色的国家公园服务、管理和科研体系。从远期目标来看，三江源国家公园将成为我国生态保护和国家公园的典范。

此外，青海省还在积极推进青海湖、昆仑山国家公园申报工作，启动建立昆仑山国家公园的可行性论证。青海正不断将敏感脆弱的生态环境资源转化为优势生态资源，实现生态保护和经济社会的协调发展。

另一方面，积极发展生态旅游等绿色产业。青海拥有独特的自然生态、原始风貌和民俗风情等旅游资源：婀娜多姿的青海湖、百亩油菜花海的金门源、千米观湖栈道的龙羊峡、原始森林的互助北山、巧夺天工的坎布拉等。以"绿色和发展"为主线，积极发展生态旅游，充分发挥利用青海生态旅游资源丰富的特色和潜力，能有效实现生态环境保护和带动广大农牧区群众脱贫致富的多赢目标。

林业生态旅游作为新兴产业，不仅是"绿水青山"和"金山银山"的桥梁和纽带，也是实现"绿水青山就是金山银山"的重要保障，还逐渐以新兴的产业活力、强劲的造血功能、巨大的带动作用，在扶贫开发中发挥着生力军作用。西宁湟中县卡阳村的原始森林与花海、西宁大通县边麻沟等的开发，进一步显现了青海省生态旅游扶贫效益和示范带动作用。

根据 2018 年的《创建生态旅游示范省工作方案》，青海省将坚持保护优先，绿色发展，把创建生态旅游示范省作为全省推进生态文明先行区、循环经济发展先行区建设的重要抓手。到 2020 年，全省生态旅游产品、公共服务、法规标准、社区参与、科技与人才体系更加健全，力争建成 8 个国家级生态旅游示范区和 15 个省级生态旅游示范区，建设 10 个国家级重点生态旅游目的地，初步将青海省建设成为国家级生态旅游示范省、国家生态文明旅游先行区和国际知名的生态旅游目的地，推动"大美青海"品牌。

8.4.3 青海湖环湖东路要加强风沙危害调查及综合防治

青海湖在青海和全国都具有重要的生态地位，但环湖东路风沙危害非常严重，尤其是冬春季。为此，环湖地区应综合推进防沙治沙：加强区域生态环境的保护修复，正确处理保护治理与沙漠旅游开发的关系，加强风沙危害路段的综合治理试验，等。需特别重视如下两个方面：

一方面，要充分重视青海湖独特的自然景致和生态战略地位。青海湖沙丘的产生具有独特的自然地理原因；加之人口的不断增长，人类过度的农垦和放牧导致植被退化，加速了青海湖湖面的降低以及土地沙漠化的进程，形成一边是湖，一边是沙漠的独特景致。青海湖沙岛将蓝天、碧水、黄沙、草原混为一体，构成独特的沙丘景观，成为青海湖一个旅游观光度假区。

另一方面,要加强青海湖风沙路段的综合治理。2008年开始,国家在青海湖地区投资5.4亿元,启动青海湖流域生态环境综合治理项目,通过草地治理、植树造林、防风固沙、生态监测、水土保持等项目,目前青海湖地区土地退化趋势有所好转。为此,要继续加大投入,加强青海湖风沙路段的综合治理。通过专项资金的投入和支持,雇用当地原来的牧民负责环境保护工作,如植树种草,这样既能够减少过度放牧造成的草场退化和沙化,又增加了牧民的收入,而且环境改善成果的主要受益人还是当地群众。通过转变牧民的生产生活方式,就将破坏源转化为建设力量,对于整个青海湖地区环境的改善起到积极作用。有了丰富的植被,环湖地区气候恶化和干旱问题也能够得到改善。

8.4.4 青海东部干旱山区要加强生态扶贫

青海东部山区辖西宁、海东两市,包括湟中、湟源、大通、民和、互助、化隆、循化7个县和乐都区、平安区,共9个县区。2017年《青海省环境状况公报》显示,青海东部干旱山区生态环境质量略微变好或明显变好,但发展趋势不稳定,生态扶贫掣肘明显。东部干旱山区在生态扶贫中存在自然灾害频发、水资源缺乏;贫困居民与自然资源协调不足等。推进东部干旱山区要加强生态扶贫:增加生态补贴资金投入,构建干旱山区生态环境安全网;加大生态补偿力度,完善公众参与机制;扩大生态公益岗位,实现生态保护和脱贫"双赢";构建生态保护法律体系,提升民众生态保护意识。要特别重视如下两个方面:

一方面,要高度重视东部山区的产业扶贫。青海省东部山区大部分处于高位浅脑山地带,平均海拔在2700米以上。自然条件严酷,资源匮乏、生态脆弱,自然灾害易发多发。农村交通道路、水利设施、机械化耕作条件落后,传统农业生产方式基本没有得到改善,贫困人口多,扶贫任务重,而可供选择的扶贫开发项目有限。

产业扶贫是通过给贫困农户提供一定的资金或项目等发展条件,依靠自身劳动能力实现脱贫致富目标的行之有效的方法,实现由"输血型救助式扶贫"向"造血型开发式扶贫"转变，促进农民收入的持续增加。产业扶贫既可以实现贫困群众增收，又可以对产业进行合理引导，避开高污染、高能耗产业，有利于环境健康发展。

青海东部山区的产业扶贫可以与生态环境保护有机结合，实现产业扶贫和生态保护的双赢。通过政府积极鼓励、支持和引导青海省东部干旱山区加快发展绿色农业生产，探索绿色农产品认证与政策性补贴挂钩试点，充分发挥现有山区耕地无污染无公害的比较优势，通过发展绿色农产品、生态畜牧业、循环农牧业模式，优化产业发展环境。同时，通过以电子商务为代表的信息化应用，推进"互联网+"的扶贫模式。以县为单位，加快建设集电子商务、农产品仓储、物流为一体的农产品流通渠道，并逐步延伸到乡镇一级和产业发展势头较好的贫困村，为产业扶贫发展提供便利条件。当乡村经济条件好转后，外出务工的青壮年劳力返乡，反过来能有效缓解农村劳动力匮乏问题。

另一方面，要全面提升民众生态保护意识。青海省东部山区通过一系列生态保护和民生改善、绿色发展等政策的制定和落实，经济社会各项事业全面发展。随着全省生态文明制度建设不断深入，东部山区生态环境的不断改善，青山绿水逐步转变成为"金山银山"，民众的生态保护意识也会大大加强。生态文化和观念变革是保护生态的第一牵引力。只有处理好保护生态和绿色发展之间的关系，使人民切实感受到生态保护带来的实际收益，才能使生态之策成为青海发展的根基，使绿色发展成为生态之本。

8.4.5 坚持保护与治理相结合，继续加强环境综合治理

青海要继续实行最严格的环境保护制度，坚持保护与治理相结合，整治与绿化协同推进，形成政府、市场、公众共治的环境治理体系，实现污染减排控制目标和环境质量总体改善。

第一，要推进污染防治和减排。抓好治气、净水、增绿、护蓝工程，深入推进大气、水、土壤污染防治计划，严格控制化学需氧量、氨氮、二氧化硫、氮氧化物等主要污染物排放。包括完善东部城市群及格尔木等工

业化重点区域大气污染防治联防联控协作机制；加快重点企业和园区环境治理步伐；加大湟水河等重点流域和水域水生态综合整治力度；着力控制土壤污染源，加强重金属污染防治；等。

第二，继续深化城乡环境综合整治。坚持城镇与乡村环境治理并重，广泛开展"家园美化行动"和城镇清洁环境行动。统筹推进城乡环境配套设施建设，实现所有城镇生活污水垃圾处理设施全覆盖和稳定运行；在湟水河沿岸、黄河干流、环青海湖地区以及市州府、县城周边部分村庄建设生活污水处理设施；着力推进农牧区垃圾处理设施建设；加大农牧业面源污染防治力度；促进矿山地质环境治理及地表生态修复；等。

第三，要不断加强环境风险防范。包括有效增强环境事件监测、预警及应急处置能力；加强重点区域环境风险分析排查，建立环境风险预警体系；严格执行环境影响评价和"三同时"制度；加强地质灾害监测预警；建立温室气体排放和节能减排统计监测体系，增强重点领域和生态脆弱地区适应气候变化能力。

青海全省上下将更加注重生态保护，继续坚持生态保护优先，把生态文明理念贯穿到经济社会发展中，着力打造绿色发展新优势，切实履行好维护国家生态安全的历史责任，共建生态和谐新青海。

8.5 结论

新中国成立以来，青海省环境与发展历程随着全国经济发展水平和发展理念的变化而转变。改革开放前因地理位置相对闭塞，经济发展水平低，以农牧业为主的生产方式对生态环境造成的影响和危害相对较弱。改革开放后的20年，青海开始实施资源开发战略，促进了经济快速增长，但不重视环境保护，进入环境与发展问题矛盾尖锐、生态环境破坏严重时期。21世纪以来，随着实施西部大开发战略，贯彻落实科学发展观和新发展理念等，人们开始意识到环境保护的重要性，青海步入越来越重视生态环境保护和生态建设的新时期。

新中国成立70年以来，尤其是西部大开发以来，青海省在生态保护和建设方面实现了跨越式发展。全省通过一系列重大生态建设和环境保护工程，加大对土地、草地和水资源等保护；建立起各类生态保护区和各类综合治理工程，加大重点生态功能区保护建设力度；通过优化调整产业结构，加大污染治理投资投入和防治措施力度，在确保经济持续增长的前提下，全省能源消费总量和温室气体排放等各类污染排放量均呈现下降趋势；全省生态保护优先理念进一步确立，国家生态安全屏障地位日益巩固。

青海省环境建设已取得了突出成就，但全省未来生态环境保护与经济社会发展的深层矛盾仍需破解，局部生态环境恶化趋势尚未得到根本扭转，生态环境保护和建设任务依然繁重。青海未来将继续落实科学发展观和新发展理念，继续贯彻实施生态立省和生态保护优先等战略，以"五大生态板块"为重点，继续实施重大生态工程，加强重点区域生态建设；积极提升国家公园战略，在三江源和祁连山等国家公园以及重点生态功能区发展生态旅游业；环青海湖要综合加强沙化防治；东部干旱山区要实施生态扶贫；继续坚持保护与治理相结合，加强环境综合治理，实现污染减排控制目标和环境质量总体改善，共建生态和谐新青海。

参考文献

[1] 拉元林.草业是青海经济开发与生态环境治理的基础[J].草业科学，2002（4）：7-10.

[2] 辜胜阻，李洪斌.发展循环经济需要"创新驱动"——基于青海的典型研究[J].青海社会科学，2013（1）.

[3] 庞宜生，李永春，陈昌俊，等.环境制约对青海经济发展的影响[J].青海科技，1995（3）：1-6.

[4] 孙军.环青海湖地区生态环境存在的问题及治理对策[J].四川草原，2005（7）：34-35.

［5］李明森.青藏高原环境保护对策［J］.资源科学,2000,22(4):78-82.

［6］程国栋,赵林.青藏高原开发中的冻土问题［J］.第四纪研究,2000,20(6):521-531.

［7］王旭,周爱国,甘义群,等.青藏高原矿产资源开发与地质环境保护协调发展的对策探讨［J］.干旱区资源与环境,2010(2):69-73.

［8］徐增让,张镱锂,成升魁,等.青藏高原区域可持续发展战略思考［J］.科技导报,2017(6):110-116.

［9］赵莺燕,于法稳.青海省经济与生态环境协调发展评价研究［J］.生态经济(中文版),2015,31(8):63-66.

［10］王勇.科学发展观视野下构建生态和谐青海的对策研究［D］.重庆:西南大学,2010.

［11］孙爱霞,王武龙.青海高原生态环境问题的成因及对策［J］.水利发展研究,2001,1(2):19-20.

［12］李广英,赵生奎.青海湖流域生态环境保护与经济社会可持续发展对策［J］.环境科学与技术,148(2):148-151.

［13］冯宗炜,冯兆忠.青海湖流域主要生态环境问题及防治对策［J］.生态环境,2004,13(4).

［14］张保见,郭声波.青海近代的农业垦殖与环境变迁(1840—1949)［J］.中国历史地理论丛,2008,23(2):67-75.

［15］2001—2017年青海统计年鉴统计数据.

［16］青海历年五年规划纲要,青海经济信息网—发展规划［EB/OL］.(2017-11-09)［2019-06-08］.http://www.qhei.org.cn/ghyfz/wngh/default.shtml.

［17］2018年青海省生态环境状况公报.

［18］邓祥征,刘纪远.中国西部生态脆弱区产业结构调整的污染风险分析——以青海省为例［J］.中国人口·资源与环境,2012,22(5):55-62.

［19］康维新.关于西部大开发中加强青海省生态环境保护与建设的思

考[J].攀登, 2000（2）: 11-14.

[20] 王永胜. 青海可持续发展模式初探[J]. 青海民族研究, 2003（2）: 8-12.

[21] 赵青林. 青海省经济发展水平与环境质量关系研究[J]. 安徽农业科学（5）: 2643-2645.

[22] 白生魁. 青海省生态环境问题及建设[J]. 草业与畜牧, 2008（9）: 39-41.

第9章 青海70年资源开发与发展

王永莉[①] 敖小芳[②]

9.1 引言

青海在全国资源环境分布中属于典型的面积大省、人口小省、资源大省、经济总量小省，即典型的"两大两小"。青海省总面积为72.91万平方千米，占全国总面积的1/13[③]，是排在新疆、西藏、内蒙古之后的全国面积第四大省。青海总人口和地区生产总值在全国长期处于倒数第二位，均仅超过西藏。1953年青海总人口为164.01万人，占同期全国总人口60193.80万人的0.27%。2018年底，全省常住人口为603.23万人，占全国同期总人口139538.00万人的0.43%[④]。1953年青海地区生产总值为1.74亿元，占同期全国生产总值824.19亿元的0.21%。到2018年，全省地区生产总值增长到2865亿元，占全国生产总值900309亿元的0.32%。1953年，青海人均地区生产总值为106元，占同期全国平均水平142元的74.6%；到2018年，青海人均地区生产总值增长到47689元，占同期全国

[①] 王永莉，四川蒲江人，经济学博士，西南民族大学经济学院硕士生导师，主要研究方向为民族经济等。

[②] 敖小芳，西南民族大学经济学院，财政学专业硕士研究生。

[③] 青海省测绘地理信息局. 青海省第一次全国地理国情普查公报［EB/OL］.（2017-11-09）［2019-06-08］. http://www.mnr.gov.cn/zt/ch/qgdlgqpc_30092/gdjzgz/201711/t20171122_2142496.html.

[④] 2018年数据来自青海和全国统计公报，其余数据如未特别标明，均来自历年青海和全国统计年鉴，不再一一标明。

平均水平64644元的73.8%，与全国相差16955元。中华人民共和国成立70周年以来，尤其是改革开放之后，通过开发丰富的自然资源，贯彻实施"改革开放、治穷致富、开发资源、振兴青海"的发展战略，青海经济社会发展取得了巨大的成就，但与全国和东部发达地区的差距依然存在。

青海是我国典型的资源富省。本章所谓资源主要指自然资源，即在自然界中经过一系列化学、物理、生物过程而形成的具有一定的时空格局、对人类生活和生存直接或间接产生影响的所有自然因素的总和[①]，是在自然界中存在的，并为人类生活、生产提供原料来源和布局场所的物质资源与能量的总和[②]，主要包括土地资源（土壤、森林、草场）、水资源、矿藏资源、生物资源（动物、植物、微生物资源）、气候资源和海洋资源等。经济学上把自然资源分为可再生资源和不可再生资源（可耗竭资源）[③]，前者可用自然力保持或增加蕴藏量，如生物资源，后者则不能运用自然力增加蕴藏量，如铁矿、煤等，而土壤等许多资源则是可再生资源和非再生资源的混合。自然资源都具有商品（物质）价值和服务（精神）价值，是经济价值、社会价值和生态价值不可分割的整体，但人类对自然资源的价值认识和利用方式是逐渐深化的。资源开发则是通过特定的社会生产活动，转变资源的存在方式，将资源的潜在经济价值开发出来，满足人类特定社会的生产和生活需要。所以，自然资源是经济增长的物质基础和条件。

青海独特的自然气候和地理条件，孕育了丰富多样的自然资源，尤其是柴达木盆地，素有"聚宝盆"之称。全省拥有丰富的矿产资源、水能资源、农牧业资源以及气候资源和旅游资源等，是我国重要的矿产资源战略接续区，省内各种自然资源分布明显不均衡。全省已探明储量的120多种矿产资源中，有54种位居全国前10位，有11种居全国首位。柴达木盆地的盐湖有30多个，已探明总储量700亿吨，柴达木地区的已探明

[①] 王庆礼，邓红兵，钱俊生.略论自然资源的价值[J].中国人口·资源与环境，2001（2）：26.
[②] 景晖.青海资源开发研究的理性思考[J].青海社会科学，1997（6）：41.
[③] 王菊凤，李鹄鸣.中国自然资源及其开发利用研究综述[J].吉首大学学报（自然科学版），2003（2）：93.

矿产资源潜在价值占全省的93%以上。金属和非金属矿产资源产地遍布全省各地。盐湖、石油天然气资源集中分布在柴达木盆地，有色金属资源主要分布在柴北缘、北祁连、鄂拉山、东昆仑等地。青海水能资源总蕴藏量达2000多万千瓦，占全国的3.5%，在国内位列湖北、四川、云南、西藏之后的第5位，水能资源集中分布在黄河干流，水资源主要分布在三江源地区。青海全省土地类型多样，2017年末全省农用地面积占全省土地总面积的62%，而农用地中耕地、牧草地依次占了11%和89%。青海拥有天然草场3645万公顷，属于中国五大牧区之一，占全国天然草场面积的1/10，位居全国第4位。其中，可利用草场面积达3160万公顷，占全省草场总面积的86.7%[1]，草地主要分布在三江源和环湖地区。耕地主要分布在河湟流域和柴达木盆地，东部耕地约占全省总耕地面积的90%。全省荒漠化和沙化土地面积，即未利用土地占全省面积近40%；全省湿地面积居全国第1，占全国湿地总面积的12%左右。

　　自然资源丰裕程度直接影响一个国家或地区的经济增长，开发丰富的自然资源可促进当地经济发展，自然资源开发对当地经济发展具有正面效应和积极贡献[2]。但也有大量研究发现，自然资源充裕程度与经济增长速度呈明显的负相关，即"资源诅咒"现象[3]。尽管资源丰裕的地区可能会由于资源产品价格上涨实现短期经济增长，大多数自然资源丰富地区却比资源稀缺地区经济增长更慢，陷入所谓"丰富的悖论"。我国某些省份丰裕的自然资源并未完全成为经济发展的有利条件，却因自然资源的丰裕以及对这种资源的过度依赖，制约了经济增长[4]。

　　青海拥有丰富的自然资源，资源开发在促进青海经济增长过程中发挥了重要的促进作用，但也要尽量避免"资源的诅咒"。青海自然资源的合理开发和利用在全省经济社会发展以及产业构成等方面都发挥了重要作

---

[1] 青海经济信息网. 走进青海 [DB/OL]. [2019-06-09]. http://www.qhei.org.cn/zjqh/zjqh_zrzy_slzy0.shtml.
[2] 覃娟. 一个综述：国外自然资源开发理论与模式 [J]. 学术论坛，2014，37（8）：75.
[3] 王成. 自然资源与经济增长关系研究文献综述 [J]. 经济学动态，2010（6）：80.
[4] 徐康宁，王剑. 自然资源丰裕程度与经济发展水平关系的研究 [J]. 经济研究，2006（1）：78.

用。1986年3月，青海省委根据全省国土面积大、人口少、经济总量小、科技和文化落后、地处内陆，以及丰富的水电、盐化工、石油天然气和有色金属等资源优势，首次明确提出"改革开放、治穷致富、开发资源、迎接转移"的发展战略。1988年5月调整为"改革开放、治穷致富、开发资源、振兴青海"发展战略。依赖于资源的大规模开发，加速了青海的工业化和现代化进程，缩短了青海与全国的发展差距，青海经济发展的四大支柱产业——石油天然气、盐湖化工、有色金属和水电均依托于丰富的自然资源。生态立省的青海，其未来发展将在新发展理念指引下，继续发挥其生态资源和气候资源等优势，实现全省资源开发、经济发展和生态环境保护的统筹协调发展。

  新中国成立70年来，青海资源开发主要经历了两个重要阶段。新中国成立后到改革开放初期，这一阶段主要以二十世纪五六十年代柴达木盆地的石油资源开发和矿产资源勘探为主；改革开放以来，随着"改革开放、治穷致富、开发资源、振兴青海"经济发展战略的明确提出和实施，全省资源开发范围不断拓展到土地资源、水资源、生物资源、气候资源以及旅游资源等领域。西部大开发以后，尤其是"十一五"规划践行科学发展和绿色发展理念以来，青海开始不断重视资源开发中的生态环境保护和资源的综合开发利用。青海70年资源开发历程取得了巨大的历史性成就，不仅在较大程度上发挥了资源开发对全省经济增长和人们生活水平提高的积极促进作用，满足了全省各时期经济社会发展对资源能源的需求，还促进了青海产业结构和能源消费结构的优化升级，资源开发过程中实现了资源的经济价值、生态价值和社会价值等的协调统一，人与自然社会的全面统筹协调发展能力持续增强。

  本章首先简要回顾青海70年资源开发的历程演变，接下来总结青海70年资源开发所取得的巨大成就，然后是对未来青海资源开发的简单展望，最后是一个简短的结论。

9.2 青海70年资源开发与发展历程

新中国成立以后,直到改革开放之前,青海的资源开发主要集中于二十世纪五六十年代柴达木盆地的资源勘探和初步开发,主要是石油资源;改革开放以来,青海资源开发范围逐步扩展到各类矿产资源、土地资源、水资源、生物资源、气候资源以及旅游资源等,开发理念也逐渐发生转变,越来越重视环境保护和资源的综合利用效率。

9.2.1 改革开放之前青海资源开发历程

从新中国成立至改革开放的30年,青海资源开发主要集中于柴达木盆地,并围绕以石油为中心的工业矿产的勘探和初步开发为主。

(1)改革开放之前青海资源开发历程演变。青海资源开发历史悠久,远古时期的历代先民主要靠开发利用农牧业资源,逐水草而居。12—14世纪才逐渐有技术和能力开发利用金矿、煤矿和铁矿等矿产资源。直到新中国成立前,青海资源开发并没有加速全省工业化进程,全省几乎没有现代工业,生产结构基本是单一的农牧业。

新中国成立之后,国家提出要实现工业化和"优先发展重工业"的发展战略,青海始终强调要建成我国一个可靠的战略后方基地。青海在"一五"时期(1953—1957年)要以发展农牧业生产为主,积极进行社会主义建设和在农业区对农业、手工业及资本主义商业的社会主义改造,注重农牧业资源发展,首次提出要大力支援国家的各项资源勘察工作。但由于1958年开始"大跃进"的"左倾"思想,20世纪60年代以后,青海资源开发进入了大起大落时期,并被迫进行调整,继续"按照解决吃穿用,加强基础工业,兼顾国防、突破尖端"的次序安排,牧区的土地草场资源和水利灌溉等资源建设初步得到重视和发展。"三五"(1966—1970年)以加强国防建设和"三线"建设为中心,重点要抓粮食、牲畜、煤、电和交通,集中主要力量发展农业生产,全面加强牧区建设等,提出要把青海建成祖国巩固的战略后方基地。"四五"（1971—1975年）时期坚决贯彻执行总理关于"军工第一、'三线'第一、配套第一、质量第一"的指示，以备战为纲、以阶级斗争为纲、以粮为纲、以钢为纲等。但"三五"和"四五"正值"文化大革命"时期，因经济建设偏离正常轨道，"五五"计划继续提出要把青海建成祖国的一个可靠的战略后方。经过多个五年计划的建设发展，全省工农牧业生产得到全面发展。但工业化建设所需的原材料和燃料动力工业薄弱，地方钢铁的生产能力尚未形成，钢铁材料主要靠国家调进，煤炭不能自给，枯水季节供电紧张，赶不上国民经济发展的需要。青海工业化建设等急需的资源能源保障瓶颈约束进一步凸显出来，但尚不具备全面资源开发所需的大量资金和开发技术以及交通等基础设施条件。

（2）柴达木地区的资源勘探和初步开发。柴达木地区的开发可追溯至3000年以前[①]，民国时期也提倡"开发青海""开发柴达木"等口号，但实际进展甚微。新中国成立后，国家十分重视柴达木的开发，柴达木盆地资源的勘探和开发不但成为青海经济建设和开发的重点，也成为全国经济建设的重点和热点[②]，全国调集了五湖四海的相关科学技术人员参加柴达木盆地的资源勘察工作。1949年11月，都兰县政府成立。1954年1月，海西州成立。1954年4月，新中国的第一支勘察队开进柴达木盆地。勘察队对盆地的气象水利、交通、土壤、农业、牧业、植被等资源进行了较为系统的勘察，初步形成了《柴达木东部调查资料》。1954年6月，国家燃料工业部、石油管理总局、地质局等部委组织了13个地质考察队，到盆地西部勘察，历经4个月的野外工作，终于在老茫崖西部发现了该地域第三纪含油岩系分布很广，并勘查到形式良好、适于储油构造18个和油苗9处，证实了柴达木盆地极大的含油远景。

1955年对整个柴达木盆地进行了更大规模的全面勘探。1955年11月24日，柴达木盆地有史以来的第一个油探井——油泉子油井开钻。同年12月12日获得工业性油流，标志着盆地石油工业的诞生。随着花土沟、

---

① 王昱.对近百年开发柴达木的历史回顾与反思[J].青海社会科学，2005（1）：40.
② 石德生.对建国以来青海资源开发的回顾与思考[J].攀登，2001（1）：86.

地中四井、冷湖油田的相继发现，油泉子炼油厂的建成，柴达木盆地石油的开发取得了突破性进展。1959年，冷湖建成集采油、炼油、机修、发电、科学研究为一体的石油工业基地，成为柴达木石油工业发展的中心，也成为当时全国的四大油田之一，有力地支持了国家的建设和发展。此后，盆地内的工矿企业如雨后春笋般建立起来。1958—1959年，茫崖石棉矿初具规模，古老的茶卡盐湖焕发了青春，柯柯盐湖从沉睡中苏醒，察尔汗盐湖开发异军突起，锡铁山铅锌开发也走上了现代化开发之路。在以石油为中心的工业矿产开发大规模开展的同时，盆地的农业畜牧业开发也深入开展起来。1954年在盆地东部的德令哈首先建立国营农场，次年建立格尔木农场。从1956年开始，国家动员河南省等地大批青年来青海开垦荒地，在柴达木盆地前后建立了20多个农场，国营农场通过开荒增地、大兴水利，盆地的农业生产初步规模。

同时，为确保资源勘探和开发利用，国家开始高度重视修筑公路等基础设施的建设。1954年，党和政府组织筑路大军，修建青藏、青新公路，打开了通向盆地的交通。中央民委、西北民族工作组派考察组深入柴达木，考察自然情况，形成了《青海省柴达木盆地自然情况视察的综合报告》。1955年6月2日，建立了盆地的第一个工业企业——青海石油勘探局。此后，勘探石油的队伍不断增加，当时仅地质勘探队伍就有4000余人。青海省勘探局与全国地质部、科学院等单位密切协作，由地质、地球物理、测量、构造钻井及综合研究等联合兵种展开了全盆地的地质普查。同年11月，在油泉子开始深井钻探，首钻见油，更加坚定了在柴达木找寻大油田的信心。1956年，中央石油部、地质部、黄委会、水电部、交通部、铁道部、中国科学院等相继派出近20个部门的科研技术队伍，大规模全方位地开展盆地的资源探测工作。1957年，有89支勘探队伍奋战在盆地的各个地方。1958年"大跃进"时期，盆地的地质探矿曾搞得"轰轰烈烈"。1959年，南京大学、北京林学院等单位参加，开展了柴达木沙漠综合考察，历时2个多月，提出了改造利用沙漠的综合规划。通过中央和青海各方的综合勘察，先后在盆地发现了石油、天然气、硼砂、石棉等64种矿产，并初步探明了储量，柴达木被誉为中国的"聚宝盆"。"大跃进"期间,极力追求高指标,浮夸风愈吹愈烈,柴达木的资源开发与经济发展经历了重大挫折。从1962年开始,柴达木与青海认真贯彻中央提出的"调整、巩固、充实、提高"的方针,继续经过3年调整,工农牧业生产开始回升。但从1966年开始的十年"文化大革命"期间,柴达木的工作偏离经济发展轨道,资源勘探和开发也受到严重的影响。

改革开放之前的30年,根据《青海省社会经济统计年鉴(试行本)1985》统计,国家为勘探开发柴达木石油投资累计达25.8亿元,形成固定资产10亿余元,建成采油井357口,可年产原油30万吨,初步奠定了青海以重工业为主的工业体系。先后有10多万人参加过开发柴达木的直接劳动,并带动相关工矿企业、农业畜牧业的发展,大柴旦、格尔木等资源型城镇兴起,推动了全省城镇化进程。柴达木盆地的资源勘探和初步开发为改革开放之后青海进行全面资源开发做了许多基础性的工作,并为21世纪柴达木被确定为国家循环经济先行试验区打下了坚实的基础。

9.2.2 改革开放以来青海资源开发历程

1978年,党中央召开十一届三中全会,作出了把全党的工作重点转移到社会主义现代化建设上来的重大战略部署。青海资源开发重新受到高度重视,其中改革开放初期到20世纪末,青海确立并贯彻实施"改革开放、治穷致富、开发资源、振兴青海"的发展战略,青海高度重视并不断加大资源开发力度。进入21世纪以来,在西部大开发战略的推动下,青海资源开发进入一个全面开发多种资源的快速发展时期,尤其是在科学发展观和绿色发展理念指引下,全省资源开发更加注重生态环境保护和资源的综合利用。

(1)改革开放后到20世纪末,青海提出并实施"资源开发"发展战略时期。党的十一届三中全会以来,青海工作重点转到社会主义现代化建设为中心的正常轨道。但面临青海与全国其他省区经济发展差距大,地处内陆,科学技术落后,但具有面积大,自然资源丰富,尤其是大规模经济建设急需的水电、盐化工、石油天然气和有色金属等资源丰富的优势,1986年3月,中共青海省委讨论了《中共青海省委关于编制青海省国民经济和社会发展第七个五年计划的建议》，首次明确提出"七五"期间至20世纪末，青海全省经济建设的战略思想是"改革开放，治穷致富，开发资源，迎接转移"。在1988年5月召开的省第七次党代会上，将"改革开放，治穷致富，开发资源，迎接转移"的发展战略调整为"改革开放、治穷致富、开发资源、振兴青海"，确立了"加快资源开发的步伐，变资源优势为经济优势，是振兴青海经济的希望所在"方针，其核心是要使资源优势转化为经济优势，要把开发优势资源作为振兴青海经济的主要途径。具体地说，要从全国经济发展大局出发，深刻理解青海资源开发的必要性和重要性，要在全国经济发展的整体构架中充分认识青海资源开发的客观条件，要切实寻找青海资源开发适应全国经济发展大局的具体途径。这一经济发展战略符合青海省情，并被实践证明是成功的。从"九五"到"十五"时期，即1995—2000年，青海国民经济和社会发展总的指导思想仍然是要继续实施上述经济发展战略，加大资源开发力度，加快脱贫致富步伐，加速工业化进程，促进全省国民经济持续、快速、健康发展和社会全面进步。

早在1987年，国家正式批准建设青海石油三项工程，并列入"七五"建设重点。其中，第一项是建设柴达木西部尕斯库勒油田，年产原油共120万吨；第二项是铺设由花土沟至格尔木436公里的输油管；第三项是建设格尔木炼油厂，年加工原油共100万吨。这三项工程分别于1991年、1992年和1993年建成，标志着青海石油天然气资源开发进入新的时期。

据统计，在改革开放至西部大开发前的20年里，国家和地方政府大力支持青海的资源开发，共投入近570亿元，先后建成了龙羊峡、李家峡、小干沟等水电站、桥电四五六期工程、涩北气田、格炼二期工程、青海铝厂、民和镁厂、青海钾肥厂（一期改造、二期工程）、锡铁山铅锌矿等一批大中型与青海优势资源结合的能源、原材料企业和项目。

（2）21世纪以来，青海步入资源全面开发和综合利用时期。在西部大开发战略的推动和科学发展观引领下，青海资源开发进入更加注重生态资源和气候资源等绿色资源开发，以及高度重视资源开发过程中的生态环境保护和资源的综合利用时期。西部大开发加大了对青海和西部地区的财政投入和资金支持，并且高度重视西部地区的基础设施建设和生态环境建设，同时全国经济可持续发展以及西部承接东部产业转移等，加之市场在资源配置中的基础性作用不断增强，国内外市场对矿产、水电和其他资源能源的市场需求不断增加。这些为青海不断加快对矿产资源和水电等优势资源的勘探和开发步伐，加快资源优势向经济优势转变提供了新的空间。1999年，朱镕基总理视察青海时特别指出，"必须加快开发盐湖资源，作为西部开发重点工程来抓"。截至1999年底，柴达木盆地共探明有27个大中型盐湖，60多个矿床、矿点、矿化石，其中，储量超过100亿吨的特大盐湖有2个，10亿~100亿吨的大型盐湖有6个。在钾肥开发利用过程中，对副产的钠、镁、锂、硼、锶等有价资源的综合利用不断增强。

　　西部大开发之后的第一个五年计划，即"十五"计划指出，要加强地质勘察工作，加大经济发展急需的石油、天然气、钾盐、锂、地下水和有色金属、贵重金属等矿产资源的勘察力度，推进矿产资源勘察的市场化进程，提高资源保障程度。其中，钾肥工业在提高资源利用率和生产技术水平的前提下，努力提高国产钾肥的比例，重点建设好青海钾肥基地。"十二五"规划进一步指出，加快矿产资源勘察步伐，以祁连山、柴北缘、东昆仑和三江北段等重要成矿区带为主战场，大力度投入、大兵团作战，加快基础性、公益性地质调查，以能源、黑色、有色金属、贵金属、钾盐等紧缺优势矿种为重点，集中力量加快勘察，尽快取得重大突破，全面实现"358"地勘工程目标，打造国家战略资源基地。"十三五"规划再一次强调，提升资源能源保障能力，建成国家重要资源接续地。在保护好生态环境的前提下，争取新发现一批重要矿种矿产地并探明资源储量，矿产资源可供性显著提高，创建绿色矿山发展示范区，持续释放"资源红利"。旅游资源开发成为新时期资源开发的重点之一，"十三五"规划提出，持续打造大美青海，着力构建"一圈"三线"三廊道三板块"旅游发展格局，把青海省建设成为中华民族特色文化旅游目的地、国家生态旅游目的地、国家丝绸之路战略支点上黄金旅游目的地，努力建成旅游名省。

　　西部大开发战略实施以来，国家和青海地方政府对矿产资源勘察力度不断加大，矿产勘察工作不断取得新的进展。2010年在青海冻土带又发现了"可燃冰"资源，使中国成为世界上第三个在陆地上发现"可燃冰"的国家，"可燃冰"有望成为未来的新型能源。

西部大开发以来，尤其在科学发展观的引领下，青海资源开发中更加重视加强生态环境治理和资源的综合循环利用。青海"十五"计划指出，要坚持"在保护中开发，在开发中保护"和"资源开发与节约并举，把节约放在首位"的方针，努力提高资源利用率。紧接着"十一五"规划也提出，坚持在尊重自然规律的基础上发展经济，切实保护好生态环境，加强环境污染防治，增强可持续发展能力。坚持资源开发与节约并重，降低经济社会发展的资源消耗，大力发展循环经济，促进节约型社会建设。"十二五"规划进一步提出，把建设资源节约型、环境友好型社会放在更加突出的战略位置，加快矿产资源勘察勘探，以节能减排为重点，健全激励和约束机制，树立绿色低碳发展理念，大力发展循环经济，强化生态环境保护和建设，推动形成节约能源资源、保护生态环境的产业结构、增长方式和消费模式，增强可持续发展能力。"十三五"规划强调，把生态文明建设放在突出位置，切实以生态保护优先理念协调推进经济社会发展，着力解决生态文明意识还不够强、生态保护工作还不到位、生态文明制度还不够完善等问题，进一步建设全国生态文明先行区，努力走向生态文明新时代。

青海在科学发展观和新发展理念指引下，在资源开发力度不断增强的同时，资源开发过程中的生态保护步伐也在不断加快，更加注重各类自然资源开发中的经济价值和生态价值的协调发展。

9.3 青海70年资源开发与发展成就

新中国成立70年以来，青海资源开发取得了巨大成就。改革开放之前主要围绕柴达木盆地的资源开发，尤其是以石油为中心的工业矿产得到了快速的发展；改革开放以来，资源开发范围和资源种类不断拓宽，资源开发中更加重视生态环境保护和资源的综合利用等。70年资源开发不仅为青海经济持续增长提供了资源保障和能源保障，推动了全省能源消费结构的优化，确保了青海支柱产业和优势产业的可持续发展，绿色发展理念指引下促进了青海"三品一标"特色农牧业的快速发展，全省生态文明建设水平不断提高，整体实现了资源开发、经济发展和生态保护的协调发展。

9.3.1 资源开发为青海经济持续快速增长提供了资源保障

新中国成立以来，青海资源开发范围逐步拓宽，已探明的各类资源总量不断增多，资源综合利用的技术水平不断提高，资源优势进一步转化为经济优势，资源的综合利用给青海经济持续快速增长提供了有效的资源保障。

青海资源开发过程中包括矿产资源、盐湖资源和水电资源在内的各类资源开发和利用的数量不断增加。青海矿产资源开发不断取得突破性进展。据青海省国土资源厅统计，截至2017年底，全省共有各类矿山758家，其中生产矿山为202家；从事矿业开发的人数为51374人；开发利用矿产为67种，年产矿石总量为1.07亿吨；全省矿业开发实现工业总产值479.14亿元；实现利润总额为59.74亿元[①]。

截至2016年底，能源矿产已探索明马海、涩北一号、涩北二号、南八仙、东台吉乃尔湖驼峰山、盐湖6个气田，地质储量近30万亿立方米，地质远景总生气量在253万亿立方米以上，生产天然气共60.81亿立方米（见表9-1），是1999年天然气产量的17.52倍。全省已发现各类矿产127种，矿产种类共87个，单矿种产地数共688个，其中，大型矿有134个，中型矿有174个。矿产保有储量潜在价值共17万亿元，占全国的13.6%。在已探明的矿藏保有储量中，有55个矿种居全国前10位，有24种排在前3位，镁、钾、锂、锶、石棉、芒硝、电石用灰岩、化肥用蛇纹岩、冶金用石英岩、玻璃用石英岩、制碱用灰岩11种矿产居全国第1位（见表9-1）。

---

① 青海省国土资源厅.2017年度全省矿产资源开发利用情况［EB/OL］.（2018-06-23）[2019-06-15]. http://zrzyt.qinghai.gov.cn/tcnf? vid=30910.

表 9-1 2016 年底青海主要矿产资源开发成就

矿产资源类别		主要开发成就
能源矿产	石油	2016 年底，已知有 3 个时代的含油层，含油面积约 147 平方千米，查出地面构造共 140 多个，潜伏构造共 42 个，探明中小型油田共 17 个，储量近 3 亿吨。冷湖油田、花土沟油田、尕斯库勒油田均在全国大油田之列。2016 年生产原油 221 万吨
	天然气	已探明马海、涩北一号、涩北二号、南八仙、东台吉乃尔湖驼峰山、盐湖 6 个气田，地质储量近 30 万亿立方米，地质远景总生气量在 253 万亿立方米以上。2016 年生产天然气共 60.81 亿立方米
	煤田	已探明煤储量共 50 余亿吨，预测储量为 380 亿吨，其中可靠预测储量为 145 亿吨。青海煤种比较齐全，以焦煤为主，约占已探明储量的一半；其次为长焰煤、不粘煤、气煤、无烟煤等
	页岩气	青海页岩气储量十分丰富，全省面积的 2/3 以上均发现页岩气，仅柴达木盆地储量即可达万亿立方米以上
金属和非金属矿产	金属矿产 有色金属矿产	铜、铅、锌、镍、钴、锡、钼、锑、汞等
	金属矿产 黑色金属矿产	铁、锰、铬、钒、钛
	金属矿产 稀有稀土金属和稀有元素矿产	锗、镓、铟、镉、锶、锆、锂、铍等
	金属矿产 贵重金属矿产	金、银、铂等
	非金属矿产 冶金辅助原材料非金属矿产	熔剂石英岩、熔剂石灰岩、熔剂白云岩、耐火石英岩、硅石、耐火黏土等
	非金属矿产 特种非金属矿产	压电水晶、熔炼水晶
	非金属矿产 化工原料非金属矿产	氯化钾、氯化钠、氯化镁、硫酸镁、芒硝、硼、磷、天然碱、硫铁矿、自然硫、砷、重晶石、化工灰岩、伴生硫等 17 种。其中，氯化钾的储量占全国储量的 97%
	非金属矿产 建材原料及其他非金属矿产	白云母、石棉、石膏、水泥石灰岩、水泥黏土和黄土、玻璃用石英岩等 42 种
盐湖资源		2016 年全省钾肥产量达到 850 万吨，占国内总用量的 65%，是我国重要的钾肥供应地，"盐桥"等品牌的氯化钾由 90% 的品位提高到 98%

资料来源：根据《青海统计年鉴 2017》相关资料整理。

2016 年底，金属和非金属矿产资源已探明储量为 110 多万吨，占全国储量的一半以上。地处柴达木盆地的茫崖石棉矿，是目前国内最大的石棉矿床，已探明储量为 5798 万吨，居全国首位，占国内总储量的 40.95%。青海水资源丰富，2016 年末全省河流年径流总量为 631.4 亿立方米，占全国年径流总量的2.34%，年径流量的80.8%流向省外。

青海盐湖资源开发表现为产品质量逐步提高，综合利用能力不断增强[①]。青海盐湖主要集中于柴达木盆地中南部的大柴旦、格尔木地区，东部乌兰县境内和西部冷湖地区，仅柴达木盆地地表盐类化学沉积面积就达15600平方千米，是中国主要的无机盐宝库，其中氯化钾、氯化镁、氯化锂等储量占全国已探明储量的90%以上，察尔汗盐湖是全国最大的钾镁盐矿床。

2005年10月，柴达木循环经济试验区成为国家首批13个循环经济产业试点园区之一；2010年3月，国务院批复《柴达木循环经济试验区总体规划》。试验区矿产资源富集，分布有丰富的石油、天然气、煤炭、湖盐、黑色有色稀有金属、太阳能、风能及特色生物等资源，现已发现矿产共112种、矿产地共1679处，已探明储量矿产共60种、矿产地共389处，各类矿藏潜在经济价值在100万亿元以上[②]，是国家实施新一轮西部大开发及"一带一路"倡议的重要节点之一，已成为新丝绸之路经济带上的一颗闪亮明珠。

青海自然风景和文化旅游资源丰富。青海位于"世界屋脊"的青藏高原，自然风光景色雄伟，各少数民族文化资源丰富多彩，旅游资源丰富独特。其中青海湖是全国第一大内陆湖，柴达木盆地拥有世界第二、亚洲第一大盐湖——察尔汗盐湖[③]，其他代表性景观还有三江源、昆仑文化、塔尔寺以及藏族、土族、撒拉族民俗风情等。截至2017年底，青海共有5A级景区3个：塔尔寺景区、青海湖景区、互助土族故土园旅游区，拥有4A级景区24个、3A级景区66个、2A级景区19个。尽管旅游产业还不是青海的支柱产业，但开发利用如此丰富多彩的旅游资源符合绿色发展理念[④]，青海也将它作为新的经济增长点来培育。西部大开发以来，青海省的旅游业快速发展，旅游收入持续增加。尤其是近十年来，青海省旅游收入

[①] 杜广巍，袁卫民，张永强.青海盐湖资源发展路径探讨[J].中国工程咨询，2018(11)：58.

[②] 走进试验区——柴达木循环经济试验区[DB/OL].[2019-06-08]. http://cdm.qinghai.gov.cn/zjsyq/.

[③] 张文莲.青海旅游资源开发思路[J].中国商贸，2010(6)：142.

[④] 芳旭，王雅琳，罗云鹏.青海——世界级的生态旅游资源[J].青海科技，2016(4)：4.

持续大幅上涨（图9-1），在青海产业发展中地位不断提高。全省旅游收入2000年只有11亿元，到2012年突破100亿元达到124亿元，2014年突破200亿元达到204亿元，2017年全省旅游收入达到382亿元，占第三产业总产值的比重为31.21.%，占地区生产总值的比例为14.55%。

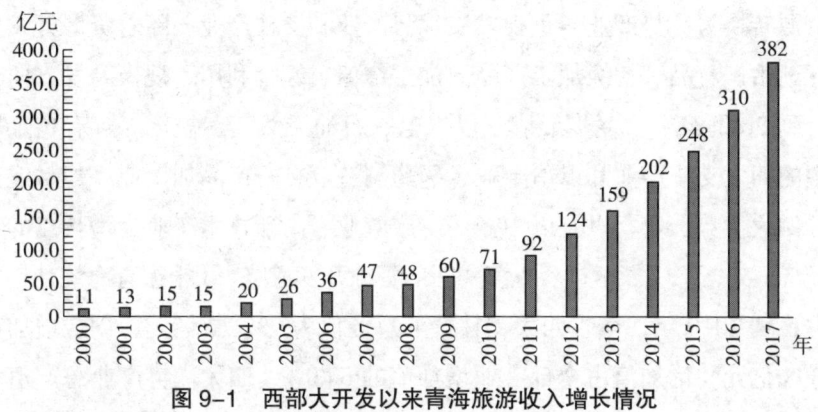

图9-1 西部大开发以来青海旅游收入增长情况

资料来源：根据《青海统计年鉴》整理所得。

青海是我国重要资源的战略接续区。经过多年的资源开发和经济建设，青海的资源优势逐步得到发挥，综合经济实力不断增强，整体与全国差距不断缩小，由一个传统封闭的自然经济社会，步入工业化中后期的现代化建设时期，人民的生活水平不断提高，正全面步入小康社会。到2018年末，全省实现地区生产总值共2865.23亿元，其中第一、第二、第三产业增加值分别由1950年的1.07亿元、0.09亿元和0.18亿元，增长到2018年的268.1亿元、1247.06亿元和1350.07亿元，三次产业构成由1950年的79.6%、6.7%和13.4%转变成2018年的9.4%、43.5%和47.1%，人均地区生产总值由1950年的88元，增长到2018年的47689元，全省城镇居民和农村居民可支配收入分别从1984年的685元和281元，增长到2018年的31515元和10393元。全省地方公共财政收支实力不断增强，到2018年，全年全省地方一般公共预算收入由1953年的0.11亿元增长到272.87亿元，全省一般公共预算支出由1953年的0.38亿元增长到1647.45亿元。同时，还形成了西宁、海东、柴达木、环青海湖和青南五大经济区，为进一步优化资源开发的空间均衡分布提供了条件。

9.3.2 资源开发确保青海支柱产业和优势产业持续发展

依托于优势资源开发种类和数量的不断增加，青海支柱产业和优势产业获得持续健康发展。自从 20 世纪 80 年代后期提出实施"改革开放、治穷致富、开发资源、振兴青海"的发展战略以来，青海高度重视如何将优势资源转换为优势产业，重视发展优势产业和支柱产业。随着资源开发层次逐渐由矿产品、初级加工产品向加工增值、综合利用、规模开发方向转变，到 20 世纪末，逐步形成了以水电、石油天然气、盐化工、有色金属为主的四大支柱产业和以冶金业、医药制造业、畜产品加工业、建材业为主的四大优势产业，以及以中藏药、旅游业、高新技术产业为增长点的特色经济框架，不断探索符合青海实际的资源开发道路[①]。根据青海统计年鉴数据，到 2010 年，全省四大支柱产业总产值为 982.72 亿元，创造增加值为 398 亿元，增加值占全部工业增加值的 64.9%；四大优势产业总产值达到 260.78 亿元，占全部工业总产值 1570.47 亿元的 16.7%，工业增加值为 87.78 亿元，占全部工业增加值的 14.3%，优势产业和支柱产业增加值累计占同期全省工业增加值的 79.2%。支柱产业和优势产业在青海经济发展中起着举足轻重的作用，成为工业经济增长的支撑点和推动工业化的重要支柱力量。

"十二五"期间，青海进一步优化调整产业结构，在原有四大优势产业和支柱产业发展的基础上，重新确立重点发展的新十大优势产业，它们是新能源产业、新材料产业、盐湖化工、有色金属、油气化工、煤化工、装备制造业、钢铁产业、轻工纺织业和生物产业。其中，有色金属和盐湖化工一直是青海传统的支柱产业，作为新产业的新能源产业发展十分迅速。2017 年十大优势产业总产值达到 1793.64 万元，比 2011 年增加了 658.41 万元，占全省规模以上工业企业产值的比重由 2011 年的 59.8% 上升到 2017 年的 71.8%，尤其 2015 年十大优势产业占全省规模以上工业企业产值的比重更是高达 82.5%，十大优势产业占同期地区生产总值的比重

---

① 陈克龙，陈英玉.青海资源开发的理性思考［J］.青海大学学报（自然科学版），2003（3）：67.

均在65%以上。依托于资源优势的十大优势产业将进一步成为全省国民经济稳定持续发展的重要支撑力量（见表9-2）。

表9-2 2011—2017年青海十大优势产业产值概况　　　　单位：亿元

产业产值	年份						
	2011	2102	2013	2014	2015	2016	2017
1. 有色金属产业	366.94	357.02	564.98	610.88	615.40	698.14	700.99
2. 盐湖化工产业	174.20	207.90	230.55	251.76	252.99	266.87	258.19
3. 钢铁产业	175.33	189.32	213.35	208.19	193.46	171.18	170.97
4. 新材料产业	106.33	140.19	181.88	212.48	279.32	215.60	185.49
5. 装备制造业	25.75	34.00	43.02	121.70	144.88	179.14	166.41
6. 生物产业	77.52	102.44	111.49	182.49	229.49	146.34	109.04
7. 新能源产业	2.26	5.67	10.77	40.31	58.12	67.02	75.74
8. 油气化工	107.21	106.85	102.54	281.17	219.28	66.24	73.54
9. 轻工纺织业	33.41	47.76	66.78	78.81	86.15	95.92	35.03
10. 煤化工	66.29	72.74	53.75	20.76	—	14.14	18.25
十大优势产业合计	1135.23	1263.89	1579.11	2008.55	2079.09	1920.59	1793.64
规模以上工业企业合计	1898.61	2165.25	2497.86	2622.73	2518.69	2751.88	2496.94
第二产业	975.18	1092.34	1151.28	1234.31	1207.31	1249.98	1162.41
地区生产总值	1670.44	1893.54	2122.06	2303.32	2417.05	2572.49	2624.83
十大优势产业占规模以上工业企业比重/%	59.8	58.4	63.2	76.6	82.5	69.8	71.8
十大优势产业占地区生产总值比重/%	68.0	66.7	74.4	87.2	86.0	74.7	68.3

资料来源：根据《青海统计年鉴2018》整理，十大优势产业分类根据"十二五"规划。

注："—"表示数据缺失。

随着贯彻科学发展观和新发展理念的指引，青海资源开发中更加重视资源的循环利用。循环经济以"减量化、再利用、资源化"为基本原则，以"低消耗、高效率、低排放"为重要特征，以提高资源利用效率为核心基础，要改变传统的"资源—产品—污染排放"的资源开发模式，转向"资源—产品—再生资源"的循环经济模式，实现资源的可持续利用，提高经济社会的可持续发展能力。青海要建设循环经济发展先行区，其工业循环经济重点行业发展迅速。2017年，十个循环经济重点产业产值达到

1422.55万元,占同期全省规模以上工业增加值的71.2%,比2015年提高了8.6个百分点,这些行业都是青海传统资源优势行业,其中产值和增加值占比较大的为电力工业、有色金属冶炼、化学原料以及石油和天然气开采业(见表9-3)。

表9-3 2017年青海工业循环经济重点行业总产值和增加值占比情况

指标名称	2017年 工业总产值/万元	2017年 工业增加值占比/%	2015年 工业总产值/万元	2015年 工业增加值占比/%
全省规模以上工业(快报)	2496.94	100.0	2518.69	100.0
十个循环经济重点行业	1422.55	71.2	1357.23	62.6
1.煤炭开采和洗选业	18.89	0.9	23.61	1.0
2.石油和天然气开采业	109.61	10.5	121.26	10.2
3.黑色金属矿采选业	1.93	0.0	7.78	0.3
4.石油加工、炼焦和核燃料加工业	93.69	8.0	74.62	6.1
5.化学原料和化学制品制造业	350.88	12.8	350.22	11.4
6.非金属矿物制品业	127.04	4.2	154.86	4.6
7.医药制造业	56.30	2.7	73.48	3.2
8.黑色金属冶炼和压延加工业	48.25	1.9	42.55	1.4
9.有色金属冶炼和压延加工业	429.25	16.1	357.35	13.4
10.电力生产业	186.71	14.1	151.50	11.1

资料来源:根据《青海统计年鉴》整理。其中黑色金属冶炼和压延加工业剔除铁合金冶炼,有色金属冶炼和压延加工业剔除铝冶炼,电力生产业剔除电力供应业,增长率依据年度工业企业增减变动后的数据计算。

9.3.3 资源开发有效保障了青海的能源消费需求和能源结构优化

新中国成立以来,尤其是改革开放以后和实施西部大开发战略以来,青海资源开发为全省经济社会快速发展提供了有效的能源保障,全省能源生产总量持续增加,能源自给率总体能满足青海需求,部分年份自给率提高。改革开放以来,青海能源生产总量持续增加,从1990年的606.46万吨标准煤,增长到2000年的937.90万吨标准煤,增长了0.55倍,同期能源消费总量从504.35万吨标准煤增长到2000年的897.23万吨标准煤,增长了 0.78 倍，能源自给率从 1990 年的 120.24% 降至 2000 年的 104.53%，完全能保障青海经济社会全面快速发展对能源的需求（见表 9-4 和图 9-2）。

表 9-4　1990—2017 年青海能源生产和消费总量及其能源消费结构变化概况

年份	能源生产总量/万吨标准煤	能源消费总量/万吨标准煤	能源自给率/%	能源消费结构/%			
				煤炭	石油	天然气	电力
1990	606.46	504.35	120.24	51.54	12.47	1.03	32.97
1991	552.26	474.29	116.44	44.08	11.25	2.24	42.43
1992	504.85	499.29	101.11	42.53	7.80	1.85	47.82
1993	559.17	559.98	99.85	38.57	8.69	1.00	51.74
1994	619.47	625.38	99.05	40.27	8.24	1.30	50.19
1995	571.57	687.71	83.11	41.64	8.42	1.13	48.81
1996	584.71	698.25	83.74	40.75	8.57	2.07	48.61
1997	672.89	706.78	95.21	45.45	19.15	3.77	31.63
1998	771.00	738.88	104.35	39.78	17.92	4.40	37.90
1999	885.89	938.68	94.38	37.29	16.84	4.38	41.49
2000	937.90	897.23	104.53	30.18	18.96	4.83	46.03
2001	907.05	939.33	96.56	28.02	18.05	7.52	46.41
2002	974.46	1018.83	95.65	26.42	15.77	13.25	44.56
2003	990.14	1122.70	88.19	28.72	13.47	15.07	42.74
2004	1226.30	1364.38	89.88	27.56	14.07	15.79	42.58
2005	1867.27	1830.48	102.01	44.20	8.63	8.00	39.17
2006	2113.85	2085.84	101.34	45.18	7.75	8.46	38.61
2007	2458.17	2295.91	107.07	47.56	8.09	8.29	36.06
2008	2857.42	2497.74	114.40	43.72	8.95	12.20	35.13
2009	3219.77	2573.44	125.12	42.99	7.79	12.69	36.53
2010	4005.82	2814.57	142.32	34.14	7.61	11.21	47.04
2011	4035.16	3145.28	128.29	28.58	10.68	12.97	47.77
2012	4631.37	3475.88	133.24	31.43	9.40	14.60	44.57
2013	5068.33	3768.16	134.50	31.67	8.24	13.95	46.14
2014	4099.40	3991.70	102.70	29.77	8.21	12.86	49.16
2015	3298.88	4134.11	79.80	32.53	8.52	14.28	44.67
2016	3003.89	4110.51	73.08	36.28	9.92	14.97	38.83
2017	3305.78	4202.46	78.66	32.12	11.12	15.69	41.07

资料来源：根据《青海统计年鉴》整理。

西部大开发以后，青海加大资源能源开发利用力度，能源生产总量快速增加，从2001年的907.05万吨标准煤增长到的2013年最高点，达到5068.33万吨标准煤，增长了5.25倍；同期能源消费总量从2001年的939.33万吨标准煤增长到2013年的3768.16万吨标准煤，增长了3.01倍，能源自给率从2001年的96.56%上升至2013年的134.50%，能源不仅能自给，还能满足全国和其他地方对青海能源的需求，其中2010年能源自给率更达到青海70年历史上的最高值，达到142.32%。2001年以来，随着经济的快速发展，能源消费总量急剧增长，从2001年的939.33万吨标准煤上升到2017年的4202.46万吨标准煤，增长了3.47倍，年均增长9.82%，高出全国同期增长水平2.97个百分点。"十一五"以来，从2006年开始的全国实施节能减排限制措施，使青海同期能源消费速度减缓。但由于青海资源工业比重高，减排技术落后，2014—2017年全省能源自给率从102.70%下降到78.66%，青海能源综合利用效率有待提高（见表9-4和图9-2）。

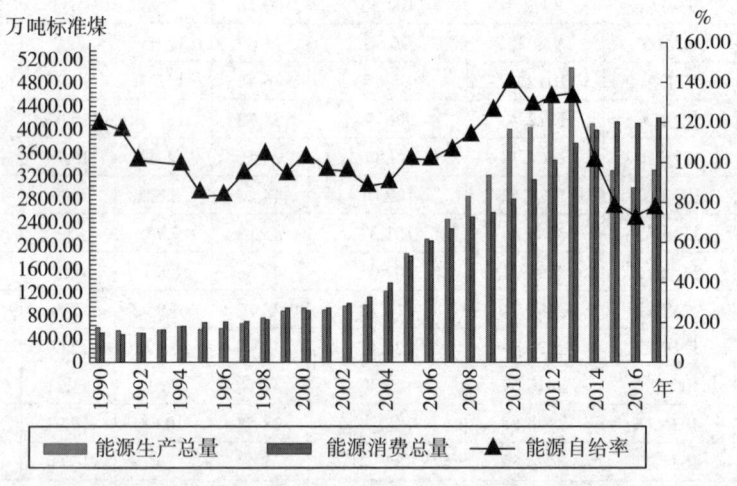

图9-2 1990—2017年青海能源自给率变化情况

改革开放以来，随着青海能源消费总量的不断增加，全省能源消费总量占全国能源消费总量的比重也在不断上升。1980年青海能源消费总量占全国能源消费总量的比重为0.45%（见图9-3），同期青海地区生产总值为17.79亿元，占全国同期生产总值4587.60亿元的0.39%。1999年，青海能源消费总量占全国能源消费总量的比重上升到0.67%，同期青海地区生产总值为239.38亿元，占全国同期生产总值90564.40亿元的比重下降到0.26%。2005年青海全省单位生产总值能耗为3.074吨标准煤/万元，全国同期为1.610吨标准煤/万元。2010年全省单位生产总值综合能耗下降到2.7吨标准煤/万元，全国同期水平为1.291吨标准煤/万元。到2015年，青海能源消费总量占全国能源消费总量的比重继续上升到最高点，达到0.96%，同期青海地区生产总值为2417.05亿元，占全国同期生产总值689052.10亿元的比重恢复到0.35%。2017年，青海能源消费总量占全国能源消费总量的比重为0.94%，同期青海地区生产总值为2624.83亿元，占全国同期生产总值827121.70亿元的比重为0.32%。青海地区生产总值能耗水平虽然不断降低，但依然较高，在全国长期倒数第二，仅优于宁夏。未来开发利用能源的效率亟待提高，节能减排和转变经济发展方式的任务迫切又艰巨。

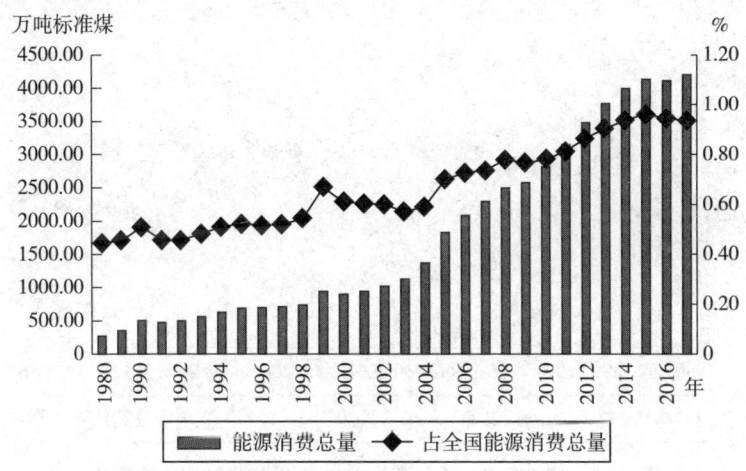

图9-3 1980—2017年青海能源消费总量及其占全国能源消费比重变化

资料来源：根据历年青海和全国统计年鉴整理。

青海能源生产总量和消费总量持续增加的同时，得益于丰富的水电等清洁能源，全省能源消费结构不断优化。1980年，全省能源消费中，煤炭占63.5%，电力占19.99%，石油占16.04%，天然气占0.38%。21世纪以来，各能源消费趋势不断变化。2001—2003年，石油和电力消费比重缓慢下降，天然气消费比重大幅提高。2004—2007年，煤炭消费比重快速提高，石油、天然气和电力消费比重逐步下降。2008年以后，青海省能源消费结构发生了根本性变化，天然气和电力消费比重逐步提高，石油消费比重较为稳定，而煤炭消费比重显著下降（见图9-4）。其中，电力消费2010年以来持续超过煤炭消费，成为青海消费比重最高的能源。在三类化石能源中，煤炭和石油的碳排放系数较高，二者消费比重下降，使青海省碳排放量的增长速度逐步回落；电力消费需求的稳步提升也反映出青海省清洁能源开发利用水平逐步提高，表明能源消费结构逐步优化。2017年底，煤炭、石油、天然气、一次电力及其他能源占能源消费总量的比例依次为32.12%、11.12%、15.69%、41.07%，而全国同期水平分别为60.4%、18.8%、7.0%、13.8%，煤炭和石油消费比重分别比全国低28.28个百分点和7.68个百分点，天然气和一次电力则分别比全国高出8.69%和27.27%。

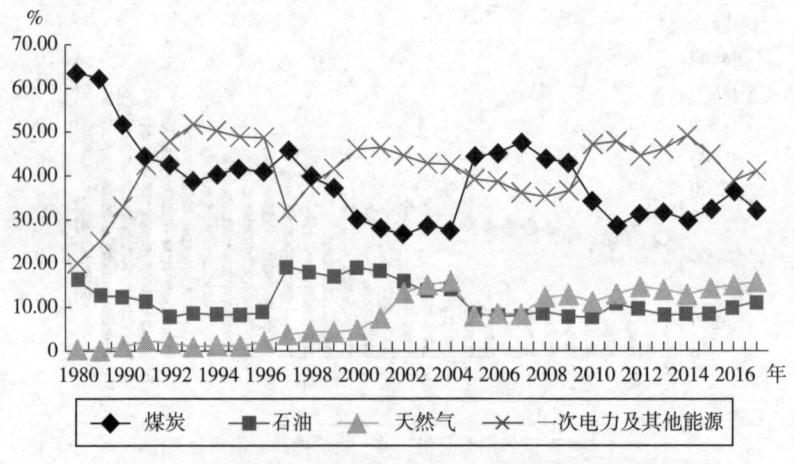

图9-4　1980—2017年青海一次能源消费结构比重变化

资料来源：根据青海历年统计年鉴整理。其中，一次能源生产量包括原煤、原油、天然气、水电、核电及其他动力能（如风能、地热能等）发电量，不包括低热值燃料生产量、太阳热能等的利用和由一次能源加工转换而成的二次能源产量。煤炭包括原煤、洗精煤、其他洗煤、煤制品、焦炭、焦炉煤气、煤矸石、高炉煤气、其他焦化产品、转炉煤气、其他煤气；石油包括原油、汽油、煤油、柴油、燃料油、石脑油、润滑油、石蜡、溶剂油、石油沥青、石油焦、液化石油气、炼厂干气和其他石油制品；电力包括一次电力与电力净调入之和，按等价值（当年发电煤耗）计算。

尽管青海能源消费总量还呈高速增长趋势，但能源消费结构持续改善，由于青海水电和天然气资源的综合开发利用，全省水电和天然气等清洁能源消费比重较高，这是青海未来需要继续保持的能源生产和消费优势。

9.3.4 资源开发极大地促进了青海"三品一标"特色农牧业的快速发展

青海牧草地资源丰富，具备青藏高原独具特色的冷凉气候资源，适合发展特色农牧业经济[①]；同时新时期贯彻实施科学发展观，青海农牧产品供给要满足人们对农产品质量安全、绿色无公害的需求。目前，无公害农产品、绿色食品、有机农产品和农产品地理标志（以下简称"三品一标"）是我国重要的安全优质农产品公共品牌。在科学发展观和绿色发展理念指引下，按照青海省委、省政府提出的打造"高原牌、绿色牌、有机牌"发展战略，经过多年发展，青海省突出牛羊肉、枸杞、冷水鱼、马铃薯和油菜等特色优势主导产业，青海省"三品一标"农业公共品牌进入快速发展阶段，取得了明显成效，实现了良好的经济社会效益与生态效益，有效提升了农业可持续发展能力。2017年全省新认证"三品一标"农产品为193个，全省有效使用"三品一标"标志的农产品数量达到810个。截至2019年1月，全省有效使用无公害农产品、绿色食品、有机农产品标志和地理标志农产品共有935个[②]，比上年新增125个。其中，无公害农产物340个（产地155个），绿色食物和绿色生产资料407个，有机农产品129个，农产品地理标志59个。全省有机畜牧业认证情况监测面积达461.09万公顷。

具体来看，截至2019年1月，青海共有59个农产品地理标志产品，仅占全国同期总数2594个的2.3%，但比2018年2月底的55个增加了4个，农产品地理标志产品实现了持续增加。从青海农产品地理标志产品分

---

① 颜亮东，伏洋，李凤霞，等. 青海省冷凉气候资源分区及其开发利用［J］. 资源科学，2006，28（1）：157.

② 绿色食品宣传月启动 青海省认证绿色食品达400个. 青海农牧业信息网［DB/OL］.（2019-05-05）［2019-06-08］. http://nynct.qinghai.gov.cn/Html/2019_05_05/2_127344_2019_05_05_240105.html.

布的类型来看，青海农产品地理标志产品中，数量占前三位的依次为肉类30个，占比50.8%；蔬菜10个，占比16.9%；粮食8个，占比13.6%（见表9-5）。显然这是青海草地资源开发以及畜牧业产业优势带动的结果。由于地域差异还有许多诸如茶叶、水产品、蛋类、蜂类和烟草等农产品，青海不具有特色优势，总体上青海农产品地理标志的数量和种类都还有待提高。

表9-5　2010—2018年青海农产品地理标志产品数量和类型分布概况

类型	数量/个	占比/%
1. 肉类产品	30	50.8
2. 蔬菜	10	16.9
3. 粮食	8	13.6
4. 果品	3	5.1
5. 油料	3	5.1
6. 药材	3	5.1
7. 食用菌	2	3.4
小计	59	100

资料来源：中国绿色食品发展中心［DB/OL］．［2019-06-08］. http://www.greenfood.org.cn/xxcx/lssp/. 截至2019年1月17日，全国同期农产品地理标志产品共有28个类型，数量达2594个。

截至2018年底，青海拥有专门提供生产绿色食品的四个国家现代农业示范区，它们分别是大通回族土族自治县国家现代农业示范区、互助县国家现代农业示范区、海晏县国家现代农业示范区和门源县国家现代农业示范区。

青海具有丰富的钾、镁等自然资源，这些优势资源是重要的有机肥料和食品添加剂原料，可开发利用并申请认证成为绿色资料企业和产品。目前我国认证的绿色生产资料分为五大类：农药类、饲料及饲料添加剂类、肥料类、食品添加剂类和兽药类。截至2019年3月底，青海有效使用的绿色生产资料主要集中在肥料类，共有8家肥料类绿色生产资料企业，2家食品添加剂类绿色生产资料企业，共计11种产品，总共核准30.32万吨绿色生产资料生产能力（见表9-6），另外，农药类、兽药类、饲料及饲料添加剂类没有获证企业和产品，青海具有发展绿色食品和有机食品的绿色生产资料保障。

表 9-6　2019 年青海有效使用的绿色生产资料获证企业和产品概况

类别	获证企业	获证产品	证书有效期	核准产量/吨
肥料类	1. 青海余禾生物有机肥料厂	1. 生物有机肥	2016.9.10—2019.9.9	1.8 万
	2. 青海开泰农牧开发有限公司	1. 有机肥料	2017.9.6—2020.9.5	3 万
	3. 青海荣泽农业生物科技有限公司	1. 生物有机肥	2018.5.21—2021.5.20	5 万
	4. 青海海北事顺农牧业开发有限公司	1. 臧源有机肥	2017.12.20—2020.12.19	1.5 万
	5. 青海省湟中县海宁合资化肥厂	1. 有机肥料	2018.3.22—2021.3.21	2 万
	6. 海北祁连山绿色有机生物科技开发有限责任公司	1. 有机肥料	2016.10.26—2019.10.25	10 万
	7. 海北储源生物科技开发有限公司	1. 有机肥	2017.11.28—2020.11.27	5 万
	8. 青海宏恩科技有限公司	1. 微量元素水溶肥料	2017.12.15—2020.12.14	200
食品添加剂类	1. 格尔木康生钾业科技发展有限公司	1. 白晶牌食品添加剂氯化钾	2017.3.22—2020.3.21	1 万
	2. 青海晶洁镁露科技有限公司	1. 晶洁镁露牌食用氯化镁	2018.5.4—2021.5.3	1 万

资料来源：根据中国绿色食品协会的数据整理，截至 2019 年 3 月，http://www.greenfood.agri.cn/lsspxhpd/lsspsczl/szggls/。

9.3.5　资源开发推动了青海整体生态文明建设水平的不断提高

青海持续扩大资源开发，并积极申请成为我国第一批生态文明建设示范区，全省生态文明建设已经取得明显成就。2017 年 12 月国家统计局等发布的全国《2016 年生态文明建设年度评价结果公报》显示，青海省绿色发展指数居全国第 25 位[①]，其中生态质量指数居全国第 6 位，群众满意度

[①] 按照全国和青海《绿色发展指标体系》，绿色发展指数采用综合指数法进行测算，绿色发展指标体系包括资源利用、环境治理、环境质量、生态保护、增长质量、绿色生活、公众满意程度 7 个方面共 56 项评价指标。其中，前 6 个方面的 52 项评价指标纳入绿色发展指数的计算，公众满意程度调查结果进行单独评价与分析。

居全国第 6 位，生态保护指数居第 21 位，资源利用指数居第 24 位，但环境治理指数、增长质量指数、绿色生活指数均居全国第 30 位。全国名列前三位的依次为北京、福建和浙江，最末 3 位依次为新疆、西藏和宁夏，见表 9-7。

表 9-7 2016 年青海省及各市（州）绿色发展年度评价结果排序

地区	绿色发展指数	资源利用指数	环境治理指数	环境质量指数	生态保护指数	增长质量指数	绿色生活指数	公众满意程度
北京	1	21	1	28	19	1	1	30
福建	2	1	14	3	5	11	9	4
西藏	30	31	31	2	4	27	31	1
新疆	31	27	29	25	10	31	18	12
青海	25	24	30	5	21	30	30	6
海南州	1	4	5	2	2	3	5	1
黄南州	2	2	1	6	3	6	6	2
西宁市	3	1	2	8	5	1	2	3
海东市	4	3	6	7	4	4	4	8
海北州	5	6	4	4	7	5	3	5
海西州	6	5	7	3	8	2	1	7
果洛州	7	7	3	5	1	7	8	4
玉树州	8	8	8	1	6	8	7	5

资料来源：根据全国和青海 2016 年生态文明建设年度评价结果整理。北京、福建、新疆、西藏与青海的排名均是指在全国从高到低的排序，青海各州排名是指在青海省内按照从高到低排序。①全国 2016 年生态文明建设年度评价排行最新出炉［DB/OL］.（2018-01-02）［2019-06-08］. http://www.qhtjj.gov.cn/tjWork/tjDynamic/201801/t20180102_52252.html. ② 2016 年青海省各市（州）绿色发展年度评价结果公报［DB/OL］.（2018-04-17）［2019-06-08］. http://www.qhtjj.gov.cn/tjData/yearBulletin/201804/t20180417_53605.html.

青海各地绿色发展指数差异较大，如玉树州，其地广人稀，但资源利用指数、增长质量指数以及总体绿色发展指数均位列青海省内最末位，资源开发、经济发展与环境保护的矛盾非常尖锐，而人口和产业聚集地区的西宁和海东环境质量指数却不容乐观（见表 9-8）。

表 9-8　2016 年青海省各市（州）绿色发展年度评价结果

地区	绿色发展指数	资源利用指数	环境治理指数	环境质量指数	生态保护指数	增长质量指数	绿色生活指数	公众满意程度
青海省	76.90	82.32	67.90	91.42	70.65	68.23	65.18	85.92
海南州	81.68	80.06	76.35	96.03	82.77	78.51	72.26	94.46
黄南州	81.24	82.71	86.27	87.36	82.58	67.99	67.62	93.50
西宁市	79.98	83.19	80.52	65.80	80.55	89.03	84.00	90.24
海东市	79.86	80.92	75.24	86.21	80.57	74.24	77.84	86.07
海北州	79.20	73.62	77.85	92.61	79.15	74.08	81.16	86.47
海西州	79.09	77.16	73.54	93.62	64.22	86.46	84.17	86.14
果洛州	76.63	72.34	78.06	89.70	85.72	67.66	60.00	88.94
玉树州	75.11	70.54	68.12	99.46	79.91	62.30	64.56	88.94

资料来源：根据全国和青海 2016 年生态文明建设年度评价结果整理。青海是国家统计局的评价数据，青海省内地区是青海统计局的评价数据。①全国 2016 年生态文明建设年度评价排行最新出炉［DB/OL］.（2018-01-02）［2019-06-08］. http://www.qhtjj.gov.cn/tjWork/tjDynamic/201801/t20180102_52252.html. ② 2016 年青海省各市（州）绿色发展年度评价结果公报［DB/OL］.（2018-04-17）［2019-06-08］. http://www.qhtjj.gov.cn/tjData/yearBulletin/201804/t20180417_53605.html.

9.4　青海 70 年资源开发与发展展望

资源具有地域性和不可移动性，区域发展历史就是不断拓展自然资源利用深度与广度的历史。站在 70 年资源开发成就的新起点，青海未来资源开发要继续为青海经济增长及其优势产业发展提供资源保障，继续提高能源保障能力，促进能源消费结构的优化，还要按照主体功能区划的原则，实行资源的分类开发，通过生态文明建设、循环经济区建设等，完善相关资源开发、生态保护及其综合利用的政策体系，努力实现资源开发的经济效益、生态效益和社会效益的协调统一。

9.4.1 资源开发要继续为青海经济增长及其优势产业产品发展提供资源保障

青海要实现与全国全面同步建成小康社会，稳定和加速经济增长是必然要求。首先，青海要加快包括矿产资源在内的资源勘探，提高矿产资源和其他资源保障支撑能力，确保资源自给能力，建成国家重要资源接续地。按照"十三五"规划，在保护好生态环境的前提下，充分运用勘察新技术新方法，加快东昆仑、柴北缘、柴达木盆地等重要成矿区带为重点的地勘步伐，强化昆北、英东、扎哈泉、牛东等地区油气勘探开发，优化鱼卡、团鱼山等地区煤炭资源勘探开发，加强页岩油气、可燃冰调查评价与勘察，争取新发现一批重要矿种矿产地并探明资源储量，矿产资源可供性显著提高。优化金、镍、铜、铅、锌、铁等重要金属矿种开发利用，提高钾、镁、锂等共伴生资源综合利用水平，创建绿色矿山发展示范区，持续释放"资源红利"。

其次，资源开发要继续支持全省优势产业和循环经济产业的发展，通过开发优势资源，继续优化产业结构，培育新兴产业和循环经济产业等。加快资源开发，积极培植新的经济增长点，把资源开发同优化产业结构结合起来；通过重点开发新能源、清洁能源等，确保新能源产业、新材料产业等新兴优势产业迅速发展；按照梯级开发、连续建设、大中并举、滚动发展等原则，加快黄河水电资源开发，继续加大水电、盐湖、石油天然气、有色金属、贵金属和非金属矿产资源开发，确保盐湖化工、有色金属、油气化工、煤化工等传统资源优势产业的可持续发展，并逐步建成全国重要的生产基地；通过综合开发利用资源效率，延长资源开发使用的产业链条，推动传统资源优势产业以及钢铁产业、轻工纺织业和生物产业等优势产业健康发展。

最后，农牧区要继续加大特色农牧业资源的开发，促进青海"三品一标"优质绿色特色农牧业可持续发展，壮大高原特色现代生态农牧业。可结合"三品一标"申报和各种基地创建，继续培育青海各类专业化市场化服务组织，发展多样化的联合与合作，注重发挥新型农业经营主体带动作用，开展农超对接、农社对接、线下与线上并重等，帮助小农户和牧民对接市场，把小农生产引入现代农业发展轨道。其间要全面推行绿色、生态和环境友好型生产技术等的改革创新管理，加快推进"三品一标"信息化建设，实现生产经营电子化记录和精细化管理，全面开展"三品一标"产品质量追溯试点。

9.4.2 资源开发要继续为青海能源消费及其消费结构优化提供能源保障

青海要继续加强矿产资源勘察、保护和合理开发，构建安全、清洁、高效、可持续的现代能源体系，有力支撑经济社会发展。首先要加快重点水电站和新能源项目建设，打造全国最大的水、光、风互补清洁能源基地，建成国家重要的能源接续地，不断提升能源保障水平，促进能源消费结构的进一步优化。按照"十三五"规划，要逐步建成羊曲、玛尔挡等水电站，建设形成海南黄河沿岸千万千瓦级水、光、风互补发电和海西千万千瓦级光伏、光热发电基地，合理布局抽水蓄能电站和热电联产项目。加强智能电网建设，实施新能源大型并网工程，推进青海省至华中、华东等地特高压电网的规划与建设，加快构建"一横二纵"特高压交流网架，实现新能源电力打捆外送。积极推进电力体制改革，努力保持低电价竞争优势。加快能源储备设施建设，推动中哈石油管道工程延伸至格尔木，研究建设格尔木战略成品油储备基地，完善城市调峰储气设施，提升重要能源保障水平。通过兴建、改建和扩建等方式，建设包括水电、火电、新能源以及相关电网建设等能源资源建设重大项目，不断提升能源保障水平。

还要通过实施水利建设重大工程，继续发挥水电水利优势，优化能源消费结构。根据"十三五"规划，全省按照东西部开源节流并重、南北部保护修复并举的总体思路，着力提高区域水资源承载能力，有效解决区域分布不均、工程性缺水等突出问题，进一步增强东部城市群地区发展的水资源支撑，力争在柴达木和共和盆地供水保障能力上取得新突破。加强水利基础设施建设，统筹实施节水供水、蓄水引水、治水保水、增水洁水、通水补水等重大水利工程，努力构建和谐文明的水生态保护体系、科学高效的水资源配置体系、健全完备的防洪抗旱减灾体系、系统完善的水利管理体系。

9.4.3 资源开发要按照主体功能区划的原则，分类有序开发

我国"十一五"规划纲要第一次明确提出，将国土空间按开发方式划分为"优化开发、重点开发、限制开发和禁止开发"四类主体功能区，要按照主体功能定位调整完善区域政策和绩效评价，形成合理的空间开发结构。其中，限制开发区和禁止开发区的主体功能都是提供生态功能区。按开发内容分为城市化地区、农产品主产区和重点生态功能区三类。按照全国主体功能区划和青海主体功能区划，青海资源开发要根据不同主体功能区的功能定位，实行分类有序的开发模式和开发重点，进一步优化区域经济布局，重点发展东部地区与柴达木地区，适度开发环青海湖地区，保护和治理三江源地区，逐步形成经济与人口、资源环境相协调的区域发展格局。

一是重点开发区域。全省重点开发区包括以西宁为中心的东部地区和以格尔木、德令哈为重心的柴达木地区，其主体功能定位为，国家兰州—西宁重点开发区的重要组成部分，全国重要的新能源和水电、盐化工、石化、有色金属和农畜产品加工产业基地，区域性新材料和生物医药产业基地，全省工业化和城镇化的重点区域，人口和经济的重要空间载体。其中，以西宁为中心的东部地区，要全力加快发展。大力发展现代高原特色农业，发展农区畜牧业和农畜产品加工业，努力建成高原特色农畜产品生产加工基地、农村劳动力转移培训基地和农业产业化经营基地，加快工业化和城镇化进程。柴达木地区，进一步加大资源开发力度，提高资源综合利用、循环利用和精深加工水平，建成青海新型工业基地，为全省经济发展做出更大贡献。

二是限制开发区域。全省限制开发区包括国家级三江源草原草甸湿地生态功能区和祁连山地水源涵养生态功能区，其主体功能定位为，全国乃

至亚洲大江大河发源地,冰川、雪山及高原生物多样性最集中的地区之一,全国最重要的生态安全屏障,保障省域生态安全主体区域,矿产、水电等特色优势资源点状开发区域。环青海湖地区,充分利用自然资源条件和承东启西、辐射青南的区位优势,在确保青海湖湿地生态安全的前提下,加快优势资源开发,大力发展现代畜牧业,着力打造环湖旅游精品,实现经济社会发展新跨越。

三是禁止开发区域。青海省禁止开发区包括国家级自然保护区、重点风景名胜区、森林公园、地质公园四类17处和省级自然保护区、重点风景名胜区、森林公园、历史文化遗产保护地、重要水源保护地五类360处。其主体功能定位为,点状分布的生态功能区,重要的水源保护地,基本农田保护区,珍稀动植物基因资源保护地,自然文化资源的重要保护区域。

其中,国家级三江源草原草甸湿地生态功能区要把生态保护和建设作为主要任务,全力推进国家级生态保护综合试验区建设,建立生态补偿机制,创新草原管护体制,强化生态系统自然修复功能,建成全国重要的生态安全屏障。加快区域内城镇化进程,积极发展生态畜牧业、高原生态旅游业和民族手工业,点状和有序开发水电、太阳能、风能、地热能、矿产等优势资源。三江源地区在重点组织实施好自然保护区建设规划,保护生态环境和生物多样性的前提下,适度开发生物资源,大力发展生态畜牧业,积极发展民族传统手工业、自然风光和民族风情旅游业。

另外,祁连山冰川与水源涵养生态功能区要加强天然林、湿地、草地和高原野生动植物保护,实施天然林保护、退耕还林还草、退牧还草、水土流失和沙化土地综合治理、生态移民等生态保护和建设工程,切实保护好黑河、大通河、疏勒河、石羊河等水源地林草植被,增加水源涵养。加快发展现代农牧业和特色旅游业,推进大通河、黑河流域水电资源开发,加快实施祁连山生态环境保护和综合治理规划,努力实现生态系统良性循环。按照"点上开发、面上保护"的原则,推进祁连山成矿带开发,因地制宜地发展煤炭、有色金属等优势产业。

9.4.4 通过生态文明建设，完善资源开发相关政策体系

构筑国家生态安全屏障，建设生态文明先行区和建设循环经济发展先行区，是青海"十一五"规划以来先后提出的建设目标，通过加快生态文明建设，更加重视资源开发过程的生态环境保护，协调好资源开发中的经济利益、生态利益和社会利益等的统一。生态文明是人类协调人与自然间和谐关系所取得的全部成果，是建立在经济效益、社会效益与环境效益多赢基础上的一种文明模式[①]。为贯彻落实党的十八大和十八届三中全会精神，加快推进生态文明制度建设，青海积极开展生态文明先行示范区建设实施方案的申报和实践，包括青海在内，2014年全国共有57个地区被列为全国第一批开展生态文明先行示范区[②]。其中青海制度创新重点包括6大方面：①落实主体功能区制度；②健全自然资源资产产权制度；③探索完善生态补偿机制；④完善资源有偿使用制度；⑤探索国家公园体制；⑥探索建立体现生态文明要求的领导干部评价考核机制。2015年12月，青海编制的《中国三江源国家公园体制试点方案》获批，同年青海编制完成全国首部国家公园建设规划《青海三江源国家公园建设规划》，同步开展生态红线划定等多项重点领域生态文明制度改革实践。

首先，青海在推进资源开发进程中，必须始终贯彻生态文明理念，牢固树立创新、协调、绿色、开放、共享的新发展理念，坚持生态保护优先，以最小的资源环境代价支撑全省经济社会更高水平发展和更合理布局，千方百计降低资源和能源耗费。各地区在资源开发与生态建设、环境保护方面要有所侧重，如东部地区资源开发要重点推进污染和水土流失综合治理，柴达木地区重点推进资源综合循环利用、清洁生产和沙漠化土地治理，环青海湖地区和三江源地区突出抓好草原生态保护恢复与综合治理。

其次，中央和青海省政府，需要健全和完善与资源开发相关的政策体系：要实行分类管理和分类指导的产业政策，如东部地区实行有利于新型

---

① 李校利. 生态文明研究新进展：一个文献综述［J］. 重庆社会科学，2010（3）：98.
② 关于开展生态文明先行示范区建设（第一批）的通知（发改环资〔2014〕1667号）［DB/OL］.（2014-08-04）［2019-06-09］. http://www.ndrc.gov.cn/gzdt/201408/t20140804_621195.html.

工业化、城镇化发展的产业政策，柴达木地区实行有利于促进资源综合循环利用的产业政策，环青海湖地区实行有利于优势资源适度开发和特色产业发展的产业政策，三江源地区实行有利于生态保护的产业政策[①]。要在土地开发强度、新增建设用地指标等方面实行差别化土地政策，如东部地区可适当增加建设用地指标，柴达木地区着重支持资源加工转化项目建设。要探索建立市场化的、涵盖纵向和横向的多元化生态补偿机制，千方百计把青海的绿水青山转变成金山银山，把资源优势转变为经济优势，具体可通过落实农业功能区制度，加大重点生态功能区转移支付力度，健全地区之间、流域上下游之间横向生态保护补偿机制，探索建立生态产品购买、森林碳汇等市场化补偿制度。

再次，青海要继续探索健全自然资源资产产权制度等，探索自然资源开发过程中的利益分配模式。例如，矿产资源开发过程中的利益矛盾主要表现为中央政府与地方政府利益的矛盾、政府与矿业企业的矛盾、地方政府与中央企业的矛盾以及政府、企业与资源地居民的矛盾，解决这些矛盾需要建立合理明晰的矿权制度、完善资源税费制度、建设利益主体广泛参与的组织机制、建立矿区居民利益分享机制[②]。要始终高度重视包括水电、矿产资源等开发对当地居民的生计影响及可持续生计重建，避免青海丰富的资源开发在局部地区引发群体性事件，尽量避免"资源诅咒"和"富饶的贫困"现象在青海资源开发过程中出现。

最后，必须坚持生态保护优先，把生态文明理念贯穿到经济社会发展中，要深化生态文明理念和制度创新研究，加强生态环境省情和绿色价值观教育，积极培育生态文化和生态道德，努力挖掘、传承、保护和利用生态文化资源，动员全社会力量参与资源开发和利用过程中的生态保护，形成勤俭节约、绿色低碳、文明健康生活方式和合理消费模式，不断提升青海和省内各地区生态文明建设水平。

---

① 卓玛措，罗正霞，等.青海省区域发展空间模式研究[J].青海民族学院学报，2008（2）：95.

② 王艳，程宏伟.西部矿产资源开发利益矛盾研究综述与展望[J].成都理工大学学报（社会科学版），2011，19（1）：11.

9.4.5 积极开展循环经济区建设，提高资源综合利用效率

青海要继续通过循环经济区建设，深入实施资源节约和循环利用，有效提升资源开发全过程的资源综合利用效率，降低资源和能源耗费水平。2005年10月，柴达木循环经济试验区成为国家首批13个循环经济产业试点园区之一；2010年3月，国务院批复《柴达木循环经济试验区总体规划》，试验区上升为国家战略区。柴达木循环经济试验区应统筹资源集约利用与产业协调发展，统筹传统产业的改造升级和新兴产业的整体规划，着力打造以盐湖化工为核心的循环经济主导产业发展体系，加快形成资源、产业和产品多层面联动发展的循环型产业格局，为青海循环经济的发展树立典范，积累经验。全省要深入实施《青海省建设国家循环经济发展先行区行动方案》，加快构建完整的循环型工业体系，延伸产业链条，推进传统优势产业的循环化改造，加快构建农林牧渔多业共生的循环型农牧业体系，加快构建循环型服务业体系。

要始终重视加强资源节约利用，树立节约集约循环利用的资源观，实施能源、水资源、建设用地总量和强度双控行动，开展能效、水效领跑者计划，促进资源高效利用，提高节水、节地、节材、节矿标准和资源利用效率。实行最严格的水资源管理制度，严守开发利用总量、用水效率和限制纳污控制红线，实施再生水利用工程，统筹做好多蓄水、供好水、治污水、节约水工作，建设节水型社会。坚持最严格的节约用地制度，落实耕地占补平衡，严格执行国家各类建设用地标准，推广应用节地技术和模式，推进城镇、工业园区低效用地再开发和工矿废弃地再利用。强化矿产开发准入管理，促进矿产资源高效利用。提高建筑节能标准，加快对既有建筑的节能改造，大力推行住宅供暖分户计量，推广绿色建筑和绿色建材。同时，要严格控制能源消费过快增长，抑制不合理能源消费，对高耗能产业和产能过剩行业实行能源消费总量控制强约束，对省内重点地区实行能源消费总量和能源消费强度双控制。

最后，青海资源开发模式要从资源导向型向市场导向型转变。西部大开发以来，青海市场经济体制改革虽然取得了巨大成就，但青海市场化水

平仍处于较低层次。根据用政府与市场关系、产品市场的发育程度以及要素市场的发育程度等为指标衡量的全国市场化指数显示，2000年青海市场化指数得分为3.40分，位于全国第29位，2000年全国平均分为5.6分，东部、中部和西部平均分分别为6.88分、5.34分和4.51分[①]。随着改革开放的深入，中国市场化指数稳步提高，2016年，东部、中部、西部平均得分依次提高到8.67分、6.91分和5.05分，但青海市场化指数却降低到第30位，仅超过西藏。较低的市场化水平，不仅影响经济增长，包括各类资源在内的生产要素市场化是市场化改革进程的重要指标。青海要素市场发育滞后，既不利于资源开发对经济增长的推动作用，也不利于资源开发中的资源综合利用。为此，青海要通过对内深入进行市场化改革，利用全国各地的先进技术和发达市场体系，提高资源利用效率和使用用途，释放经济活力；同时要加大对外开放，积极参与全球化，尤其是"一带一路"沿线国家建设对青海优势资源的需求，利用世界先进的资源开发和循环利用技术，不断提高资源利用效率和方式。当然，这些始终离不开青海各级政府尤其是相关资源管理部门的市场化改革。

青海将继续努力探索人与自然和谐发展模式，发挥青海资源大省优势，不断打造和谐美丽的新青海！

9.5 结论

自然资源是在自然界中存在的，并为人类生活、生产提供原料来源和布局场所的物质资源与能量的总和。青海自然资源富集，拥有丰富的矿产资源、水能资源、农牧业资源、气候资源和旅游资源等，是我国可再生资源的"富矿区"，是我国重要的矿产资源战略接续区。

（1）新中国成立70年以来，青海资源开发先后经历了新中国成立后到改革开放前和改革开放至今两个重要阶段。其中，第一阶段青海省的资源

---

① 樊纲,王小鲁,张立文,等.中国各地区市场化相对进程报告[J].经济研究,2003(3):9.

开发主要集中于素有"聚宝盆"之称的柴达木盆地，以石油为中心的工业矿产得到了初步勘探和快速发展。改革开放以来，资源开发范围和资源种类都在不断拓宽。除继续大力开发矿产资源外，土地资源、水资源、生物资源、气候资源和旅游资源等都得到了快速的开发；西部大开发以后，开发理念也逐渐发生转变，资源开发中更加注重生态环境保护和资源的综合开发利用。

（2）青海70年的资源开发取得了巨大成就。不仅为青海经济持续增长提供了资源保障和能源保障，推动了全省能源消费结构的优化，确保了青海支柱产业和优势产业的可持续发展，资源开发还极大地促进了青海"三品一标"特色农牧业的快速发展，推动全省生态文明建设水平不断提高，整体实现了资源开发、经济发展和生态保护的协调发展。

（3）展望未来，青海资源开发要继续为青海经济增长及其优势产业产品发展提供资源保障；继续为青海能源消费及其消费结构优化提供能源保障；并且要按照主体功能区划的原则，分类有序开发；全省要通过生态文明建设，完善资源开发相关政策体系；通过循环经济区建设，提高资源综合利用效率，降低资源和能源耗费水平，努力实现资源开发的经济效益、生态效益和社会效益的协调统一。

参考文献

［1］景晖.青海资源开发研究的理性思考［J］.青海社会科学，1997（6）：41–46.

［2］王昱.对近百年开发柴达木的历史回顾与反思［J］.青海社会科学，2005（1）：40–46.

［3］张嘉选.柴达木开发史：1960—2010［M］.北京：人民出版社2014.

［4］石德生.对建国以来青海资源开发的回顾与思考［J］.攀登，2001（1）：86–89.

［5］陈克龙，陈英玉．青海资源开发的理性思考［J］．青海大学学报（自然科学版），2003（3）：67-68，73.

［6］陈昌正．青海资源开发策略亟待调整［J］．柴达木开发研究，1999（4）：15-18.

［7］苏多杰．树立可持续发展观 搞好青海资源开发和保护［J］．柴达木发研究，1998（2）：31-35.

［8］马洪波．关于青海资源开发的若干思考［J］．开发研究，1997（5）：24-25.

［9］李三鱼．青海资源开发与资本市场［J］．青海金融，1997（9）：18-20.

［10］尹克升．加快青海资源开发的战略思考［J］．青海社会科学，1996（5）：5-10.

［11］朱斌，王小梅，程晨辉．青海矿产资源开发与经济增长互动关系分析［J］．再生资源与循环经济，2017（7）：10-12.

［12］闫立娟，郑绵平，袁志洁．近40年来气候变化对青海盐湖及其矿产资源开发的影响——以小柴旦湖为例［J］．矿床地质，2014，33（5）：921-929.

［13］刘景华．青海历史上的矿产资源开发［J］．青海民族学院学报，2007（3）：87-92.

［14］马顺清．青海矿产资源开发与可持续发展［J］．青海国土经略，2007（1）：12-16.

［15］杨建华．初谈青海矿产资源开发［J］．柴达木开发研究，2005（4）：54-55.

［16］杨永征，刘增铁．试论青海矿产资源开发与新型工业化进程［J］．青海国土经略，2005（2）：9-11.

［17］阳立刚．青海盐湖矿产资源地质勘察和资源开发的几点建议［J］．青海国土经略，2002（S1）：22-27.

［18］杜广巍，等．青海盐湖资源发展路径探讨［J］．中国工程咨询，2018（11）：58-62.

[19] 曹文虎, 蔡嗣经. 青海省矿产资源开发与产业发展战略研究[M]. 北京: 地质出版社, 2004.

[20] 王庆礼, 邓红兵, 钱俊生. 略论自然资源的价值[J]. 中国人口·资源与环境, 2001 (2): 26-29.

[21] 王菊凤, 李鹄鸣. 中国自然资源及其开发利用研究综述[J]. 吉首大学学报(自然科学版), 2003 (2): 93-96.

[22] 成金华, 吴巧生. 中国自然资源经济学研究综述[J]. 中国地质大学学报(社会科学版), 2004, 4 (3): 47-55.

[23] 覃娟. 一个综述: 国外自然资源开发理论与模式[J]. 学术论坛, 2014, 37 (8): 75-78.

[24] 王成. 自然资源与经济增长关系研究文献综述[J]. 经济学动态, 2010 (6): 80-83.

[25] 徐康宁, 王剑. 自然资源丰裕程度与经济发展水平关系的研究[J]. 经济研究, 2006 (1): 78-89.

[26] 朱斌, 王小梅, 程晨辉. 青海矿产资源开发与经济增长互动关系分析[J]. 再生资源与循环经济, 2017 (7): 10-12.

[27] 高熠. 青海年鉴2017 [Z]. 西宁: 青海年鉴社, 2017.

[28] 颜亮东, 伏洋, 李凤霞, 等. 青海省冷凉气候资源分区及其开发利用[J]. 资源科学, 2006, 28 (1): 157-162.

[29] 袁卫民. 循环经济产业体系发展思路研究——以青海省柴达木循环经济试验区为例[J]. 企业经济, 2013 (6): 33-36.

[30] 杨敏. 青海旅游产业的发展潜力评估[J]. 统计与决策, 2006 (14): 102-104.

[31] 张西明, 高华. 青海生态文明建设报告(2016)[M]. 北京: 社会科学文献出版社, 2016.

[32] 李校利. 生态文明研究新进展: 一个文献综述[J]. 重庆社会科学, 2010 (3): 98-101.

[33] 王艳, 程宏伟. 西部矿产资源开发利益矛盾研究综述与展望[J]. 成都理工大学学报(社会科学版), 2011, 19 (1): 11-16.

[34] 樊纲, 王小鲁, 张立文, 等. 中国各地区市场化相对进程报告 [J]. 经济研究, 2003（3）: 9-18.

[35] 林永生, 郭治鑫, 吴其倡. 中国市场化改革绩效评估 [J]. 北京师范大学学报（社会科学版）, 2019（1）: 147-157.

[36] 吴红卫, 马洪波. 青海市场化进程: 成就、问题及初步判断 [J]. 青海社会科学, 2005（1）: 47-51.

[37] 卓玛措, 罗正霞, 等. 青海省区域发展空间模式研究 [J]. 青海民族学院学报, 2008, 34（2）: 95-100.

[38] 王艳, 程宏伟. 西部矿产资源开发利益矛盾研究综述与展望 [J]. 成都理工大学学报（社会科学版）, 2011, 19（1）: 11-16.

第10章 青海70年发展战略与发展

王永莉[①]

10.1 引言

发展战略是指一个国家或地区,结合某一时期区域内外的大环境,对本地区的经济、政治、社会、文化等发展作出的统领性、根本性的谋划和部署[②],主要确定经济发展的战略目标和战略步骤等。科学的发展战略对于推动欠发达地区的现代化进程以及选择正确的发展道路,具有十分重要的指导作用。

发展战略概念最早产生于第二次世界大战后欠发达国家探索经济发展道路的进程中,最早提出"大推进战略"和"不平衡发展战略"[③]。20世纪60年代以后,新兴工业化国家又实施过"进口替代战略""出口扩张战略"和"平衡战略"。后来又总结出货币主义战略、外向型发展战略、工业化战略、绿色革命战略、再分配发展战略和社会主义发展战略[④]。20世纪90

[①] 王永莉,四川蒲江人,经济学博士,西南民族大学经济学院硕士生导师,研究方向为民族经济等。
[②] 李庆华.经济发展战略研究[M].北京:中共中央党校出版社,1998:6.
[③] 汪斌,江新宇.关于经济发展战略研究的文献回顾与最新进展[J].社会科学战线,2005(2):272.
[④] 基思·格里芬.可供选择的经济发展战略[M].倪吉祥,等,译.北京:经济科学出版社,1992:36.

年代以来，国外发展战略关注的重点转向经济可持续发展等①。

新中国成立后，我国不断探寻如何实现工业化、现代化的发展道路，直到20世纪80年代之前，我国还没有专门使用发展战略概念，但不同时期党中央提出的总路线、中国共产党全国代表大会报告以及五年计划目标等，本质上属于发展战略。1982年9月，在中国共产党的十二大报告中第一次明确使用"经济发展战略"概念②，这标志着我国已制定明确的发展战略，至此，全国各地开始广泛使用和制定发展战略。

我国发展战略历程大体可分为两个阶段，第一个阶段是新中国成立后到十一届三中全会之前的发展战略思想探索。新中国成立以后，我国首先选择实施了"优先发展重工业"发展战略③，"三五"计划以加强国防建设和"三线"建设为中心等。第二个阶段是改革开放之后，1982年9月，中国共产党在十二大报告中首先明确提出从80年代开始到20世纪末分"两步走"的战略目标，标志着我国已制定明确的发展战略。此后我国发展战略越来越明晰和科学。1997年9月，中国共产党的十五大报告明确提出到21世纪中叶的经济社会发展目标。2000年中央提出实施西部大开发战略。2003年7月，党中央提出"坚持以人为本，树立全面、协调、可持续的发展观，促进经济社会和人的全面发展"的科学发展观。2012年11月，中国共产党十八大报告提出，贯彻科学发展观，必须全面落实经济建设、政治建设、文化建设、社会建设、生态文明建设五位一体总体布局。2015年10月，党的十八届五中全会提出"创新、协调、绿色、开放、共享"的"五大发展理念"。2017年10月，中国共产党十九大报告制定了坚持科学发展、快速增长转为高质量发展的发展战略和新发展理念。除"大跃进"和"文化大革命"时期制定的目标无法实现外，我国各时期提出的发展战略目标都已基本顺利完成。新中国成立后实行的"重工业优先发展"本质上属于"不平衡发展战略"，改革开放以后实行的对外开放属于"出口扩

---

① 汪斌，江新宇.关于经济发展战略研究的文献回顾与最新进展［J］.社会科学战线，2005（2）：274.
② 赵晓雷.中国改革开放40年经济发展战略转型研究［J］.经济与管理研究，2018（11）：3.
③ 邱信利.建国以来经济发展战略的历史考察［J］.长白学刊，2001（2）：74.

张战略",五个统筹的科学发展观适应了可持续发展趋势。

青海制定发展战略既要受全国宏观发展战略的指引,更要结合全省不同时期面临的国内外环境和青海省情实际。深处青藏高原东北部的青海拥有丰富的自然资源,是我国及东半球气候的启动区和调节区,在我国国防安全、生态保障和民族团结等方面具有重要的战略地位。新中国成立70年来,在全国重大发展战略部署的宏观指引下,青海发展战略也经历了改革开放之前的探索和改革开放以来的明确提出和不断完善。根据青海矿产资源、水电资源和草场等资源丰富,但面积大、人口少、经济技术落后等省情,1988年5月,青海明确提出"改革开放、治穷致富、开发资源、振兴青海"的发展战略。21世纪以来,在全国科学发展观和新发展理念指引下,青海提出以生态保护优先理念协调推进经济社会发展的科学发展战略。正是在青海不同时期发展战略的指导下,全省经济社会发展才实现了从新中国成立初期的农业社会到现代工业化中期的跨越式发展。青海未来发展战略将在新的发展理念指导下,继续把青海建设得更加和谐美丽。

本章接下来首先回顾青海在新中国成立70年以来发展战略的演变历程,概括总结青海70年发展战略取得的伟大成就,最后是对青海未来发展战略的简要展望。

10.2 青海70年发展战略历程

1950年1月1日,青海省人民政府成立。新中国成立70年来,青海发展战略经历了改革开放之前的发展战略思想探索以及改革开放之后的发展战略明确和完善两个阶段。改革开放之前,青海发展战略是通过中央指导下的一系列发展计划和指导方针等体现出来的。改革开放以来,随着全国发展战略的明确,青海发展战略也逐步明晰。1986年3月,青海首次提出"改革开放、治穷致富、开发资源、迎接转移"的发展战略[①];1988

---

① 鲁斌,钟树棠.青海经济发展战略研究情况综述[J].青海社会科学,1987(3):106.

年5月修改为"改革开放、治穷致富、开发资源、振兴青海"。进入21世纪以来，随着全国科学发展观和新发展理念的形成，青海发展战略以科学发展为主题，以生态保护优先理念协调推进经济社会发展，发展战略不断完善和科学。

10.2.1 改革开放之前青海发展战略思想探索

新中国成立后，青海不断探索工业化现代化道路。根据我国"优先发展重工业"的发展战略，制订实施了确保"优先发展重工业"的第一个五年计划。1958年因全国赶超战略和"大跃进"等，青海也制订实施脱离实际的"二五"计划。因"三线"建设的战略布局调整，青海制订实施加强国防建设和以"三线"建设为中心的"三五"计划。"三五""四五"时期，"文化大革命"偏离到以"阶级斗争为纲"的道路上。

10.2.1.1 国民经济恢复和发展时期（1950—1957年）

青海成立后，经过1950—1952年短短三年的国民经济恢复时期，进入大规模的经济建设时期。我国于1955年7月在《关于发展国民经济的第一个五年计划的报告》中明确提出，"社会主义工业化是我们在过渡时期的中心任务，而社会主义工业化的中心环节，则是优先发展重工业"[①]。按照国家"一五"计划的总要求和"一化三改造"过渡时期总路线，1955年8月青海省第一届人民代表大会通过了1954年由新成立的青海省计划委员会制定的《青海省发展国民经济第一个五年计划纲要》（草案）。"一五"计划提出，1953—1957年青海要以发展农牧业生产为主，积极进行社会主义建设和在农业区对农业、手工业及资本主义工商业的社会主义改造，逐步提高各族人民的物质生活与文化生活水平。

10.2.1.2 "大跃进"和国民经济调整时期（1958—1965年）

全国"大跃进"等赶超运动直接影响到青海第二个五年计划的制订和执行。1955年11月，青海省计委编制完成青海的第二个五年计划（1958—1962年）纲要（草案）。全党"鼓足干劲，力争上游，多快好省地

---

① 李庆华. 经济发展战略研究［M］. 北京：中共中央党校出版社，1998：51.

建设社会主义"的总路线，1958年7月青海制定通过了《青海省发展国民经济第二个五年计划纲要》（草案）。"二五"计划期间（1958—1962年），青海要建立以钢铁、机械制造为中心的骨干工业，工业总产值要超过农牧业总产值；基本上实现农业机械化等。青海"二五"计划中提出的主要经济指标，严重偏离了国民经济发展的客观实际，根据中央"调整、巩固、充实、提高"方针，1961—1965年进入持续5年的国民经济整顿时期，重点是调整农轻重比例关系等。

10.2.1.3 "文化大革命"和拨乱反正时期（1966—1977年）

1964年12月，周恩来指出："从第三个五年计划开始，我国国民经济发展，可以按两步来考虑，第一步，经过三个五年计划时期，建立一个独立的、比较完整的工业体系和国民经济体系；第二步，在本世纪末全面实现农业、工业、国防和科学技术的现代化，使我国经济走在世界的前列。"这是我国首次提出四个现代化的奋斗目标。

1965年9月，青海省经济计划委员会根据中央"三五"计划以国防建设为中心和加强"三线"（战略后方）建设的指导思想，制定了《青海省第三个五年计划国民经济发展纲要》。"三五"计划期间（1966—1970年），要有力支援国防和"三线"建设；以农业为基础、以工业为主导的发展国民经济总方针，从准备战争出发，但"文化大革命"期间发展重点完全偏离了经济建设轨道。

1970年8月，青海省革命委员会提出《青海省第四个五年计划发展国民经济的初步设想》。"四五"计划（1971—1975年）更加突出无产阶级政治，坚决贯彻执行中央提出的"备战、备荒、为人民"和"要准备打仗"等号令，以阶段斗争为纲，坚持以备战为纲、以钢为纲等，由于很多发展指标不切实际而无法完成。

1976年10月"文化大革命"结束，经济工作中依然存在急于求成的"左"倾思想。1977年12月，青海省第二届人民代表大会通过《青海省发展国民经济第五个五年计划》。"五五"计划期间（1976—1980年），要把青海建成祖国的一个可靠战略后方，要大上快上农业，大力发展畜牧业；工业坚持"以钢为纲"等，但由于发展目标脱离实际而无法完成。

10.2.2 改革开放初期青海发展战略的明确（1981—1990年）

1978年12月，中国共产党召开了十一届三中全会，全国工作重点转到经济建设上来。1982年9月，中国共产党的十二大报告首先明确提出从20世纪80年代开始到20世纪末分两步走的战略部署，力争使全国工农业年总产值翻两番的战略目标，中国提出了明确清晰的经济发展战略。1986年3月，青海省委根据全省国土面积大，多民族聚居，深处内陆，自然气候条件恶劣，经济总量小，科技和文化落后，水电、盐化工、石油天然气和有色金属等各种资源丰富，发展潜力大等基本省情，明确提出"改革开放、治穷致富、开发资源、迎接转移"的发展战略。1988年5月，省七次党代会修改为"改革开放、治穷致富、开发资源、振兴青海"，青海发展战略逐步清晰。

1979年1月，青海省委根据党的十一届三中全会精神，将全省工作着重点转移到社会主义现代化建设上来。根据党的十二大精神和全国第六个五年计划确定的任务，青海制订了国民经济和社会发展第六个五年计划（1981—1985年），提出要把全部经济工作转到以提高经济效益为中心的轨道上来，争取财政经济状况明显好转（见表10-1）。

表10-1 改革开放以来青海发展战略的明确和科学

时期	指导思想和基本任务
"六五"计划（1981—1985年）	继续贯彻执行"调整、改革、整顿、提高"的方针，把全部经济工作转到以提高经济效益为中心的轨道上来，改革经济管理体制，全面整顿好现有企业，搞好重点建设和技术改造，努力增产，厉行节约，争取财政经济状况有一个明显好转，并为"七五"期间的较大发展提供条件
"七五"计划（1986—1990年）	遵照"改革开放、治穷致富、开发资源、迎接转移"的战略思想和"在不断提高经济效益的前提下，到2000年全省工农业总产值翻两番，达到87亿元，人均国民生产总值达到1200元左右，接近全国平均水平"的奋斗目标
"八五"计划（1991—1995年）	始终贯彻执行党的基本路线，坚持走有中国特色的社会主义道路，紧紧抓住经济建设这个中心，加快改革开放的步伐，进一步解放和发展生产力；加快资源开发，积极实施"改革开放、治穷致富、开发资源、振兴青海"的经济发展战略
"九五"计划（1996—2000年）	继续实施"改革开放、治穷致富、开发资源、振兴青海"的经济发展战略，加大资源开发力度，加快脱贫致富步伐，加速工业化进程，促进全省国民经济持续、快速、健康发展和社会全面进步

续表

时期	指导思想和基本任务
"十五"计划 （2001—2005年）	全面贯彻落实党的十五大精神和中央西部大开发战略,紧紧围绕"抓住机遇、加快发展、富民强省、建设小康"这个主题,以调整结构为主线,以改革开放和科技进步为动力,以提高人民生活水平为根本出发点,加快基础设施建设,加强生态环境治理,加速市场化、城镇化、信息化、工业化进程,推动社会事业全面进步,实现经济社会的协调发展和新的跨越
"十一五"规划 （2006—2010年）	全面贯彻落实科学发展观,深入实施西部大开发战略,以全面建设小康社会为目标,以发展与和谐为主题,坚持发展是硬道理,坚持发展第一要务,坚持以人为本,转变发展观念,创新发展模式,提高发展质量,落实"五个统筹",确保经济社会又快又好发展,确保社会和谐稳定,确保各族人民生活水平不断提高,稳定解决贫困人口的温饱问题,城镇居民基本实现小康,农村牧区群众多数实现小康
"十二五"规划 （2011—2015年）	深入贯彻落实科学发展观,以科学发展为主题,以加快转变经济发展方式为主线,以跨越发展、绿色发展、和谐发展、统筹发展为主要路径,以保障和改善民生为出发点和落脚点,更加注重基础设施建设,更加注重推进工业化、城镇化进程,更加注重统筹城乡、区域协调发展,更加注重生态保护和建设,更加注重保障和改善民生,更加注重推进改革开放,更加注重维护民族团结和社会稳定,为建设富裕文明和谐新青海、与全国同步进入全面小康社会打下更加牢固的基础
"十三五"规划 （2016—2020年）	以马克思列宁主义、毛泽东思想、邓小平理论、"三个代表"重要思想、科学发展观为指导,深入贯彻习近平总书记系列重要讲话精神,认真落实"四个全面"战略布局,按照国家主体功能区规划,以生态保护优先理念协调推进经济社会发展,加快形成适应经济发展新常态的体制机制和发展方式,统筹推进经济、政治、文化、社会、生态文明建设和党的建设,确保如期全面建成小康社会,把青海建设得更加和谐美丽

资料来源：根据青海经济信息网资料整理。青海经济信息网—发展规划［DB/OL］.（2013-05-24）［2019-06-09］. http://www.qhei.org.cn/ghyfz/qhszjhz/201305/t20130524_186215.shtml.

1986年3月,中共青海省委讨论了《中共青海省委关于编制青海省国民经济和社会发展第七个五年计划的建议》,明确提出"七五"期间至21世纪末,青海全省经济建设的战略思想是"改革开放、治穷致富、开发资源、迎接转移",并依据全国"七五"计划的总任务,制订了国民经济和社会发展第七个五年计划（1986—1990年）,提出到2000年全省工农业总产值翻两番,人均国民生产总值接近全国平均水平的战略目标。青海经济社会进入健康快速发展新时期。

10.2.3 世纪之交青海发展战略的重大变化（1991—2000年）

1992年10月，中国共产党的十四大报告系统阐述了建设有中国特色的社会主义理论，制定了以提高经济效益为中心追求国民经济持续稳定增长的发展战略。1997年9月，中国共产党的十五大报告明确社会主义初级阶段的基本路线和纲领，提出到21世纪中叶建国100年时，基本实现现代化，建成富强民主文明的社会主义国家[①]。

"七五"计划完成后，青海基本实现了现代化建设的第一步战略目标。在党中央提出的全国十年规划和"八五"计划建议指导下，1992年4月青海通过了青海省国民经济和社会发展十年规划和"八五"计划（1991—1995年），要积极实施"改革开放、治穷致富、开发资源、振兴青海"的发展战略，使国民生产总值按可比价格计算，实现到21世纪末比1980年翻两番的第二步战略目标。1996年4月青海省第八届人民代表大会审议通过《青海省国民经济和社会发展"九五"计划和2010年远景目标纲要》，明确了青海"九五"（1991—1995年）时期的总任务，继续实施"改革开放、治穷致富、开发资源、振兴青海"，加大资源开发力度，加快脱贫致富步伐，加速工业化进程，促进全省国民经济持续、快速、健康发展。

10.2.4 科学发展观引领下青海发展战略科学化（2001—2010年）

2000年10月，中国共产党十五届五中全会通过《中共中央关于制定国民经济和社会发展第十个五年计划的建议》，强调实施西部大开发战略，是实现第三步战略目标的重大举措。2002年11月，中国共产党十六大报告提出全面建设小康社会的奋斗目标，在实现现代化建设"三步走"战略的第一步和第二步目标后，人民生活总体上要达到全面小康水平。2003年7月，党中央明确提出"坚持以人为本，树立全面、协调、可持续的发

---

① 赵晓雷. 中国改革开放40年经济发展战略转型研究[J]. 经济与管理研究，2018（11）：5.

展观,促进经济社会和人的全面发展"的科学发展思想。科学发展观,即"五个统筹"——"统筹城乡发展、统筹区域发展、统筹经济社会发展、统筹人与自然和谐发展、统筹国内发展和对外开放"成为21世纪中国共产党的重大战略思想。2007年10月,中国共产党十七大报告指出,新时期要深入贯彻落实科学发展观。

青海"九五"计划完成后,基本实现现代化建设的第二步战略目标。根据党的十五届五中全会精神,2001年1月,青海省第九届人民代表大会通过《青海省国民经济和社会发展第十个五年计划纲要(草案)》。"十五"期间(2000—2005年),全省紧紧抓住西部大开发的历史机遇,围绕消除贫困、富民强省、建设小康,以调整结构为主线,以改革开放和科技进步为动力,加快基础设施建设,加强生态环境治理,实现经济社会的协调发展。

根据中共中央十六届五中全会精神和科学发展观,2006年1月青海第十届人民代表大会审议通过《青海省国民经济和社会发展第十一个五年规划纲要》(2006—2010年)。青海也从"十一五"时期开始,改称五年规划纲要,而不再称"五年计划"。"十一五"期间,青海经济社会发展要继续全面贯彻落实科学发展观,深入实施西部大开发战略,以全面建设小康社会为目标,坚持发展为第一要务,创新发展模式,落实"五个统筹",确保经济社会又快又好发展。

10.2.5 全面同步建成小康时期青海发展战略深化(2011年至今)

2012年11月,中国共产党十八大报告提出,必须更加自觉地把全面协调可持续作为深入贯彻落实科学发展观的基本要求,全面落实经济建设、政治建设、文化建设、社会建设、生态文明建设五位一体总体布局,必须以科学发展为主题,以加快转变经济发展方式为主线,把推动发展的立足点转到提高质量和效益上来。

在全国"十二五"规划纲要的指导下,2011年1月青海通过了《青海省国民经济和社会发展第十二个五年规划纲要》。"十二五"时期

（2010—2015年），全省要继续以科学发展为主题，以加快转变经济发展方式为主线，以跨越发展、绿色发展、和谐发展、统筹发展为主要路径，为建设富裕文明和谐新青海、与全国同步进入全面小康社会打下更加牢固的基础。

2017年10月，中国共产党十九大报告提出中国特色社会主义新时代的总任务，是在全面建成小康社会的基础上，分两步走在21世纪中叶建成富强民主文明和谐美丽的社会主义现代化强国。明确中国特色社会主义事业总体布局是"五位一体"，战略布局是"四个全面"，即全面建成小康社会、全面深化改革、全面依法治国、全面从严治党，制定并实施了坚持科学发展、快速增长转为高质量发展的战略和新发展理念。

在全国"十三五"规划纲要的宏观指引下，在新发展理念成为新时代实现中华民族伟大复兴战略目标的指导思想下，2016年1月青海审议通过了《青海省国民经济和社会发展第十三个五年规划纲要》，确立了"十三五"时期（2016—2020年）确保如期全面建成小康社会的发展目标，要认真落实"四个全面"战略布局，以生态保护优先理念协调推进经济社会发展，加快形成适应经济发展新常态的体制机制和发展方式，实现"一个同步"、奋力建设"三区"、打造一个"高地"。即确保到2020年与全国同步全面建成小康社会；构筑国家生态安全屏障，建设生态文明先行区；建设循环经济发展先行区；建设民族团结进步先进区；铸就青海精神高地。2018年7月，青海提出奋力推进"两优一高"的战略部署，即坚持生态保护优先、推动高质量发展、创造高品质生活，不断开创新青海建设新局面，确保与全国同步全面建成小康社会。

10.3 青海70年发展战略成就

新中国成立70周年以来，青海制定和实施了不同时期的发展战略，除了"大跃进"和"文化大革命"时期发展目标无法实现，其余制定的主要目标和任务都基本胜利完成，"七五"计划和"九五"计划完成后，全省基本实现了现代化建设的第一步战略目标和第二步战略目标。整体实现了全省地区生产总值持续增长，三次产业协调发展，固定资产投资等持续增长，资源开发推动了工业化进程，教育科技等重点社会民生事业不断改善，各族人民群众生活水平不断提高，贫困人口持续减少，可持续发展能力不断增强等，逐步实现了从传统农业社会向向工业化中期的转变，实现了人民生活水平由极端贫穷向中上等收入水平的转变。

10.3.1 青海70年实现持续经济增长和产业结构不断优化

新中国成立以来的70年，青海依靠不断开发优势资源，加速了工业化进程，整体实现了全省国民经济持续、快速、健康发展和产业结构的优化升级。

（1）青海实现持续快速经济增长。从"一五"计划开始，青海就提出要不断加快农牧业和工业的发展速度，确保经济增长不低于全国平均水平。到改革开放之初，青海国民经济增长速度较快，地区生产总值增长速度整体高出全国平均水平。改革开放以来，青海地区生产总值继续保持平稳快速增长。1953—2018年，青海地区生产总值从1.74亿元增长到2865.23亿元，总共增长了1645.7倍，超过全国同期增长1091.4倍的平均水平，年平均增长速度达到12.1%，全省国民经济整体实力不断增强。到2000年，青海已基本完成第二步战略目标，提前一年实现国民生产总值比1980年翻两番。

其中，1953—1980年，青海国民经济增长速度较快，年平均增长水平达到9.0%，比全国同期平均水平高出2.4个百分点。但1958—1965年平均增长水平下降到3.4%，这也是青海在新中国成立以来经济增长遭受破坏最严重的时期。改革开放以来，青海始终坚持以经济建设为中心，国民经济继续保持平稳快速增长。到2018年，青海地区生产总值从1981年的17.49亿元增长到2865.23亿元，增长了162.8倍。1981—2018年平均增长水平达到14.8%，基本与全国同期水平持平，并始终保持平稳增长。"十二五"以来，2011—2018年，全省地区生产总值从2011年的1670.44亿元增长到2865.23亿元，增长了0.7倍，年平均增长水平达到8.0%，青海经济发展步入发展速度明显放缓的经济新常态（见表10-2）。

表10-2　1953—2018年青海主要时期地区生产总值增长的简单比较

年份	青海地区生产总值平均增长率/%	全国GDP平均增长率/%	青海地区生产总值增长的倍数	全国GDP增长的倍数
1953—1957	21.6	6.7	1.3	0.3
1958—1965	3.4	4.0	0.3	0.3
1966—1980	7.6	6.6	1.8	1.4
1981—2000	15.3	17.2	14.1	19.3
2001—2018	14.2	13.1	8.5	7.1
2011—2018	8.0	9.1	0.7	0.8
1953—1980	9.0	6.6	9.2	4.6
1981—2018	14.8	15.1	162.8	181.4
1953—2018	12.1	11.4	1645.7	1091.4

资料来源：根据全国和青海历年统计年鉴整理，其中全国和青海地区生产总值增长倍数与年均增长水平平均按当年价格计算，其年平均增长率可能与用不变价格计算的增长率略有差异；2018年数据来自全国和青海统计公报，后面不再一一标明。

（2）青海三次产业结构不断优化升级。青海制定实施"优先发展重工业"和加速实现工业化、现代化建设的发展战略，必然要求不断降低第一产业比重，同时提高第二产业比重，最后再实现第三产业超过第二产业的现代产业优化目标。新中国成立70周年以来，青海第一二三次产业结构不断优化升级，到1975年第二产业增加值超过第一产业，稳步实现工业化；到2017年，第三产业比重稳步超过第二产业，产业发展进一步转型升级。其中，1950年青海第一产业、第二产业和第三产业构成依次为79.6%、6.7%和13.4%，到1980年变成28.1%、44.0%和27.9%，第二产业比重远远超过第一产业比重。改革开放以来，青海第一产业比重逐年下降，第三产业比重则不断提高，到2017年青海第三产业比重稳步超过第二产业，产业结构进一步优化升级。到2018年，全省第一二三产业增加值提高到268.1亿元、1247.06亿元和1350.07亿元，第三产业增长速度最快。同期，全省三次产业增加值构成，从1981年的26.5%、41.3%和32.2%，调整为2018年的9.4%、43.5%和47.1%，产业构成不断优化升级（见图10-1）。

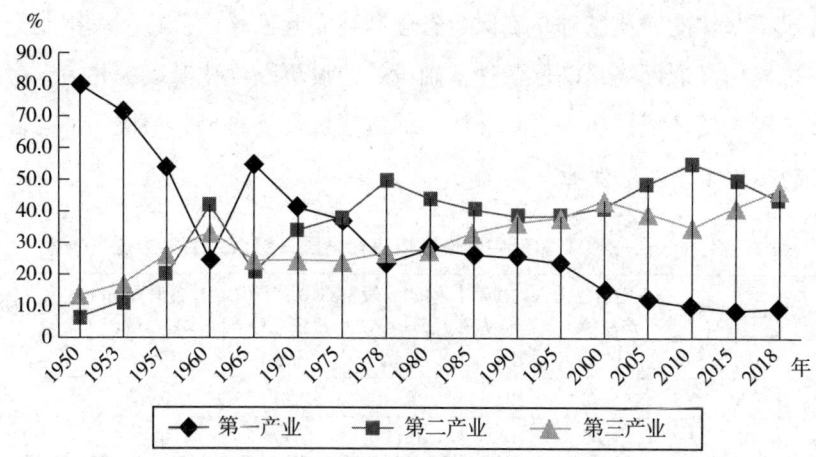

图 10-1　1950—2018 年青海三次产业增加值构成变化概览

资料来源：根据《新中国六十年统计资料汇编》整理，2008 年以后数据来自历年统计年鉴，均以当年价格计算。

10.3.2　青海 70 年国民经济综合实力全面提高

新中国成立 70 周年以来，青海固定资产投资总额和社会消费品零售总额始终保持高速增长，尤其是固定资产投资增长远远超过同期地区生产总值增长速度，对外贸易和金融市场在改革开放之后也实现了快速增长。

（1）青海 70 年固定资产投资始终保持快速增长。投资是拉动经济增长的重要力量。全省固定资产投资总额由 1952 年的 0.1 亿元增长到 2018 年的 4181.63 亿元，增长了 41815.3 倍，远远超过同期地区生产总值的增长。改革开放之前，由 1953 年的 0.3 亿元增长到 1980 年的 7.4 亿元，增长了 23.7 倍，远超过同期地区生产总值的增长（见表 10-3）。改革开放之后，全省固定资产投资总额由 1981 年的 8.5 亿元增长到 2018 年的 4181.6 亿元，增长了 491 倍，远远超过同期青海地区生产总值的增长。其中，1991—2000 年，固定资产投资总额从 23.9 亿元增长到 2000 年的 154.8 亿元，增长了 5.5 倍。2018 年全省固定资产投资比上年增长 7.3%，其中，第一二三产业固定资产投资分别增长 12.5%、14.3% 和 4.3%，同期基础设施投资和生态保护环境治理投资分别增长 12.4% 和 58.8%，固定资产投资方向更趋合理。固定资产投资的高速增长为青海加速实现工业化和城镇化目标提供了坚实的物质基础，确保全省逐渐建立起铁路、公路和民用航空等全方位立体交通网络，确保各种基础设施建设不断优化升级，并为青海进一步改善投资环境、扩大对外开放、促进区域经济布局、加快经济与社会发展等提供了坚实的保障。

表 10-3　1952—2018 年新中国成立以来青海国民经济综合实力提高概览

年份	总人口/万人	城镇化率/%	地区生产总值/亿元	人均生产总值/元	财政一般预算收入/亿元	固定资产投资总额/亿元	社会消费品零售总额/亿元	初中毕业升学率/%
1952	161.38	5.2	1.63	101	0.1	0.1	0.6	—
1953	164.01	5.7	1.74	106	0.11	0.3	0.8	
1957	204.64	14.5	3.95	193	0.62	1.7	2.4	113.0
1960	248.65	28.2	7.68	300	2.91	4.7	5.1	93.7
1965	230.45	16.5	6.14	271	1.06	1.3	3.1	46.8
1970	282.73	17.2	8.15	303	1.2	3.1	4.1	63.0
1975	337.49	18.7	12.42	371	2.05	4.3	6.6	58.8
1978	364.86	18.6	15.54	428	2.9	6.7	8.3	40.2
1980	376.90	19.8	17.79	473	1.65	7.4	8.3	49.9
1985	407.38	33.8	33.01	808	2.40	17.2	16.4	48.4
1990	447.66	34.2	69.94	1558	7.24	22.3	28.7	52.5
1995	481.20	33.6	167.80	3513	8.60	55.6	70.6	66.5
2000	516.5	34.8	263.68	5138	16.58	154.8	100.3	63.1
2005	543.2	39.3	543.32	10045	33.82	367.2	161.6	75.1
2010	563.47	44.7	1350.43	24098	110.20	1068.7	351.0	89.5
2015	588.43	50.3	2417.05	41252	267.10	3266.6	691.0	87.7
2018	603.23	54.5	2865.23	47689	272.87	4181.6	835.6	89.5

资料来源：根据青海历年统计年鉴整理，其中 2018 年数据来自 2018 年青海统计公报，1990 年以前人口数据为公安户籍统计数，其余年份数据为人口变动抽样调查推算数。

注："—"表示数据缺失。

（2）青海 70 年社会消费品零售总额始终保持平稳增长。新中国成立以来，青海全社会消费品零售总额，从 1950 年的 0.4 亿元迅速增长到 2018 年的 835.6 亿元，增长了 1588 倍，全省消费品市场和流通渠道逐渐扩大与改善。改革开放之前，从 1953 年的 0.8 亿元逐年增长到 1980 年的 8.3 亿元，增长了 9.4 倍，其增长速度远没有固定资产投资总额的波动剧烈。改革开放以来，青海全社会消费品零售总额从1981年的6.7亿元增长到2018年的835.6亿元，累计增长了123.7倍，远远低于同期固定资产投资总额增长。西部大开发以来，全省社会消费品零售总额继续平稳增长，从2001年的110.4亿元增长到2010年的351.0亿元，增长了2.2倍（见表10-3）。2018年，全省城镇消费品零售额为669.26亿元，增长了6.7%，乡村消费品零售额为166.31亿元，增长了6.8%，城镇和乡村消费品零售额占比分别为80.1%和19.9%，城乡消费差异显著。

（3）改革开放以来，青海对外贸易实现了快速发展。改革开放之后，青海积极开展对外贸易，对外贸易从无到有，开始逐步发展。1978年青海进出口贸易总额为1064万美元，其中进口为988万美元、出口为76万美元、贸易逆差为912万美元；到1985年全省首次实现进出口贸易顺差，当年对外贸易总额为3411万美元，进口为1288万美元、出口为2123美元、贸易顺差达835万美元，此后除了2009年受次贷危机影响，青海持续保持进出口贸易顺差。1992年，全省进出口贸易总额首次突破1亿美元，2012年又突破10亿美元。由于青海积极抓住"一带一路"机遇扩大沿线国家对外贸易，2015年全省进出口贸易总额达到有史以来最高，为193447万美元，其中进口为29250万美元、出口为164197万美元，实现贸易顺差为1234947万美元。但到2017年进出口贸易总额又明显下降。显然，国际政治经济环境的不确定因素和青海地处内陆等劣势，使其进出口贸易波动非常大，青海出口对地区经济增长拉动作用非常脆弱。这给青海未来提高发展质量，保持经济稳定增长带来了巨大的挑战。

（4）青海金融市场迅速发展壮大。1951年全省存款余额和贷款余额分别仅有0.14亿元和0.04亿元，城乡居民储蓄存款仅有0.01亿元。到2018年末全省各项存款余额为5754.66亿元，各项贷款余额为6582.44亿元，境内住户存款余额为2295.95亿元。2018年全省实现原保险保费收入为87.66亿元。全省已形成了银行、证券、期货、保险等多种金融机构稳步协调发展的金融发展格局，金融业对经济增长的贡献率不断提高，进一步彰显金融支持青海实体经济发展的重要作用。青海国内消费品市场、对外贸易以及金融市场的持续发展，确保了全省经济社会的全面协调发展。

10.3.3 青海70年资源开发等取得伟大成就

青海实施"改革开放、治穷致富、开发资源、振兴青海"发展战略，不断将资源优势转化为经济优势，为全省经济社会全面发展提供了资源能源保障，推动了青海地方财政收支的持续增强，加速了城镇化进程，实现了城乡教育发展和科学研究等社会事业全面进步。

（1）资源开发为实现青海综合实力持续增强提供了资源能源保障。青海始终高度重视矿产、天然气、水电和草场等优势资源的勘探和综合开发利用，不仅开发出来的资源种类有所增加，还不断将资源优势转化为经济优势和产业优势，为全省经济社会全面发展提供了强有力的资源和能源保障。到20世纪末，逐步形成了以水电、石油天然气、盐化工、有色金属为主的四大支柱产业和以冶金业、医药制造业、畜产品加工业、建材业为主的优势产业。到2000年，四大优势产业和四大支柱产业增加值累计占同期全部工业增加值的81.4%。"十二五"以来，青海重新确立重点发展的新十大优势产业，它们是新能源产业、新材料产业、盐湖化工、有色金属、油气化工、煤化工、装备制造业、钢铁产业、轻工纺织业和生物产业。随着优势资源的不断开发和综合利用效率的提高，优势资源利用总量和人均拥有量持续增加。2017年底，青海天然气总量达到64亿立方米，位列全国第五位，占全国天然气总量的4.32%，人均天然气产量高达1074.5立方米，位列全国第3位，达到全国同期平均水平的10.1倍；奶类总量达到34.6万吨，位列全国第19，占全国比重的0.95%，人均奶类产量居全国第7位，人均肉类产量居第17位，这些都是开发利用优势资源的结果（见表10-4）。

表10-4 2017年青海主要农畜产品和工业产品产量及排序

类别	青海	青海在全国位次	全国	青海占全国比重/%
人均天然气产量/立方米	1074.5	3	106.8	1000.06
人均发电量/千瓦时	10518	4	4685	200.25
天然气总量/亿立方米	64.0	5	1480.3	4.32

续表

类别	青海	青海在全国位次	全国	青海占全国比重/%
人均奶类产量/千克	58.0	7	26.4	219.70
人均肉类产量/千克	64.3	17	61.9	103.88
奶类总产量/万吨	34.6	19	3655.2	0.95
人均粮食产量/千克	169.1	26	445.71	37.94
肉类总产量/万吨	38.3	26	8588.1	0.45
发电总量/亿千瓦小时	626.6	27	64951.4	0.96
粮食总产量/万吨	100.7	29	61793.0	0.16

资料来源：根据《青海统计年鉴》整理。

与此同时，青海能源生产弹性系数（能源生产年均增长速度/国民经济年均增长速度）从1990年的4.6降低到2017年的1.4；全省能源消费弹性系数（能源消费年均增长速度/国民经济年均增长速度）由1990年的1.83，降低到2017年的0.31；1990年全省能源自给率为120.2%，2010年能源自给率达到青海70年历史最高水平，为142.3%；2017年降低到78.7%，整体上保障了全省能源生产生活的消费需求。

（2）青海地方财政收入持续提高。新中国成立以来，青海地方公共财政一般预算收入和一般预算支出分别从1953年的0.11亿元和0.38亿元增长到1980年的1.65亿元和5.88亿元，分别增长了14倍和14.5倍。1981—2018年，青海地方公共财政一般预算收入和一般预算支出分别从1981年的1.08亿元和5.52亿元增长到2018年的272.87亿元和1647.45亿元，分别增长了251.7倍和297.5倍（见表10-3），远远超过同期地区生产总值增长，且始终保持平稳快速增长，再没有出现过改革开放之前的剧烈波动。2018年全省地方一般公共预算收入为272.87亿元，其中增值税为92.18亿元，企业所得税为25.03亿元，个人所得税为11.17亿元，依次占地方公共预算收入的比重为33.8%、9.2%和4.1%。全省一般公共预算支出为1647.45亿元中，增长速度最快的2项依次为交通运输支出增长33.9%、医疗卫生与计划生育支出增长14.5%；增长最慢的2项依次为城乡社区支出增长5.5%、节能环保支出增长4.2%，全省财政收支结构有待优化。

（3）青海70年城镇化水平不断提高。工业化是城镇化的重要推动力量。新中国成立以来，青海总人口和城镇人口持续增加，城镇化水平不断提高。1950年青海成立时，共有151.83万人；1953年共有164.01万人，其中城镇人口为9.35万人，城镇化率仅为5.7%。到1980年，全省总人口达到376.90万人，其中城镇人口达到74.71万人，城镇化率提高到19.8%，总人口和城镇人口分别比1953年增长了2.3倍和近8倍，城镇化率比1953年提高了14.1个百分点，城镇化进程非常迅速。1960年城镇化率极速提高到28.2%，到1965年则迅速下降到16.5%，比1960年下降了11.7个百分点。改革开放以来，青海城镇基础建设不断改善，城镇化水平大幅提高。1981年全省共有381.60万人，其中城镇人口为76.78万人，城镇化水平为28.1%。到2018年常住人口达到603.23万人，城镇常住人口达到328.57万人，常住人口城镇化率提高到54.47%，总人口和城镇人口分别比1981年增长了0.6倍和3.3倍（见表10-3）。新型城镇化道路极大地推动了全省城镇化进程，但省内不同地区之间城镇化水平差异非常大。

（4）青海70年教育事业取得了巨大成就。1952年，青海全省没有高等学校，仅有7所中等职业学校、4所普通中学和1065所普通小学。到1980年，小学和初中毕业升学率分别提高到86.9%和40.2%（见表10-3）。改革开放以来，青海教育等重点民生事业持续稳步改善。到2017年，全省拥有12所高等学校、39所中等职业学校、371所普通中学和758所普通小学，全省初中和小学毕业升学率以及小学学龄儿童入学率提高到93.1%、96.8%和99.8%。到2018年，九年制业务教育巩固率达到96.9%，高中阶段毛入学率为88.0%。2016年青海的文盲率从2010年的18%下降到13.5%，全国同期平均水平则是从6.7%下降到5.3%。城乡办学条件的明显改善，极大地提高了青海各民族群众的教育水平，有力提升了科教兴青力度。2017年青海城镇居民和农村居民人均年消费支出分别为20853元和9222元，其中人均医疗保健支出分别为1750元和1278元，分别占同期消费支出的8.4%和13.9%；全国同期城镇居民和农村居民人均年消费支出分别为24445元和10955元，其中人均医疗保健支出分别为1777元和1059元，分别占同期消费支出的7.3%和9.7%。显然，青海医疗保健消费支出水平较低，并且城乡消费差距显著，教育医疗水平与全国的差距还比较大。

（5）青海科学研究水平持续不断提高。提高科学技术水平，实施"科技兴青"是青海发展战略中重要的发展目标和发展动力。青海教育事业的全面发展，有力提高了全省科学技术水平，推动了青海的产业技术进步和综合经济实力的提升。"十一五"以来，青海进一步加大"科技兴青"力度，科技成果数量再创历史新高，成果水平不断提高，尤其是高新技术领域技术水平，推动了青海科技和产业技术水平的不断提高。2006—2010年，全省科技成果总量持续增加，五年科技成果累计达到1110项；科技成果水平不断提高，其中处于国内领先以上的科技成果不断增加。这些成果的大量应用，不断提高青海整体科技水平。"十二五"以来，2013年科技成果数量达到335项，"十三五"以来，2016年科技成果达到470项；其中处于国内领先技术水平以上的成果，2013年达到160项，占当年总成果的47.8%，2016年达到225项，占当年总成果的47.9%（见表10-5）。

表10-5 "十一五"以来青海科技成果概况　　　单位：项

水平	2006	2007	2008	2009	2010	2013	2016	2017
国际领先	6	6	7	2	11	9	13	14
国际先进	24	16	16	13	10	31	51	51
国内领先	58	53	58	72	79	120	161	191
国内先进	61	91	50	64	59	94	138	156
其他	66	57	74	76	81	81	107	98
数量合计	215	223	205	227	240	335	470	510

资料来源：年度报告－青海省科学技术厅［DB/OL］.［2019-06-09］. http://www.qhkj.gov.cn/list-33-1.html.

注：其他类别中有很大部分主要是行业准入，所以未评价水平。

2017年全省的510项科技成果中，共有256项国内领先及以上技术水平，占总成果的50.2%。从成果类别来看，最多的属于应用技术成果，达到372项，占72.9%；基础理论成果共114项，占22.4%；软科学成果有 24 项，占 4.7%。372 项应用技术成果广泛分布于社会各行业，其中第一产业共 163 项，占应用技术成果的 43.8%；第二产业共 98 项，占比为 26.3%；第三产业共 111 项，占比为 29.8%。372 项应用技术成果中，有 102 项属于高新技术领域，占应用技术成果总数的 27.4%，并分布在 7 个高新技术领域内，由高到低依次为：现代农业 37 项（占应用技术成果数 10.0%）、新能源与节能 20 项（占 5.4%）、先进制造 16 项（占 4.3%）、环境保护 10 项（占 2.7%）、新材料 9 项（占 2.4%）、生物医药与医疗器械 7 项（占 1.9%）、现代交通 3 项。2018 年全省取得省部级以上科技成果共 518 项，专利申请共 4437 件，专利授权共 2664 件。青海新技术和新产业发展前景良好。

10.3.4 青海 70 年各族人民群众生活水平不断提高

青海各时期发展战略均提出要不断提高各族人民群众的物质和文化生活水平。新中国成立以来，全省地区人均生产总值和城乡居民收入水平不断提高。早在 1990 年，青海人均地区生产总值已达到 1558 元，超额完成"七五"计划提出的到 1990 年人均地区生产总值达到 1200 元的战略目标，基本完成第一步战略目标。青海人均地区生产总值从 1953 年的 106 元增长到 1980 年的 473 元，增长了 3.46 倍，全国同期平均水平则从 142 元增长到 468 元，增长了 3.3 倍。改革开放以来，青海人均地区生产总值从 1981 年的 459 元增长到 2018 年的 47689 元，增长了 102.9 倍，全国同期平均水平则从 1981 年的 497 元增长到 2018 年的 64644 元，增长了 129.1 倍。其中，1981—2000 年，从 1981 年的 459 元，增长到 2000 年的 5138 元，增长了 10.2 倍，同期全国平均水平则由 497 元增长了 7942 元，增长了 15 倍。西部大开发以来，2001—2018 年，青海人均地区生产总值从 2001 年的 5774 元增长到 2018 年的 47689 元，增长了 7.3 倍，全国同期平均水平则从 2001 年的 8717 元增长到 2018 年的 64644 元，增长了 6.4 倍。2018 年末全省有文化馆 46 个，公共图书馆 49 个，广播综合人口覆盖率为 98.6%，电视综合人口覆盖率为 98.7%，全年出版杂志 270 万册，全体人民的精神文化不断丰富。

从城乡居民收入看，全省城镇居民和农村居民可支配收入分别从1984年的685元和281元，增长到2018年的31515元和10393元，分别增长了45倍和36倍，而全国同期平均水平则从1984年的652.1元和355.3元，分别增长到2018年的39251元和14617元，分别增长了59.2倍和40.1倍。尽管青海人均地区生产总值、城乡居民收入水平等都不断提高，并且高档民族服装、家用电器、民用轿车、手机等高档消费资料也广泛进入农牧民家庭，消费结构从新中国成立前的贫困型越过温饱型，正向小康型转变。但与全国的发展差距依然较大，青海居民收入水平依然处于社会主义初级阶段的较低水平。2018年全省全体居民人均可支配收入为20757元，相当于全国同期平均水平28228元的73.5%。其中，青海人均工资性收入为12209元，占人均可支配收入的比重最高，达58.8%，人均经营净收入为3014元，而人均财产净收入为1057元，占人均可支配收入比例最低，仅占5.1%，人均转移净收入为4477元，收入结构有待优化。

10.3.5　青海70年扶贫脱困取得重大成就

"治穷致富"和加快脱贫致富步伐是青海发展战略的重要目标和内容。青海属于典型的西部边疆民族贫困地区，集中连片特殊困难地区和国家扶贫开发重点县全覆盖，贫困发生率较高，区域性贫困问题突出，同时又是生态极度脆弱和敏感地区，脱贫扶贫成本高、难度大。在改革开放和中央扶贫政策的推动下，经过全省连续多年的艰苦努力，青海减贫方面成就十分显著，青海全省及其农村地区贫困人口持续快速减少，贫困发生率不断降低。

我国农村贫困状况明显缓解，尚未完全解决温饱问题的农村贫困人口由1978年的2.5亿人减少到2007年的1479万人（按照1978年贫困标准），贫困发生率则从1978年的30.7%下降到1.6%。随着我国农村居民收入水平持续提高，生活水平显著改善，党中央在2008年和2010年不断提高贫困标准，扶贫脱贫覆盖的贫困人口更为广泛，确保从消除普遍贫困走向整体消除绝对贫困。按照2010年的现行贫困标准，1978年我国农村贫困人口推算高达7.7亿人，贫困发生率为97.5%。到2018年末农村贫困发生率为 1.7 %，贫困人口规模为 1660 万人。1978—2018 年，我国农村贫困人口累计减少 7.5 亿人，农村贫困发生率下降了 95.8 个百分点，年均下降了 2.4 个百分点（见表 10-6）。

表 10-6 我国历年全国农村贫困缓解状况

贫困标准		贫困人口 / 万人	贫困发生率 /%
1978 年标准	1978 年	25000	30.7
	2007 年	1479	1.6
2008 年标准	2000 年	9422	10.2
	2010 年	2688	1.8
2010 年标准	1978 年	77039	97.5
	2000 年	46224	49.8
	2010 年	16567	17.2
	2015 年	5575	5.7
	2018 年	1660	1.7

资料来源：国家统计局住户调查办公室. 中国农村贫困监测报告 2018［Z］. 北京：中国统计出版社，2018：10.

注：我国贫困标准至少分为三个阶段，一是 1978 年标准，其中 1978—1999 年称为农村贫困标准，2000—2007 年称为农村绝对贫困标准；二是 2008 年标准，其中 2000—2007 年称为农村低收入标准，2008—2010 年称为农村贫困标准；三是 2010 年标准，即现行农村贫困标准，于 2011 年确定，从 2014 年开始，现行农村贫困标准的当年价格为人均年收入少于 2300 元。

党的十八大以来，动员全党全国全社会力量，进一步打响精准扶贫的脱贫攻坚战，全国和农村贫困人口持续减少。西部民族地区八省区农村贫困发生率从 2012 年的 21.1% 下降到 2017 年末的 6.9%，累计下降了 14.2 个百分点，年均下降 2.8 个百分点。到 2018 年末，全国农村贫困人口从 2012 年末的 9899 万人减少至 1660 万人，累计减少 8239 万人，比 2017 年末减少了 1386 万人，贫困发生率从 2012 年的 10.2% 下降到 1.7%，比 2017 年下降了 1.4 个百分点，2012—2018 年累计下降 8.5 个百分点。

其中，国务院 1994 年 4 月颁布《国家八七扶贫攻坚计划（1994—2000 年）》以来，全国确定了国家重点扶持的 592 个国家扶贫开发重点贫困县。2016年之前,青海原来有15个国家扶贫开发重点贫困县①,它们是大通县、湟中县、平安区、民和县、乐都区、化隆县、循化县、泽库县、甘德县、达日县、玛多县、杂多县、治多县、囊谦县、曲麻莱县。同时,全国11个集中连片特困地区还把青海藏区33个县整体纳入特困地区。这些贫困县大都属于民族自治州或自治县,且主要分布在青海西南部和南部生态环境条件比较脆弱的高海拔地区,扶贫攻坚非常困难。

在党中央有关精准扶贫的统一部署下,青海省委省政府高度重视脱贫攻坚,全省大力实施扶贫战略行动,先后组织了百日攻坚、黄金季会战和夏秋季攻势等,全方位通过加大资金整合、发展绿色产业、实施易地搬迁工程、推进教育和健康扶贫、改善民生"短板"、推进社会扶贫、激发贫困群众内生动力等多种举措,脱贫攻坚不断取得历史性成就,青海整体减贫成效十分显著②。2013年以来,青海累计减少贫困人口共108.3万人,贫困发生率从2012年底的24.6%下降至2018年的2.5%,累计下降了22.1个百分点,下降幅度高达近90%,年均下降3.7个百分点。

其中,青海农村扶贫和国家扶贫重点县农村贫困人口扶贫成效更为显著。2011—2017年,青海全省农村贫困人口从108万人减少到2017年的23万人,累计减少95万人,贫困发生率从2012年的21.6%下降到2017年的6%,累计下降15.6个百分点,全国同期水平则从10.2%下降到3.1%,只下降了7.1个百分点(见表10-7)。

表10-7 2010—2017年青海农村贫困人口持续减少概览

年份	青海全省农村		青海国家扶贫重点县农村		全国农村		全国国家扶贫重点县农村	
	贫困人口/万人	贫困发生率/%	贫困人口/万人	贫困发生率/%	贫困人口/万人	贫困发生率/%	贫困人口/万人	贫困发生率/%
2010	118	31.5	—	—	16567	17.2	—	—

---

① 扶贫办关于公布全国连片特困地区分县名单的说明[DB/OL].(2012-06-14)[2019-06-09]. http://www.gov.cn/gzdt/2012-06/14/content_2161045.html, 国家扶贫开发工作重点县名单[DB/OL].(2012-03-19)[2019-06-09]. http://www.cpad.gov.cn/art/2012/3/19/art_50_23706.html.

② 胡鞍钢,童旭光.中国减贫理论与实践——青海视角[J].清华大学学报(哲学社会科学版),2010,25(4):106.

续表

年份	青海全省农村		青海国家扶贫重点县农村		全国农村		全国国家扶贫重点县农村	
	贫困人口/万人	贫困发生率/%	贫困人口/万人	贫困发生率/%	贫困人口/万人	贫困发生率/%	贫困人口/万人	贫困发生率/%
2011	108	—	61	30.8	12238	12.7	6112	29.2
2012	82	21.6	53	24.5	9899	10.2	5105	24.4
2013	63	16.4	46	21.3	8249	8.5	4279	20.2
2014	52	13.4	36	16.8	7017	7.2	3649	17.5
2015	42	10.9	27	15.6	5575	5.7	2893	13.7
2016	31	8.1	18	10.3	4335	4.5	2219	10.5
2017	23	6	13	7.6	3046	3.1	1603	7.6

资料来源：国家统计局住户调查办公室.中国农村贫困监测报告2018［Z］.北京：中国统计出版社，2018：247-254.

注："—"表示数据缺失，数据均按2010年贫困标准。

从青海国家扶贫工作重点县的脱贫成就来看，青海国家扶贫重点县的农村贫困人口从2011年的61万人减少到2017年的13万人，累计减少47万人，贫困发生率从2011年的30.8%下降到2017年的7.6%，累计下降了23.2个百分点，全国同期水平则从29.2%下降到7.6%，下降了21.6个百分点。

2016年青海共有6个脱贫摘帽县：河南县、同德县、都兰县、大柴旦行委、冷湖行委、茫崖行委。2017年全国脱贫摘帽县共125个，其中青海有7个县脱贫摘帽：平安区、循化县、刚察县、格尔木市、德令哈市、乌兰县和天峻县[1]。2018年青海又有12个县（市）顺利脱贫摘帽[2]，它们是大通、湟中、湟源、互助、门源、祁连、海晏、兴海、贵南、玉树、称多、玛多12个县。继2016年、2017年13个贫困县摘帽后，连续3年实现累计25个贫困县脱贫摘帽，青海省脱贫攻坚不断取得重大成就。2018年，

---

[1] 摘帽贫困县名单（2016、2017年）［DB/OL］.（2018-10-18）［2019-06-09］.http://www.cpad.gov.cn/art/2018/10/18/art_343_961.html.

[2] 2018年青海省又有12县（市）摘掉贫困县帽子—地方—人民网［DB/OL］.（2019-05-17）［2019-06-09］.http://m.people.cn/n4/2019/0517/c1597-12715474.html.

全省当年贫困人口实现脱贫的有 17.6 万人，贫困发生率由 2017 年的 8.1% 下降到年底的 2.5%。全省剩余贫困人口集中分布在国家扶贫开发工作重点县和被整体纳入集中连片特困地区的青海藏区的民族自治州或自治县，贫困程度较深，且集中在生态环境比较脆弱的高海拔地区，扶贫攻坚非常困难。到 2017 年底，青海农村地区和国家重点扶贫县的居民人均可支配收入与全国相比，差距还比较大，贫困深度较深，贫困地区居民增收等脱贫攻坚形势十分严峻（见表 10-8）。

表 10-8　2017 年青海农村和扶贫重点县居民收入与消费支出的简单比较　　单位：元

地区	居民人均可支配收入	居民人均消费支出
全国农村地区	13432	10955
全国农村贫困地区	9377	7998
全国扶贫重点县	9255	7906
青海农村地区	9462	9903
青海扶贫重点县	8330	8765

资料来源：国家统计局住户调查办公室.中国农村贫困监测报告 2018［Z］.北京：中国统计出版社，2018：10.

根据《青海省深度贫困地区教育脱贫攻坚实施方案（2018—2020年）》，深度贫困县包括玉树州玉树市、称多县、囊谦县、杂多县、治多县、曲麻莱县，果洛州达日县、甘德县、玛多县、班玛县、玛沁县，黄南州泽库县、尖扎县、同仁县，海南州共和县等 15 个县（市），另外还包括 129 个深度困难乡镇，它们是玉树、果洛、黄南、海南、海北 5 个州和东部干旱山区的 129 个深度困难乡镇，其中还包括藏区深度困难乡镇 104 个，东部干旱山区连片深度困难乡镇 25 个。青海全省要全面完成剩余 7.7 万人的贫困人口脱贫攻坚任务，1622 个贫困村全部退出。其中 6.4 万人是深度贫困人口，17 个贫困县中还有 12 个是深度贫困县，为 2020 年决战决胜脱贫攻坚打牢基础，脱贫攻坚的任务依然十分艰巨[①]。

---

① 青海省扶贫开发局：2019 力争 7.7 万贫困人口全部"清零"—青海频道—人民网［DB/OL］.（2019-01-31）［2019-06-09］. http://qh.people.com.cn/n2/2019/0131/c378418-32601564.html.

10.3.6 青海70年可持续发展能力不断提高

西部大开发以来，青海发展战略中开始重视加强生态环境治理，21世纪以来科学发展观要求实现人与自然和谐发展，新发展理念要继续实施绿色发展等，全省经济增长质量不断提高，可持续发展能力持续增强。"十一五"规划中，青海计划万元地区生产总值能耗强度累计降低17%，实际降低了17.1%；"十二五"时期青海继续实现累计降低能耗10%，2006—2015年青海万元GDP能耗已累计降低27%，但能耗依然很高，高居全国第2。与此同时，青海能源消费结构进一步改善。由于丰富的水电资源和太阳能资源等，到2017年，青海能源消费总量中，煤炭、石油、天然气和水电依次占比为32.1%、11.1%、15.7%和41.1%，其中天然气和水电等清洁能源占比高达56.8%。2018年全国煤炭消费量占能源消费总量的59.0%，天然气、水电、核电、风电等清洁能源消费量仅占能源消费总量的22.1%，青海能源消费结构优于全国，其他电力能耗增长等也在可控范围之内。

2017年12月国家统计局等发布的全国《2016年生态文明建设年度评价结果公报》显示，青海省绿色发展指数居全国第25位，其中生态质量指数居全国第6位，但环境治理指数、增长质量指数、绿色生活指数均居全国第30位[1]。此外，青海生态保护与环境建设也取得了巨大成效，青海生态环境质量不断改善。2018年自然保护区面积占国土面积的30%，远超过全国同期14.3%的平均水平；森林覆盖率提高到7.26%，但远低于全国同期21.6%的平均水平，其生态环境保护与经济发展的深层次矛盾依然尖锐。

10.4 青海70年发展战略展望

青海未来发展战略既要总结历史经验，更要牢牢抓住机遇，立足青海

---

[1] 全国2016年生态文明建设年度评价排行最新出炉［DB/OL］.（2018-01-02）［2019-06-09］. http://www.qhtjj.gov.cn/tjWork/tjDynamic/201801/t20180102_52252.html.

实际，敢于迎接挑战，勇于解放思想和改革创新，全面贯彻落实科学发展观和新发展理念，为解决新时期青海经济社会发展面临的全局性和关键性问题作出科学性的筹划。

10.4.1 充分吸取青海 70 年发展战略进程的经验

回顾新中国成立以来青海 70 年的辉煌发展历程，青海在探索欠发达地区如何实现工业化、现代化的道路上已经逐步找到了顺应和符合国家发展战略，适合青海经济社会发展的发展战略及其实现路径，并逐步累积了许多制定和实施发展战略的宝贵经验。尤其拥有在如何充分全面清晰认识青海各方面省情和实际，如何适应国家发展战略和思想的转变，找到能够深入挖掘和充分发挥青海自身比较优势，克服自身劣势，探索具有地域特色的优势产业体系和产业发展道路等方面的丰富经验。此外，结合青海是我国第二大藏族聚居区域，如何处理好改革、发展与稳定的关系，如何在稳定中深化改革发展等方面，都有不少值得借鉴的经验。

当然，对于青海在制定和实施发展战略过程中曾经犯过的错误、走过的弯路等，也要充分引以为戒。为此，青海未来发展战略，既要防止不切实际的冒进，也要避免不思进取的保守，还要预防简单照搬照抄全国和其他省区发展战略目标和战略步骤等，确保青海未来经济社会的持续健康稳定协调发展。

10.4.2 全面牢牢把握青海未来发展战略的机遇

新常态下青海发展战略的制定，同样必须首先充分、全面、深刻认识和把握青海未来发展面临的机遇，准确定位青海在全国经济发展、生态保障、国防安全及民族稳定等方面的功能和作用，适应党中央和全国经济发展战略和区域协调发展对青海提出的要求，扬长避短，更加有效地提升和巩固青海在全国经济社会发展中的地位和作用。在新时期科学发展观的引领下，青海已进入推进跨越发展、绿色发展、和谐发展、统筹发展和全面建设小康社会的关键时期，也是深化改革开放、加快转变经济发展方式的攻坚时期、生态文明建设提升期、经济发展动能转换期等。在此多期叠加的新形势下，既要牢牢抓住"一带一路"构想带来的发展机遇，充分利用中央深入推进西部大开发战略和加大对青海对口支援的政策支持，把握贯彻科学发展观和新发展理念给发挥青海生态资源、优质农牧业资源优势带来的资源升级利用的机会，充分利用主体功能区划实施和生态文明建设给青海解决生态保护和经济发展矛盾带来的发展机遇，对青海未来经济社会全面可持续发展作出前瞻性和科学性的筹划和布局。

10.4.3　全面深刻认识青海省情迎接挑战

地处高原内陆的青海，其未来发展战略将要面临诸多发展环境复杂多变的严峻挑战，尤其是对面临的一系列不利因素要有清醒认识和应对措施。如全省总体发展水平依然低下，自身财力弱小；新常态下比较优势正在减弱，能耗水平较高，发展动能转换迫在眉睫；还面临如公共服务供给与各族人民群众日益增长的物质文化需求矛盾突出，不断加剧的省内不同地区和城乡之间发展不均衡的矛盾；等等。

例如，在经济增长的动能转换方面，从经济增长的三大动力看，2017年青海最终消费支出、资本形成总额以及货物和服务净出口三大需求对生产总值增长的贡献率依次为44.76%、105.45%和－50.21%；全国同期三大需求对生产总值增长的贡献率依次为58.8%、32.1%和9.1%。显然，青海消费拉动有限、出口拉动脆弱以及完全靠投资拉动经济增长的发展方式迫切需要进一步转型。同时，青海目前万元地区生产总值能耗依然高居全国第2，能耗水平达到全国平均能耗的200%左右，青海主体功能区划中的禁止开发区等重点生态功能集中，全省贯彻实施生态保护优先和绿色发展等新发展理念要求不断提高发展质量，全省经济增长方式转变和节能减排的环境资源约束依然十分严重。

再如在产业结构优化升级方面，2018年青海三次产业增加值构成分别为9.36%、43.5%和47.1%，全国三次产业增加值构成分别为7.2%、40.7%和52.2%，青海第一、第二产业比重分别比全国高出2.16个百分点和2.8个百分点，第三产业比重则比全国低5.1个百分点，全省产业优化升级的任务艰巨。2017年青海三次产业贡献率依次为5.7%、49.2%和45.1%，全国同期平均水平为 4.9%、36.3% 和 58.8%，青海第二产业贡献率比全国平均高出 12.9 个百分点，第三产业贡献率却比全国平均低 13.7 百分点。如何通过生态保护优先理念协调推进全省三次产业发展，积极发展新产业和新业态，推动青海产业进一步优化升级的道路依然漫长而艰巨。

在提高城乡居民收入和缩小城乡差距以及脱贫攻坚等方面，青海面临的任务同样十分艰巨。2018 年，青海地区生产总值只占全国 GDP 的 3.2%，总量仅超过西藏，青海人均地区生产总值为 47689 元，只及全国平均水平的 73.8%。2018 年青海常住人口城镇化率为 54.47%，而全国同期水平为 59.58%，比全国低 5.11 个百分点。2018 年，青海城镇居民和农村居民可支配收入分别为 31515 元和 10393 元，分别只及全国同期平均水平的 80.3% 和 71.1%，均位列全国第 25 位左右。再从城乡可支配收入差距来看，青海农村居民可支配收入只占城镇居民可支配收入的 33%，全国平均水平为 37.2%。2018 年底青海贫困发生率为 2.5%，剩余 7.7 万人的贫困人口脱贫攻坚任务异常艰巨。创新扶贫机制，实施脱贫攻坚系统工程有一定难度，包括发展特色产业脱贫，实施转移就业脱贫，实施易地搬迁脱贫，实施生态保护脱贫，探索资产收益脱贫，实施发展教育脱贫，开展医疗保险和救助脱贫以及实行农村低保制度兜底脱贫。脱贫攻坚中必须贯彻扶贫先扶智，尤其是重视各地区提高人力资本和人口素质，避免其陷入兼具区位劣势、生态劣势、经济劣势和政治劣势等所谓"空间贫困"的持续性贫困之中。

青海未来发展战略，既要敢于和勇于迎接挑战，直面严峻现实，也不可能一蹴而就，要始终坚持从省情出发，采取量力而行、循序渐进、稳步发展的步伐，继续积极探索欠发达地区实践科学发展观的成功之路。

10.4.4　全面贯彻落实科学发展观和新发展理念

发展才是硬道理，是解决青海一切问题的金钥匙，是实现青海经济发展战略目标的最优选择。青海未来发展战略面临的困难和问题，只有始终坚持发展是第一要务，用发展的办法和在发展进程中才能逐步解决。科学发展观和新发展理念是新时期解决青海和我国一切发展问题的战略指导思想。青海未来发展战略，要始终全面落实践行科学发展观，要全面统筹城乡发展、统筹区域发展、统筹经济社会发展、统筹人与自然和谐发展、统筹国内发展和对外开放；要坚持和贯彻新发展理念，即坚持创新、协调、绿色、开放、共享的五大发展理念，主动适应和把握青海经济发展进入新常态的趋势性特征，在更大范围、更高层次谋划未来发展思路和战略布局。为此，青海要继续坚持变中求进，积极化压力为动力，抓住一切机遇，努力走出一条质量更高、优势充分发挥的新发展道路，实现经济社会又好又快发展①。

在此过程中，青海既要继续始终主要依靠青海各族人民自己的力量，弘扬优良作风，坚持自力更生，艰苦奋斗，铸就青海精神高地，提升自我发展能力；还要继续积极争取党中央的大力支持和全国各省区的援助，紧紧围绕科学发展、保护生态、改善民生三大历史任务，落实"五位一体"和"四个全面"的总体布局，全面推进青海的经济建设、政治建设、文化建设、社会建设和生态文明建设五位一体的战略进程。

10.4.5　必须始终坚持解放思想和积极推进改革创新

解放思想和改革创新是青海和新中国成立70周年，尤其是改革开放以来的重要经验总结，也是坚持和发展中国特色社会主义的强大动力和活力源泉。世界上并不存在"各种发展战略摆在政策制定者面前，就像一个自助食堂里的各种盘子摆在食者面前任其取用"一样②。任何发展战略"完全是由它的国内阶级构成和外部环境构成所决定"③。具有青海特色的科学发展战略同样没有现成的模式可以复制。青海未来发展战略要始终受到全国发展战略的指引和青海实际的制约，必须始终清醒地认识青海与全国经济发展水平的相对落后地位，牢固确立青海经济滞后、思想和改革却不能落后的理念，继续坚持解放思想，不断加快推进各领域的改革创新，努力

---

① 孙发平，等.青海"十二五"发展成就及其经验启示［J］.青海社会科学，2015（6）：5.
② 基思·格里芬.可供选择的经济发展战略［M］.倪吉祥，等译.北京：经济科学出版社，1992：249.
③ 基思·格里芬.可供选择的经济发展战略［M］.倪吉祥，等译.北京：经济科学出版社，1992：252.

以改革创新弥补区位劣势，不断破除一切妨碍落实新发展理念的思想观念和体制机制弊端，增加经济社会发展的动力和活力，不断提高发展的质量和效益，为把青海建设得更加和谐美丽提供思想支持和制度保障。从改革开放之后青海提出实施"改革开放、治穷致富、开发资源、振兴青海"的发展战略，到21世纪以来青海积极进行三江源国家公园试点、建设柴达木循环经济发展先行区、建设生态文明先行区等一系列改革试点等，都是青海积极加快改革创新的实践探索。为此，青海既要进一步扩大视野，面向全国、面向一带一路沿线国家，放眼全球，重点关注国内外发展战略新趋势和经济新动态；又要立足青海，研究青海经济活动及其发展变化的规律，寻求青海经济高质量发展的最佳增长点和振兴民族经济的创新点，不断开创新青海建设新局面。

10.5 结论

（1）发展战略是指一个国家或地区对本地区的经济政治社会文化等方面发展作出的统领性的谋划和部署。青海发展战略是在全国宏观发展战略的指导下，结合青海各个时期的实际，对青海经济社会发展制定全局性和根本性的谋划和部署。

（2）青海70年发展战略历程，可分成改革开放之前的发展战略思想探索和改革开放之后的发展战略明确和完善两个阶段。新中国成立后青海制订实施了确保"优先发展重工业"的第一个五年计划和以赶超战略为指导的"二五"计划，"三五"计划重点以国防建设为中心和加强"三线"建设为重点。改革开放以来青海发展战略逐步明确和不断完善。1988年青海明确提出"改革开放、治穷致富、开发资源、振兴青海"战略。进入21世纪，抓住西部大开发的战略机遇，青海发展战略在科学发展观引领下不断完善。"十一五"以来，在科学发展观和新发展理念指引下，青海发展战略提出要以生态保护优先理念协调推进经济社会发展。

（3）青海70年发展战略取得了巨大的发展成就。除"大跃进"和

"文化大革命"时期外，其余发展战略制定的主要目标和任务都基本胜利完成。整体实现了全省地区生产总值持续增长，三次产业协调发展，固定资产投资等持续快速增长，对外贸易和金融市场等实现了快速发展，优势资源开发提供了有效的资源和能源保障，教育科技等重点社会民生事业不断进步，各族人民群众生活水平不断提高，扶贫攻坚取得重大历史成就，可持续发展能力不断增强，逐步实现了从传统农业社会向工业化中期的跨越式发展。

（4）青海未来发展战略既要总结历史经验，更要牢牢抓住各种机遇，立足青海实际，敢于迎接挑战，勇于解放思想和积极改革创新，全面深入贯彻落实科学发展观和新发展理念，把青海建设得更加和谐美丽。

参考文献

［1］朱颜，等.中国经济发展战略研究综述［J］.云南财经大学学报，2014（4）：15-19.

［2］李庆华.经济发展战略研究［M］.北京：中共中央党校出版社，1998.

［3］汪斌，江新宇.关于经济发展战略研究的文献回顾与最新进展［J］.社会科学战线，2005（2）：274-275.

［4］基思·格里芬.可供选择的经济发展战略［M］.倪吉祥，等译.北京：经济科学出版社，1992.

［5］邱信利.建国以来经济发展战略的历史考察［J］.长白学刊，2001（2）：74-77.

［6］赵晓雷.中国改革开放40年经济发展战略转型研究［J］.经济与管理研究，2018（11）：3-9.

［7］鲁斌，钟树棠.青海经济发展战略研究情况综述［J］.青海社会科学，1987（3）：104-110.

［8］王泽丽.青海省改革开放四十年的成就与经验［J］.青海金融，

2018（8）：56-61.

［9］孙发平，等.青海"十二五"发展成就及其经验启示［J］.青海社会科学，2015（6）：1-6.

［10］胡鞍钢，童旭光.中国减贫理论与实践——青海视角［J］.清华大学学报（哲学社会科学版），2010，25（4）：106-112，125，161.

［11］汪应洛，马亚男.中国经济发展战略综述［J］.改革与战略，2002（4）：33-37.

［12］于敬尧，南雯夔，沃赛.走向新世纪的战略选择——完善和优化青海经济发展战略断想［J］.青海民族研究，1991（3）：1-10.

［13］刘光杰.中国经济发展战略理论研究［M］.武汉：武汉大学出版社，1995.

［14］艾伯特·赫希曼.经济发展战略［M］.潘照东，等译.北京：经济科学出版社，1991.

［15］H.钱纳里，等.工业化和经济增长的比较研究［M］.吴奇，等译.上海：三联书店上海分店，上海人民出版社，1995.

［16］葛志强.青海省经济史［M］.太原：山西经济出版社，2016.

［17］张爱儒，赵玲.青海经济［M］.北京：民族出版社，2016.

［18］孙发平，刘傲洋.四个发展：青海省科学发展模式创新——基于科学发展评估的实证研究［M］.北京：社会科学文献出版社，2012.

［19］王健，等.青海民族地区经济社会发展研究［M］.北京：中国经济出版社，2017.

［20］芈一之.浅议振兴青海之路［J］.青海民族研究，1993（1）：14-20.

［21］刘荣璋.中国90年代经济发展战略（综述）［J］.改革与战略，1991（6）：1-5.

［22］国家统计局国民经济综合统计司.新中国统计60年资料汇编［Z］.北京：中国统计出版社，2010.

［23］国家统计局.中国统计年鉴2018［Z］.北京：中国统计出版社，2018.

［24］青海省统计局．青海统计年鉴2018［Z］．北京：中国统计出版社，2018，9．

［25］国家统计局住户调查办公室．中国农村贫困监测报告2018［Z］．北京：中国统计出版社，2018．

［26］国家统计局网站［DB/OL］．（2011-06-10）［2019-06-09］．http://www.ndrc.gov.cn/zcfb/zcfbgg/201106/t20110610_417376.html．

［27］国家发改委网站［DB/OL］．（2016-12-02）［2019-06-09］．，http://www.ndrc.gov.cn/gzdt/201612/t20161202_829076.html．

［28］青海经济信息网．发展规划［DB/OL］．［2019-06-09］．http://www.qhei.org.cn/ghyfz/qhszjhz/default.shtml．

［29］国家发改委网站．国家总体规划［DB/OL］．［2019-06-09］．http://www.ndrc.gov.cn/fzgggz/fzgh/ghwb/gjjh/index.html．

［30］国家统计局住户调查办公室．中国农村贫困监测报告2018［Z］．北京：中国统计出版社，2018.10．

［31］黄江武．把我省"三品一标"农畜产品推向市场的调研与思考［J］．青海畜牧业，2017（1）：32-35．

［32］王明黔，王娜．西部民族贫困地区反贫困路径选择辨析：基于空间贫困理论视角［J］．贵州民族研究，2011（4）：141-145．

［33］全国2016年生态文明建设年度评价排行最新出炉［DB/OL］．（2018-01-02）［2019-06-09］．http://www.qhtjj.gov.cn/tjWork/tjDynamic/201801/t20180102_52252.html．

［34］年度报告——青海省科学技术厅［DB/OL］．［2019-06-09］．http://www.qhkj.gov.cn/list-33-1.html．

图 索 引

图 1-1　1957—2018 年青海主要年份国家财政补贴和财政自给率变动趋势 25
图 2-1　2000 年以来青海邮电业务通信水平变化 60
图 2-2　2013 年以来青海互联网宽带接入普及率 60
图 2-3　1952—2017 年青海卫生技术人员增长概况 78
图 3-1　1949—2018 年青海三次产业结构演变 97
图 3-2　1950—1980 年青海三次产业总产值增长概况 98
图 3-3　1981—2018 年青海三次产业总产值增长概况 99
图 4-1　青海省第一产业产值增长情况 128
图 4-2　青海省商品零售额增长情况 143
图 5-1　全国和青海人口城镇化率增长情况 167
图 6-1　1985—1990 年青海对外贸易增长情况 195
图 6-2　1991—2000 年青海对外贸易增长情况 196
图 6-3　2001—2010 年青海对外贸易增长情况 198
图 6-4　2001—2005 年中国对外贸易增长情况 198
图 6-5　2006—2010 年中国对外贸易增长情况 199
图 6-6　2010—2017 年青海对外贸易增长情况 201
图 6-7　1980—2018 年青海进出口贸易总额增长情况 203
图 6-8　1991—2018 年青海进出口总量结构变化 204
图 6-9　1991—2017 年青海实际利用外资额增长概况 207
图 6-10　1991—2017 年全国实际利用外资额增长概况 207
图 6-11　2000—2015 年青海进出口增长情况 209
图 6-12　1995—2000 年青海进出口增长情况 210

图 7-1	2006—2017 年青海银行类金融机构和从业人员增长情况	240
图 7-2	2008—2018 年青海省寿险保费收入和赔付额	243
图 7-3	2008—2018 年青海省财产保险保费收入和赔付额	244
图 8-1	1952—1978 年青海三次产业产值占 GDP 比重	260
图 8-2	1980—2000 年青海各产业产值占 GDP 比重	261
图 8-3	1985—2000 年青海省能源消费与 GDP 增长率	262
图 8-4	2001—2017 年青海省能源消费与 GDP 增长率	264
图 8-5	2004—2017 年青海主要自然资源总量增长情况	266
图 8-6	2004—2017 年青海省几种排污总量变化	268
图 8-7	2005—2017 年青海省几种排污量增长率变化	268
图 8-8	2004—2017 年青海治理工业污染及其"三废"投资增长情况	271
图 8-9	1999—2017 年青海省主要工业产量增长情况	273
图 8-10	1999—2017 年青海省各产业增加值增长情况	274
图 8-11	1999—2017 年青海省各产业增长率	274
图 9-1	西部大开发以来青海旅游收入增长情况	299
图 9-2	1990—2017 年青海能源自给率变化情况	304
图 9-3	1980—2017 年青海能源消费总量及其占全国能源消费比重变化	305
图 9-4	1980—2017 年青海一次能源消费结构比重变化	306
图 10-1	1950—2018 年青海三次产业增加值构成变化概览	337

表 索 引

表 1　新中国成立 70 年来民族八省区经济总量的增长 ……………………… Ⅱ
表 2　新中国成立 70 年来民族八省区产业结构的变化 ……………………… Ⅲ
表 3　新中国成立 70 年来民族八省区人均地区生产总值的变化 …………… Ⅳ
表 4　新中国成立 70 年来民族八省区运输线路的变化 ……………………… Ⅴ
表 5　民族八省区农村贫困人口数 ……………………………………………… Ⅵ
表 1-1　"三线"建设时期青海内迁企业概况 ………………………………… 11
表 1-2　1949—1975 年青海铁路、公路、民航里程年末达到数 …………… 14
表 1-3　1962—1975 年青海邮电局所及邮路长度概览 ……………………… 15
表 1-4　西部大开发战略历程和重要政策部署 ………………………………… 18
表 1-5　西部大开发以来青海 GDP 和人均 GDP 增长概览 ………………… 22
表 1-6　西部大开发以来青海省财政收支增长情况 …………………………… 23
表 1-7　西部大开发以来青海城乡居民人均可支配收入增长概览 …………… 27
表 1-8　1980—2009 年主要支援方对青海发展的帮扶情况 ………………… 31
表 1-9　对口援青以来三批援青干部一览表 …………………………………… 33
表 1-10　2018 年底京、津、沪、苏、浙、鲁六省市对口援青主要情况
　　　　一览表 ……………………………………………………………… 36
表 2-1　青海各地区耕地面积和农作物播种面积分布概况 …………………… 47
表 2-2　2017 年青海各地区自然气候条件差异一览表 ……………………… 49
表 2-3　1952—2018 年新中国成立以来青海交通邮电等发展概览 ………… 55
表 2-4　2000—2017 年青海邮电业务通信水平提高概览 …………………… 58
表 2-5　青海"十三五"教育发展重点工程 …………………………………… 65
表 2-6　1952—2018 年新中国成立以来青海教育发展情况一览表 ………… 66
表 2-7　2017 年青海和民族 8 省区主要受教育情况概览 …………………… 68

表 2-8　1949—2017 年青海医疗卫生事业机构、床位、人员变动情况 ………………………………………………………… 74
表 2-9　2010—2017 年青海每千人口卫生技术人员数和床位数变化概览 ………………………………………………… 75
表 2-10　1990—2010 年青海和民族 8 省区居民预期寿命变动情况 ……… 76
表 3-1　1953—2018 年青海不同时期地区生产总值增长速度概览 ……… 89
表 3-2　1949—2018 年青海地区生产总值及其人均生产总值增长概览 …… 91
表 3-3　1952—2018 年青海地方财政收支和城乡居民收支等增长概况 …… 93
表 3-4　2000—2017 年青海和全国三大需求对生产总值增长的贡献率概览 ………………………………………………………… 100
表 3-5　2000—2017 年青海和全国三次产业贡献率概览 ……………… 102
表 3-6　"十一五"以来青海与全国万元地区生产总值能耗降低率概况 …… 104
表 4-1　新中国成立以来青海省农业生产条件改善情况 ……………… 129
表 4-2　青海农作物种植结构变化情况 ………………………………… 130
表 4-3　新中国成立以来青海主要农作物产量和单位产量增长概况 …… 131
表 4-4　新中国成立以来青海省主要畜产品产量及牧业产值变化情况 …… 133
表 4-5　新中国成立以来青海省第二产业发展概况 ……………………… 135
表 4-6　1998—2017 年青海省规模以上工业发展情况 ………………… 137
表 4-7　2011—2017 年青海十大优势产业产值增长情况 ……………… 138
表 4-8　青海省主要年份建筑业发展概况 ……………………………… 140
表 4-9　青海省主要年份第三产业发展情况 …………………………… 141
表 4-10　青海省旅游业发展情况 ………………………………………… 144
表 5-1　新中国成立以来青海和全国三次产业就业结构比较 ………… 168
表 5-2　1995—2016 年青海省城市基础设施完善情况 ………………… 171
表 5-3　2011—2016 年青海省城市和县城污水处理情况 ……………… 172
表 5-4　青海和全国城镇居民人均可支配收入及恩格尔系数比较 …… 173
表 5-5　青海主要年份各级各类教育机构数和专任教师人数增长情况 … 175
表 5-6　2017 年青海与西部和全国教育发展概况 ……………………… 177
表 5-7　青海主要年份卫生事业机构、床位、人员数增长情况 ……… 177

表 5-8	2017年青海与西部和全国城市基础设施概况	182
表 6-1	2017年青海前10位进出口商品和出口国家贸易概况	205
表 7-1	1951—2008年青海人民币各项存款和贷款余额增长概况	234
表 7-2	1990—2017年青海保险业发展水平提高概况	238
表 7-3	2007—2017年青海银行系统机构和从业人员增长和分布概况	241
表 7-4	2008—2018年青海人民币各项存款和贷款余额增长概况	242
表 7-5	青海12家上市公司概况	245
表 7-6	1992—2017年青海金融业增加值及其对第三产业贡献率等增长概况	247
表 9-1	2016年底青海主要矿产资源开发成就	297
表 9-2	2011—2017年青海十大优势产业产值概况	301
表 9-3	2017年青海工业循环经济重点行业总产值和增加值占比情况	302
表 9-4	1990—2017年青海能源生产和消费总量及其能源消费结构变化概况	303
表 9-5	2010—2018年青海农产品地理标志产品数量和类型分布概况	308
表 9-6	2019年青海有效使用的绿色生产资料获证企业和产品概况	309
表 9-7	2016年青海省及各市（州）绿色发展年度评价结果排序	310
表 9-8	2016年青海省各市（州）绿色发展年度评价结果	311
表 10-1	改革开放以来青海发展战略的明确和科学	330
表 10-2	1953—2018年青海主要时期地区生产总值增长的简单比较	336
表 10-3	1952—2018年新中国成立以来青海国民经济综合实力提高概览	338
表 10-4	2017年青海主要农畜产品和工业产品产量及排序	340
表 10-5	"十一五"以来青海科技成果概况	343
表 10-6	我国历年全国农村贫困缓解状况	346
表 10-7	2010—2017年青海农村贫困人口持续减少概览	347
表 10-8	2017年青海农村和扶贫重点县居民收入与消费支出的简单比较	349

后 记

本套丛书得到的资助是"中央高校建设世界一流大学（学科）和特色发展引导专项资金"和"国家民委人文社科重点研究基地——西南民族大学中国西部民族经济研究中心 2019 年项目'跨越的 70 年——民族地区经济发展研究'"。感谢西南民族大学经济学院院长郑长德教授对本套丛书和本书的支持和关心！感谢涂裕春、杨胜利两位副院长对本套丛书和本书的帮助！感谢牟辉书记的关心和鼓励！感谢西南民族大学科技处、发展规划与学科建设处的支持！

本书各章节作者分别是：前言和总论，作者王永莉；第 1 章青海 70 年国家支持政策，作者敖小芳、王永莉；第 2 章青海 70 年禀赋结构升级，作者敖小芳、王永莉；第 3 章青海 70 年经济增长与结构，作者敖小芳、王永莉；第 4 章青海 70 年产业与发展，作者黄世润、王永莉；第 5 章青海 70 年城镇化与发展，作者黄世润、王永莉；第 6 章青海 70 年贸易与发展，作者王焱霞；第 7 章青海 70 年金融与发展，作者郭梦娇、付强；第 8 章青海 70 年环境与发展，作者王焱霞；第 9 章青海 70 年资源开发与发展，作者王永莉、敖小芳；第 10 章青海 70 年发展战略与发展，作者王永莉。最后，由王永莉负责全书的统筹和统稿等。

感谢课题组全体成员的辛勤付出！感谢经济学院 2015 级罗满同学对第 9 章发展历程部分的辛勤付出！感谢经济学院办公室曹正忠老师的辛勤付出！

本书的出版还得到中央高校课题 2015SZYQN15 的资助，在此表示感谢！

感谢中国经济出版社李煜萍编审给我们提出的宝贵建议！

王永莉

2019 年 6 月 26 日于成都